제2판

# 한국교육정책 논평

노무현정부에서 윤석열정부까지 교육정책 비판적 논의

박주호

박영story

# 서문

『한국교육정책 논평』이 지난 2022년 1월 10일에 출간되고 3년이 흘렀다. 그 사이 윤석열 정부가 출범했고, 새로운 교육정책들이 지속적으로 발표되고 시행되어 왔다. 우리나라 교육정책 실제는 교육에 대한 정권별 역사이고, 그 시대정신을 대변하고 있다. 이에 따라 『한국교육정책 논평』의 경우 새로운 정부에 의해 추진되고 있는 정책들을 소개하고 논의하는 보완 작업이 필요하다.

이번에 개정한 『한국교육정책 논평』에서는 세 가지 부분을 추가하고 보완하였다. 우선, 윤석열 정부가 국정과제로 선정하고 교육개혁 방안으로 추진해온 인공지능 디지털교과서 정책, 교육 및 돌봄 서비스를 통합 운영하는 늘봄학교 정책, 그리고 지역혁신중심 대학지원체계와 글로컬대학 육성 정책에 대한 주요 쟁점과 논의를 새로운 장으로 추가하였다. 둘째, 2022년 판에서 누락한 교육복지정책 부문을 추가했다. 제3부에서는 기존 저서인 '교육복지의 논의: 쟁점, 과제 및 전망'에서 제1장, 제2장 및 제3장의 핵심 내용만을 요약해서 교육복지정책 확대와 주요 쟁점으로 기술하였다. 특히 교육복지 정책의 경우 그 범위가 상당히 넓기 때문에 본 개정판에서는 '제3부 교육복지 정책과 교육격차 해소'를 추가로 포함하고 그 속에 교육복지 정책의 확대와 주요 쟁점, 교육격차 문헌 분석, 사교육비 경감 정책, 그리고 돌봄 및 방과후학교 정책을 각각 별도의 장으로 기술하였다. 셋째, 제6부 우리나라 교육정책의 발전 방향 부문에서 교육정책 형성의 당면과제로서 교육정책 신뢰 제고의 문제, 교육에서 바람직한 경쟁원리 실천 부문을 추가하였다. 이에 더하여 우리나라 교육정책 미래 의제로서 대학 기관 운영의 자율성 신장과 국내대학 외국인 학생 교육의 질 제고 부문을 추가시켰다.

본 저자는 이번 개정판 출간이 향후 교육정책에 대한 국민적 이해를 보다 높이고, 국민적 공론을 기반으로 교육정책이 형성되고 추진되도록 하는 데 기여하기를 희망한다. 우리나라 교육실제에는 너무나 다양한 이해관계자가 얽혀있다. 결과적으로 우리 모두는 국민적 공론에 기반을 두지 못한 교육정책의 경우 특정 국민에게는 이익을 가져오지만, 또 다른 국민에게는 불이익을 야기할 위험성이 있다는 사실을 주목할 필요가 있다. 끝으로 이번 개정판 출간에 있어서 섬세한 편집 작업을 수행해 준 김다혜 대리, 그리고 물심양면으로 출판을 지원해 주신 박영스토리 노현 대표님과 박영사 안상준 대표님께도 심심한 감사를 드린다.

2025년 2월 20일
한강이 내려다보이는 연구실에서
저자 박주호 씀

# 차례

# 제1부

# 교육정책의 개요

**제1장**

# 교육정책의 의의

---

## 1 / 교육정책의 개념

정책이란 무엇인가에 대해서 다양한 개념 정의가 제시되고 있다. 우선 선택 (choice)에 초점을 두고 정책이란 의사결정이라는 관점이 있다(Dye, 1984). 과정 (process)에 초점을 두고 정책을 정의하는 경우도 있다(Jenkins, 1987). 두 개의 관점을 종합해서 Anderson(1990)은 정책이란 행위자들이 어떤 문제나 관심사를 해결하기 위하여 따르는 목적 지향적인 행동노선이라고 정의하였다. 특히 문제 해결적 관점에서 정책이란 문제를 해결하기 위하여 정부가 달성하여야 할 목표와 그것의 실현을 위한 행동방안에 대한 지침이라는 견해(남궁근, 2008)도 있고, 현재 일어나고 있는 혹은 앞으로 일어날 사회문제를 해결하거나 완화하기 위하여 정부가 내리는 결정이라고 규정하는 견해(남기범, 2006)도 있다. 노화준(2012)은 "정책이란 어떤 특정 상황에서 정부가 어떠한 사회를 어떻게 만들어가겠다고 하는 정부개입의 목적들과 행동들에 대한 상호 관련된 일련의 의사결정(p. 7)"이라고 정의한다. 이처럼 정책에 대한 여러 학자들의 개념 정의를 종합해보면 문제 해결, 정부, 의사결정이라는 단어가 핵심적이라고 볼 수 있다. 즉, 정책이란 사회문제를 해결하기 위해 정부가 의사결정을 통해서 수행하는 활동의 총체라고 정의할 수 있다(남궁근, 2008). 보다 세부적으로 보면, 정책이란 사회가 직면한 문제 상황에서 바람직한 상태 추구를 위한 정부의 각종 대책(예: 저물가 정책, 저실업 대책, 사교육비 경감 대책 등), 또는 특정 문제에 대한 정부의 결정이나 사업, 그리고 사회 문제에 대한 정부의 관여활동을 의미한다고 정의할 수 있다. 이에 따라, 정부 활동으로서 정책에는 정부부처 기능에 따라 경제정책, 교육정책, 국방정책, 노동정책, 환경정책 등으로 다양한 정책들이 존재한다.

정책개념을 다양한 측면에서 정의하는 것과 같이 교육정책의 개념도 학자들마다 자신의 관점과 시각에 따라서 다양하게 정의하고 있다. 김종철(1989)은 교육정책을 교육활동에 관하여 국민의 동의를 바탕으로 하고, 국가의 공권력을 배경으로 강행되는 기본방침 또는 지침으로 규정하였다. 김윤태(1994)는 교육정책을 국가권력에 의해 지지되는 교육이념인 동시에, 이를 구현하는 국가적 활동의 기본방침 또는 지도 원리로 규정하였다. 정일환(1996)은 교육정책을 교육 수혜자에 초점을 두고, 공공정책으로서 교육 활동을 위해 국가나 공공단체가 국민 또는 교육 관련 수혜 집단을 대상으로 전개하는 교육의 지침이라고 정의하였다. 이들은 주로 교육정책을 국가 차원에서 교육목표와 수단에 초점을 두고 교육에 관한 국가 방침 또는 지침으로 규정하고 있다. 전반적으로 이들의 교육정책 개념은 국가수준에서 교육의 방향을 제시하고 교육의 기본 틀을 짜고 교육행위와 제도운영의 큰 흐름을 조성하는 역할에 초점을 두고 있다. 여러 교육학자들이 규정한 교육정책 개념에 비추어 종합적으로 정리해 보면, 교육정책이란 교육이 바람직하게 실현되어 국민 개개인의 삶의 질을 개선하고 행복이 증진되도록 수행하는 공공정책 중 하나로서, 국가의 교육목표 달성을 위해 교육문제에 대한 해결책을 제시하는 정부 활동의 총체라고 규정할 수 있다.

우리 사회 내의 무수히 많은 교육문제 중 정부가 직접 관여해서 정책적 해결 활동이 교육정책의 형성이고 집행이다. 교육정책은 교육문제 해결을 위한 실용적 수단으로서 만들어질 뿐만 아니라, 사회구성원들이 갈망하는 사회적 이념과 교육적 가치를 실현하기 위한 창조 수단으로 교육정책이 구안되기도 한다. 따라서 어떤 교육문제가 거론되면, 정부는 달성해야 할 수행 목표를 설정하고, 이 목표를 달성하기 위해 필요한 여러 대안을 검토하여 하나의 교육정책을 선택하고 집행한다. 교육정책의 필수적 구성요소에는 교육문제 해결을 통해 달성할 정책목표, 그 목표를 달성하기 위한 구체적인 정책수단, 그리고 교육서비스 이해관계자인 정책 대상자를 내포하고 있다. 이러한 견지에서 보면 구체적으로 교육정책에는 다음과 같은 네 가지 주요한 특징을 포함하고 있다. 첫째, 교육정책은 정부(교육당국)에 의한 행위 또는 활동이다. 교육정책은 특정 교육기관이나 교육단체의 활동이 아니다. 둘째, 교육정책은 정부의 직접적 관여 행위이기 때문에 본질적으로 계획성과 실천성을 내포하고 있다. 교육정책을 추진할 때 정부는 분명한 의도성과 의식적인 선택 행위를 통해서 현실 교육문제를 처방하고, 미래의 이상적 교육 모습을 구현하는 실천적 모습을 지향한다. 특히 실천 지향적 교육정책은 현실의 교육문제를 해결하기 위한 개선 또는 처방을 통해 성취하려는 도달 목표를 명확히 포함하고 있다. 셋째, 교육정책은 시대정신 구현 차원에서 과거 역사적 관점과 미래 예측 관점을 동시에 내포하고 있다. 이는 교육정책이 과거의 교육실제 경향성, 현재의 교육여건, 미래의 교육 전망을 지향한다는 점이다. 따라서 교육정책은 과거의 경향성을 검토하고, 현재 문제를 분석하며, 주어진 교육여건 속에서 교육 변화의 목적과 방향 설정이라는 미래지향성을 가진다. 넷째, 교육정책은 공공재로서의 교육자원 배분에 폭넓은 영향력을 가진다. 구체적으로 교육정책 형성과 집행은 교육실제에서 존재하는 다양한 이해관계자에게 직접적 영향을 미친다. 특히 교육정책은 정치적 관련성을 가지기 때문에 어떠한 사람들에게는 이익과 유리함을, 또 다른 어떤 사람에게는 불리함이나 손해를 유발하기도 한다. 즉, 교육정책은 자원 배분의 효과를 가지기 때문에 반드시 찬반의 정치적 관계를 포함하고 있다.

　　우리나라의 경우 헌법상 자유민주주의와 시장경제를 지향하기 때문에, 통상 정부는 시장에서 실패가 발생하는 부문에 초점을 두고 교육정책을 추진하고 그 기능을 발휘하고 있다. 이와 관련해서 안병영과 하연섭(2015)은 김영삼 정부에서 추진된 5·31 교육개혁 이후 최근까지 교육 영역에서 시장기제 활성화가 정책목표로서 자리 잡아 왔음을 지적한다. 하지만, 향후 우리나라 교육정책은 시장기제 활성화라는 추세 순응적 정책 비중을 낮추고, 대신 교육의 시장화·상업화·개인화가 초래할 수 있는 부정적 측면을 치유하는 정책 비중을 높일 필요도 있다. 왜냐하면, 현재 우리나라의 교육실제에서 교육이 공공재(public good)로서의 속성보다는 사유재(private good)나 지위 재화(positional good)[1]로서의 속성을 보이기 때문이다. 따라서 향후 교육정책은 교육이 사유재나 지위 재화로 성향이 강화됨으로 인해 나타나는 부정적 효과(예: 경제력 격차가 유발한 교육 불평등 심화, 교육에서 지나친 경쟁의 격화와 비인간화 등)를 치유하고 극복하는 데 보다 더 치중할 필요가 있다.

<br>

## 2 국가수준 교육정책의 행위자

교육정책 과정은 여러 이해관계자의 복잡한 상호작용이 존재하는 정치적 과정이다. 따라서 교육정책의 행위자는 정책과정에 합법적으로 영향을 미칠 수 있

---

1 지위 재화란 소비를 통해 다른 사람과 자신을 구별해 줄 수 있는 재화를 말한다. 지위 재화의 경우 통상 한정적인 양만으로 존재하여 모든 사람이 가질 수 없는 특정 지위에 비유되는 재화이다. 일반적으로 어느 국가에서나 공공재 공급이 보편적으로 이루어지고 나면, 사람들은 자신의 욕구(needs)를 더 잘 반영하는 동시에, 남과 자신을 구별해 줄 수 있는 재화에 대한 소비를 증가시키는 경향이 있다. 예를 들어 부유층들은 보편적으로 제공되는 치안 서비스에 만족하지 못하고 사설 보안업체의 서비스를 구입하는 현상이 있다. 특이하게 우리나라 부모들은 교육에 대한 높은 열망을 가지고 있다. 이러한 현상 때문에 우리 사회에서 학부모들은 남의 자식보다 내 자식만이 더 좋고 우수한 교육을 받아야 만족하는 성향을 나타낸다. 따라서 우리 사회에서는 교육의 지위재적 속성이 점점 강해지고 있다.

는 권한을 지닌 공식적 행위자부터 비공식적 자격으로 영향력을 행사하는 행위자까지 다양하다(이종재 외, 2015). 김윤태(1994)의 경우 우리나라 교육정책에 영향을 미치는 정책 행위자에는 정치, 경제, 사회, 문화적인 환경, 정책결정자, 국회와 정당, 이익집단, 신문, 방송, 연구소 및 학자 그리고 국민 등이 있다고 지적한다. 교육정책 형성에 있어서, 신문과 방송은 정책여론을 형성하고 국민의 여론을 직접 수집하여 정부나 일반 국민에게 전달하는 역할을 수행한다. 국회와 정당도 정책 개발 및 평가에 필요한 정보를 수집하여 정책을 직접 입안하거나 정책결정자에게 전달하는 역할을 수행한다. 이익집단은 자신들의 권익을 위하여 정책적 요구 사항을 직간접적으로 알리는 역할을 수행하고, 연구소와 학자는 정책결정에 필요한 지식과 정보를 제공할 책임을 지닌다.

보다 구체적으로 국가수준에서 우리나라 교육정책에 영향력을 행사하는 중요한 행위자에는 합법적 정책 행위자로서 행정부 수반인 대통령, 교육 관계 법률을 제정하고 예산을 심의하는 국회, 그리고 교육정책 입안을 직접적으로 책임지고 있는 중앙부처인 교육부를 포함한다. 이외에 교육정책의 중요사항을 심의하는 각종 심의회와 국가교육위원회, 그리고 각종 전문가 단체, 정당 및 각종 사회단체를 외부에 존재하는 교육정책 행위자로 포함할 수 있다. 또한, 우리나라의 경우 교육정책 행위자에는 교육과 관련한 주요 국가공공기관으로서 한국교육개발원, 한국교육과정평가원, 국가평생교육진흥원, 한국직업능력개발원, 한국교육학술정보원 등을 포함한다.

우리나라의 교육정책은 중앙부처 차원에서 정부 교육당국(교육부)의 행정적 권한과 권력에 의하여 집행되고 있다. 실제로 어떤 경우에는 중앙부처인 교육부가 주로 교육정책 결정 행위자이고, 가장 직접적인 교육정책 담당자로 볼 수 있다. 그 이유는 교육부가 교육정책의 행위자로서 교육정책 목표 설정에 앞서 필요한 자료를 수집 및 분석하는 행정 업무를 수행하기 때문이다. 또한, 교육부는 교육정책 기능 강화를 위하여 전문위원 또는 각종 자문위원회를 설치함으로써 교육정책 결정영역에 가장 전문적인 지식을 제공한다. 특히 교육부는 교육정책의 목표 설정을 위한 전제로서 자료수집, 분석을 위한 각종 인적 및 물적 자원을 동원하고 행정적인 권한과 능력을 가지고 교육정책 결정을 주도한다.

## 3 교육정책의 다양한 양태

앞에서 살펴보았듯이 교육정책은 교육실제에서 당면한 교육문제를 처방하기 위한 정부(교육당국)의 행위 또는 활동이기 때문에, 그 양태 역시 교육당국에 의한 다양한 활동 형태로 나타난다. 다음에서 제시하는 교육정책 양태는 중앙정부 차원에서 교육부에 의해 수행되는 주요 활동에 초점을 둔다.

### 가. 교육제도 및 규제

우선 교육정책 중 가장 근원적 형태는 교육 관계 법률이다. 교육 관계 법률은 입법 과정으로서, 국회에서 주로 진행되는 과정이다. 교육에 관한 모든 문제는 입법 과정에서 토의, 비판, 입안되어 교육정책으로 나타나게 된다. 입법 과정은 법률의 제정과 개정을 포함하는데 법률안의 입안 과정, 국회에서 심사, 의결 과정, 그리고 법률안의 정부 이송 및 대통령의 공포라는 순차적 단계를 통해서 이루어진다. 또한, 구체적으로 법률을 통해서 구현되는 각종 교육제도와 규제 활동이 있다. 예를 들어 거시적 차원에서 누구를 어느 단계까지 교육할 것인가를 결정하는 교육제도(예: 우리나라의 경우 6-3-3-4 교육제도)가 있다(정범모, 1981). 단계별 학교를 조직화하는 교육제도는 누구를 교육할 것인가와 누가 더 이 교육을 받을 자격이 있는가를 결정하는 가장 근원적인 교육정책이다. 둘째, 학생의 교육 기회 보장을 위한 학생의 선발 및 배치 제도와 학교 유형(예: 특성화 중학교,

특수목적 고등학교, 특성화 고등학교, 자율고등학교) 구분 제도가 있다. 셋째, 유능한 초중고 교사의 양성 및 확보를 위한 교원양성 제도, 보수제도, 승진제도 등의 교원제도라는 교육정책이 있다. 넷째, 공교육의 중핵인 초중등학교 교육활동 운영을 지원하기 위해 교과과정의 틀(기준과 내용에 관한 기본사항)을 정하고, 교과 설정 및 교과용 도서 인정, 그리고 학교회계 운영 및 학교운영위원회 등을 정하는 교육정책이 존재한다. 고등교육 영역의 경우, 교육정책에 해당하는 법률상 교육제도에는 대학의 학생등록금 운영 제도(고등교육법 제5조: 대학은 등록금 인상률을 3개년도 평균 소비자 물가 상승률의 1.5배를 초과하게 하여서는 아니 된다; 교육부는 3개년도 평균 소비자 물가 상승률의 1.5배를 초과하여 인상하는 경우 해당 대학에 행정적 재정적 불이익을 줄 수 있다), 교육운영 여건 및 결과의 정보공시제도, 대학의 설립운영 제도(고등교육법 제4조: 학교를 설립하려는 자는 시설·설비 등 대통령령으로 정하는 설립기준을 갖추어야 한다; 학교를 설립하려는 경우에는 교육부장관의 인가를 받아야 한다), 대학원 운영 제도, 대학교원 제도, 학생선발 방법 등 입학전형 제도, 수업연한 규정, 원격대학 제도, 사립학교 운영 제도 등 포괄적인 학교운영 제도를 포함하고 있다. 이외에 무상교육으로서 유아교육 및 유치원 제도, 영재학교 지정 등 영재교육 진흥 제도, 장애인 등 특수교육 지원제도, 그리고 평생교육 제도와 학점인정 제도 등이 교육정책 형태인 교육제도로서 존재한다. 이외에 다양한 교육 및 학교운영 제도, 교사양성 및 충원 제도, 그리고 각종 교육활동 지원 제도들이 모두 교육 관계 법규(예: 교육기본법, 초중등교육법, 고등교육법, 그리고 동법들의 시행령 및 시행규칙)에 의해서 구체적으로 규정되어 운영되고 있다. 법규에 명기된 교육제도 사항들은 국무회의와 국회 의결을 거쳐 법령 제·개정 절차를 통해서 운영된다.

## 나. 학교교육 운영의 관리 및 감사

우리나라 고등교육법 제5조에서는 학교가 교육부장관의 지도(指導)·감독을 받는다고 규정하고 있다. 또한, 교육부장관은 학교를 지도·감독하기 위하여 필요하면 학교의 장에게 관련 자료를 제출하도록 요구할 수 있음을 명시하고 있다. 결과적으로 학교의 교육서비스 운영에 있어서 우리나라의 경우, 법적으로 정부의 통제 근거가 상당히 포괄적이고, 그 통제 범위도 굉장히 넓다. 따라서 학교운영에 있어서 정부의 다양한 관리 및 감독 활동이 실제 교육정책으로서 구현되고 있다. 구체적으로 고등교육기관의 경우, 국·사립 대학을 막론하고 학사운영에서부터 학교법인 및 학교회계 운영, 각종 국책사업 운영에 이르기까지 전범위적으로 교육부에 의해 정기 또는 수시 감사를 받고 있다. 초·중·고등학교 경우는 시도교육청에 의해 학교운영에 대한 관리 및 감독 활동이 수행되고 있다.

아울러, 각종 교육 및 학교운영 제도와 규제를 집행하는 차원에서 정부는 학교들에게 관련 집행 정보나 자료를 요청해서 받고 있다. 이러한 맥락에서 볼 때, 우리나라 각급 학교들은 중앙정부나 시도교육청 산하기관으로서 교육서비스를 집행하는 지위와 기능을 가지고 있다. 이는 우리나라 학교들이 교육을 운영하는 기관으로서 자율성과 전문성 원리보다는 위계적 권위라는 관료제 원리하에 행정관청으로 운영되고 있음을 암시한다. 행정관청형 학교로 운영되는 경우 학생을 가르치고 지도하는 본질적인 학사업무 이외에 부가적인 각종 교무행정 업무에 시달리게 되는 문제를 야기한다. 실제로 중앙정부 차원에서 교육정책 일환으로 교사의 교무행정 업무 경감 대책이 추진되어 왔고, 이러한 정책상황은 우리나라 학교운영의 특성과 속성을 반증해 주고 있다.

## 다. 학교교육에 대한 재정지원 사업

정부는 교육재정 지원 정책을 통해서 공공재로서 교육이라는 서비스를 분배 및 재분배 활동을 수행한다(윤정일 외, 2015). 특히 정부는 초등학교에서 고등학교까지 교육에 소요되는 공교육비 전체를 일반 국민이 내는 세금으로 일괄 지원하고 있다. 구체적으로 국가는 고등학교 단계까지 교육서비스 공급에 필요한 전체 비용(교육기관 및 교육행정기관 설치 및 운영비용)을 지방재정교부금법에 의거 일괄적으로 총액을 교부하는 보통교부금과 국가시책사업으로서 특별한 재정수요, 특별한 지역 현안수요, 그리고 재해로 인한 특별 재정수요가 있을 때 특별교부금을 지원한다. 또한, 정부는 저소득층 자녀를 대상으로 참고서, 보조교재 및 학습자료 등에 소요되는 비용을 지원함으로써 교육재정을 재분배하는 정책도 수행한다.

고등교육의 경우 고등교육법 제7조에서 국가와 지방자치단체는 학교가 그 목적을 달성하거나, 재난 등 급격한 교육환경 변화 상황에서 교육의 질을 관리하는 데 필요한 재원을 지원하거나 보조할 수 있다고 명시하면서 정부에 의한 대학재정 지원의 근거를 두고 있다. 이에 따라 정부(교육부)는 국립대학교 기관 운영에 소요되는 경비 전액을 지원하는 교육재정 정책 활동을 수행하고 있다. 아울러 2014년부터 고등교육의 형평성 제고를 위하여 모든 국사립 대학에 재학하고 있는 학생을 대상으로 소득연계형 장학금을 지원하는 정책을 수행해 오고 있다. 소득연계형 국가장학금의 규모는 고등교육 전체 정부 재정규모 대비 약 40% 비중이나 차지하고 있다. 현행 소득연계형 국가장학금 제도는 재정적 여력이 부족한 저소득층 학생의 학업 참여를 지원하는 수요기반 지원금(need-based aid) 정책이다. 아울러 정부는 전체 고등교육기관을 대상으로 교육역량 강화를 목적으로 목적형 재정지원 사업과 산학협력을 촉진하기 위해 산학협력선도대학을 선정해서 지원하는 사업을 수행해 오고 있다. 이외에 대학의 강사 지원 사업, 국제협력 활성화 지원 사업, 그리고 외국인 학생 대상 국가장학금 지원 사업도 추진하고 있다.

## 라. 평생학습의 보장 및 지원 사업

헌법 제31조에서는 국가가 평생교육을 진흥하여야 한다고 명시하고 있다. 이

러한 헌법 정신을 구현하는 차원에서 정부(교육부)는 평생교육법을 근거로 평생
교육진흥원의 설립 운영 지원, 학습 계좌제 운영 지원, K-MOOC 운영 지원,
그리고 문자해득교육 프로그램 운영 등 여러 가지 평생교육 촉진 사업을 전개하
고 있다. 평생교육 지원 정책은 주요 수혜 대상이 교육기본법상 교육제도에 의
한 학교나 그 소속 학생이 아닌 일반 성인을 대상으로 하고 있다는 점에서 독립
된 별개의 교육정책에 해당한다.

## 마. 학술연구 촉진 및 연구 활동 지원

한 국가 내 지식 창출과 창출된 지식의 전달은 통상 대학의 학문(Academic
discipline) 활동(학술활동)을 통해서 수행된다. 대학의 연구개발을 통해서 새로운
지식이 창출되고, 창출된 지식은 교육을 통해 양성된 석·박사 인력에 의해 체화
되어 전파 및 확산될 때, 국가의 경쟁력과 혁신역량이 향상된다. 이러한 견지에
서 국가는 학술연구 촉진 및 지원 정책을 통해서 대학 및 대학 교원을 대상으로
다양한 연구개발 지원 사업을 전개하고 있다.

특히, 우리나라의 경우 대학의 견실한 기초학문 및 전공을 토대로 첨단 과학
기술이 발전하기 때문에 대학 학문 단위에서 교육정책과 연구개발 정책을 어느
수준 정도까지 통합 운영해 오고 있다. 다음 [그림 1]에서 보듯이 과학기술 분
야의 경우 기초연구나 응용연구는 자연과학의 학문(학술) 영역을 담당하는 이공
계 대학의 핵심 기능이다. 따라서 기초 및 응용 연구개발에 대한 정부 투자정책
은 대학의 이공계 육성정책과 연계 또는 통합해서 운영하는 것이 불가피하다.

한편, 우리나라 현행 법률체계상 "연구개발" 유형의 근거인『과학기술기본법
』및『국가연구개발사업의 관리 등에 관한 규정』과 학문 분야를 중심으로 한『
학술진흥법 및 동법시행령』간의 관할 및 적용 영역은 상당히 그 구분이 모호하
다. 구체적으로『학술진흥법 및 동법시행령』은 학문 단위를 중심으로 한 인문학

그림 1    학문 및 연구개발 영역 간의 관계

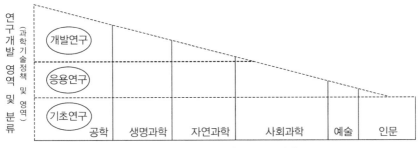

학문 영역 및 분류(교육정책 영역)

및 사회과학 분야와 자연과학과 이공계 분야의 전 학문분야(의학, 공학, 생명공학 등 이공학 및 자연과학 포함 전공학문분야)의 진흥을 포괄하고 있다. 대학 교원에 의해 수행되는 연구활동의 경우, 그 과정이나 결과 활용 면에서 석·박사 학생이나 학문 후속세대를 양성하는 교육 기능을 부가적으로 동반하고 있다. 무엇보다도 연구중심대학을 통해 양성되는 우수 석·박사 배출은 그 석·박사 학생 개인에게 주는 혜택도 있지만, 원천 지식과 기술을 만들어 내는 창의역량을 제고시킴으로써 그들이 사회·경제에 미치는 긍정적 외부효과(positive external effects)[2]도 있다. 이러한 맥락에서 교육부에 의한 학술연구 촉진 및 지원 정책을 통해서 대학 그리고 그 소속 교수를 대상으로 기초연구 지원 사업이 이루어지고 있다. 아울러 연구중심대학 육성사업 정책으로서 1999년에 착수된 Brain Korea 21 사업이 현재까지도 지속되어 오고 있다.

---

2 긍정적 외부효과란 연구중심대학을 통해서 배출되는 석박사 인력들이 그 자신들이 얻는 개인적 편익만이 아니라, 그들에 의해 후속적으로 산출되는 지식과 기술개발 그리고 고용 성과가 사회 전체에 보다 더 큰 혜택을 발생시키는 효과를 말한다.

# 참고문헌

- 김윤태(1994). 교육행정경영신론. 배영사.
- 김종철(1989). 한국교육정책연구. 교육과학사.
- 남궁근(2008). 정책학: 이론과 경험적 연구. 법문사.
- 남기범(2006). 현대정책학 강의. 한국학술정보(주).
- 노화준(2012). 정책학원론(제3판). 박영사.
- 안병영·하연섭(2015). 5·31 교육개혁 그리고 20년. 다산출판사.
- 윤정일·송기창·김병주·나민주(2015). 신교육재정학. 학지사.
- 이종재·이차영·김 용·송경오(2015). 교육정책론. 학지사.
- 정범모(1981). 교육과 교육학. 배영사.
- 정일환(1996). 교육행정학: 이론과 적용. 중앙적성출판사.
- Anderson, J. E. (1990). Public policy making: An introduction. Boston: Houghton Mifflin.
- Dye, T. R. (1984). Policy analysis. Alabama: University of Alabama Press.
- Jenkins, W. I. (1978). Policy analysis. London: Marin Roberton.

# 제2장 한국교육정책의 핵심 이념

교육정책의 이념이란 교육정책을 통해서 구현되어야 할 교육적 가치를 말한다. 교육정책이 지향해야 하는 교육적 가치에는 공정성, 민주성, 효율성, 효과성, 공공성, 평등성, 형평성, 책무성, 자율성, 다양성 등 다양한 이념들이 상존한다. 무엇보다도 교육으로 인해 파생되는 사회문제들 중 가장 우선적으로 해결할 문제의 경우, 그 해결에 어떠한 교육적 가치가 핵심적으로 자리 잡고 있는지는 매우 중요하다. 이러한 견지에서 향후 우리나라 교육정책이 가장 우선적으로 관심을 가지고 교육문제 해결에 내포한 교육적 가치에는 교육의 수월성, 교육의 형평성, 교육의 사회적 효율성, 그리고 교육의 다양성 및 개별화가 자리 잡고 있다고 본다.

## 1 교육의 수월성

교육에서 수월성이 본격적으로 논의된 것은 1983년 미 연방정부가 지원한 수월성 교육 위원회(National Commission on Excellence in Education)가 교육 시스템의 미흡으로 인해 국가의 안보가 위협당하고 있다는 경고에서 시작되었다(한국교육개발원, 2005). 따라서 교육의 수월성 논의는 미국이 국가경쟁력을 확보하기 위한 차원에서 최초로 시작되었다고 볼 수 있다. 이론적 차원에서 보면, 교육의 수월성은 학습자나 교육내용의 측면에서 논의되는 경우가 일반적이다(김경근 외, 2015). 수월성을 학습자 측면에서 보면, 개인이 가진 다양한 잠재 능력을 발현시키는 것을 의미한다(Gardner, 2007). 이 경우 교육의 수월성은 학습자 개인마다 가진 다양한 능력을 적절하게 계발하는 것으로 이해할 수 있다. 다음으로 수월성을 교육내용의 측면에서 보면, 교육내용을 학습자가 최대한 달성한다는 것을 의미한다. 교육내용 차원에서 수월성을 논의하는 경우, 우수한 성적을 성취하는 정도를 의미한다. 구체적으로 이 경우 학습자가 어느 정도 교육내용을 도달하고 달성했느냐를 평가하는 관점에 따라 두 가지 상이한 의미가 존재한다. 우선 학습자의 교육내용 달성 정도를 타인과 비교하는 것에 초점을 둔 규준지향적(norm-referenced) 평가에서는 치열한 경쟁을 통해 달성하는 우수성의 의미를 내포한다. 반면에 학습자의 교육내용 도달 및 그 달성 정도를 절대적 기준에 초점을 둔 준거지향적(criterion-referenced) 평가에서는 타인과 경쟁할 필요 없이 정해진 기준에 도달함을 의미한다(Strike, 1985).

통상 학교교육 차원에서 수월성은 학습자 측면에서 개별 학생이 자신의 타고난 잠재력, 소질 및 적성을 최대한 발휘할 수 있도록 가르치는 것을 의미한다(고형일, 2008). 이 경우 수월성은 한 개인이 지니고 있는 고유 능력의 최대치를 의미한다. 따라서 학교교육에서 수월성은 학생이 어떠한 수준 단계에 머물지 않고, 자신의 능력에 따라 더욱 진전된 상위수준으로 계속 학습해 나아가는 것을 의미한다. 또한, 학교교육에서 수월성은 학습자 개인의 질적인 성장을 나타낼 뿐 타인과의 비교를 통한 경쟁의 형태를 띠지는 않는다. 결과적으로 교육의 수월성은 학교교육이 추구해야 할 핵심적 가치로서 교육정책이 지향해야 할 핵심 이념이다.

세계 각국의 정부는 수월성 교육을 기반으로 우수한 인재 양성을 위한 교육정책에 치중하고 있다(고형일, 2008). 특히 각 국가에서는 공통적으로 국가의 경쟁력 제고를 위하여 수월성 교육을 추진하고 있다. 실제로 어느 국가를 막론하고 그 나라 교육정책을 통해서 학교들은 교육의 수월성 실현에 초점을 두고, 개인 차를 가진 학생들에게 차별화된 교육서비스를 제공하고, 모든 학생이 탁월성을 성취하도록 노력하고 있다. 예를 들어 수준별 이동 수업, 심화교과이수(Advanced placement: AP), 조기진급, 조기졸업, 영재교육 등 다양한 교육정책을 통해서 교육의 수월성을 정책이념으로 설정하고 있다. 한편, 수월성 교육의 대상에 따라 국가 및 정책별로 교육의 수월성에 접근하는 데 차이가 있다. 즉, 모든 학생을 대상으로 수월성 교육을 추구하는지, 혹은 특정 영재 아동만을 대상으로 수월성 교육을 추구하는지에 따라 나뉜다.

우리나라에서 교육의 수월성 이념을 실현하기 위해 전개된 대표적인 교육정책에는 특수목적 고등학교(과학고, 영재고, 외국어고 등) 육성정책이 있다. 또한, 학교에서 자율적 교육과정 운영, 수준별 이동 수업, 그리고 학생이 희망하는 선택교과 운영도 교육의 수월성 실현을 위한 교육정책이라고 볼 수 있다. 한편, 우리나라의 경우 교육의 수월성 정책이 엘리트 주의에만 초점을 두고, 학업성적 우수성만을 지향을 한다는 점에서 비판을 받았다. 그 결과 학교교육에서 평준화를 강조하고 평준화 정책이 일반화되어 왔다. 그러나 교육에서 수월성은 성적 우수 학생에게만 해당되는 원리와 가치가 아니라, 모든 학생이 각자가 자기 나름의 소질과 적성을 발휘하고 계발하도록 하는 데 적용되어야 한다는 사실에 주목할 필요가 있다.

향후 우리나라 교육정책에서 교육의 수월성이란 모든 학생이 각각 개개인의 다양한 능력과 적성의 효과적 개발을 지향하는 데 초점을 기울일 필요가 있다. 구체적으로 교육의 수월성 실현을 위한 교육정책은 학습자의 학업성취 수준, 심리 특성, 흥미도 등을 고려하여 개별 학습자에게 가장 적합한 학습경험을 제공할 수 있도록 다양한 방식의 교수 지원에 초점을 두어야 한다. 무엇보다도 교육정책 추진에서 교육의 수월성은 교육 대상자의 성적 우수만이 아니라 총체적 교육결과의 우수성, 즉 교육을 통해 얻고자 하는 최고 수준의 성취 수준을 의미해야 한다. 인지적 측면에서 수월성뿐만 아니라, 다양한 재능 분야인 비인지적 측면(예: 예술적 감수성, 신체적 재능, 리더십 등)에서 수월성이 추구되어야 한다. 이를 위해서는 학교 내에서뿐만 아니라 학교 간에도 다양성이 인정되는 교육정책 추진이 필요하다.

최근 우리나라 학교교육에서는 학업 경쟁을 줄이기 위해 학업성적 평가와 시험을 기피하고, 개인별 학교별 학업성과를 분석하고 그 결과를 공개하는 것을 금기시하는 교육풍토가 자리 잡고 있다. 또한, 사교육비 고통을 덜어준다고 모든 시험을 무조건 쉽게만 내려 하거나 무시험을 강조하기도 한다. 이러한 양상의 조장은 오히려 교육의 포기이고, 올바른 교육정책 방향이 아니다. 바람직한 학교교육을 위한 교육정책은 오히려 그 반대이어야 한다. 초·중·고등학교의 경우 교육의 목표를 확실히 하고(예: 기초소양교육과 기초사회교육, 진로교육, 전문소양교육 등에서 성과목표를 확실히 정하고), 그 목표를 어느 정도 달성하였는가를 엄정하게 측정하고 평가해야 한다. 학교교육 결과와 성과로서 학생들의 기초학습 능력이나, 창의력, 토론 능력, 협동 능력, 정보화 능력까지 적절히 평가할 수 있는 방법도 개발되고 활용되어야 한다. 이를 근거로 정부는 지역별·학교별 이행 수준을 인지하고 그에 대한 책무성을 가져야 한다. 학교교육 결과에 대하여 엄정하고 투명한 평가 없이는 아무도 그 결과에 책임을 지지 않을 뿐만 아니라, 미래를 위한 올바른 학교교육도 기대할 수 없다. 궁극적으로 이러한 학교교육 문제는 교육정책이 추구하는 교육의 수월성 문제로 귀착한다.

## 2 교육의 형평성

교육정책이 교육의 형평성을 추구한다는 의미는 차별 없이 균등하고 동일한 교육서비스를 제공한다는 것을 넘어서, 경제적으로 사회적으로 또는 개인적 이유로 인해 교육여건이 상대적으로 열악한 학생에게 보다 많은 자원과 교육적 재화가 제공되어야 함을 시사한다. 원천적으로 교육여건이 열악한 학생들이 그렇지 않은 일반 학생들과 균등한 교육서비스를 제공받는 경우, 그 교육적 격차는 더욱 누적적으로 커지고, 종국에는 사회 부적응자가 되거나 인생의 낙오자로 전락하는 경향이 높다. 균등하고 동일한 교육서비스만을 제공하는 교육체제와 사회구조는 공정한 사회가 아니다. 따라서 적극적으로 사회정의 실현을 위해 교육정책이 지향할 방향은 교육이 부와 소득 배분의 격차를 완화하는 촉매제가 되도록 실천적 대안을 마련하는 데 치중해야 한다. 이러한 견지에서 교육정책이 지향해야 할 이념으로서 교육의 형평성 제고는 교육 전 과정에서 '동등한 나눔'을 넘어 '공정한 나눔'의 가치 실현이어야 함을 시사한다(김현진, 2012; 박주호, 2014).

우리나라의 경우 1990년대까지 정부 주도 개발주의 발전시대에서 교육이 경제 및 사회 발전의 핵심적 기능을 수행해 왔음은 누구도 부정할 수 없을 것이다. 한편, 정부 주도의 급속한 개발주의 시대를 거치면서 우리 사회 전반에 짙게 드리워진 그림자 중 하나는 소득격차와 교육격차가 심화되었다는 사실이다. 특히 2000년대 이후 교육이 부와 소득의 격차를 줄이는 것이 아니라 오히려 확대하는 방향, 즉 사회적 불평등을 보다 심화시키는 매개 역할을 하는 경우도 적지 않았다. 무엇보다도 우리나라의 경우는 공공재로서 교육 서비스 공급에 있어서 특이하게 정부의 강력한 관여주의를 취하고 있다. 교육에 대한 접근기회의 평등성 원칙하에 시장에 의한 개인 경쟁 가치를 최소로 인정하고 있다. 그러나 교육서비스 수요자인 학부모들은 자기 자녀의 학교교육 성과 향상을 위해 사교육에 무한정 투자하는 경향이 있다. 그 결과 자녀교육에 대한 투자욕구가 강해져서 본질적으로 공공재인 교육서비스가 실제 사회심리 차원에서는 지위재화(positional good) 성향을 나타낸다(안병영·하연섭, 2015). 이에 따라 자본주의의 시장경제원칙에 따라 파생된 가구 간의 소득격차는 사교육 투자 격차를 야기하고, 이는 실질적인 교육격차로 이어져서 종국에는 교육의 불평등이 사회 불평등을 심화시키고 있는 실정이다.

특히 어떤 아동이나 학생은 자신들의 신체적·정서적 결함으로 인해 정상적인 학교교육을 받을 수 없는 여건을 지니고 있고, 또 다른 아동은 빈곤한 가정여건으로 인해서 부모의 낮은 교육적 기대와 무관심 속에서 학교교육을 받고 있다. 이러한 차별적 학습 여건은 종국에 우리 사회에서 교육성과 격차를 심화시키고 있다(김경근, 2005; 박주호·백종면, 2019). 이처럼 교육격차가 심화됨에 따라 학교교육이 사회적 부와 지위 세습화에 기여하고 있다는 비판을 받고 있다. 혹자는 더 이상 개천에서 용이 나올 수 없는 구조라고 우리의 교육상황을 비판한다. 사교육비가 급증하고 있는 현실 속에서 부유층은 더 많은 사교육비를 투자해서 일류 대학에 자녀를 진학시키는 현상이 커지고 있다. 수도권 유명 대학일수록 고소득계층 자녀들의 비중이 상대적으로 커지는 반면, 특성화고 및 직업교육 관련 학교와 전문대학 등에는 상대적으로 저소득층 자녀들의 비중이 커지고 있다 (박주호, 2014).

차별적 교육여건과 교육격차의 실제적 상황을 고려하면, 교육에서 공정한 나눔의 가치를 추구해야 한다. 교육에서 공정한 나눔의 가치 실현이란 교육의 형평성 구현이다(김헌진, 2012; 박주호, 2014). 개념적으로 사회적 형평성은 사회적 약자에 대한 차별을 줄이는 데 초점을 두고, 사회적 약자가 가진 차별성과 불평등 개선을 위한 적극적 조치를 말한다(김헌진, 2012). 이러한 사회적 형평성 개념을 교육 영역에 적용하는 것이 교육의 형평성이다. 교육의 형평성은 교육에서 기회의 균등만을 단순히 보장하는 것이 아니라, 교육여건이 취약한 학생에게 더 많은 기회를 부여해서 교육의 결과에서 평등이 실현되도록 하는 적극적 조치를 포함한다.

향후 우리나라 교육정책은 교육의 형평성 실현을 위해서 교육여건이 열악한 학생이 일반 학생들과 동일한 수준으로 교육 전 과정에서 유의미한 학습경험을 하도록 다양한 장애 극복 지원의 공적 활동을 제공해야 한다. 특히, 경제적·사회적·정치적으로, 또는 개인적 이유로 인해 한계상황에 위치한 학생들은 정상적인 학생들에 비해 유의미한 학습경험을 갖기 어렵다. 따라서 향후 교육정책은 교육여건이 취약한 학생들이 생애에 걸쳐 원만하게 교육의 사다리를 올라갈 수 있도록 제반 서비스 활동을 제공하는 데 치중하여야 한다. 직업교육 기관이나 저소득층 자녀 교육의 질을 높이기 위한 교육정책 추진에 정부의 특별한 관심이 필요하다. 고등교육 영역에서도, 교육의 형평성 강화를 위해 국공립대 역할도 재정립하여야 한다. 본질적으로 국공립대학은 사립대가 선호하지 아니한 보호학문분야 및 기초학문 육성에 초점을 두어야 하고, 가난하여 사립대 가기 어려운 학생들을 집중적으로 가르쳐야 한다. 하지만, 안타깝게도 우리나라 고등교육정책의 경우, 국공립대학이 그러한 기능을 충분히 발휘되도록 하는 데 여전히 미약하다.

## 3 교육의 사회적 효율성

교육의 사회적 효율성이란 학생이 학교교육 서비스를 통해 유능성이 길러지고 유용한 경제적 역할을 할 수 있도록 준비하는 것을 말한다(Labaree, 1997). 구체적으로 교육의 사회적 효율성이 확보된다는 의미는 학교교육이 학생들로 하여금 직업세계에서 유용성을 발휘하고, 경제적·사회적 생활을 영위할 수 있도록 하는 데 기여해야 한다는 것이다. 교육이 국가경쟁력의 원천으로 작용한다는 사실도 궁극적으로 교육의 사회적 효율성 확보와 동일한 연장선에 있다. 교육의 사회적 효율성 측면에서 보면, 경제, 산업, 기술 및 고용구조 변화 상황에 사용할 수도 없고, 필요하지도 아니한 지식이나 기술을 가르치고, 미래에 존재하지도 아니할 직업을 위한 학교교육은 불필요하다. 이에 따라, 세계 각국의 정부는 교육시장에 적극 개입하고 학교들이 교육의 사회적 효율성을 담보하도록 다양한 교육정책을 개발하고 집행하고 있다.

교육의 사회적 효율성 추구는 교육 전반에 걸쳐 강화되어야 하는 교육정책 이념이지만, 교육정책 실제에서는 학교급 단계나 학교 종류에 따라 강조하는 비중도 다르고 추구하는 내용도 다소 상이하다. 통상 교육의 사회적 효율성 정도는 노동시장에서 학생의 고용능력 또는 취업률 지표에 의해 평가되기도 한다. 보다 구체적으로 초중고 교육 단계에서는 학생들의 직업진로 탐색 및 역량 강화 위주로 교육의 사회적 효율성이 실천되는 경향이 있다. 고등학교 단계의 경우 직업교육 트랙을 구분해서 취업중심 진로에 초점을 둔 특성화고나 마이스터고등학교 정책이 전개되어 왔다. 한편, 교육의 사회적 효율성 저하 문제와 관련해서 일부 산업체 관계자들은 학교가 배출한 학생(품질)은 활용도가 낮아 현실에서 써먹지도 못한 경우가 허다하다고 불만을 토로하기도 한다. 이에 따라 실제 우리나라 고등교육 정책에서는 교육의 사회적 효율성 실현에 초점을 두고 다양한 방안들이 추진되어 왔다. 예를 들어, 지나친 학문중심 교육으로 인한 문제를 해소하기 위해 학문 자본주의(academic capitalism)[1] 및 기업가정신 강화와 산업현장 요구 반영을 위한 산학협력프로그램(예: 산업체 현장실습, 현장견학, 인턴십 강화, 산업체 위탁교육, 산학협동 교육과정 운영 등)이 고등교육정책으로서 촉진 및 지원되어 왔다.

특히 교육풍토 맥락에서 우리나라는 다른 나라에 비해 교육에 대한 관심이 높지만, 실제 인문교육이나 전문교육 측면에서 그 성과는 다소 미흡하다. 이는

---

[1] 학문 자본주의란 고등교육 변화를 설명하는 하나의 개념이다. 이는 산학협력과 같은 이윤 추구의 행위와 시장논리에 주안점을 두고, 대학과 교수들이 외부로부터 지원금 유치, 연구에 대한 계약, 기부금 유치, 대학과 산업체와의 파트너십 형성, 스핀오프(spinoff) 회사로부터 수입, 다양한 학생들로부터 등록금과 수업료 등의 자금 유치를 위한 경쟁 등 고등교육의 성격과 기능을 재구조화하려는 노력의 일환을 의미한다(Slaughter & Leslie, 1997; Washbrun, 2005). 이러한 패러다임 변화는 고등교육 영역으로의 기업 영향력 확장이고, 대학의 혁신 및 변화가 시장에 의한 자원의 분배 및 결정이 일어나는 시장 중심의 경제 시스템을 통해 일어나고 있음을 시사한다(Slaughter & Leslie, 1997).

산업구조의 변화가 고용구조의 변화로 이어지고, 그것이 곧 새로운 교육구조를 요구한다는 메커니즘을 학교교육 체제가 적절히 수용하고 있지 못하다는 사실에서 비롯한다. 불필요 인력의 과다 공급과 필요인력의 구인난, 그리고 낭비와 비효율, 교육 고통 등의 부작용을 야기하는 경향이 있다. 지금까지 우리나라는 경제성장과 국가 발전을 이끌기 위해서 교육을 통한 인적자본을 축적하고 경쟁력을 갖춘 인재 양성을 교육정책의 핵심 기조로 삼아 왔다. 앞으로 4차 산업혁명 시대에 새로운 부가가치 창출은 인적자본에 체화된 새롭고 혁신적 아이디어에 달려 있다. 이를 위해서 교육이 인재를 키워내는 데 보다 더 효율적이어야 함은 당연하다. 학교에서 4차 산업혁명 시대에 요구되는 지식, 정보, 기술과 능력, 그리고 지혜를 얼마나 효율적으로 잘 가르칠 것인가는 결국 교육정책의 핵심 이념으로서 교육의 사회적 효율성 문제로 귀착한다. 따라서 앞으로 우리나라 교육정책은 교육의 사회적 효율성 실현을 위해 학교의 개혁과 변화에 치중할 필요가 있다. 각급 학교는 경제사회 변화와 고용시장 변화에 맞게 자신의 교육내용, 그리고 교수 및 학습 방법을 적극적으로 변화시켜 나가도록 하는 데 다양한 정책수단을 강구해야 할 것이다.

## 4 교육의 다양성 및 개별화

우리 모두가 알고 있듯이, 교육은 인간을 대상으로 한다. 인간은 교육을 통해서만이 바람직하게 성장하고 발달할 수 있다. 하지만, 인간은 각자 다른 자질과 적성을 지니고 있기 때문에, 그 인간이 교육을 통해서 함양하고 발휘하여야 할 잠재역량과 소질 역시 이질적이고 다양하다. 이렇게 이질적이고 개별적인 자질과 역량이 제대로 길러지고 발휘되게 하려면, 그에 적합한 교육이 필요하다. 학교의 경우에도 아동이나 학생들이 각자 이질적 특성과 개인차를 가지고 있다는 사실에 주목해야 한다.

한편, 지금까지 우리나라 학교들은 다양한 소질과 적성을 지닌 학생을 대상으로 개별화 교육보다는 표준화 교육²에 치중해 왔다. 교육당국은 학교교육 개혁 차원에서 맞춤형 교육과 특기적성 교육을 자주 거론하고 강조해 왔다. 하지만, 여전히 우리나라 각급 학교들은 학습자의 다양성과 이질성을 고려하지 않고, 표준화된 교수학습 방법과 획일화된 성취동기 지원교육에 익숙해 있다.

앞으로 우리나라 학교들은 그간 익숙해온 표준화 교육, 즉 개별 학생이 가진 특성 및 개별성과 상관없이 동일한 학습내용을 일괄적 교수방식으로 전달하는 교육을 탈피해야 한다. 표준화 교육에 의해서는 학생이 지닌 개별적인 잠재역량과 소질을 효율적으로 함양시키지 못한다. 특히 표준화 교육이 만연한 상황에서는 학생들의 개인차가 더욱 커지고, 학습에서 취약여건을 가진 학생(예: 저소득층 학생, 다문화 학생, 기초학력미달학생, 학교 부적응 학생 등)은 지속적으로 학교교육에서 소외되기가 쉽다(김인희, 2006).

무엇보다도, 개별 학생이 저마다 지닌 독특한 소질과 잠재역량이 최대로 길러지고 발휘되기 위해서는 다양성을 기반으로 한 개별화 교육이 필요하다. 다양하고 개별적 특성을 지닌 학생이 보다 더 적합하게 잘 성장하고 발달하기 위해서는, 그들에게 적합한 맞춤형 교육이 필요하다. 이는 이질적이고 개인차를 가진 학생들이 바람직하게 성장하기 위해서는 그들에 대한 교육이 다양성을 기반으로 개별적이어야 함을 시사한다. 무엇보다도 다양성을 기반으로 한 개별화 교육이 이루어질 때 창의성도 효과적으로 길러진다. 학생이 자기의 소질과 적성,

---

2 표준화 교육은 학업성적 향상을 위해 사전에 정해진 가이드라인(교육과정)에 따라 축적된 지식을 어떻게 가르칠 것인가에 초점을 둔 경쟁 위주의 학교교육 형태를 말한다(Robinson, 2015). 즉, 표준화 지향 교육은 학습자의 다양한 재능(talents)과 요구(needs)에 유연하게 대응하지 못하고, 획일적 표준에 의해 교수학습이 전개되는 교육을 의미한다.

그리고 특성에 적합한 교육을 받을 때 내재된 잠재역량이 최대로 발현되고 발달한다. 또한, 학생이 자기에게 적합한 방식 및 수준, 그리고 필요한 교육을 받을 때 학습동기도 높아진다.

향후 정부당국(교육부)은 학생의 다양한 자질과 적성이 학교에서 보다 더 잘 함양될 수 있도록, 보다 혁신적 교육정책을 추진할 필요가 있다. 즉, 교육정책당국은 학교에서 개별화 교육이 전개되도록, 그에 적합한 교육자원을 지원하고 교육환경 및 여건을 마련하는 데 전념해야 한다. 구체적으로 각급 학교에서 개별화 교육이 전개되기 위해서는 기존 표준화 교육을 위해 조성된 학교교육 여건, 즉 학급당 학생 수, 교실 내 학습공간 및 시설, 교수방법, 교사 역량에 이르기까지 전면적 혁신이 필요하다. 이러한 혁신추진은 향후 우리나라 교육정책이 우선적으로 지향하고 실천할 교육적 가치임은 자명하다.

## 5 교육정책이념의 상호관계 및 조화 추구

교육정책 맥락에서 우리나라는 1969년 중학교 평준화 정책에 이어서 1974년부터 고등학교 평준화 교육을 순차적으로 실시해 왔었다. 평준화 정책은 중학교와 고등학교에서 무시험 및 추첨 배정을 통해 학생을 선발하고 궁극적으로 교육여건의 평준화를 지향하는 것이다. 평준화 정책을 통해 과열되는 입시 열기에서 벗어날 수 있고, 모든 사람이 동등한 교육의 기회를 가질 수 있다는 점에서 그 의의가 있다. 이는 교육의 기회균등, 평등이라는 가치를 옹호하는 사람들의 지지를 받으며 시행되었다. 지역 간, 학교 간 학력격차를 줄이고 누구나 동일한 교육을 받게 하여 입시를 위한 명문고의 출현을 막을 수 있다. 이러한 측면에서 평준화 제도는 교육의 평등을 실현한다고 볼 수 있다.

한편, 교육에서 평준화로 인해 생기는 문제점도 적지 않다. 우선 학생과 학부모의 학교 선택권이 제한받게 되고, 고등학교 수준이 하향 평준화될 우려를 낳을 수 있다. 특히 전국의 고교 교육과정이 획일화되어 학생 개개인의 다양성을 고려한 교육이 힘들어지게 된다. 또한, 학군별로 나타나는 미세한 성적 차이로 거주지를 이전하고, 주택값이 폭등하는 등의 문제점이 발생한다. 평준화 정책은 창의력 있는 인재가 요구되는 지식기반사회에서는 학교교육이 하향 평준화를 초래할 우려가 있다는 점에서, 수월성 교육이 필요하다는 관점을 피력하는 사람도 많다.

구체적으로 교육정책이 지향하고 추구해야 할 이념 중에서 교육의 수월성은 교육의 형평성과 밀접하게 관련성을 가지고 있다(고형일, 2008). 교육의 수월성이 교육활동을 통해서 학생이 도달해야 할 성취 수준에 집중하고 있다면, 교육의 형평성은 교육 기회와 자원배분의 공정성에 집중하는 면이 있다. 사회주의 국가의 경우는 교육에서 극단적 형평성을 추구하고 있지만, 대부분의 나라에서는 교육의 수월성과 형평성 중 어느 하나만을 극단적으로 추구하지는 않는다.

특히 교육정책 추진에서 특정 정책이념 하나만을 극단적으로 지향하는 경우 다른 정책이념을 저해하는 경우도 발생한다. 예를 들어 교육정책이 집단교육(학교교육) 상황 하에 교육의 다양성 및 개별화 강화 차원에서 극단적으로 수준별 수업운영에 치중하는 경우, 엘리트만을 선호하거나 개인차를 오히려 크게 만들어 교육 불평등을 초래하기 쉽다. 따라서 교육의 다양성 및 개별화는 교육의 형평성과 조화를 이루어야 한다. 수준별 수업운영을 하더라도 형평성을 기반으로 교사와 학생 간에 일대일의 개별교육이 지속적으로 강화되어야 한다. 이와 관련해서 정범모(2009)의 경우, 능력 또는 성적이 최소 필수 수준 이하로 처지는 개인차는 가능한 최소화해야 하고, 반면에 수학, 과학, 예술 등의 영역에서 일정 수준 이상에서 개인차는 최대화해야 한다고 주장한다. 이러한 주장은 교육의 다양성 및 개별화 가치가 교육의 형평성이나 수월성 가치와 상호 조화가 필요함을 시사한다.

아울러, 교육정책이 극단적으로 학교 자율성만을 추구하는 경우 그 정책 대상자인 교육기관의 책무성 저하를 야기하고, 그 결과 교육의 형평성이나 사회적 효율성을 악화시키는 문제가 파생되기도 한다. 결과적으로 교육정책 이념들은 결코 서로 완전 대체관계에 있는 가치가 아니라, 상호 보완적 관계로 추구되어야 할 가치이다. 구체적으로 교육의 형평성 실현을 위한 실천 비중이 높은 교육정책이 있는 반면, 교육의 수월성 추구를 위한 실천 비중이 높은 교육정책도 있을 것이다. 이와 관련해서 안병영과 하연섭(2015)은 교육정책이 지향해야 할 방향으로서, 교육에서 수월성과 형평성 간의 조화가 중요하다는 점을 강조한다. 그들에 따르면, 교육 단계별로 수월성과 형평성 추구에 있어서 교육정책의 상대적 비중과 실천전략이 각각 다를 필요가 있다. 예를 들어 유·초등학교의 경우 인성교육에 더 많은 비중을 두고, 암기식 지식 교육과 시험에 의한 경쟁교육을 줄이는 차원에서 교육정책이 수월성보다는 형평성에 보다 더 역점을 둘 필요가 있다. 중·고등학교 단계에서는 인성교육 비중을 다소 줄이고 창의성 개발과 연계된 인지교육 강도를 높이는 교육정책이 필요하다. 초중등 교육정책에서 경쟁과 수월성 가치에 기반한 창의성 교육과 평등 및 형평성을 기반으로 한 인성교육의 비중은 다음 [그림 1]과 같이 제시할 수 있다.

고등교육의 경우 형평성보다는 수월성에 보다 더 초점을 두고 교육의 특성화와 다양화 속에서 교육정책이 추진되어야 한다. 아울러 교육정책 이념으로서 교육의 사회적 효율성 추구의 경우, 초중등교육보다는 고등교육에서 상대적으로 더 비중 있게 다루어지고, 일반교육 정책보다 직업교육 분야 정책에서 보다 높은 비중이 주어져야 한다.

결과적으로 교육정책 추진에서는 다양한 정책이념들이 동시에 교차되거나 중첩된 상태로 전개될 수밖에 없다. 고등교육 기회 보장이나 지역 대학 육성 측면에서 교육정책은 형평성 이념을 우선시해야 한다. 기관 설립 주체 측면에서 교

그림 1    학교급별 교육정책 이념추구와 인성 및 창의성 교육 비중

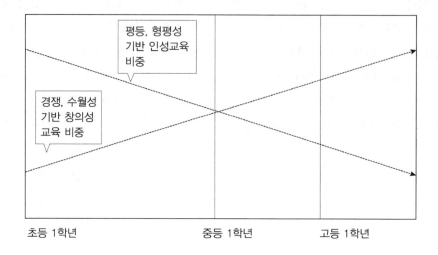

초등 1학년              중등 1학년              고등 1학년

육정책을 추진하는 경우, 국공립대학 정책은 형평성 가치를, 사립대학 정책에서는 자율성과 사회적 효율성 가치를 상대적으로 더 우선시하는 것은 당연하다. 고등교육을 경제정책 범주에 중점을 두면 효율성 이념이 보다 강조되고, 사회정책에 중점을 두면 형평성이 우선시되어야 함은 당연하다. 앞으로 교육을 통한 국가경쟁력을 확보하고 창의적이고 경쟁력 있는 글로벌 인재 양성이라는 당면 과제 측면에서 보면, 우리나라 교육정책은 교육의 형평성에 근간을 훼손하지 아니한 범위 내에서, 교육의 수월성을 높일 수 있는 여러 가지 정책 수단을 우선적으로 검토하고 추진해야 할 당위성이 있다(고형일, 2008).

참고문헌

■ 고형일(2008). 세계의 수월성 교육. 한국교육개발원.

■ 김경근(2005). 한국사회 교육격차의 실태 및 결정요인. 교육사회학연구, 15(3), 1 − 27.

■ 김경근 · 조상식 · 전은희 · 김유현(2015). 초 · 중등교육 정상화를 위한 고교체제개편방안 연구. 2015 교육정책 연구과제 연구보고서(서교연 2015-59). 서울특별시교육연구정보원.

■ 김인희(2006). 교육복지의 개념에 관한 고찰. 교육행정학연구, 24(3), 289 − 314.

■ 김헌진(2012). 우리나라 무상보육정책과 사회적 형평성: 사회 정의론적 관점의 접근. 한국영유아보육학, 72, 419 − 445.

■ 박주호(2014). 교육복지의 논의: 쟁점, 과제 및 전망(2014). 박영스토리.

■ 박주호 · 백종면(2019). 교육격차 실증연구의 체계적 분석. 한국교육문제연구, 37(1), 213 − 238.

■ 안병영 · 하연섭(2015). 5 · 31 교육개혁 그리고 20년. 다산출판사.

■ 정범모(2009). 교육의 향방. 교육과학사.

■ 한국교육개발원(2005). 2004 한국교육평론: 교육의 경쟁력 제고 측면에서본 한국교육 의 과제. 한국교육개발원.

■ Gardner, H. (2007). [Multiple Intelligences]. 문용린 · 유경재 역. 웅진지식하우스.

■ Labaree, D. F. (1997). Public goods, private goods: The American struggle over educational goals. *American Educational Research Journal*, 34(1), 39 − 81.

■ Robinson, K. (2015). Creative schools(정미나 역). Book21 Publishing Group.

■ Slaughter, S., & Leslie, L. (1997). *Academic capitalism: Politics, policies, and the entrepreneurial university*. Baltimore: The John Hopkins University Press.

■ Strike, K. A. (1985). Is there a conflict between equity and excellence? *Educational*

*Evaluation and Policy Analysis, 7*(4), 409−416.

■ Washburn, J. (2005). Universities, INC.: The corporate corruption of American higher education. New York: Basic Books.

## 제3장

정권별 교육정책 내용의 주제 개관

## 1 서론

교육실제와 교육행정 현상을 현실적으로 좌우하는 힘은 바로 정치에서 온다. 정치는 새로운 정권을 끊임없이 창출한다. 정치를 통해서 창출된 정권은 자신이 지향하는 정치적 가치와 이념, 그리고 국정운영 철학을 실천하기 위해 분야별 정책을 수립하고 집행한다. 그 하나의 예로서 각 정권은 자신들의 국정운영 목표를 달성하기 위해서 세부적인 교육정책을 추진한다. 이러한 맥락에서 정치와 교육 관계는 해당 정부가 추진하는 교육정책을 통해서 구체화된다. 유사한 맥락에서 일찍이 La Noue(1965)는 교육이 정치의 산물이고, 만일에 교육이 정치적 성격을 부인하는 경우 그 시대의 교육이 아니라고 지적하였다.

한편, 교육과 교육정책이 정치에 의해 영향을 받고 정치적 산물이라는 의미는 우리나라 헌법 제32조가 규정하고 있는 교육의 정치적 중립성 원칙과는 다른 개념이라는 점을 주목해야 한다. 헌법상 교육의 정치적 중립성이 무엇을 의미하는지는 법률에 의해 직접적으로 그 내용이 실제 규정되어 있지 않다. 하지만 교원의 정치적 중립성이 법률에 의해 부과되어 있다는 점을 보면, 우리나라에서 교육의 정치적 중립성이란 학교교육의 '정당 정치적 중립성'을 의미한다(배소연, 2020). 즉, 헌법상 교육의 정치적 중립성이란 학교교육 실제에서 교원이 특정한 정당이나 정파를 지지하거나 반대하기 위하여 학생을 지도하거나 선동해서는 안된다는 의미이다. 보다 구체적으로 교육의 정치적 중립성은 학교교육이 특정한 정치세력에 의해 지배되거나 도구화되지 않아야 한다는 것이고, 교육내용과 교육방법이 정당 정치적 당파성을 드러내지 않아야 한다는 것을 시사한다(배소연, 2020).

교육의 정치적 중립성이 의미하는 바와는 별개로 우리나라 국가정책 실제에서 최근까지 모든 정권들은 자신들이 내세우는 국정운영 목표 달성을 위해 교육정책을 수립하고 집행해오고 있다. 각 정권이 추진해온 교육정책은 그 정권이 추구하는 정치적 가치와 철학이 배태되어 나름의 특징을 가지고 있다. 따라서 교육정책 실제와 그 특징을 보다 더 잘 이해하기 위해서는 각 정권별로 추진되어온 교육정책의 내용을 분석하고, 그 내용에 내재되어 있는 핵심 주제(topic)를 확인할 필요가 있다. 이런 견지에서 다음에서는 최근 4개 정권, 노무현 정부, 이명박 정부, 박근혜 정부, 그리고 2017년 5월 출범한 문재인 정부에 의해 추진되어온 교육정책 추진계획 내용의 핵심 주제를 각각 분석하고 확인하고자 한다.

각 정권에 의해 추진되어 온 교육정책은 교육 관련 입법 활동이나 예산사업 추진 등 다양한 양태로 전개되지만, 중앙부처인 교육부에 의해 핵심적으로 수행되고 집행되어 왔다. 특히 대통령제 국가인 우리나라의 경우 교육부는 교육정책을 추진하는 일환으로서, 당해 연초나 전년도 말에 대통령에게 신년도 업무계획을 보고하고, 그 보고사항을 바탕으로 연간 수행할 주요 교육정책을 보도자료로 발표한다. 따라서 다음에서는 각 정권별로 추진해온 교육정책 추진계획의 핵심 주제를 확인하기 위해 교육부가 언론에 매년 발표한 연도 업무계획 자료를 정권별 교육정책 추진계획의 내용분석 자료로 활용하였다. 정권별 교육정책 추진계획 내용을 분석하고 그 핵심 주제(topic)를 추출하기 위한 방법은 빅데이터 처리방법 중 하나인 토픽 모델링 기법[1]을 사용하였다.

---

1 토픽 모델링 기법은 비구조화된 대규모 문서 집합 내에서 내포된 단어 패턴을 찾아내는 알고리즘

구체적으로 토픽 모델링에 의한 의미연결 네트워크 분석의 경우, 각 정권별 교육부가 발표한 연도 업무계획 보도자료에서 주요하게 다루어진 키워드는 노드 (node) 역할을 하고, 이들 키워드 간 연결 관계는 링크를 통해 제시된다. 개별 노드로서 키워드는 상호 어떠한 관계에 있는지를 화살표로 보여주며, 그 과정에서 어떠한 노드를 중심으로 핵심적 정책 주제나 이슈를 구축하는지를 가시적으로 보여준다. 형성된 키워드 간 연결 구조, 즉 특정 주제나 이슈에 대한 전체 의미연결 망 구조는 핵심적 정책 주제가 어떻게 구축되었는지를 조직적으로 보여준다.

## 2 / 정권별 교육정책 추진계획의 주제(topic)[2]

### 가. 노무현 정부 교육정책 추진계획의 주제

노무현 정부에서 당시 교육인적자원부가 매년 초에 대통령 업무보고를 하였다. 토픽 모델링 분석을 통해 확인한 교육정책 보도자료(교육인적자원부, 2004; 2005; 2006; 2007)의 핵심 주제를 보면 다음 <표 1>과 같다. 우선, 다음 <표 1>의 맨 오른쪽 부문은 연도 업무계획 보도자료에 대한 토픽 모델링 결과로서 도출된 핵심 단어(key word)들이다. 가운데 부문은 핵심 단어 간 연결되어 있다고 해석된 공통 의미 명칭, 즉 하위 토픽들이다. 20개의 하위 토픽들은 노무현 정부가 추진한 교육정책들에 있어서 세부 핵심 주제라고 볼 수 있다. <표 1>의 맨 왼

---

으로서, 단어 패턴을 하나의 토픽으로 간주하여 문서 집합의 주요 토픽 및 토픽 간 연결 관계를 분석해 주는 방법이다(윤빛나리, 2020; Blei, 2012).

2 정권별 교육정책 추진계획의 주제(topic) 부문은 필자가 참여한 교육부 연구과제(신서경 외, 2021), "2003−2021 교육부 핵심정책 분석을 통한 미래교육 정책 제언"의 토픽 모델링 결과 중 자료(다음 <표 1, 2, 3, 4>와 [그림 1, 2, 3, 4])를 활용해서 작성하였다.

쪽 부분은 핵심 단어 모음에 의해 공통 의미로 설정한 하위 토픽들을 근거로 해서 그 하위 토픽들의 연결, 즉 거시적 공통 의미를 가진 것으로 해석되는 상위 토픽 설정 결과이다. 이들 4개 상위 토픽(교육형평성 기반 교육복지 확대, 지역균형 기반 대학 경쟁력 강화, 국내외 인적자원개발의 내실화, 그리고 학교운영체제 선진화)은 거시적 차원에서 노무현 정부에 의해 추진된 교육정책 주제라고 볼 수 있다.

핵심 단어를 기반으로 공통된 의미로 설정한 하위 및 상위 토픽들을 개괄적으로 살펴보면, 노무현 정부에서 교육부가 추진한 교육정책이 지향하고 있는 주요 특징을 개괄적으로 파악할 수 있다. 노무현 정부의 교육정책은 이념적 측면에서 교육 형평성 가치 실현에 초점을 두었고, 장애 아동이나 저소득층 등 교육 소외 계층과 지방대학과 전문대를 지원하는 사업이나 제도가 활성화되었다는 사실을 확인할 수 있다. 특히 초중등 영역의 경우 교육복지 정책이라는 새로운 정책 모토를 설정해서 다양한 지원 사업들을 전개하였다는 점이 눈에 띈다. 이외에 초중등 영역에서 당시 교육부는 나이스 시스템(NEIS)이나 학교 안전망 등 학교 운영 관리 시스템 구축을 위한 교육정책도 핵심적으로 추진했음을 보여주고 있다.

고등교육 영역의 경우, 노무현 정부에서는 누리사업 등 지방대학 지원에 초점을 둔 새로운 재정지원 사업을 전개하였고, 지방 균형 발전이라는 거시적 국정운영 목표 실현 기조를 교육정책에서도 그대로 반영했음을 보여 주었다. 아울러, 노무현 정부에서는 성인을 위한 고등교육 기회 보장이나 여성인적자원 개발 관련 교육정책도 추진했다는 사실을 보여주고 있다. 인적자원 영역 관련 교육정책은 그 이전 김대중 정부 당시 교육인적자원부에 의해서 추진된 국가 인적자원 개발 정책이 승계되어 추진되었던 것으로 해석할 수 있다. 노무현 정부 교육정책 토픽 모델링 결과는 다음 [그림 1] 토픽 네트워크 모형에 의해 보다 입체적으로 나타나고 있다.

표 1    노무현 정부 교육정책 추진계획의 토픽 모델링 결과

| 상위 토픽 | 하위 토픽 | 의미 연결망의 핵심 단어 |
|---|---|---|
| 교육형평성<br>기반<br>교육복지<br>확대 | 1. 교육복지 강화 | 교육격차, 교육안전망, 소외계층, 관계자, 낙후지역 |
| | 2. 기초학력 보장 | 문해, 저소득층, 저학력, 교육기회, 기본학습능력,<br>학습결손 |
| | 3. 병원학교 제도 | 병원학교, 권역, 병원, 건강장애, 질환, 만성 |
| | 4. 장애학생 학습권 보장 | 장애, 특수교육, 특수학교, 무상교육, 장애인, 특수<br>교육보조원 |
| | 5. 방과 후 학교 활성화 | 만족, 농산어촌, 저소득층, 방과 후 학교, 보육, 민원 |
| | 6. 대안교육 강화 | 대안교육, 대안학교, 청소년, 인가, 학업중단, 법제 |
| | 7. 교육소외계층 지원 강화 | 러닝, 새터민, 문화, 민간단체, 한겨레, 다문화가정,<br>교육프로그램, 다문화교육 |
| 지역균형<br>기반<br>대학 경쟁력<br>강화 | 8. 2단계 BK21사업 추진 | HRD, 연구소, 인턴, 인재, 글로벌, 대학생, BK21 |
| | 9. 누리사업 추진 | 사업단, 보증, 누리사업, 컨설팅, 사업비, 자금, 신용 |
| | 10. 고등교육 혁신 | 경쟁력, 산학협력, 노동부, 균형, 성장동력, 산자부,<br>학제개편, 연구중심대학 |
| | 11. 전문대 전공심화과정 도입 | 근로자, 산업체, 직업, 생산, 방지, 산업단지, 산학<br>협력, 시장, 일터, 직무 |
| 국내외<br>인적자원<br>개발의<br>내실화 | 12. 성인 고등교육 기회 제고 | 학위, 학사, 자격, 시범사업, 취득, 산업체, 재직 |
| | 13. 해외교육정보화사업 추진 | 한국어, 이라크, 보호구역, 콘텐츠, 국방부, 아르빌 |
| | 14. 재외동포 교육 활성화 | 재외동포, 교육외교, 권역, 현지, 재외, 인프라, 동<br>포, 국내외, 모국 |
| | 15. 여성인적자원 개발 | 여성, 직업, 평생, 생애, 공학, 여학생, 직업훈련 |
| 학교<br>운영체제<br>선진화 | 16. NEIS 체제 구축 | NEIS, 통학, 교육지리정보체계, 교직원, 투명 |
| | 17. 학교 안전망 구축 | 지자체, 보호, 교통사고, 학교 안전망, 안심 |
| | 18. 학생건강 시스템 구축 | 체력, 진흥, 건강, 건강체력, 검사, 학교체육 |
| | 19. 학교도서관 활성화 | 학교도서관, 공영, 사교육비, 공교육, 도서관 |
| | 20. 교육개혁 내실화 | 인터넷, 성적, 신입, 논문, 승진, 중등교육, 대학특<br>성화지도 |

그림 1　노무현 정부 교육정책 추진계획의 토픽 네트워크 모형(신서경 외, 2021, p. 32)

## 나. 이명박 정부 교육정책 추진계획의 주제

이명박 정부의 경우, 정부조직법상 교육부와 과학기술부가 통합해서 교육과학기술부가 출범했다. 교육과학기술부는 연말마다 다음 연도 중에 핵심적으로 수행할 정책을 대통령에게 업무보고를 하고, 그 결과를 언론에 발표하였다. 다음 <표 2>에 제시된 교육정책 핵심 주제는 당시 교육과학기술부가 발표한 연도 업무계획 보도자료(교육과학기술부, 2008a; 2008b; 2009; 2010; 2011) 중 과학기술 부문은 제외하고 교육 영역 자료만을 토픽 모델링을 통해서 분석한 결과이다. 다음 <표 2>에서 보듯이, 핵심 단어를 연결하는 공통 의미의 명칭인 19개의 하위 토픽이 해석을 통해서 설정되었다. 그다음 19개 하위 토픽은 각 토픽에 내포한 공통 의미를 근거로 해서 4개 상위 토픽(공교육 경쟁력 강화, 교육의 자율화 및 분권화 촉진, 효율성 기반 고등교육 경쟁력 강화, 맞춤형 학생 복지)이 설정되었다. 이명박 정부 교육정책에서 도출된 핵심 단어, 19개 하위 토픽 그리고 4개 상위 토픽의 구조 관계는 다음 [그림 2] 토픽 네트워크 모형이 보다 구체적으로 보여주고 있다.

먼저 공교육 경쟁력 강화 상위 토픽에서는 농산어촌 지역 기숙형 고교와 자율형 사립고 등 고교 유형을 다양화하고, 교원 전문성 및 공교육 질 제고, 그리고 창의성 신장을 위해 여러 교육정책 관련 하위 토픽과 핵심 단어가 서로 의미망을 형성하고 있는 것을 보여준다. 아울러, 핵심 단어 의미망에 대한 해석 결과, 초중고 공교육 영역의 경우 교육 규제 완화와 대입 자율화, 교육의 지방 분권화를 추진했던 것을 확인할 수 있었다. 이들 하위 토픽에 내재된 공통 의미인 상위 토픽은 교육의 자율화 및 분권화 촉진으로 해석하였다. 고등교육 분야에서는 산학협력사업 활성화, 국립대학 혁신, 학문후속세대 지원 강화, 대학 구조개혁, 연구중심대학 육성이라는 세부 주제를 기반으로 거시적 차원에서 효율성 맥락의 고등교육 경쟁력 강화라는 상위 토픽을 도출하였다. 그리고 하위 토픽으로서 교육복지사업 전개, 국가장학금 확대, 기초학력미달학생 지원, 교육여건 개선 지

표 2 이명박 정부 교육정책 추진계획의 토픽 모델링 결과

| 상위 토픽 | 하위 토픽 | 의미 연결망의 핵심 단어 |
|---|---|---|
| 공교육<br>경쟁력<br>강화 | 1. 고교 유형의 다양화 | 농산어촌, 공립, 기숙, 사립, 자율형 사립고, 기숙사 |
| | 2. 사교육비 경감 | 방과 후 학교, 사교육, 내실화, 사교육비, 민간, 공고 |
| | 3. 교원 전문성 강화 | 교사, 교장, 자격, 취득, 학위, 임용 |
| | 4. 공교육 질 제고 | 시스템, 완성, 공시, 영어공교육, 투자, 절감, 교과서 |
| 교육의<br>자율화 및<br>분권화 촉진 | 5. 창의성 신장 교육 | 창의, 인성, 교실, 중등, 인프라, 토론, 소양, 탐구, 교과서 |
| | 6. 교육규제 완화 | 산업, 규제, 성장동력, 일류, 교육산업, 장애, 지자체 |
| | 7. 대입 자율화 및 입시제도 개편 | 대입, 자율화, 수능, 대교협, 방송, 교재, 입시 |
| 효율성 기반<br>고등교육<br>경쟁력 강화 | 8. 교육의 지방 분권화 | 이양, 시도교육청, 법령, 권한, 학칙, 자율화 |
| | 9. 산학협력 사업 활성화 | 창업, 대학생, 산학협력, 동아리, 봉사, 투자, |
| | 10. 국립대학 혁신 | 연봉제, 경쟁력, 착근, 법령, 성과급, 직선제 |
| | 11. 학문후속세대 지원 강화 | 일자리, 박사, 인턴, 연구소, 연구비, 청년, 펠로우, 글로벌, 대학원 |
| | 12. 대학 구조개혁 | 구조조정, 사립대학, 부실, 국립대, 법인, 퇴출, 구조개혁 |
| | 13. 연구중심대학 육성 | 대학원, 인센티브, 위기, 글로벌, 네트워크, 시스템, 석사, 초일류 |
| 맞춤형<br>학생 복지 | 14. 국가교육개혁 비전 설정 | 건설, 법령, 선진일류국가, 교육살리기, 실행 |
| | 15. 교육복지사업 전개 | 맞춤, 사다리, 학자금, 가난, 교육복지, 대물림 |
| | 16. 국가장학금 확대 | 장학금, 저소득층, 전문대, 학사, 등록금, 학자금, 무상, 성적 |
| | 17. 기초학력미달학생 지원 | 부진, 성취, 배려, 학력 미달, 교육기회, 평생학습 |
| | 18. 교육여건 개선 지원 | 저소득층, 교육비, 안전, 맞벌이, 보호, 급식비, 유치원, 통신비 |
| | 19. 진로교육 체계화 | 진로, 산학협력, 진학상담교사, 진학, 맞춤, 산업체 |

그림 2　이명박 정부 교육정책 추진계획의 토픽 네트워크 모형(신서경 외, 2021, p. 39)

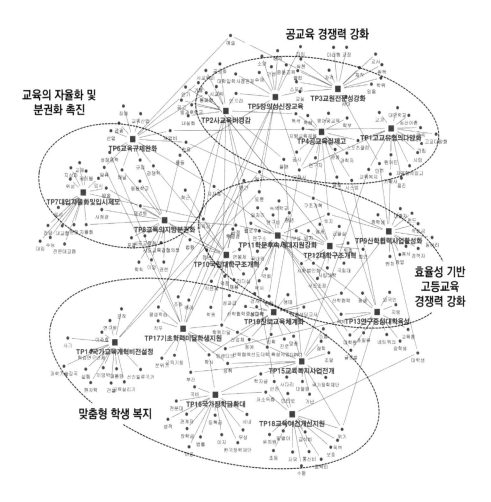

원, 진로교육 체계화를 기반으로 해서 맞춤형 학생 복지라는 상위 토픽을 확인할 수 있었다.

전반적으로 이명박 정부의 교육정책은 이념적 차원에서 교육의 수월성과 학교 자율성 가치를 우선적으로 추구했음을 알 수 있다. 아울러, 다양성과 창의성 신장을 위한 교육 경쟁력 제고를 위해 노력했음을 보여 주고 있다. 교육복지 영역에서도 수월성을 기반으로 맞춤형 교육복지정책, 즉 선별적 교육복지정책을 추진했음을 알 수 있었다. 구체적으로 맞춤형 국가장학금 사업 확대, 희망사다리 강화를 위한 교육복지사업, 기초학력미달학생 지원 사업, 그리고 진로교육 강화를 위한 정책도 추진했음을 보여준다.

## 다. 박근혜 정부 교육정책 추진계획의 주제

박근혜 정부에서 추진한 교육정책 추진계획의 핵심 주제를 확인하기 위해 토픽 모델링 기법을 사용하여 교육부가 매년 발표한 대통령 업무보고 자료(교육부, 2013; 2014; 2015; 2016; 2017)를 분석하였다. 박근혜 정부의 교육정책 추진계획의 토픽 모델링 결과는 다음 <표 3>과 같다. 도출된 핵심 단어의 의미연결망 해석을 통해서 의미 명칭인 18개 하위 토픽이 설정되었다. 그다음 하위 토픽을 기반으로 해서 학생 행복기반 공교육 강화, 평생학습 강화와 능력중심사회 구현, 수요자 중심 고등교육 기반 강화, 교육복지 확대라는 4개 상위 토픽이 설정되었다. 핵심 단어로부터 하위 토픽 그리고 하위 토픽으로부터 상위 토픽의 관계 구조는 다음 [그림 3]에 의한 토픽 네트워크 모형이 구체적으로 잘 보여주고 있다.

구체적으로 토픽 모델링 결과를 보면, 우선 초중등 분야의 경우 인성교육 체제 구축과 동시에 다양한 인성교육 강화 프로그램 관련 정책, 그리고 학생들이 꿈과 끼를 살릴 수 있도록 공교육의 질 제고와 안전한 학교 환경 체제 조성 등을 기반으로 학생 행복에 초점을 둔 공교육 강화 정책을 추진한 것을 확인할 수 있

표 3 　박근혜 정부 교육정책 추진계획의 토픽 모델링 결과

| 상위 토픽 | 하위 토픽 | 의미 연결망의 핵심 단어 |
|---|---|---|
| 학생<br>행복기반<br>공교육 강화 | 1. 학교 안전환경 체제 조성 | 인프라, 컨설팅, 위험, 설계, 선도학교, 노후, 학생안전지역 |
| | 2. 인성교육 체제 구축 | 인성, 교사, 실천, 담임, 사이버, 인성교육진흥법, 스마트기기 |
| | 3. 진로교육 체제 구축 | 협업, 시행령, 중등교육, 법률, 복지, 학교교육, 진로교육법 |
| | 4. 공교육 질 제고 | 정상화, 공교육, 꿈과 끼, 교육기회, 유발, 사교육, 능력중심사회 |
| | 5. 인성교육 활성화 | 협업, 뮤지컬, 연극, 설계, 학령, 오케스트라, 치유, 어울림 |
| 평생학습<br>강화와<br>능력중심<br>사회 구현 | 6. 평생교육 단과대학 육성 | 재직, 전문대, 학위, 명장, 취업자, 산업체, 중소기업 |
| | 7. K - MOOC 체제 구축<br>및 운영 | 온라인, 자유, K - MOOC, 학점, 콘텐츠, 토론, 평생교육 |
| | 8. 국가직무능력표준 기반<br>교육 | 교사, 국가직무능력표준, 직무, 도제학교, 산학, 학벌, 스펙 |
| | 9. 세계시민교육 확산 | 세계, 입학, 세계시민교육, 해외, 포럼, 문해, 유네스코 |
| | 10. 국가평생학습 지원 체제<br>구축 | 행복, 생애, 교양, 직무, 인생, 창조, 로드맵, 장년층, 노년층 |
| 수요자 중심<br>고등교육<br>기반 강화 | 11. 인문학 진흥 | 인문, 인문학, 진흥, 창조, 브릿지, 디지털, 대중, 콘텐츠, 통일 |
| | 12. 지방대학 육성 | 지방, 공공기관, 경쟁력, 자치, 지역인재, 지방대, 일자리, 학부 |
| | 13. 고등교육 수급관리 효율<br>화와 지원 | 정원, 부족, 미스매치, 임용, 산업수요, 예비, 인증 |
| | 14. 대학 반값 등록금 실현 | 기숙사, 학자금, 전념, 등록금, 행복, 학비, 이자, 면제 |
| 교육복지<br>확대 | 15. 지방교육재정 효율화 | 교육청, 투명성, 지방교육재정, 누리, 정상, 교육재정알리미 |
| | 16. 돌봄 서비스 강화 | 초등, 급식, 무상, 만족, 돌봄교실, 걱정, 아이, 자유, 맞벌이, 부모 |
| | 17. 학교 밖 청소년 교육 강화 | 학업중단, 아동, 청소년, 시설, 학대, 위기, 발견, 복지부, 숙려제 |
| | 18. 교육정보화 촉진 | 수학, 교실, 포털, 집필, 성취, 사이트, 지능, 기록, 모바일 |

**그림 3** 박근혜 정부 교육정책 추진계획의 토픽 네트워크 모형(신서경 외, 2021, p. 46)

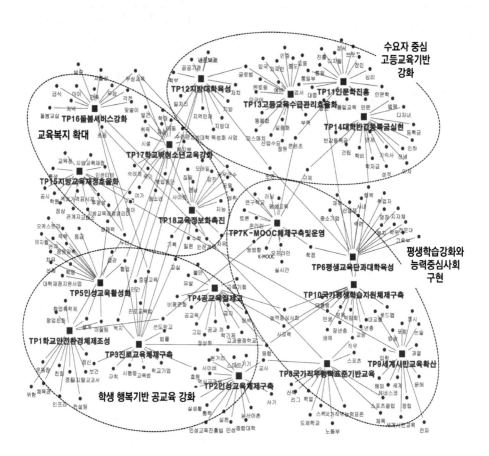

었다. 그다음으로 평생학습 강화와 능력중심사회 구현을 초점에 두고 평생교육 단과대학 육성 사업 추진, K - MOOC 체제 구축 및 운영, 국가직무능력 표준 기반 교육, 세계시민교육 확산, 국가평생학습 지원 체제 구축을 위해 교육정책 개발과 집행에 주력했음을 확인할 수 있었다. 고등교육 영역에서 핵심 단어 의미 연결망 해석 결과를 보면, 인문학 및 지방대학 육성, 산업수요를 기반으로 고등교육 수급관리 효율화와 지원, 대학 반값 등록금 실현을 기반으로 수요자 중심 고등교육 정책 추진했음을 확인할 수 있었다. 교육복지 영역의 경우, 교육복지가 학교교육 영역을 넘어 돌봄 서비스 강화, 학교 밖 청소년 교육 강화, 교육정보화 촉진으로 확대되고 있음을 확인할 수 있었다.

박근혜 정부의 교육정책 추진계획의 핵심 주제를 확인해보면, 공교육분야에서 학생행복과 인성교육 강화가 핵심 주제임을 알 수 있었다. 이는 그 당시 박근혜 정부가 대통령 선거공약으로 내세운 '꿈과 끼를 끌어내는 행복교육' 모토가 추후 교육정책에서도 그대로 실현되고 있음을 보여주고 있다. 아울러 박근혜 정부의 교육정책에 대한 토픽 모델링 결과는 당시 대통령 선거공약에서 제시한 창조경제 발전 전략으로서 고등인력 양성과 100세 시대 대비 평생학습 체제 구축과 능력중심 사회구현을 위한 국가직무능력표준 활용이 교육정책 주제로 설정되어 다양한 정책 사업들이 추진되었음을 알 수 있었다.

## 라. 문재인 정부 교육정책 추진계획의 주제

문재인 정부의 교육정책들에 대한 핵심 주제를 확인하기 위한 방안으로서 교육부 연도 업무계획 보도자료(교육부, 2018a; 2018b; 2020; 2021)를 대상으로 토픽 모델링을 실시하였다. 그 토픽 모델링 분석 결과는 다음 <표 4>와 같다. <표 4>의 왼쪽에서 제시된 핵심 단어들을 기반으로 공통 의미로 해석되어 명칭화한 16개의 하위 토픽이 설정되었고, 그다음으로 하위 토픽을 근거로 4개 상위 토픽인 교육의 공정성 강화, 참여와 포용기반 학교교육 강화, 미래교육 여건조성, 네트워크 기반 고등교육 경쟁력 제고가 공통 의미 명칭으로 설정되었다.

다음 <표 4>에서 제시된 문재인 정부 교육정책 추진계획의 토픽 모델링 결과를 보면, 먼저 교육의 공정성 강화라는 상위 토픽이 교육정책에서 핵심적 의미구조를 가진 것을 보여준다. 그 구체적 의미를 연상하는 핵심 단어에는 교육비리, 투명성, 사립대에 대한 징계와 명령, 시정, 대입 공정성을 위한 사회통합 전형 및 대입제도, 그리고 연구윤리 분야에서 공정성 관련 다수의 어휘가 포함되어 나타나고 있다. 두 번째로 참여와 포용기반 학교교육 강화라는 상위 토픽의 경우에는 포용적 학교문화, 포용적 교육, 학교교육의 민주성 제고, 안전한 교육환경 조성, 고졸 취업 활성화, 그리고 국가 부담 교육비 지원 확대라는 하위 토픽과 관련 핵심 단어들이 의미구조를 형성하였다. 셋째, 미래형 교육체제 구축과 교실공간 혁신사업이라는 하위 토픽이 도출되었고, 이를 기반으로 미래교육 여건조성이라는 상위 토픽을 연상해서 도출할 수 있었다. 마지막으로 고등교육 영역에서는 핵심 단어의 구조적 의미 연상에 대한 해석을 통해서 지방 국립대 육성, 대학 취창업 역량과 학술비전 체계화라는 하위 토픽과 이들 하위 토픽들을 근거로 해서 네트워크 기반 고등교육 경쟁력 제고라는 상위 토픽을 설정할 수 있었다.

전반적인 토픽 모델링 결과를 살펴보면, 문재인 정부가 추진한 교육정책에서 내포된 특징 중 하나는 교육에서 공정성 강화를 위한 교육제도와 관리정책을 추진했다는 것이다. 또한 교육에서 포용 가치를 실현하는 데 초점을 두고, 교육 재정지원을 확대해 나갔음을 보여 주고 있다. 마지막으로 미래교육이라는 선언적 의미를 가진 교육정책을 추진하기 위해 노력했음을 확인할 수 있다. 즉, 문재인 정부에 의해 추진된 교육정책의 가장 핵심적 이슈이자 주제는 교육에서 공정성 강화와 포용성 추구라고 볼 수 있다.

표 4    문재인 정부 교육정책 추진계획의 토픽 모델링 결과

| 상위 토픽 | 하위 토픽 | 의미 연결망의 핵심 단어 |
|---|---|---|
| 교육의 공정성 강화 | 1. 공교육의 책무성 강화 | 신뢰, 교육비리, 교실, 혁명, 공익, 방지 |
| | 2. 공교육의 신뢰성 제고 | 비리, 교육현장, 투명성, 자정, 부정, 신뢰, 엄정, 신뢰회복추진단 |
| | 3. 사학비리 척결 | 사립, 징계, 사립대학, 보직, 공립, 법인, 명령, 시정, 불이행, 사립대 |
| | 4. 대입전형의 공정성 강화 | 대입, 대입제도, 수능, 사학, 쏠림, 사회통합, 특정, 권고 |
| | 5. 연구윤리 강화 | 논문, 연구비, 연구자, 사학, 공저자, 가로채기, 윤리, 등재 |
| 참여와 포용기반 학교교육 강화 | 6. 학교교육의 민주성 제고 | 중등교육, 시행령, 눈높이, 사학, 숙려제, 학부모회, 학생회 |
| | 7. 안전한 교육환경 조성 | 안전, 건강, 미세먼지, 내진보강, 영양, 하굣길, 방지 |
| | 8. 포용문화 구축과 규제 완화 | 포용, 평등, 출발선, 규제, 토론, 문화, 교육기회, 부서 |
| | 9. 포용적 교육 강화 | 한글, 수학, 평생, 교과서, 자유, 재직, 안전망, 플랜, 놀이 |
| | 10. 고졸 취업 활성화 대책 | 재직, 중소기업, 채용, 세액, 인증, 교육청, 직무, 권한, 심사 |
| | 11. 국가 부담 교육비 지원 확대 | 교육비, 장학금, 저소득층, 인상, 지원금, 누리, 반값 등록금, 대학생, 수혜자 |
| 미래교육 여건조성 | 12. 미래형 교육체제 구축 | 교실, 미래형, 교육청, 인프라, 미래형 교육, 중학교, 무선, 혁명, 스마트 |
| | 13. 교실공간 혁신사업 전개 | 창의, 놀이, 통학, 교육청, 감성, 방학, 친교 |
| 네트워크 기반 고등교육 경쟁력 제고 | 14. 지방 국립대 육성사업 추진 | 지자체, 국립대, 지방대, 거점, 국립, 경쟁력, 클러스터 |
| | 15. 대학 취창업 역량 강화 | 창업, 실천, 펀드, 대학원, 계약학과, 심사, 실행 |
| | 16. 학술비전 체계화 | 학술, 비전, 혁명, 인문, 자유, 교육청, 처우, 설계 |

그림 4 문재인 정부 교육정책 추진계획의 토픽 네트워크 모형(신서경 외, 2021, p. 46)

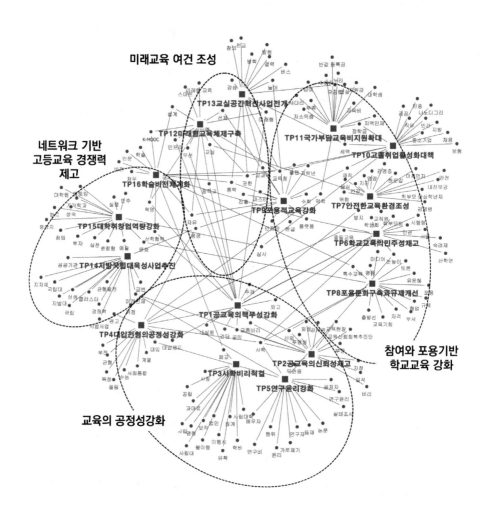

# 정권별 교육정책 추진계획의 주제 비교 및 논평

앞에서는 정권별 중앙부처 교육당국이 매년 언론에 발표한 연도 업무계획 자료를 대상으로 토픽 모델링을 실시하고, 각 정권별 교육정책 추진계획에 내포된 핵심 주제(topic)를 도출하였다. 토픽 모델링에 사용된 자료는 교육 영역 전반에 걸쳐서 교육부가 당해 연도에 핵심적으로 추진할 개괄적 내용만을 포함하고 있었기 때문에 세부적이고 구체적인 개별 교육정책에 대한 내용분석은 아니었다. 특히 분석 자료는 교육부가 연도별 추진할 업무계획이기 때문에 실제 개별 교육정책들이 어느 정도 실현되거나 성취되었는지에 대한 정보까지 분석하지 못했다는 한계도 있다. 아울러, 정권별 토픽 모델링 자료는 5개 이내의 보도자료 파일만을 포함했고, 유아교육에서 고등교육 및 평생교육 그리고 국제 교육에 이르기까지 교육정책 영역 전 범위의 내용이었기 때문에 핵심 단어(key word)를 기반으로 설정한 의미연결 토픽이 다수(16개에서 20개) 도출되었다. 너무 많은 수의 하위 토픽이 도출되는 경우, 정권별 교육정책에 내포된 핵심 주제를 파악하고 그 차이와 특징을 비교하기가 용이하지 못하기 때문에, 핵심 단어로부터 공통 의미를 추출해서 명칭화한 1차 하위 토픽들을 근거로 각 하위 토픽들 간에 공통적 연결 의미를 가진 것으로 해석되는 2차 상위 토픽 4개를 설정하였다. 무엇보다도 핵심 단어와 하위 토픽을 연결하는 공통 의미 해석에 있어서 난해한 경우도 다수 존재하였기 때문에, 제시한 토픽 명칭 설정에 있어서 연구자의 주관적 관점이 강하게 반영되는 질적 연구 방법으로서 본질적 한계가 있었다.

우선, 각 정권별로 교육당국(교육부)이 추진한 개괄적 교육정책 추진계획의 내용분석 결과, 즉 연도 업무계획 자료에 대한 토픽 모델링 결과를 비교해 보면, 초중등 학교교육을 기반으로 하는 공교육, 고등교육, 그리고 각 교육영역별 재정지원 사업이나 법규제도 관련 정책들을 각 정권에서 모두 공통적으로 추진했다는 사실을 확인할 수 있었다. 하지만, 동일 교육영역이나 교육대상으로 각 정부가 추진한 정책들에 내포된 핵심 이슈나 주제는 다소 차이가 있었다는 점도 파악할 수 있었다. 예를 들어 네 개 정권 모두 초중등학교 교육에서 교육복지 정책을 추진하였지만, 핵심 단어에 내포된 공통 의미에 있어서 핵심 주제는 다소 다르게 나타났다. 노무현 정부는 초중등교육 영역에서 교육복지 강화를 위해 전 범위에 걸쳐 포괄적 및 개별적 지원, 즉 보편적 및 선별적 복지정책에 초점을 두었고, 제도적으로뿐만 아니라 재정적 지원도 동반해서 추진한 특징을 보여주었다. 문재인 정부는 내면적으로 노무현 정부의 교육복지와 다소 동일하지만, 외면적으로는 '포용'이라는 다소 추상성 의미를 가진 정책 모토를 내세워 무상 지원이나 포괄 지원에 초점을 둔 보편적 교육복지 사업을 추진했음을 확인할 수 있었다.

한편, 이명박 정부와 박근혜 정부의 경우도 나름 교육복지 정책을 추진해 왔으나, 노무현 정부나 문재인 정부에 비교해서 특정한 서비스 대상에 맞춤형 지원정책, 즉 선별적 교육복지 정책에 보다 더 초점을 두었다는 사실을 확인할 수 있었다. 교육복지 분야만 놓고 비교하면, 전 범위 교육정책에 초점을 둔 노무현 정부와 선별적 맞춤형 교육정책을 지향한 이명박 정부 간에 가장 두드러진 차별성을 보였다. 특히 이들 두 정권 간에는 교육정책이 추구하는 이념에 있어서도 분명하게 차이를 보여 주었다. 노무현 정부 교육정책은 교육 형평성 제고에 최우선적인 초점을 둔 반면에, 이명박 정부의 경우 교육의 수월성과 자율성을 기반으로 교육 경쟁력 신장에 보다 더 중점을 두고 교육정책을 추진하였다는 사실을 확인할 수 있었다.

차별적 주제를 기반으로 초중등교육 영역에 있어서 교육정책을 추진한 경우를 살펴보면, 박근혜 정부는 여타 세 정권과 비교했을 때, 독특한 특징 중 하나는 인성교육 강화를 기반으로 학생의 정서적 행복을 중시하는 학교교육 정책을 추진했다는 점이다. 또한 박근혜 정부는 학교교육 밖 교육서비스 강화에도 초점을 두었다는 사실을 보여 주었다. 노무현 정부의 경우는 여타 세 정권과 비교해서 교육내용이 아니라, 학교운영관리체제 차원에서 NEIS 등 다양한 학교운영 시스템 구축을 위한 교육정책에 초점을 두었다는 점이 차별적으로 드러났다. 이명박 정부는 학교교육의 관리운영 체제(governance system) 측면에서 자율화와 분권화를 위한 교육정책 추진이 두드러졌다.

고등교육 영역 경우에서는 네 개 정권 모두 대학 경쟁력 제고에 공통적으로 초점을 둔 것으로 파악되었으나, 구체적 지원 대상이나 경쟁력 제고 전략에 있어서 정권별로 다소 차이가 있었다. 노무현 정부의 고등교육 정책에서는 지역균형 발전에 우선적 초점을 두고 지방대학 육성 및 지원이나 전문대학 지원 정책이 새롭게 두드러져 나타났다. 다소 차이는 있지만 문재인 정부의 경우도 지방국립대학 육성에 초점을 두고 대학 간 네트워크 기반 발전 전략을 보여 주었다. 반면에 이명박 정부는 국립대학 혁신과 대학 구조개혁 등에 초점에 두고 고등교육 효율화 정책을 추진한 사실이 나타났다. 이와 유사하게 박근혜 정부의 경우도 고등교육 수급 관리와 반값 등록금 추진 등 수요자 중심의 고등교육정책 추진에 초점을 두었음을 확인할 수 있었다. 결과적으로 보면, 노무현 정부와 문재인 정부에서 고등교육정책의 핵심 주제는 지방대학 혁신과 육성이 우선적으로 두드러진 반면에, 이명박 정부와 박근혜 정부의 경우는 대학구조조정 및 개혁이 상대적으로 보다 더 핵심적 주제임을 보여 주었다. 아울러, 학교교육 이외에 교육영역과 관련해서는 여타 세 정권과 비교했을 때, 박근혜 정부가 새로운 교육제도로서 평생교육 단과대학 육성 추진, K-MOOC 체제 구축, 국가직무능력표준 기반 교육 등을 기반으로 평생학습 진흥에 초점을 두고 교육정책을 추진한 특징을 보여 주었다.

앞에서 살펴본 것처럼, 토픽 모델링 분석 결과는 초중등교육정책, 고등교육정책, 평생학습정책, 그리고 교육복지 등 기능별 정책 영역에 있어서 정권별로 교육정책 추진이 내세우는 가치나 이슈의 핵심 주제가 다소 상이하다는 점을 보여 주었다. 이는 각 정권별 내세우고 지향하는 국정운영 목표와 철학이 다르기 때문이다. 결과적으로 교육정책은 정권별로 추구하는 정치적 이념과 가치에 의해 영향받고, 그 결과 교육실제 역시 정치권력에 의해 지배받을 수밖에 없다는 사실이다. 구체적으로 교육영역별, 교육기능별로 교육정책이 정권 간에 어느 정도 차이를 보이는가는 교육정책 각론 부문에서 보다 더 상세히 살펴볼 필요가 있다.

# 참고문헌

■ 교육인적자원부(2004). 2004년도 주요업무계획. 보도자료, 2004. 3. 2.

■ 교육인적자원부(2005). 2005년도 주요업무 계획. 보도자료, 2005. 3. 25.

■ 교육인적자원부(2006). 2006년도 주요업무 계획. 보도자료, 2006. 2. 9.

■ 교육인적자원부(2007). 2007년도 주요업무 계획. 보도자료, 2007. 2. 8.

■ 교육과학기술부(2008a). 2008년도 주요업무 계획. 보도자료, 2008. 3. 20.

■ 교육과학기술부(2008b). 2009년도 주요업무 계획. 보도자료, 2008. 12. 27.

■ 교육과학기술부(2009). 2010년도 주요업무 계획. 보도자료, 2009. 12. 22.

■ 교육과학기술부(2010). 2011년도 주요업무 계획. 보도자료, 2010. 12. 17.

■ 교육과학기술부(2011). 2012년도 주요업무 계획. 보도자료, 2011. 12. 14.

■ 교육부(2013). 2013년도 주요업무 계획. 보도자료, 2013. 3. 28.

■ 교육부(2014). 2014년도 주요업무 계획. 보도자료, 2014. 2. 14.

■ 교육부(2015). 2015년도 주요업무 계획. 보도자료, 2015. 1. 27.

■ 교육부(2016). 2016년도 주요업무 계획. 보도자료, 2016. 1. 28.

■ 교육부(2017). 2017년도 주요업무 계획. 보도자료, 2017. 1. 9.

■ 교육부(2018a). 2018년도 주요업무 계획. 보도자료, 2018. 1. 31.

■ 교육부(2018b). 2019년도 주요업무 계획. 보도자료, 2018. 12. 11.

■ 교육부(2020). 2020년도 주요업무 계획. 보도자료, 2020. 3. 3.

■ 교육부(2021). 2021년도 주요업무 계획. 보도자료, 2021. 1. 25.

■ 배소연(2020). 교육의 정치적 중립성의 헌법적 의미 회복을 위한 비판적 검토: 교육 입법, 교육행정, 교육판례 분석을 중심으로. 공법연구, 48(4), 173 – 201.

■ 신서경, 박주호, 송해덕, 홍아정(2021). 2003 – 2021 교육부 핵심정책 분석을 통한 미래

교육 정책 제언. 연구보고 (정책 2021 – 위탁 – 3). 교육부.

■ 윤빛나리(2020). 토픽 모델링 활용 마이스터 정책이슈 분석: 교육부 보도자료를 중심으로. 직업능력개발연구, 23(1), 39 – 67.

■ Blei, D. M. (2012). Probabilistic topic models. Communication of the ACM, 55(4), 77 – 84.

■ La Noue, G. R. (1965). Political Power and Educational Decision – Making. *American Political Science Review, 59*(4), 1004 – 1005.

# 제2부

# 초 · 중등교육정책 실제

# 제4장 정권별 초중등교육정책의 내용분석 결과[1]

본 장은 초중등교육 부문에만 중점을 두어서 각 정권별 교육정책 내용을 분석하고, 그 결과로서 핵심적인 주제를 확인해서 제시하였다. 앞 제3장에서 제시한 초중등 분야 정책 주제는 각 정권에서 교육정책 전체에 대한 연도별 업무계획 내용을 분석한 결과 중 일부에 해당한다. 반면에, 본 장에서 제시한 주제는 각 정부에서 추진한 초중등정책 보도자료만을 별도로 구분해서 내용분석한 결과이다. 한편, 제3장과 본 장에서 제시한 정권별 주제 간에는 정확히 일치하지 아니하고, 각각 서로 상이한 주제도 포함하고 있다. 왜냐하면, 본 장에서 제시한 주제 분석의 경우에 활용한 자료는 제3장에서 분석한 자료와 완전히 다르고, 그 양과 범위에서도 보다 방대한 자료를 사용하였기 때문이다.

## 1 노무현 정부 초중등교육정책의 주제

노무현 정부 초중등교육정책에 대한 주제 분석은 당시 교육인적자원부가 언론에 발표한 초중등교육정책 보도자료에 대한 토픽 모델링을 통해서 확인하였

---

1 정권별 초중등교육정책의 내용분석 결과는 필자가 참여한 교육부 연구과제(신서경 외, 2021), "2003~2021 교육부 핵심정책 분석을 통한 미래교육 정책 제언"의 토픽 모델링 결과 중 자료(다음 <표 1, 2, 3, 4>와 [그림 1, 2, 3, 4, 5, 6, 7, 8])를 활용해서 작성하였다.

다. 토픽 모델링에 사용된 보도자료(단순 행사홍보 자료 제외)는 총 481개 문서(8,735개 단어)였다. 이들 자료는 모두 교육부 보도자료 데이터베이스에 저장되어 있는 문서들이다. 분석에 활용된 보도자료의 경우 단순히 장차관 행사홍보나 언론대응 자료는 제외하고 정책 보도자료만을 포함하였다.

초중등교육 분야 481개 정책 보도자료의 핵심 단어(key word) 빈도를 워드 클라우드로 구성하면 아래 [그림 1]과 같다. 아래 [그림 1] 워드 클라우드에서는 지역, 교육청, 교사, 학부모, 대학, 개선, 초등, 학교폭력, 수학, 중학교, 교과서, 시설, 방과 후 학교 등의 단어가 중요 빈도로 나타나고 있다. 아울러, 노무현 정부에서 교육부가 언론에 발표한 초중등교육정책 보도자료에 대한 토픽 모델링 분석 결과로서 확인한 주제(topic)를 보면 다음 <표 1>과 같다.

보다 구체적으로 토픽 모델링 분석 결과를 보면, 위에서 제시한 빈출 핵심 단어를 기반으로 5개의 정책 주제가 산출되었다. 이들 5개 주제는 핵심 단어군에 내

**그림 1**  노무현 정부 초중등교육정책의 빈출 키워드 기반 워드 클라우드

포된 공통 의미 해석을 통해서 확인되었다. 결과적으로 노무현 정부 초중등교육 정책 주제의 경우는 1) 학교교육 혁신, 2) 학교교육 성과 내실화, 3) 교육 형평성 강화 지원, 4) 학교운영관리체제 선진화, 5) 안전한 교육환경 조성으로 집약할 수 있었다.

**표 1** 노무현 정부의 초중등교육정책 토픽 모델링 결과

| 토픽 | 토픽명 | 핵심 단어 | 문서 수 |
|------|--------|-----------|---------|
| 토픽 1 | 학교교육 혁신 | 교사, 학부모, 대학, 개선, 진학, 교육청, 사교육비, 장애, 중학교, 창의, 입학, 성적, 진로, 자율, 사교육 | 112 |
| 토픽 2 | 학교교육 성과 내실화 | 수학, 교과서, 성취, 초등, 검사, 점수, 국어, 지역, 검정고시, 합격, 교사, 문화, 중학교, 개선, 질환 | 74 |
| 토픽 3 | 교육 형평성 강화 지원 | 지역, 교육청, 방과 후 학교, 시설, 투자, 학부모, 저소득층, 초등, 교육복지, 교실, 농산어촌, 보육 | 109 |
| 토픽 4 | 학교운영관리체제 선진화 | 체육, 급식, 교육감, 개선, 보호, 예술, 시설, 기록, 자율, 시행령, 사립, 대학, NEIS, 건강, 법률 | 96 |
| 토픽 5 | 안전한 교육환경 조성 | 학교폭력, 예방, 피해, 청소년, 폭력, 교사, 교육청, 여성, 수상, 선수, 탐구, 영재교육, 자진, 캠프, 심사 | 90 |

이들 정책 주제와 관련 핵심 단어들 간의 네트워크 맵을 구성하면 다음의 [그림 2]와 같이 나타난다.

그림 2     노무현 정부 초중등교육정책의 키워드 네트워크 맵

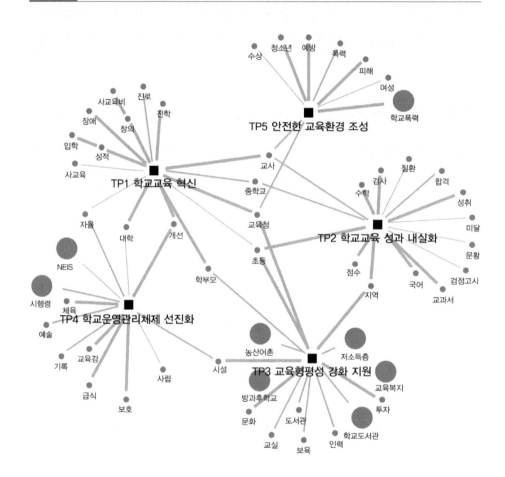

## 2 이명박 정부 초중등교육정책의 주제

　이명박 정부 초중등교육정책의 주제 분석은 당시 교육과학기술부가 초중등교육 분야에서 발표한 정책 보도자료 619개 문서(17,780개 단어)가 토픽 모델링을 통해서 확인되었다. 토픽 모델링 분석을 위한 보도자료의 경우 행사홍보나 언론 대응 자료는 제외하고 정책 보도자료만을 포함하였다. 주요 빈출 키워드 기반의 워드 클라우드는 아래 [그림 3]과 같다. 아래 [그림 3]에서 보듯이, 빈출 핵심 단어에 학부모, 지역, 교사, 학교폭력, 교육청, 초등, 문화, 진로, 창의, 교실, 자율, 교과서 등이 나타나고 있다.

**그림 3**　이명박 정부 초중등교육정책의 빈출 키워드 기반 워드 클라우드

표 2 | 이명박 정부의 초중등교육정책 토픽 모델링 결과

| 토픽 | 토픽명 | 핵심 단어 | 문서 수 |
|---|---|---|---|
| 토픽 1 | 교육의 수월성 강화 | 수학, 예술, 올림피아드, 세계, 영재교육, 대학교, 수상, 문화, 영재, 탐구, 성적, 음악, 오케스트라 | 106 |
| 토픽 2 | 건강한 학교문화 조성 | 학교폭력, 예방, 청소년, 체육, 스포츠클럽, 교육청, 피해, 건강, 스포츠, 교사, 검사, 지역, 중학교 | 111 |
| 토픽 3 | 창의성 교육 강화 | 학부모, 교사, 창의, 교실, 문화, 초등, 지역, 동아리, 독서, 중학교, 포럼, 수학, 아이, 토론 | 173 |
| 토픽 4 | 진로교육 활성화 | 진로, 교과서, 대학, 직업, 교사, 교육청, 학부모, 개선, 진학, 공시, 교육감, 학교운영, 취업, 부담, 시설 | 158 |
| 토픽 5 | 교육의 자율화와 분권화 | 지역, 자율, 입학, 공립, 초등, 교육청, 유치원, 자율형 사립고, 교육감, 중학교, 학교장, 기숙, 학부모회 | 71 |

구체적으로 이명박 정부에서 교육부가 언론에 발표한 초중등교육정책 보도자료에 대한 토픽 모델링을 통해서 확인한 주제는 위의 <표 2>와 같이 5개로 나타났다. 구체적으로 5개 주제로서 1) 교육의 수월성 강화, 2) 건강한 학교문화 조성, 3) 창의성 교육 강화, 4) 진로교육 활성화, 5) 교육의 자율화와 분권화가 핵심 단어군 내 공통 연상의미 해석을 통해서 산출되었다.

위 <표 2>에 나타난 5개 주제는 이명박 정부가 추진한 초중등교육정책의 핵심 정책 주제임을 의미한다. 이들 5개 주제와 핵심 단어군 간의 네트워크 맵을 구성해 보면 다음 [그림 4]와 같이 나타난다.

그림 4    이명박 정부 초중등교육정책의 키워드 네트워크 맵

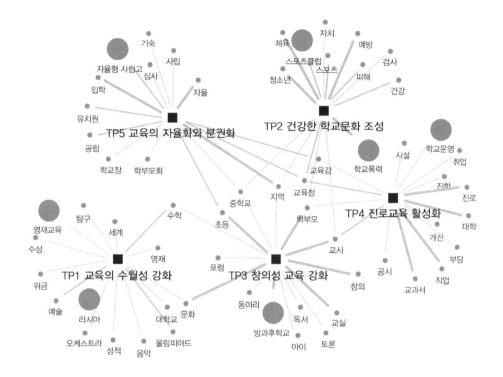

# 3    박근혜 정부 초중등교육정책의 주제

     박근혜 정부 초중등교육정책의 주제는 당시 교육부가 초중등교육 분야에서
발표한 정책 보도자료 676개 문서(21,408개 단어)가 토픽 모델링을 통해서 확인되
었다. 주요 빈출 키워드 기반의 워드 클라우드를 보면 다음 [그림 5]와 같다.
[그림 5]에서 보듯이, 주요 빈출 핵심 단어에는 진로, 교사, 지역, 문화, 중학교,

대학, 초등, 학부모, 자유학기제, 직업 등이 나타나고 있다. 이들 핵심 단어를 기반으로 한 주제 분석에서는 다음 <표 3>에 보이듯이 5개가 확인되었다. 구체적으로 5개 주제의 경우 1) 학교 밖 청소년 교육 강화, 2) 진로 및 체험활동 교육 강화, 3) 창의성 교육 강화, 4) 역사 및 국가 교육 강화, 5) 인성교육 강화가 핵심 단어군에서 연상된 의미 해석을 통해서 확인되었다.

**그림 5** 박근혜 정부 초중등교육정책의 빈출 키워드 기반 워드 클라우드

표 3 박근혜 정부 초중등교육정책의 토픽 모델링 결과

| 토픽 | 토픽명 | 핵심 단어 | 문서 수 |
|------|--------|-----------|---------|
| 토픽 1 | 학교 밖 청소년 교육 강화 | 중학교, 입학, 학업중단, 시설, 교육청, 검정고시, 개선, 취소, 동의, 사립, 시행령, 자율, 법률 | 136 |
| 토픽 2 | 진로 및 체험활동 교육 강화 | 진로, 대학, 자유학기제, 직업, 지역, 탐색, 맞춤형, 멘토링, 교사, 학부모, 청소년, 창업, 자유, 중학교 | 145 |
| 토픽 3 | 창의성 교육 강화 | 문화, 예술, 교사, 창의, 수학, 동아리, 지역, 교실, 인재, 융합, 중학교, 행복, 방과 후 학교, 공연 | 138 |
| 토픽 4 | 역사 및 국가 교육 강화 | 독도, 교과서, 인문, 인문학, 통일, 장애, 서술, 교사, 문화, 진흥, 한국사, 토론, 교재, 지역, 전시회 | 112 |
| 토픽 5 | 인성교육 강화 | 학교폭력, 학부모, 예방, 초등, 인성교육, 인성, 교사, 지역, 청소년, 친구, 또래, 안전, 행복, 건강 | 145 |

보다 세부적으로 박근혜 정부 초중등교육정책의 토픽 모델링 결과에서 확인한 주제와 핵심 단어들 간의 네트워크 맵은 다음 [그림 6]과 같이 나타났다.

그림 6 　박근혜 정부 초중등교육정책의 키워드 네트워크 맵

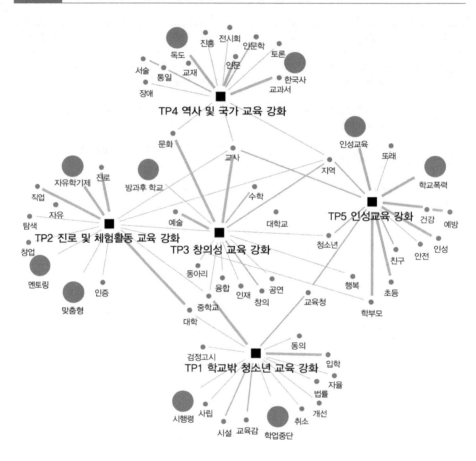

## 문재인 정부 초중등교육정책의 주제

문재인 정부에서 교육부가 언론에 발표(2017. 05. 10.~2021. 06. 30.)한 초중등교육정책 보도자료 토픽 모델링에서는 총 598개 문서(19,255개 단어)가 활용되었다. 우선, 아래 [그림 7] 핵심 단어 빈도 클라우드에서 보듯이, 빈출 키워드 우선순위를 차지하는 단어에는 진로, 지역, 교사, 대학, 초등, 문화, 교육청, 학부모, 예술, 중학교, 온라인, 원격 등이 나타나고 있다.

아울러, 다음 <표 4> 토픽 모델링 결과에서 보이듯이 핵심 단어(key word)군을 기반으로 한 주제(topic)는 5개가 가장 적절한 수로 나타났다. 이들 5개 주

**그림 7** 문재인 정부 초중등교육정책의 빈출 키워드 기반 워드 클라우드

| 토픽 | 토픽명 | 핵심 단어 | 문서 수 |
|---|---|---|---|
| 토픽 1 | 학교폭력 예방 및 위기학생 보호 | 학교폭력, 예방, 대학, 피해, 급여, 아동, 청소년, 보호, 자치, 시설, 성폭력, 부담, 복지 | 134 |
| 토픽 2 | 체험활동 기반 자유학기제 확대 | 교사, 문화, 중학교, 수학, 예술, 초등, 지역, 자유, 동아리, 자유학기제, 학부모, 행복, 이야기 | 128 |
| 토픽 3 | 안전한 학교교육 환경 조성 | 지역, 원격, 등교, 안전, 초등, 온라인, 교사, 학부모, 교육청, 코로나, 개선, 시설, 체육 | 157 |
| 토픽 4 | 미래교육 여건 조성 | 온라인, 창업, 대학, 인재, 독도, 콘텐츠, 교과서, 장애, 미래교육, 심사, 교사, 인공지능, 미디어 | 125 |
| 토픽 5 | 진로맞춤형 교육 강화 | 진로, 직업, 인증, 창업, 사회복지, 법률, 청소년, 군인, 마을, 지역, 소방, 대학교, 디자인, 예술 | 54 |

**표 4** 문재인 정부의 초중등교육정책 토픽 모델링 결과

제로서 1) 학교폭력 예방 및 위기학생 보호, 2) 체험활동 기반 자유학기제 확대, 3) 안전한 학교교육 환경 조성, 4) 미래교육 여건 조성, 5) 진로맞춤형 교육 강화가 문재인 정부에서 추진한 초중등교육정책의 핵심 정책 주제로 볼 수 있다.

　위 <표 4>에 나타난 5개 정책 주제와 및 핵심 단어들 간의 네트워크 맵을 구성하면 다음 [그림 8]과 같이 나타난다.

그림 8 문재인 정부 초중등교육정책의 키워드 네트워크 맵

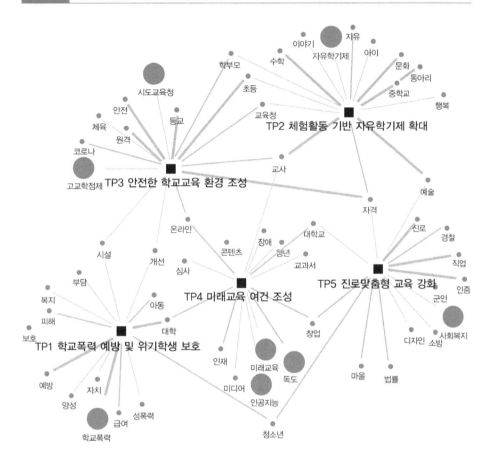

　정권별 초중등교육정책의 주제 비교 및 논의

　각 정권에서 교육부가 초중등교육 분야에서 산출한 정책 보도자료에 대한 토픽 모델링 결과인 핵심 주제를 집계해 보면, 다음 <표 5>와 같이 요약 정리할 수 있다. 이들 토픽 모델링 결과에 나타난 주제로만 본다면, 초중등 분야 교육정책의 경우 정권별로 정책이념, 개혁하고자 한 정책의제나 정책내용에서 상당히 큰 차이점을 보이고 있다. 또한, 정권별 초중등교육정책 토픽 모델링 결과에서는 모든 정권에서는 아니지만, 전반적으로 정권이 변경되어도 계속 이어져서 동일한 정책기조를 유지하고 추진된 정책도 있다는 사실이다.

　우선, 다음 <표 5>에 나타난 개별 정책 주제에 내포된 교육정책 이념이나 지향 가치 측면에서 보면, 이명박 및 박근혜 정부는 다소 유사한 정책기조를 보이고 있다. 이들 두 정권에서는 교육의 수월성, 창의성, 그리고 자율성 강화를 상대적으로 보다 강조하면서 세부적인 초중등교육정책을 추진했다는 사실을 보여주고 있다. 반면에 노무현 정부는 교육 형평성 강화에 뚜렷한 초점을 두고 초중등교육정책을 추진했음을 확인할 수 있고, 이에 더하여 공교육인 학교교육의 내실화와 혁신에도 보다 많은 관심을 기울였다는 점을 확인할 수 있다. 아울러, 문재인 정부에서 나타난 정책 주제를 보면, 아동 또는 학생중심 교육에 초점을 두었고 체험활동 교육에 역점을 기울인 것을 알 수 있다.

　둘째, 정권이 변경되어도 계속 이어져서 동일한 정책기조를 유지한 경우는 체험 및 진로교육 활성화와 안전한 학교환경과 문화 조성이 뚜렷하게 나타나고 있다. 체험 및 진로교육 활성화의 경우는 이명박, 박근혜, 그리고 문재인 정부에 이르기까지 공통적 교육정책 주제임을 보여 주고 있다. 실제로 체험 및 진로교육 활성화와 관련해서는 박근혜 정부가 자유학기제 정책을 최초로 도입하고 중학교 1학년을 대상으로 전국에 확대했는데, 이러한 사실은 주제 분석에서도 확인할 수

표 5   정권별 초중등교육정책의 주제 비교

| 노무현 정부 | 이명박 정부 | 박근혜 정부 | 문재인 정부 |
|---|---|---|---|
| • 교육 형평성 강화 지원<br>• 학교교육 성과 내실화<br>• 학교교육 혁신<br>• 학교운영관리체제 선진화<br>• 안전한 교육환경 조성 | • 교육의 수월성 강화<br>• 창의성 교육 강화<br>• 진로교육 활성화<br>• 교육의 자율화와 분권화<br>• 건강한 학교문화 조성 | • 창의성 교육 강화<br>• 인성교육 강화<br>• 진로 및 체험활동 교육 강화<br>• 역사 및 국가 교육 강화<br>• 학교 밖 청소년 교육 강화 | • 체험활동 기반 자유학 기제 확대<br>• 진로 맞춤형 교육 강화<br>• 미래교육 여건 조성<br>• 학교폭력 예방 및 위기학생 보호<br>• 안전한 학교교육 환경 조성 |

있다. 체험 및 진로교육 활성화를 기반으로 한 자유학기제 정책은 문재인 정부에 서도 그대로 이어져서 확대되고 있음을 보여 주고 있다. 다음으로 안전한 학교환 경과 문화조성의 경우 모든 정권에서 핵심 정책 사항으로 나타나고 있다. 이는 초 중등학교 현장에서 학교폭력 문제가 지속적으로 해소되지 못하고, 모든 정부가 중요한 초중등교육정책으로 다루었다는 사실을 알려주고 있다.

셋째, 정권별 초중등교육정책의 토픽 모델링 결과 중에서 여타 정권에서 비 교해서 가장 차별적인 특징의 정책 주제를 다수 포함하고 있는 경우는 박근혜 정부인 것을 알 수 있다. 박근혜 정부의 정책 주제를 보면, 다소 독특하게 정서 함양에 초점을 둔 인성교육 주제가 있고, 역사교육 및 국가정신(national building) 교육, 그리고 학교 밖 청소년 교육 강화도 포함하고 있다.

# 국가교육과정제도 및 교육혁신정책의 실제와 쟁점

## 1 / 초중고 국가교육과정제도

교육학적 측면에서 교육과정이란, 학습자가 학교교육에서 배워야 할 교육내용이나 경험의 총체로서, 올바른 교육을 위한 계획 또는 결과를 달성하기 위한 공식적, 총체적 과정으로 정의하고 있다(성태제 외, 2017). 교육과정을 결정하고 구성하는 데 결정적으로 작용하는 3가지 핵심요소는, 교육이 존재하고 운영되는 사회, 교육과정이 제공하는 활동·내용을 경험할 주체인 학습자, 그리고 교육과정의 핵심인 교육내용을 제공하는 교과를 포함한다.

우리나라는 초중고 교육에서 국가수준 교육과정을 편성 및 운영하고 있는 국가이다. 국가수준에서 교육과정을 편성 운영함으로 인해서 초중등교육에서 학습기회를 균등하게 부여하고, 교육의 질을 일정 수준으로 유지하는 데 장점을 가진다. 반면에 국가교육과정을 운영하고 있기 때문에 지역의 전문성이나 자율성을 반영한 특색 있는 학교 교육과정 편성과 운영에 있어서는 제약이 있다는 단점도 존재한다.

교육실제에서 1955년에 초중고 교육을 위한 국가수준의 교육과정이 최초로 제정되었고, 그 이후 오늘날까지 교육과정은 수시 또는 전면개정을 통해서 변경 및 운영되어 왔다. 국가수준의 교육과정은 구성영역 면에서 교육과정 총론, 각론, 그리고 교과외 활동 부문으로 구분되어 존재한다. 교육과정 총론은 학교 교육과정의 전체적인 목표, 교육과정의 총괄적 성격, 목표, 중점, 교과 편제, 시간 단위 배당 등을 기술하고 있고, 학교 교육과정의 전체적 포괄성과 균형성, 그리고 교과 교육과정 및 교과외 활동을 총괄하며 상호 균형을 유지하게 하는 역할을 수행한다. 무엇보다도 교육과정 총론은 학교급별 교육과정 편성 및 운영의 기준, 학교별 이수 교과목의 종류와 교과별 시간 편제, 그리고 교수학습의 원리 및 평가방법을 포함하고 있다. 교육과정 각론의 경우, 각 교과 교육과정으로서 교육 프로그램 등의 뚜렷한 형식과 목적을 지니고 제공되는 교육과정을 말한다. 학교교육에서는 국어과, 수학과 교육과정 같은 교과 교육과정이 형식적 교육과정의 성격을 띠는데, 교과 교육과정은 특정한 성격, 목표, 내용체계, 탐구방식을 포함하고 있다. 그리고 준형식적 교육과정으로서 교과외 특별활동 부문이 있다. 이러한 특별활동에는 창의적 체험활동이 포함되어 있고, 이는 학교에서 '교과외'로 제공되는 특별교육과정, 재량활동, 특기적성 교육활동 등이 해당한다. 우리나라 교육과정의 구성은 구체적으로 3단계 과정을 통해서 운영되고 있다. 우선 국가수준의 교육과정이 있고, 그다음으로 시도교육청 단계에서 교육과정 편성 및 운영 지침이 수립되며, 마지막으로 학교 교육과정이 편성 운영되고 있다.

가장 최근은 2015년으로, 교육부는 창의융합형 인재 양성을 목표로 하는 「2015 개정 교육과정」을 확정·발표하였다. 이 교육과정은 2017년부터 학교급 및 학년 단계별로 순차 적용되어, 2020년 3월 1일에 중학교 3학년과 고등학교 3학년을 대상으로 시행하는 것으로 고지되어 있다. 2015 국가교육과정 개정의 경우, 기존 교육과정에서 나타난 문·이과 구분 운영에 따른 지식 편식 현상의 문제 개선과 융합형 인재 양성에 대한 사회적 요구에 부응을 기본 배경으로 해서 추진되었다. 특히 2015 개정 교육과정은 총론에서 '창의융합형 인재'[1]상을 제시하고

---

[1] 창의융합형 인재란 인문학적 상상력, 과학기술 창조력을 갖추고 바른 인성을 겸비하여 새로운 지

있다. 또한, 2015 개정 교육과정은 창의융합형 인재가 갖추어야 할 핵심역량으로서 자기관리 역량, 지식정보처리 역량, 창의적 사고 역량, 심미적 감성 역량, 의사소통 역량, 그리고 공동체 역량을 제시하고 있다. 따라서 2015 개정 교육과정은 역량 중심 교육과정으로 불리고 있다. 교육부(2015a)는 2015 국가교육과정 발표에서 핵심 개정 방향 세 가지를 제시하였다. 첫째, 인문·사회·과학기술에 관한 기초소양교육 강화이다. 전반적으로 학교에서 인문학적 소양을 비롯한 기초소양 함양 교육을 강화하고, 특히 고등학교 학생의 기초소양 함양을 위해 문·이과 구분 없이 공통 과목(국어, 수학, 영어, 한국사, 통합사회, 통합과학, 과학탐구실험)을 도입하고, 통합적 사고력을 키우는 '통합사회' 및 '통합과학' 과목을 신설한다는 것이다. 둘째, 학생들의 "꿈과 끼"를 키울 수 있는 교육과정 마련이다. 구체적으로, 단위학교의 교육과정 편성·운영의 자율성을 확대하여 학생의 진로와 적성을 고려한 다양한 선택 과목 개설이 가능하도록 하고, 2016년 자유학기제 전면 실시에 대비하여, 중학교 한 학기를 '자유학기'로 운영할 수 있는 근거를 교육과정에 마련하였다. 셋째, 미래 사회가 요구하는 핵심역량의 함양이 가능한 교육과정을 마련하고, 교과별로 꼭 배워야 할 핵심 개념 및 원리 중심으로 학습내용을 정선하여 감축하고, 교수·학습 및 평가방법을 개선하여 학생들의 학습 부담을 줄이고 진정한 배움의 즐거움을 느낄 수 있도록 하는 것이다.

결과적으로 가장 최근 개정된 2015 교육과정의 3가지 핵심은, 학교교육 전 과정에서 학생들에게 중점적으로 길러주고자 하는 핵심역량 설정, 다음으로 통합사회·통합과학 등 문·이과 공통 과목 신설, 연극·소프트웨어 교육 등 인문·사회·과학기술에 대한 기초소양교육 강화, 그리고 교과별 핵심 개념과 원리를 중심으로 학습내용을 적정화하고, 교실수업을 교사 중심에서 학생 활동 중심으로 전환하기 위한 교수·학습 및 평가방법을 포함하고 있다(교육부, 2015b).

식을 창조하고 다양한 지식을 융합하여 새로운 가치를 창출할 수 있는 사람으로 정의되고 있다(교육부, 2015a).

## 중학교 교육혁신을 위한 자유학기제 정책

2013년 박근혜 정부가 출범하고, 교육부는 중학교 단계에서 국가교육과정을 혁신하는 정책으로서 자유학기제를 실시한다고 발표하였다(교육부, 2014; 2016). 실제로 자유학기제는 2013년 2학기에 전국 42개 연구학교에서 처음 도입한 이래, 2014년에는 80개 연구학교와 731개 희망학교로 확대 운영되었다. 또한 2015년에는 2,551개교로 전체 중학교의 80%까지 확대되었고, 2016년 이후 전국의 중학교에 전면 실시되었다(조혜영, 2017; 최상덕, 2015). 그 이후 문재인 정부에 들어와서도 교실수업 혁신을 통한 공교육의 변화 유도를 목적으로 자유학기제는 지속적으로 확대 운영되어 오고 있다. 실제로 교육부(2017a)는 중학교 자유학기제 확대·발전 계획을 수립하고, 2018년부터 중학교 1학년 전체 학기를 자유학기제로 운영, 즉 자유학년제를 희망하는 전국 1,500개 중학교에 시행한다는 것을 발표하였다. 자유학기제 확대·발전 계획 발표에서 교육부는 학교교육이 경쟁과 입시 중심 교육에서 벗어나 학생들의 핵심역량을 함양하는 방향으로 변화할 수 있도록 교실 혁명과 공교육 혁신을 통한 미래 인재 양성을 추진한다고 선언하였다(교육부, 2017a). 가장 최근인 2021년의 경우 교육부(2021a)는 기존 '자유학년(학기) 운영사업'을 '현장 중심의 교육과정 운영지원' 사업으로 통합해서 국가시책 특별교부금사업으로 운영함을 고지하였다.

2013년 당시 교육부는 자유학기제를 추진한 배경으로 4가지를 제시하고 있다(정윤경, 2016). 첫째, 최근 선진국들은 청소년에게 적성과 소질에 맞는 진로를 탐색할 기회를 제공한다는 사실이다. 둘째, 미래 사회에 능동적으로 대처하기 위해서는 역량중심 교육이 이뤄져야 한다는 점이다. 셋째, 입시 위주 경쟁과 암기식 주입식 교육으로 인해 청소년들의 학습흥미도와 행복지수가 낮다는 점이다. 넷째, 청소년들이 장래 희망을 결정 못하는 것이 자신에 대한 탐색과 고민의 시간이 부족하기 때문이라는 점이다. 교육부(2014)는 이런 배경 속에서 도입한 자유학기제의 구체적 개념과 관련해서, 중학교 한 학기 동안 학생들이 중간·기말고사 등 시험 부담에서 벗어나, 꿈과 끼를 찾을 수 있도록 토론, 실습 등 학생 참여형 수업운영으로 개선하고, 진로탐색 활동 등 다양한 체험활동이 가능하도록 교육과정을 유연하게 운영하는 제도라 정의하고 있다. 이러한 개념에서 볼 때, 자유학기제는 중학교 단계 중 1개 학기 동안 지필고사 폐지, 주지과목 시수 축소 및 체험학습과 선택교과 시수 확대, 교사에게 교육과정 편성권과 평가 권한 부여, 선택교과의 확대 등을 통해 기존 교과 및 시험 중심 교육에서 탈피하려는 변화를 도모하고 있다고 볼 수 있다. 즉, 이는 자유학기제의 목표가 중학교 단계 학생들이 과도한 시험 부담 교육에서 벗어나 재능과 꿈과 끼를 살릴 수 있는 방향으로 교육 패러다임을 전환시키는 데 있음을 시사하고 있다. 정윤경(2016)은 자유학기제 도입과 운영이 기존 학문적 교과 중심 교육과정의 한계를 벗어나, 학생들에게 실제 삶과의 관련성을 강조하고, 자신의 진로 전반에 대해 느끼고 생각하게 하는 여유를 허용한다는 점에서 개혁적 특징이 있음을 강조하였다.

교육과정 편성 및 운영에 대한 혁신 방안으로서의 자유학기제는 학생의 흥미와 수요에 기반한 참여활동형 프로그램 확대 및 강화와 학교교육 방법의 혁신을 추진하고자 한 정책이다. 구체적으로 학생 참여형 프로그램에 진로탐색 활동, 동아리 활동, 예술체육 활동, 선택 프로그램 활동을 포함해서 추진하였다. 그리고 학교 교육방법 혁신 방안으로서는 교수·학습 방법, 교육과정 편성·운영, 평가방법의 혁신을 추진하였다. 이러한 자유학기제 운영에서 수행되는 주요 내용을 정리하면 다음 <표 1>과 같다(교육부, 2015b).

**표 1** 자유학기제 운영의 주요 내용

| 영역 | 운영<br>준거 | 운영 원리 | 주요 수행 사항 |
|---|---|---|---|
| 교육과정<br>자율적<br>재구성 | 교육과정<br>편성 원리 | 학생중심<br>교육과정 | 다양한 활동이 가능하도록 교육과정 편성·운영, 자율성 확대, 교과 내용은 핵심 성취기준 중심으로 재구성 |
| | 교수학습<br>방법 | 참여와 활동<br>중심 | 교과 융합·연계 수업토론, 문제 해결, 의사소통, 실험·실습, 프로젝트 학습 전개 |
| | 교육평가<br>방법 | 과정 중심<br>평가 | 중간, 기말고사 미실시, 꿈과 끼와 관련된 활동 상황을 학생부에 기록, 형성평가 및 협력 기반 수행평가, 포트폴리오 평가 등 성장과 발달에 중점을 둔 평가 실시 |
| 자유학기<br>활동 편성 | 진로탐색<br>활동 | 진로탐색 기회<br>제공 | 학생들이 적성과 소질을 탐색하여 스스로 미래를 설계해 나갈 수 있도록 진로학습 기회 제공 |
| | 주제선택<br>활동 | 자치적,<br>자율적 활동<br>기회 제공 | 학생의 흥미, 관심사에 맞는 체계적인 학생중심의 인문사회, 탐구, 교양 프로그램 운영 |
| | 예술체육<br>활동 | 다양한 예술<br>체육 활동<br>기회 제공 | 학생의 희망을 반영한 다양한 문화·예술·체육 활동 전개 |
| | 동아리 활동 | 전문<br>프로그램학습<br>기회 제공 | 학생들의 공통된 관심사를 바탕으로 구성된 자발적, 자율적인 학생중심 활동 추진 |

출처: 교육부(2015b), 중학교 자유학기제 시행계획

교육부는 위 <표 1>에서 제시된 자유학기제 운영 사항을 원활하게 추진하기 위해 자유학기제 지원센터를 지정하고, 중앙부처, 광역지자체, 지역단위로 체험 인프라의 토대 구축을 위한 세부정책을 추진하였다. 특히 자유학기제 지원센터는 시도교육청과 공공기관, 지역사회 유관 기관 등과 네트워크를 구성하여 체

험처 발굴과 지원에 주력하고 있다. 또한, 교육부는 학교가 위치한 지역 규모에 따라 대도시형, 중소도시형, 농산어촌형 등 유형별 운영 매뉴얼과, 다양한 체험·참여형 프로그램을 개발하여 보급하고 있다(교육부, 2015b).

자유학기제의 원형 모델은 아일랜드의 전환학년제(Transition Year)와 덴마크의 애프터스콜레(Efterskole) 제도에서 찾고 있다(김진숙, 2013; 임유나 외, 2013). 아일랜드의 전환학년제는 기존의 학문적 교과 중심의 문제점을 해결하기 위해 중등학교 교육과정의 혁신을 꾀한 제도이다. 전환학년제 운영의 목적은 학교가 광범위하고 홀리스틱한 교육 경험을 창안하여 학습자가 보다 성숙하도록 하고 자신의 학습을 책임질 수 있게 하는 데 있다. 즉, 전환학년제 교육은 학습자 중심의 활동적인 학습관에 기초하여 학습자의 수동적 참여, 반복적 단순암기식 수업, 지필고사 평가 같은 권위적인 교육에 도전하며 중등교육에 급진적인 변화를 가져오기 위한 것이었다. 덴마크의 애프터스콜레는 교과 중심의 학교를 넘어 '나는 어떤 인생을 살 것인가'와 같은 인생 설계에 초점을 둔 고교 입학 전 선택적 10학년을 다니는 기숙 대안학교라고 할 수 있다. 애프터스콜레는 공립학교와 같은 교과를 가르치고 시험도 치르지만, 체육, 음악, 연극과 같은 과목에 초점을 두고, 다양한 특별교육을 실시한다. 현재 애프터스콜레는 초기 중등교육과 후기 중등교육 간의 간극을 메우고 있고, 함께 생활하는 학교 환경에서 청소년들이 성장하고 발전할 수 있는 기회를 제공하고 있는 것으로 알려져 있다(정윤경, 2016).

한편, 현재까지 자유학기 활동이 전국의 중학교 현장에서 다양하게 시도되고 있지만, 활동이 이루어지는 환경이나 학교 규모, 지역 자원과의 연계 수준 등은 매우 편차가 큰 것으로 나타나고 있다(황연우·유평수, 2020). 이러한 맥락에서 정윤경(2016)은 자유학기 교육과정 개선을 위해서 단위학교 간에 드러나고 있는 운영상 질적 차이를 감소시켜야 하고, 자유학기제 교육과정 및 프로그램의 질 관리를 개선하는 것이 필요하며, 학교와 지역사회 연계 강화 및 자유학기 활동의 지역 차이 극복이 필요하다는 점을 강조한다.

## 3 고등학교 교육혁신을 위한 고교학점제 정책

　박근혜 정부에서 추진한 중학교 단계 교육과정 및 학교혁신 정책이 자유학기제라면, 2017년 출범한 문재인 정부가 추진한 교육과정 및 학교혁신 정책은 고교학점제 도입이다. 구체적으로 교육부(2017b)는 2017년 11월에 고교체제 개편, 수업·평가의 혁신, 대입제도 개선 등을 위한 종합적 제도 개선을 추진하고, 그 핵심과제로 고교학점제 도입을 선언하였다. 고교학점제 도입 배경과 관련해서 교육부(2017a)는 두 가지 추진 이유를 강조하였다. 첫째, 4차 산업혁명 시대가 도래함에 따라 모든 학생의 창의적 역량을 키울 수 있는 교육이 더욱 절실함에도 불구하고, 현행 고교교육의 경우 입시와 수능에 종속된 획일적 교육과정 운영과 줄 세우기식 평가가 이루어지고 있어, 근본적인 교육 혁신이 필요하다는 점이다. 둘째, 고교교육이 모든 학생의 성장과 진로 개척을 돕는 본연의 기능을 되찾고, 수평적 고교체제하에서 다양한 교육을 제공할 수 있도록 종합적 제도 개선이 필요하다는 점이다. 후속해서 교육부는 고교학점제 연구·선도학교를 지정하기 위해 시·도별 행정절차를 통해 총 105교를 선정하고, 2018년 3월부터 운영을 시작(교육부, 2018a)하며, 선택과목을 재구조화하는 등 학점제형으로 교육과정 총론을 전면 개정하기로 고시하여 2025년 고1 학생부터 고교학점제를 본격 적용한다고 발표(교육부, 2018b)하였다.

　교육부(2021b) 정의에 따르면 고교학점제란, 고등학교 단계에서 개별 학생이 기초소양과 기본 학력에 바탕해서 진로·적성에 따라 과목을 선택하고, 이수 기준에 도달한 과목에 대해 학점을 취득·누적하여 졸업하는 제도이다. 교육부가 추진하는 고교학점제의 주요 내용을 보면 다음과 같이 요약할 수 있다(교육부, 2021b). 첫째, 학교별 학생 수요조사를 거쳐 개설 과목을 정하고, 학생은 수강신청을 통해 이수할 과목을 확정하는 방안이다. 즉, 학생 수요를 반영한 교육과정

제5장 국가교육과정제도 및 교육혁신정책의 실제와 쟁점　**79**

을 편성·운영하고, 진로 학업설계 지도를 통한 학생으로 하여금 수강과목을 선택하게 하겠다는 것이다. 둘째, 수업은 학생 참여형 수업으로 전개하고, 과목 미이수 예방 지도를 강화한다는 것이다. 셋째, 과목 이수 기준 도달 시 학점을 취득하는 것으로 하며, 취득할 학점 기준을 졸업요건으로 설정해서 학점을 취득하면 졸업하게 한다는 것이다. 고교학점제가 지향하는 교육혁신의 방향은 학교 내 학생 간의 상대적 서열화가 아닌 학생 개개인의 성장에 초점을 둔 교수학습 및 평가 체제를 구현하고, 학생 스스로 의미 있는 지식을 모으고 진로와 학업을 디자인해 나갈 수 있는 교육체제를 설계한다는 데 있다(교육부, 2021b).

교육부(2021b)가 추진하는 구체적인 고교학점제 계획에는 고등학교 교육의 학점제형 교육과정 개정, 즉 학점을 기반으로 한 교육과정 유연화와 학생 선택 중심 과목구조 개편을 포함하고 있다. 우선, 고등학교 수업량 기준을 기존 '단위'제 교과 이수제에서 '학점'제 이수제로 전환한다는 것이다. 교과 학점제는 1학점을 50분 기준으로 하여 16회를 이수하는 수업량으로 하고, 3년간 192학점을(2,560시간2) 취득하는 것을 고등학교 졸업 기준으로 설정하는 방안을 제시하고 있다. 다음으로 고교 교육과정을 선택중심 과목구조로 개편할 경우, 학생이 과목 내용·위계를 고려해 선택할 수 있도록 과목구조를 개편하고, 기초소양 함양을 위한 공통과목을 유지하되, 학생별 상황에 따라 기본과목을 공통과목으로 대체 이수하는 것을 허용토록 한 것이다. 주로 기존 특목고를 중심으로 개설되는 전문교과 Ⅰ(과학, 체육, 예술, 외국어, 국제 계열의 심화 과목)을 보통교과로 편제하고, 전문교과Ⅱ를 '전문교과'로 하여 과목구조 개편 및 과목을 재배치하는 계획이다. 또한 교육부가 교육과정으로 고시한 과목 이외의 과목도 활성화할 계획을 포함하고 있다. 보다 구체적으로 고등학교 단계의 교과목 편성체계가 고교학점제 하에서 어떻게

---

2 고교학점제에서 192학점에 2,560시간을 졸업이수 요건으로 설정함은 주요 국가별 고등학교 수업 시간인 미국 2,625시간, 캐나다 2,475시간, 핀란드 2,137시간의 현황을 참고한 것으로 확인되었다 (교육부, 2021b).

변화되는지는 아래 <표 2>가 잘 보여 주고 있다.

교육부(2021b)의 고교학점제 추진 및 교과목 편성 계획에 따르면, 1학년에 이수하는 공통과목에는 기본수학, 통합사회, 통합과학 교과가 있고, 2학년 및 3학년에서 이수하는 선택과목에는 일반선택과목으로서 미적분, 확률과 통계, 윤리와 사상, 생명과학Ⅰ 교과가 있으며, 융합선택과목으로서 인공지능 수학, 여행지리, 융합과학, 그리고 진로선택과목에 심화수학, 국제정치, 고급물리학 교과가 편성 운영되는 모습을 예시로 보여주고 있다. 특히 학교 단위에서 과목 개설이

**표 2** 고교학점제 도입에 따른 교과목 체계 변화

| 현행 교과목 체계 | | 고교학점제 교과목 체계 | | | |
|---|---|---|---|---|---|
| 교과 | 과목 | 교과 | 과목 | | 과목 성격 |
| 보통 | 공통과목 | 보통 | 공통과목 | | 기초소양 및 기본학력 함양, 학문의 기본 이해 내용 과목(학생 수준에 따른 대체 이수 과목 포함) |
| | 일반선택과목 | | 선택 과목 | 일반 선택 | 교과별 학문 내의 분화된 주요 학습 내용 이해 및 탐구를 위한 과목 |
| | 진로선택과목 | | | 융합 선택 | 교과 내·교과 간 주제 융합 과목, 실생활 체험 및 응용을 위한 과목 |
| | | | | 진로 선택 | 교과별 심화학습(일반선택과목의 심화 과정) 및 진로 관련 과목 |
| 전문 | 전문교과Ⅰ (특목고) | 전문 | 전문공통 | | 직업세계 진출을 위한 기본과목 |
| | 전문교과Ⅱ (특성화고) | | 전공일반 | | 학과별 기초 역량 함양 과목 |
| | | | 전공실무 | | NCS 능력 단위 기반 과목 |

출처: 교육부(2021b), 고교학점제 종합 추진계획

어려운 소인수 과목의 경우 인근 고교, 지역대학 및 공공기관 등과의 지역 교육 공동체 구축을 통해 학생 과목 선택 지원이 가능하도록 하고, 학생의 다양한 학업 수요 반영을 위해 필요한 경우, 지역사회 기관에서 이루어지는 교육활동인 '학교 밖 교육'을 학점으로 인정한다는 계획까지 포함하고 있다. 또한, 교육부는 고교학점제를 위해 교육과정상 표시과목의 수시 신설 허용을 통해서 단일 표시 과목 중심의 교원양성 및 자격 체제를 유연화하고, 학교 안팎의 다양한 교수자 원 확보 및 탄력적 배치 등을 추진하는 계획도 포함하고 있다. 구체적으로 교원 양성과정에서 예비교원의 복수전공 활성화와 시도별 중등교원 임용 시 복수전공 자 가점 부여를 통해, 예비교원의 다과목 지도 전문성을 확보하고, 소인수 과목 에 대한 학생의 학습권 보호를 위해 교육지원청에 교과 순회교사 배치를 지원하 며, 신규 과목 개설이 필요하나 교사자원 확보가 어려운 경우 교원 자격이 없는 박사급 전문가 등이 특정 교과를 한시적으로 담당하도록 제도를 개선하는 사항 도 포함하고 있다.

한편, 다수의 교육과정 전문가나 연구자들은 고등학교 교육 및 교육과정 혁신 정책으로서 고교학점제 운영이 본격 시행되는 경우, 여러 가지 한계와 선행적으로 해결해야 할 사항이 있음을 제기하였다(예: 강현석, 2018; 서봉언, 2020; 이현, 2018; 홍우조, 2018). 강현석(2018)은 고교학점제 및 교과 선택을 위한 교육과정 운영, 지원을 위한 교원 수급 및 양성 체제 구축의 문제를 제기하였다. 교육부는 고교학점제 운영에서 학생의 과목 선택권 보장을 위해 추가로 요구되는 다양한 교과 담당 교사 문제에 대해 순회교사 운영, 학교 간 개설 계열과 과정·교과에 서의 역할분담 및 협력을 통한 대안을 제안하고 있지만, 현실에서 얼마나 원활하게 문제가 해소될지는 여전히 불확실하다. 현행 교원양성 체제의 경우, 국가 교육과정 총론에 의거하여 학교급별 표시교과를 준거로 한 교원자격증 제도를 통해 해당 교과의 교사가 양성되고 있으나, 고교학점제 운영의 경우 학교별로 다양한 선택과목을 개설하고 가르칠 수 있도록 하고 있어서, 이를 지원하는 교원의 수급 문제도 현실적으로 심각한 한계가 있다. 이에 더하여 다양한 선택교과 편성에 의한 필요시 학교별 기간제 교사 채용에 따른 정규직 문제, 학생 수급감에 따른 기존 교과별 교사 수 감축 등은 고교학점제 운영상 교원 수급에 어려움을 가중할 것으로 보인다.

또한, 고교학점제에서 학생들의 경우 자신이 이수하고 싶은 과목을 스스로 선택한다고 하지만, 현실적으로는 자신이 진학하고자 하는 대학의 입학에 유리한 과목을 선택할 가능성이 높다. 대학 입학에 유리한 교과목에 선택이 몰리거나 집중되는 경우 그에 대한 학교 차원의 해결이 용이하지 않다는 점이다. 이와 관련해서 강현석(2018)은 학생들이 과목 선택에서 자신에게 필요한 과목을 선택하는 일이 교육적으로 제대로 진행될 수 있을 것인가에 대한 우려가 있다고 보았다. 이현(2018)의 경우는 학생의 과목 선택권 확대와 다양한 교육과정의 도입은 학교 내 교육과정의 서열화로 귀결될 가능성이 크다는 우려를 제기하고 있다. 이러한 우려는 학생들이 대학 입학에 유리한 교과를 선택할 것인지, 학생들이 단순히 개인의 취향이나 적성에 의해 교과를 선택할 것인지가 학생 개인의 문제가 아니라, 사회 계층 구조의 영향을 받는다는 것에 기인한다. 따라서 학교 내 선택중심 교육과정이 사회적 불평등 구조를 고착시키는 결과를 가져올 것이라는 주장이다. 또한, 교과 선택 및 교육과정 선택의 문제는 종국에 학교 선택의 문제로 귀착한다. 이러한 견지에서 홍우조(2018)는 처음부터 학생이 진학할 고등학교의 운영 교육과정 및 교과목의 종류와 범위를 알고 진학하여야 한다는 점을 제기한다. 특히 우리나라 고등학교 교육실제에서 학생이 원하는 진로를 보장하는 교과목을 이수할 수 있도록 기회를 학교가 보장해주느냐의 문제는 중요하고, 이는 학교선택제 허용에 대한 문제를 불러온다는 사실이다.

무엇보다도 우리나라 고등학교 체제는 대학입시를 지향하는 모습이 강하고 진학의 유불리를 우선 원칙으로 삼고 있다. 일부 교과의 경우 대입에 필요하거나 유익한 강의가 아니기에 선택하는 학생이 없어 과목 개설조차 어려운 상황이다. 고교학점제 연구·선도학교를 대상으로 최근에 수행된 사례연구(서봉언, 2020)를 보면, 학생들은 수능과 내신 등급에 유리한 과목 개설을 희망하고 선택하고 있고, 교사들 역시 '수능에서 본인이 다루지 않은 영역'이 나올까 염려하기 때문에 패키지 과목을 개설하기도 하지만, 많은 학생들은 여전히 내신등급을 받기 쉽다고 여겨지는 과목을 주로 신청하는 등 대입이 우선 원칙으로 작용하는 모습을 보여 주고 있다. 대학입시 지향이라는 현실 문제에 대해서, 홍우조(2018)는 대학의 학생 선발 및 모집단위나 고교 교육과정별로 확인할 교과목의 '종류'는 같아야 하고, 그 요구 '수준'은 대학별로 다를 수 있게 하는 것이 고교학점제 정착의 선결 요건이라고 주장하였다. 우리나라 고등학교 교육실제 상황을 고려하면, 고교학점제에 적합한 대입정책이 따라오지 않는 한 고교학점제는 제대로 작동하지 못하고 좌초될 것이 자명하다(서봉언, 2020). 결과적으로 대학입시에 순응적으로 연동되지 못한 채, 이상적인 개혁과 변화의 모습만을 지향하는 고교학점제 추진은 교육실제에 착근하지 못할 것이라는 사실이다.

## 4 ／ 논의 및 평가

교육과정 혁신정책으로서 2016년 박근혜 정부가 전면 시행한 중학교 단계의 자유학기제와 최근 2017년 문재인 정부가 도입 추진 중인 고교학점제는 모두 그 추진 배경에 학생 중심 교육을 강화하는 교육과정의 혁신과 학교 개혁 정책이 존재한다. 두 정부 모두 혁신정책 추진의 당위성을 과도한 입시경쟁과 현실의 입시 위주 교육문제를 해소하는 데 두었다. 특히 자유학기제나 고교학점제 모두 교육 혁신의 방향을 배움과 삶이 연계되는 교육, 진로와의 연계를 강조하는 교육을 통한 학생 개개인의 의미 있는 학습경험에 초점을 두어, 궁극적으로 학생과 교사가 함께 만들어가는 과목 설계, 학생의 삶과 연계된 학교 밖 교육 활성화 등 학교 교육과정의 유연성 제고를 지향하고 있다. 아울러 두 정책은 학교와 지역 간 경계를 낮추고 교육의 장을 넓혀 다양한 교수자원을 활용하는 데 공통점을 가지고 있다.

## 가. 자유학기제 운영 성과와 전망

중학교 자유학기제는 구체적으로 초등학교와 고등학교에 비해 다소 소외되었던 중학교 교육에 관심을 높이는 획기적 계기가 되었다. 이뿐만 아니라 자유학기제 운영이 중학교의 학교문화를 많은 부분에서 긍정적 방향으로 변화시켜왔다는 평가를 받고 있다(이근호 외, 2018). 특히 자유학기제는 기존의 학문적 내용에 치중한 교육과정을 비판하고, 교육과정의 유연화를 시도하고 있다. 또한, 학교교육에서 진로·직업 탐색의 중요성을 환기시키고, 교육과정이 학교에서 배우는 교과 범위를 넘어 학교 안팎의 활동들과 연계하며, 개별교과 형태가 아닌 학제적 접근으로 이루어질 수 있도록 수업과 평가방법의 다양화를 시도했다는 혁신성을 보여주고 있다.

하지만, 국가교육과정제도를 기반으로 표준화된 교육모형에 익숙한 우리나라 학교풍토와 문화에서 자유학기제는 학교현장에 효율적 착근과 질적 발전을 이루는 데 한계점을 보여 주었다(정윤경, 2016). 이에 따라 향후 자유학기제의 질적 발전과 지속 가능 여부는 그 전제 조건으로서 학교 자율성의 담보가 필요하다. 즉, 자유학기제가 보다 발전적으로 학교현장에 정착되기 위해서는 교육과정 편성 및 운영에서의 자율성, 수업의 내용과 방법에 있어서 교사의 선택권 보장, 개별 교사의 평가권 존중이 중요하다는 것이다. 이러한 맥락에서 정윤경(2018)은 자유학기제의 혁신이 보다 성공적으로 정착하려면, 자유학기제의 특성이 우리나라 학교교육의 문화로서 정착하여 나갈 필요가 있다는 점을 강조한다.

## 나. 고교학점제의 혁신성 및 운영상 쟁점

문재인 정부에 의해 추진되어 오고 있는 고교학점제의 경우 기존 국가교육과정에 의거하여 정해진 교과들을 기반으로 한 학문분야별 지식 습득을 위한 교사 중심 교육에서 탈피하여 교육과정의 중심에 '학생'을 두고 과목 선택권을 확대하고자 하는 혁신정책이다. 고교학점제는 보다 구체적으로 모든 학생의 진로설계와 성장을 중시하는 학생 맞춤형 교육과정을 이루기 위하여 추진되고 있는 고등학교 교육의 전면적 혁신을 지향하고 있다. 교사 측면에서 보면, 고교학점제는 단일 담당 과목에 토대를 둔 교과지식을 전수하는 기능에서 탈피하여 학생 수요에 기반한 다양한 교과 편성 및 운영, 학생 진로·적성에 따른 학업 설계 및 이수 지도 등 역량을 갖춘 교사 전문성을 위한 새로운 패러다임을 요구하고 있다.

하지만, 앞에서 개괄적으로 살펴보았듯이, 교육부가 발의한 원형적인 모형으로서 고교학점제의 전면적 시행은 현행 우리나라 고등학교 교육운영 체제의 특수성, 고교교육의 대학입시 전형과의 불가피한 연계성, 기존 국가교육과정 체제를 준거로 한 교원양성·임용제도, 그리고 전공교과 위주의 배타적 교사문화를 가진 우리나라 교육체제의 특수성 등 여러 가지 맥락에서 어려운 점이 많다. 무엇보다 먼저, 교육정책 당국(교육부)은 고교학점제를 전면 도입하기 전에 우리나라 고등학교 교육운영 제도와 여건이 고교학점제를 실시하고 있는 미국, 캐나다 또는 핀란드의 고등학교 교육운영 체제 상황과 상당히 다르다는 점을 주목하여야 한다. 예를 들어 우리나라는 고등학교 교육운영에 있어서 학년제와 담임교사 학급제를 운영하고 있지만, 학점제를 운영하고 있는 미국이나 핀란드의 경우 무학년제[3]로 고등학교 교육을 운영하고 있다는 점에서 뚜렷한 차이가 있다. 특히

---

3 무학년제란 학교에 입학해서 졸업까지 소요되는 전체 연도 수를 토대로 학년 등급(예: 고등학교 1학년, 2학년, 3학년)을 구분하되, 졸업에 요구되는 교과 이수에 있어서는 학년 등급 단계에 구분 없이 해당 교과 이수를 희망하는 학생들은 누구나 함께 수강하게 하는 제도를 말한다. 이는 통상

고등학교의 학점제 기반 무학년제 운영의 경우 학생들은 각자 자기 진로 경로에 따른 교육모듈을 설정하고 필요한 교과를 선택해서 이수하고 있기 때문에, 가장 우선적으로 단위학교별 학생에 대한 학습진로 상담 체제(school counselor system) 구축이 필수이다. 하지만, 현재 우리나라의 경우 학년제를 토대로 한 고등학교 교육에서는 개별 학생에 대한 학습진로 상담이 학급 담임교사에 의해 이루어지고 있다. 결과적으로 학생에 대한 학습진로 상담 체제가 구축되어 있지 아니함에도 불구하고, 교과 이수 학점제 실시를 위해 학급 담임제 대신 무학년제로 고등학교 교육체제를 운영하는 경우 학생지도에 상당히 심각한 공백이 발생할 것이다.

또한, 학점제를 운영하고 있는 고등학교 유형 체제에 따른 차이가 있다. 특히 미국의 경우는 교육 및 진로 경로에 있어서 취업, 전문대, 4년제 대학 입학을 각각 지향하는 종합고등학교 유형이다. 반면에 우리나라 고등학교 유형 체제는 취업만을 지향하는 직업계 학교인 마이스터고나 특성화고가 별도로 있고, 일반고는 모두 졸업 후 대학 진학을 지향하고 있다. 이러한 현격한 차이가 존재함에도 불구하고, 고교학점제가 지닌 이상적인 모습만을 표방해서 사전 준비 없이 전면적으로 시행하는 경우, 학생 수요 기반의 선택교과 중심 학점제가 원활하게 정착될지는 상당히 우려된다.

이외에 선택교과 중심 학점제를 도입해서 운영하는 경우, 현재 우리나라 고등학교에 근무하는 교사들은 교원임용 시 전공 표시과목에 해당하는 단일 과목만을 담당하는 방식으로 배치되고 있다는 점을 고려하면, 이로부터 부가적 문제가 파생될 것은 불가피하다. 구체적으로 교원자격검정령(대통령령)상에서 보면, 중등 교과의 표시과목 수는 70여 개에 달하며, 이 세분화된 표시과목 수를 기반으

---

대학교에서의 교과 이수와 교육운영 형태와 동일한데, 즉 학년이 구분되어 있지만, 교과 이수에 있어서는 학년 구분 없이 해당 교과를 선택해서 이수하게 하는 교육운영 형태이다.

로 교원임용 공고가 나고, 교원임용 희망자들은 70여 개의 교과 중 1개를 자신의 표시과목으로 골라 지원하게 된다. 실제 교원임용 후에도 임용 시 선택한 1개 과목을 중심으로 제한적이고 경직된 범위 내에서 교사 전문성을 개발해 나가도록 제도화되어 있다. 이러한 실제 맥락에서 보면, 고교학점제 운영을 위해서 기존 표시과목 위주의 교원자격 부여 및 임용 관리 체제는 명백히 제한점이 있다. 이와 관련해서 실제로 이상은과 백선희(2019)는 고교학점제 운영의 경우 새 과목 수업 준비를 위한 부담, 수업의 질 하락 우려, 예상하지 못한 업무 부담 가중 문제, 소수교과 담당 수업 시수 확보, 내신 등급 산출을 위한 적정 수강생 확보와 같이 선택과목 확대에 따른 부차적인 어려움에 대한 교사들의 심각한 우려가 있음을 확인하였다. 따라서 우리나라 현행 고교교육 상황에서 고교학점제가 제대로 운영되기 위해서는 선제적으로 교원양성 및 임용제도에 대한 제도 개선이 필요하다(박수정 외, 2019; 최수진 외, 2018). 구체적으로 박수정 외(2019)는 고교학점제가 현행 교원양성체계 및 자격제도와 상치되기 때문에 복수전공 강화나 표시자격 광역화와 같은 방안은 물론이고, 궁극적으로 새로운 교원양성 및 자격 체제 구안이 필요하다는 점을 강조하고 있다. 결과적으로 현재의 교원양성 제도와 교사가 담당할 교과 전공 체제에 대한 특별한 보완대책을 마련하지 아니하고, 고교학점제 선택과목을 확대하는 것은 용이하지 못하다는 사실이다.

## 다. 학생 선택중심 교육혁신과 교사 전문성 확립

교육학적 차원에서 본질적으로 자유학기제와 고교학점제와 관련한 교육과정의 개혁은 근본적으로 무엇을 위한 교육인가에 대한, 즉 교육목적에 대한 논의가 필요하다. 실제 자유학기제와 고교학점제 모두 학생중심 교육을 지향하고 학교교육 혁신을 표방하고 있지만, 궁극적으로 각 정책이 도달하고 성취하고자 하는 명료한 교육목표가 구체적으로 제시되어 있지 못하다. 두 정책 모두 기존 학교교육 현실의 문제점을 비판하고 개선하고자 하는 방향만을 강하게 제시하고 있을 뿐이다. 예를 들어 자유학기제 운영에 있어 교육목적으로 행복을 이야기하지만, 행복교육이 무엇을 의미하는지는 다소 모호하다. 각 정책이 추구하고 달성하고자 하는 교육목표가 보다 구체적이고 체계적으로 제시될 필요가 있다(정윤경, 2016). 자유학기제와 고교학점제라는 교육과정 혁신정책이 지향하는 목표의 경우, 기존 경쟁에 내몰린 성과중심의 교육과 다른 교육목표를 모색하고 설정해야 할 것이다. 이러한 교육목표가 제시되어야, 향후 해당 정책에 대한 평가와 추진과정에서 세부사항의 체계적인 보완 및 개선이 용이할 것이다.

자유학기제와 교교학점제에 의한 학교교육 개혁 및 교육과정 혁신 정책을 추진하는 데 있어서, 두 정부 모두 기존 학문중심 및 교과 위주 교육의 문제가 심각하고, 반대로 학생 자율선택 위주 교육, 즉 학생중심주의 교육은 밝은 희망을 가져다주는 것으로 간주하는 이분법적인 접근방식을 사용하였다. 이들 정책에 대해 일부 학부모와 교사 단체의 호응이 높은 이유는 정부가 입시경쟁과 입시위주 교육의 부정적 측면(어두운 점)만을 내세워 비판하고, 그 대안으로 학생중심 교육이 내포한 긍정적 측면(찬란한 밝은 빛)만을 강조해 왔다는 점이 강하게 작용했다고 볼 수 있다. 통상 교육개혁이나 새로운 교육정책 추진에 있어 현실에서 부정적인 문제점을 강조하면 할수록, 그것에 대비된 미래 이상은 더욱 찬란하게 보이는 효과가 파생되고, 그 결과 현실의 긍정적인 면을 직시하지 못하게 되어 결국 우리의 눈을 멀게 할 수도 있다는 점을 직시할 필요가 있다(Takehiko, 2004).

Takehiko(2004)의 연구에 따르면, 학교교육에서 지식 전달의 중요성을 경시한 채 활동이나 체험중심 교육에만 치중하는 경우, 학생의 학습과 교사의 수업방법에 대한 학습 모두 그 활동이나 체험에 묻혀, 무엇을 이해하고 무엇이 습득되는지 모르는 채 형식적인 활동만이 진행된다는 사실을 언급하였다. 특히 학생중심주의 교육은 구체적인 수업방법이나 실현 수단이 결여되는 경우, 학력격차를 더욱 조장하고 학교교육의 상대적인 약자(저소득층 학생, 다문화 학생, 학습부진아 등)의 학습능력과 성취 수준을 심각히 저하시킬 우려가 있다. 또한, 학생의 흥미나 관심을 학습으로 연결하지 아니한 채 수업을 추진하는 경우, 때와 장소에 따라 학생들에게 즐거움만을 강조하는 수업으로 끝나게 될 가능성도 매우 높다. 결과적으로 우리의 교육정책 담당자나 학교행정가들은 학생의 흥미나 관심을 높이는 교육과 수업도 중요하지만, 학생이 자신의 흥미나 관심을 실질적으로 학습으로 연결하도록 하고 그 이해도를 높이게 하는 것이 더 중요하다는 사실을 직시할 필요가 있다. 이러한 점은 향후 우리나라 교육실제에서 자유학기제나 고교학점제를 성공적으로 착근시키는 데 시사하는 바가 매우 크다.

실제 운영 측면에서 자유학기제나 고교학점제 모두 교사의 수업방법에 전문성을 요구하는 정책이다. 교과내용이나 지식 전달이 아닌 체험학습이나 문제해결 학습은 학생의 개별적 학습 상황에 따라 적절한 조언을 하고 방향을 잡아 주는 것이 핵심이다. 하지만, 지금까지 우리나라 학교교육 실제 맥락에서 교사들은 교과지식 구조를 분석해서 전달하는 교육방법에만 익숙하고, 개별 학생들의 필요나 학습 스타일에 맞추어 학생의 활동이 어떻게 조직되고 지식으로 형성되는가를 촉진하는 방법에 대해서는 익숙하지 못하다. 또한, 우리나라 중등교사 양성 및 임용 체제의 경우도 체험학습이나 문제해결 학습을 촉진하는 교육방법이 아니라 교과지식 구조를 분석해서 전달하는 교육방법 위주로 운영되고 있다는 사실이다. 낮은 교사 전문성이 상존한 채로 자유학기제나 고교학점제를 통한 활동이나 체험 위주 교육을 추진하는 경우 긍정적 효과보다는 부정적 문제가 더 커질 우려가 있다는 점이다.

전문성이 있는 교사에 의해 훌륭한 실천 활동을 기반으로 전개되는 학생중심 교육은 많은 사람들을 여전히 매료시킨다. 하지만 학교마다, 교실마다 다른 수업 실천의 문제, 천차만별 다양한 개개인 학생이 처한 학습 문제를 거대 단위 국가수준의 표준화된 혁신정책만으로는 처방하는 것은 불가능하다. 향후 정부는 학생중심주의 교육이나 교육개혁 추진 시 학습을 싫어하고 배우려고 하지 않는 아이들의 주체성이나, 아이들의 차별적인 학습환경, 가정배경도 고려해야 한다. 아울러 문제해결능력의 습득은 활동 중심이나 체험교육으로는 그 효과성이 제한적이라는 사실도 직시하여야 한다. 일반적으로 문제를 발견하고 그 문제를 해결하는 힘은 기존에 획득한 지식에 의존할 수밖에 없다. 학교교육에서 유의미한 학습은 학습자가 이미 획득한 지식과 경험을 통한 학습에 의해서도 이루어진다. 체험과 활동, 학생 선택중심의 교육만이 유의미한 학습이 아니라는 것이다. 학습자에게 유의미성이 포함된 지식을 전달(주입식 교육)하는 것도 문제해결 능력의 기반이 될 수 있음을 잊지 말아야 한다.

# 참고문헌

■ 강현석(2018). 교육과정 쟁점에 기반한 고교 학점제 가능성 분석. Asia－pacific Journal of Multimedia Services Convergent with Art, Humanities, and Sociology, 8(8), 625－633.

■ 교육부(2014). 중학교 자유학기제 체험인프라 구축 위해 대통령, 전 부처 및 지방자치단체 협력 당부. 보도자료, 2014. 3. 18.

■ 교육부(2015a). 중학교 자유학기제 시행 계획 시안 발표. 보도자료, 2015. 8. 7.

■ 교육부(2015b). 「중학교 자유학기제 시행 계획」확정. 보도자료, 2015. 11. 25.

■ 교육부(2016). 자유학기제 동계 교원역량강화 연수 실시. 보도자료, 2016. 1. 6.

■ 교육부(2017a). 중1 자유학년제 내년부터 희망하는 학교 약 1,500개교에서 시작. 언론 보도자료, 2017. 11. 6.

■ 교육부(2017b). 고교학점제 추진 방향 및 연구학교 운영계획 발표. 언론 보도자료, 2017. 11. 27.

■ 교육부(2018a). 18년 고교 교육력 제고 사업 지원 계획 발표. 언론 보도자료, 2018. 1. 24.

■ 교육부(2018b). 2022학년도 대학입학제도 개편방안 및 고교교육 혁신방향 발표. 언론 보도자료, 2018. 8. 17.

■ 교육부(2021a). 2021년 제1차 국가시책 특별교부금 자유학기제 지원사업 기본계획, 교육과정정책과.

■ 교육부(2021b). 포용과 성장의 고교교육 구현을 위한 고교학점제 종합 추진계획. 고교교육혁신과.

■ 김진숙(2013). 아일랜드 연계 학년제(TY)와 한국 자유학기제 비교. 비교교육연구, 23(6), 163－183.

■ 박수정·박상완·김정현·이상은·조진형(2019). 고교학점제 도입 기반 조성을 위한 제도 개선 방안 연구: 교·강사 제도를 중심으로(발간등록번호: 11－1342000－000526－01). 세종: 교육부.

■ 서봉언(2020). 고교학점제 도입과 학교의 변화. 교육사회학연구, 30(3), 55－79.

■ 성태제·강대중·강이철·곽덕주·김계현·김천기·김혜숙·봉미미·유재봉·이윤미·이윤식·임웅·홍우조(2017). 최신교육학. 서울: 학지사.

■ 이근호·이영미·김현정·표혜영·김사훈(2018). 자유학기제 발전 및 지속성 강화 연구. 한국교육과정평가원.

■ 이상은·백선희(2019). 고교학점제 선택과목 확대 가능성 탐색: 교사 전공별 담당교과 현황 및 인식 분석을 중심으로. 한국교원교육연구, 36(2), 49－73.

■ 이현(2018). 고교학점제 도입 추진 정책에 대한 비판적 검토. 교육비평, (41), 77－144.

■ 임유나·장소영·홍후조(2013). 관련자 의견조사에 기초한 자유학기제 운영 방안 탐색 연구. 한국교육학연구, 19(2). 33－68.

■ 정윤경(2016). 자유학기제의 개혁적 의미와 과제. 교육철학연구, 38(4), 105－129.

■ 조혜영(2017). 자유학기제 관련 연구동향 분석 및 과제. 인문사회 21, 8(3), 253－375.

■ 최상덕(2015), 자유학기제 전면 확대 방안 연구. 서울: 한국교육개발원.

■ 최수진·양희준,·박상완·박수정(2018). 고교학점제 운영 활성화를 위한 교·강사 제도 개선 방안 연구(CR 2018－32). 한국교육개발원.

■ 황연우·유평수(2020). 중학교 자유학기제 효과성 분석 연구. 교육종합연구, 18(3), 105－125.

■ 홍우조(2018). 고교 학점제 도입의 문제와 과제. 학습자중심교과교육연구, 18(1), 699－724.

■ Takehiko, K. (2004). 교육개혁의 환상: 학력을 묻는다(김미란 역). 서울: 북코리아.

**제6장**  # 인공지능 디지털교과서 정책

---

## 1 추진 배경 및 주요 내용

2023년 6월 7일 교육부는 초중고를 대상으로 모든 학생을 위한 맞춤 교육 실현을 위해서 인공지능(AI) 디지털교과서[1]를 개발하고 도입한다는 정책을 발표하였다(교육부, 2023). 이는 국가차원에서 AI 디지털 테크놀지(Digital technology)를 정부가 주도해 공교육 전체에 도입하는 것으로서, 전 세계적으로 최초 사례에 해당한다. 윤석열 정부가 추진하는 인공지능 디지털교과서 정책은 2022년 대통령 선거 당시, '초중등 학교 소프트웨어 및 인공지능 교육 필수화와 인공지능 기반 기초학력 제고'라는 공약사항을 교육부가 교육개혁 과제로 추진하고 있다. 현정부는 인공지능 등 신기술을 활용해서 교육혁신을 추진함과 동시에 미래 핵심역량을 갖춘 인재를 양성하며, 4차 산업혁명 시대에 디지털 대전환에 대응한 교육기반 조성을 국정 목표로 설정하고 있다. 이에 따라 교육 분야 국정과제의 경우 AI 디지털교과서로 학생별 맞춤 교육을 제공하고 교사와 학생 간 인간적 연

---

[1] 개념적으로 인공지능(AI) 디지털교과서란 학생 개인의 능력과 수준에 맞는 다양한 맞춤형 학습 기회를 지원할 수 있도록 인공지능을 포함한 지능정보화기술을 활용하여 다양한 학습자료 및 학습지원 기능 등을 탑재한 교과서로 규정되어 있다(교육부, 2023). 인공지능 디지털교과서는 인공지능 기술을 접목한 교육용 소프트웨어로도 볼 수 있다.

결을 강화해 깨어있는 교실 혁명을 이루겠다는 미래 청사진을 내세우고 있다(대한민국 정부, 2022).

윤석열 정부가 추진하는 인공지능 디지털교과서 정책은 우선 2025년에는 수학, 영어, 정보, 국어(특수교육) 교과에 우선 도입하고, 2028년까지 국어, 사회, 역사, 과학, 기술·가정 등으로 확대한다는 것이다. 교육부 발표에 따르면, 학생발달 단계를 고려하여 초등 1~2학년군과 심미적 감성, 사회·정서능력과 인성을 함양하는 과목(도덕, 음악, 미술, 체육)은 인공지능 디지털교과서 활용 대상에서 제외하였다. 구체적으로 특수교육을 대상으로 하는 교과서들은 초중고 모두 국정교과서로 개발한다. 그 외에 일반학교 대상의 초등 3학년 이상 및 중고등학교 모든 교과를 민간이 개발하고 정부당국이 심사 인정하는 검인정 교과서로 개발 및 추진하고 있다. 가장 최근 2024년 11월 28일 교육부는 AI 디지털교과서 검정심사 최종 결과, 12개 출원사가 제작한 총 76종의 AI 디지털교과서를 검정교과서로 선정하였다(교육부, 2024). 이번에 검정심사에 통과된 교과서들은 향후 일선 학교에 의해 선정 절차를 거쳐 2025년 1학기부터 교실에서 활용할 예정이다.

한편, 교육부는 교육현장의 준비 여건을 감안하여 당초 발표된 AI 디지털교과서 교과서 개발 일정을 다소 늦추어 조정하다는 계획을 다음 <표 1>과 같이 발표하였다. 당초 교육부는 AI 디지털교과서를 2025년 수학, 영어, 정보, 국어(특수교육) 교과에 우선 도입하고, 2028년까지 국어, 사회, 역사, 과학, 기술·가정 등으로 확대하겠다고 발표하였다. 하지만, 이번 도입 일정 조정에서는 사회 및 과학 교과의 경우 개발 및 도입 일정을 늦추었고, 국어와 기술·가정(실과) 교과는 인공지능 디지털교과서 적용 교과에서 제외했음을 알 수 있다.

**표 1** AI 디지털교과서 도입 일정 변경(교육부, 2024)

| | 교과목 | 당초 계획 | 변경 사항 |
|---|---|---|---|
| 초 | 영어, 수학, 정보 | 2025년 도입 → 2027년 도입 완료 | 동일 |
| | 사회(역사), 과학 | 2026년 도입 → 2027년 도입 완료 | 2028년 도입 완료 |
| | 국어, 실과 | 2026년 도입 → 2028년 도입 완료 | 적용 제외(미개발) |
| 중 | 영어, 수학, 정보 | 2025년 도입 → 2027년 도입 완료 | 동일 |
| | 사회(한국사) | 2027년 도입 → 2028년 도입 완료 | 2028년 도입 완료 |
| | 과학 | 2026년 도입 → 2028년 도입 완료 | |
| | 국어, 기술·가정 | 2026년 도입 → 2028년 도입 완료 | 적용 제외(미개발) |
| 고 | 영어, 수학, 정보 | 2025년 도입 → 2027년 도입 완료 | 동일 |
| | 사회(한국사), 과학 | 2028년 도입 | 동일 |
| | 국어, 실과 | 2028년 도입 | 적용 제외(미개발) |
| 특수 | 국어 | 2025년 초등 도입 | 2027년 중·2028년 고 확대 |
| | 수학 | 2026년 초등 도입 | 2027년 중·2028년 고 확대 |
| | 생활영어 | 2027년 도입 | 적용 제외(미개발) |
| | 정보통신 | 2028년 도입 | 적용 제외(미개발) |

교육부(2023)에 따르면 인공지능 디지털교과서는 학생 데이터 기반의 맞춤형 학습콘텐츠를 제공할 뿐만 아니라, 특수교육대상 학생과 장애교원을 위한 화면 해설과 자막 기능, 다문화 학생을 위한 다국어 번역 기능도 지원한다. 교육부가 발표한 AI 디지털교과서 개발 내용에 포함된 교과서 플랫폼을 보면, 각 교과 단원별로 개별 학생에 대한 맞춤 지원을 목표로 하고 학습 진단평가, AI 교사지원, AI 학생튜터 영역, 그리고 교과 내용, 측정 문항, 활동 지원 콘텐츠 영역으로 교

과별 대시보드가 구성되어 있다. 특히 인공지능 디지털교과서의 경우, 2022 개정 교육과정을 반영하고 양질의 교과서가 개발될 수 있도록 기존 서책 교과서 개발 경험을 보유한 발행사와 신기술을 보유한 교육정보기술(에듀테크) 기업이 협업할 수 있도록 하고 있다. 즉, 정부는 교과서 개발에 있어서 지능정보화기술이 적용될 수 있도록 교과서 발행사가 에듀테크 기업과 컨소시엄(consortium)을 맺어 공동으로 참여 가능하도록 하고 있다. 구체적으로 AI 디지털교과서 학교 활용에 있어서, 정부와 민간 개발자 간 역할을 분담해서 통합학습기록저장소(통합로그인, 대시보드 등 포함)는 정부 당국이 직접 구축하고, 과목별 디지털교과서는 민간이 개발하는 시행체제로 운영할 것임을 알 수 있다.

무엇보다도 교육부(2023)는 인공지능 디지털교과서를 일선 학교에 도입함으로써 기대되는 교육적 장점을 세 가지로 요약하고 있다. 첫째, 인공지능 디지털교과서를 도입함으로써, 학생은 학습 수준·속도에 맞는 학습을 할 수 있다. 둘째, 학부모는 학습정보를 바탕으로 자녀를 더 깊이 이해할 수 있다. 셋째, 교사는 학생의 인간적 성장에 더 집중할 수 있게 되어 교실은 학생 참여 중심의 맞춤교육이 이루어지는 학습공간이 될 것이다. 기존 디지털교과서는 단순히 서책 교과서를 디지털화한 것이지만, 2025년부터 새로 도입되는 디지털교과서는 AI 기능이 추가되어서 학생들이 수업을 얼마나 이해했는지를 실시간으로 교사들에게 알려줘서 이에 맞는 수업을 진행할 수 있도록 돕게 한다는 것이다. 아울러 수업 단원과 관련해서 학생들이 사전에 문제풀이를 통해서 성취 수준을 진단받고 맞춤형으로 교수학습에 종사할 수 있게 된다는 것이다. AI 디지털교과서를 사용함으로써 교실에서 학생들은 모두 똑같은 문제를 푸는 것이 아니라, 성취도에 맞는 문제를 풀고, 피드백을 즉각적으로 받으면서 수업을 하게 된다는 것이다.

인공지능 디지털교과서 정책 추진과 관련해서 교육부는 학생들이 디지털교과서를 건강하게 사용할 수 있도록 발행사 및 교육정보기술(에듀테크) 기업은 개발 시 유해콘텐츠 차단 등 윤리원칙을 준수해야 함을 강조하였다. 아울러 교육부

(2023)는 인공지능 디지털교과서 도입으로 인해 나타나는 역기능을 해소하기 위해 디지털 문해교육, 특화 단원 개발 및 학생 활동 모니터링, 유해사이트 차단 기능을 추후 강화해 갈 것임을 천명하고 있다. 이에 더하여 일선 학교들은 2022 개정 교육과정에 따라 디지털 소양 교육을 포함하여 정보 평가, 정보통신윤리, 과몰입 예방 등 디지털 문해력 향상을 위한 교육을 실시해야 한다고 제시하고 있다(교육부, 2023). 한편, 실제 인공지능 디지털교과서를 활용함에 따라 파생되는 문제에 대한 해소책으로서, 단위학교가 추후 대응교육을 현실적으로 적절히 실현할 수 있을지에 대해서는 상당한 우려가 있다.

## 2    AI 및 디지털 테크놀지 활용의 유용성과 위험성[2]

전 세계적으로 교육에서 디지털 테크놀지(digital technology) 활용이 폭발적인 관심을 받은 것은 COVID-19 대유행이 남긴 유산 중 하나이다. 당시 대부분 학교들은 인류의 건강 위기에서 원거리 온라인 교수학습 체제를 활용하였다. 교사, 학생 그리고 가정은 교수학습을 위한 디지털 테크놀지 잠재역량뿐만 아니라, 그것의 한계성도 경험했었다. 그 이후 생성형 인공지능(generative AI) 적용과 함께 디지털 테크놀지 교육적 활용은 급속도로 확장되어 왔다. 이러한 디지털 테크놀지 활용은 어떻게 인간 역량을 향상시키는지, 또한 어떻게 인간의 기존 기술을 소멸하게 하는지 등에 대한 기본적 질문을 던지고 있다. 특히 교육자들에게 인공지능은 학생들에게 숙제를 내고 평가하는 전통적 교육모델과 같은 교육활동들

---

2 OECD(2023)가 출판한 『OECD Digital Education Outlook 2023: Toward an Effective Digital Education Ecosystem』의 제16장 "Opportunities, guidelines and guardrails for effective and equitable use of AI in education"을 요약 번역하였다.

에 도전을 던지고 있다. 결과적으로 교육에서 인공지능 및 디지털 테크놀지 활용은 새로운 기회와 더불어 교사들에게는 파괴적일 수 있는 도전을 불러일으키고 있다.

## 가. 인공지능 및 디지털 테크놀지 활용의 유용성

교육에서 디지털 테크놀지 적용은 여러 가지 유용한 가능성을 내포하고 있다. 교육에서 인공지능, 기계학습 및 로보틱스와 같은 테크놀지의 사용은 학습의 질과 공정성 향상을 위한 잠재역량을 가지고 있다. 또한 교사들이 가르치는 데 중점을 두도록 시간적 여유를 허용하고, 학생들에게 학습을 향한 새로운 길을 제공하는 장점을 가진다. 보다 구체적으로 첫째, 인공지능 기반의 학습도구는 학습자의 학습과정에서 모니터링을 가능하게 하고, 학습에서 도움이 필요한 부분과 앞서 나아가야 할 부문을 적절히 지적해 준다. 또한 교육에 인공지능 활용은 교실에서 보다 적절히 개별화된 교수학습이 이루어지도록 교사들을 지원할 수 있고, 교사 지도하에 학생들이 보다 높은 자율성과 몰입감을 가지고 학습하도록 허용한다. 즉, 인공지능 도구는 수업관리에서 실시간으로 교사에게 피드백을 제공하게 하는 수업 분석이 이루어지게 하고 학생의 학습과 자신들의 교수 양상을 향상시키는 데 도움을 준다.

둘째, 인공지능에 기반한 테크놀지는 포괄적 교육과 공정성 향상을 지원한다. 즉, 시각적으로나 청각적으로 장애를 지닌 학습자들이 교실활동 참여를 보다 원활하도록 도와준다. 교육에 인공지능 활용은 난독증(dyslexia)과 같은 학습 장애 정도를 쉽게 파악하게 도와준다. 실제 여러 국가들은 특별한 요구나 도움이 필요한 학생을 지원하기 위해 그러한 인공지능 응용도구를 학교에서 활용해 왔다. 보다 발전적인 정보시스템을 가진 나라의 경우 인공지능 기반의 조기 경보체제를 활용해서 종종 중도탈락의 위험성을 지닌 학생을 판별하기도 하고, 교사나 학교행정가들이 이들 학생을 지원하는 개입 프로그램을 적절히 구상하기도 한다.

셋째, 교육에서 인공지능 도구의 효과적 활용은 교실에서 어떻게 그것들이 활용되는지와 디지털 도구를 선택하는 데 있어서 자율성과 자신감을 가지도록 잘 훈련되고 자격을 갖춘 교사들에 의존할 수밖에 없다. 현재 어떤 테크놀지 응용의 경우에는 교수 전문성을 지원하기 위해 설계되고 운영한다. 즉, 교사들이 개별화된 수업을 가능하게 하고, 수업 피드백을 받으며 교사의 업무 부담을 완화시켜 수업 및 교수활동 설계에 더 많은 시간을 가지도록 도와준다. 아울러 테크놀지 활용은 학습자가 공동체를 형성하여 보다 협력적 학습을 가능하게 하고, 효과적 학습 전략의 개발과 지속적 목표 및 학습동기를 추구하도록 새로운 수단을 제공하는 데 기여한다. 교사들의 경우에도 그것은 전문적 성장을 위해 협력을 촉진하게 하고 교육적 자원과 재료를 공유토록 공동체를 조성하는 데 이바지한다.

무엇보다 교육에서 생성형 인공지능과 같은 디지털 테크놀지 활용은 학생들이 올바른 질문을 던지고 학습을 하도록 도와주는 교육학적 모델을 실현하게 한다. 테크놀지가 지속적으로 진보함에 따라, 그것은 학생들에게 강력한 학습 도구 역할을 제공하고 교사들에게는 편리한 교수 도구 역할을 수행한다. 이뿐만 아니라 응용적 학습체제 또는 고객 요구 인공지능은 학습과정에서 요구되는 적절한 질문에 대한 답을 학생들에게 제공하는 역할도 한다.

## 나. 인공지능 및 디지털 테크놀지 활용의 위험성

앞에서 살펴본 바와 같이, 인공지능 및 디지털 기술의 교육적 활용의 경우 여러 가지 유용성이 있지만, 그 위험성 또한 존재하고 있다. 첫째, 인공지능 및 디지털 기술을 접근하는 데 있어서 모든 학생, 교사 및 학교가 평등한 접근성을 가지고 있지 않다는 사실이다. 인공지능 및 디지털 기기(tools)가 수월성을 지닌 일부 학생들에게는 보다 강한 효과성을 가지기 때문에 교육에서 불평등성을 유발할 개연성도 있다. 구체적으로 인공지능 및 디지털 기술에 친숙치 못한 학생이나 교사들은 활용에 있어서 약점을 지니고 있다. 즉 인공지능 및 디지털 기기 활용에 있어서 개별 교사나 학생들은 그들의 잠재역량을 발휘함에 있어서 차별성이 존재한다는 점이다. 디지털 자원의 질에 있어서도 불평등성이 있다.

둘째, 무엇보다도 컴퓨터 테크놀지 기반의 활동에 아동들의 지나친 노출로 인한 부작용 문제와 학습자 및 교수자의 개인정보와 자료 보안 문제 역시 중요한 걱정거리로 등장한다. 특히 학습과정에 개입, 진행 및 승인을 위한 자동 결정을 야기하게 만드는 알고리즘(algorithm)의 경우는 그 개발자 및 데이터에 의존해서 특정 집단에 편향될 위험성을 내포하고 있다. 전통적으로 사람에 의해 주도되는 교육과 비교해 볼 때, 여러 가지 형태의 차별성을 유발할 가능성이 다분히 존재하고 있다.

셋째, 인공지능 및 디지털 기술의 교육적 활용은 학교교육 실제에서 비윤리적 인간행동을 촉진시킬 수 있다. 예를 들어 학습수준 자동 판별 또는 특별한 요구를 가진 학생들의 선별은 그들에 대한 우선 지원보다는 학습 부진아라는 오명(stigma)을 가시화시켜서 학교교육에서 중도탈락을 야기할 경향성도 상당하다.

넷째, 다양한 인공지능 및 디지털 기기는 학생의 학습 성과 향상이나 교사의 직무 경감을 언제나 긍정적으로 잘 보장할 수 없다는 사실이다. 모든 형태의 지식이나 학습과정을 디지털화하는 데 용이하지 않기 때문에 인공지능 및 디지털 기기의 경우 어떠한 교과의 경우에는 보다 덜 적절할 수 있다. 이러한 교과 특성에 따른 디지털화의 차별성은 교육의 질과 교육과정 운영에 있어서 편향성을 유발할 위험성이 있다.

다섯째, 디지털 기술의 증가된 활용은 인간에 의해 발휘되는 기술의 중요성을 위축시키고 및 인공지능 유용성에만 의존하게 만들 수도 있다. 특별히 디지털 기기에 너무 많은 시간의 노출은 학생들의 사회적 고립을 야기한다. 그 결과 어린 학습자들의 정신건강뿐만 아니라, 학습 성과에 있어서 부정적인 영향을 초래할 개연성이 있다.

여섯째, 인공지능 기반의 도구가 잘못 설계되는 경우, 교수 전문성에 있어서 교사 간 협력보다는 수업에서 직무부담을 오히려 가중하게 만들 위험성도 있다. 아울러 교사들이 자신들의 자료 사용뿐만 아니라, 기술, 복지, 그리고 전문성 개발 기회 차원에 있어서 새로운 위험성이 또한 있을 수 있다. 예를 들어 교실에서 교사들의 성과에 관해 수집된 자료가 비윤리적으로 활용될 소지도 있다.

인공지능 및 디지털 기술의 교육적 활용과 관련한 이들 위험성은 교육의 질 보장, 디지털 기술의 교육과정에 의미 있는 통합, 교수자의 디지털 역량, 자료의 보안 및 보호와 같은 이슈를 확립하는 건전한 규제가 필요하다. 아울러 교육기관, 학습자 및 교수자를 위한 장비와 디지털 인프라를 구비하는 데 있어서 모든 교육수준 및 여러 정책 영역을 교차하는 조정적 노력도 요망되고 있다. 특히 새로운 디지털 기술의 출현과 맞물려, 인공지능 및 다른 기술의 활용에 따른 위험성은 인권 및 인간의 직무에 기반을 두고 윤리적 방식에서 그것의 개발과 활용이 중요하다. 이러한 사항은 인지적, 사회적 그리고 정서적 기술 개발을 바탕으로 전인적 아동 교육을 위해 특별이 주목되어야 한다는 사실이다.

## 3 AI 디지털교과서 정착을 위한 전제 요건

### 가. 사적 활용 통제를 위한 제도적 방안 구비

현재 교육부가 발주해서 개발하고 있는 인공지능 및 디지털교과서는 대부분 민간이 주체가 되어 추진하는 검인정 형태 교과서이다. 특히 인공지능 및 디지털교과서는 민간업체가 개발한 특정 알고리즘과 지적 재산권을 가진 학습 진단 문항 자료(data)에 의존해서 지능정보 기능이 작동될 수밖에 없다. 따라서 우리나라 모든 초중등학교 현장이나 가정에서 추후 활용되는 인공지능 및 디지털교과서는 검인정 교과서이지만, 그것에 동반된 특정 알고리즘과 교과별 학습 진단 문항 자료는 모두 민간 업체가 지적재산권을 보유하고 있다. 따라서 이러한 기술과 자료는 교과서에 적용을 넘어서 언제든지 고도화해서 별도 사적인 목적으로 활용될 가능성도 있다. 이 경우 학교교육이 민간교과서 업체의 또 다른 학습서비스 운영에 종속될 우려도 있다. 즉, 학교나 가정에서 활용 중인 기존 인공지능 및 디지털교과서와 유사하거나 보다 고도화한 민간업체(예: 학원, 교과서 발행사, 에듀테크 업체) 보유 지능정보 학습서비스 체제에 학생들이 무한정 노출되어 사교육비가 유발되고 그 결과 교육격차가 보다 심화될 가능성도 있다.

교육부(2023) 정책 발표를 보면, 인공지능 및 디지털교과서 활용의 경우 인공지능 기능이 학습격차의 빈틈을 채우기 때문에 사교육 의존이 감소하고 교육 격차가 줄어 공교육의 질을 향상시킬 수 있다 점을 강조하고 있다. 하지만, 앞에서 지적한 바와 같이, 현재 우리나라에서 도입하려는 인공지능 및 디지털교과서는 민간개발 시행자에 의해 추후 사적 활용 여지가 상당하다. 그간 우리나라는 교육문화 및 풍토에서 사교육비 증가가 심각한 사회문제로 대두되어 왔다. 이러한 문화와 풍토하에 초중등학교를 대상으로 학생의 학습격차 완화를 목적으로 도입한 인공지능 및 디지털교과서가 장기적으로 오히려 사교육을 조장하는 우를 범하지 않도록 사전에 철저한 대비책을 강구할 필요가 있다. 차제에 정부당국은 AI 디지털교과서에 동반된 문항자료나 알고리즘의 사적 활용을 적절히 통제하는 법적 제도적 조치도 보완할 필요가 있다.

아울러, 현재 정부가 발표해서 추진하려는 인공지능 디지털교과서는 맞춤형 교육을 강조하고 있지만, 보다 세부적으로 보면 교과 단원별 사전 진단 문제풀이를 기반으로 주입식 해답풀이 능력을 높이는 기능이 강하게 내재되어 있다. 이러한 교과서 활용의 경우 통상 부유한 학생들은 교사·부모의 지도를 더 많이 받아 자신의 속도로 더욱 창의적으로 인공지능 디지털 기술을 사용할 수 있지만, 저소득층 학생은 부모나 교수자의 지원이 제한되기 때문에 단순 반복 연습과 훈련 정도의 인공지능 기술을 제한적으로 사용할 가능성이 있다. 특히 계층 간 디지털 기기 접근과 역량에서 그 격차가 분명히 존재하고 있다는 사실이다. 따라서 인공지능 디지털 기술이 학생의 개인차를 줄이고 교육의 형평성 제고라는 교육혁신을 구현하리라는 기대와 달리, 부유한 가정 출신의 학습자에게 보다 이로운 효과로 작용될 소지도 있다. 결과적으로 인공지능 및 디지털교과서 활용 확대와 더불어 장기적으로 파생될 수 있는 사교육 수요나 디지털 기술 활용 여건에 있어서 저소득층의 접근성과 차별성을 특별히 지원하는 정책도 장기적으로 구비할 필요가 있다.

## 나. 교사의 전문성 개발 및 교수 자율성(pedagogical autonomy) 강화

2025년부터 학교현장에 적용해서 활용하려는 인공지능 및 디지털교과서의 경우 대시보드상에서 문제풀이 학습 진단 후, 교사가 수업을 통해서 빠른 학습자에게는 심화학습을, 느린 학습자에게는 보충학습을 제공해 학교에서 소외되는 이들이 없도록 맞춤형 학습을 전개하는 수업모형을 제안하고 있다. 인공지능 교과서의 알고리즘 기능을 통해 학생의 학습수준에 따른 반응형 학습 추진은 꽤 정형된 디지털 기기 활용 패턴이었다. 하지만, 지금까지 우리나라 모든 교사들은 서책형 교과서를 바탕으로 학급 내 모든 학생을 대상으로 표준화 교육을 위한 수업모형을 사용해 왔다. 특히 우리나라 학교들의 경우 교과 수업에서 학생 개인차를 반영하여 개별화 학습(personalized learning) 기반 수업모형을 개발하거나 적용하는 데 있어서는 상대적으로 익숙하지 아니한 모습이다.

앞에서 지적했듯이, 교과 특성에 따라 디지털화 유용성이 일관적이지 않다는 사실을 주목할 필요가 있다. 특정 교과의 경우 AI 디지털기능의 적용이 교육의 질과 교육과정 운영에 있어서 오히려 편향성을 유발할 위험성이 있다는 점이다. 당초 교육부는 심미적 기능이나 정서함양과 관련한 도덕, 음악, 미술, 체육교과를 제외하고 다른 모든 교과들에 AI 디지털교과서를 도입한다고 발표하였다. 하지만, 최근 2024년 11월 정책당국은 정책을 변경하여 국어와 기술·가정(실과) 교과의 경우에 AI 디지털교과서 적용을 제외하고, 과학 및 사회 교과는 도입 일정을 변경한다는 사실을 발표하였다(교육부, 2024). 이러한 사실은 정책당국이 스스로 교과별 AI 디지털기능의 교육적 유용성이나 효과를 사전에 구체적으로 검증하지 아니하고 가시적 도입 확대에만 초점을 맞추었다는 것을 인정하고 있다.

무엇보다도 교사가 디지털 지능정보 기능이 내장된 교과서를 가지고 교실수업에서 필수적으로 사용하는 경우는 전혀 생소한 모습이다. 생성형 인공지능 기술이 최근 산업화되어 급속 개발 시행되어 오고 있으나, 지금까지 학교교육에서 교육자료가 아닌 교과서로 활용해온 경우는 없었다. 이제까지 학문적 차원에서도 생성형 디지털 지능정보 기술을 교실수업에서 실제 활용해서 그 효과성이 검증되거나 바람직한 수업모형도 개발되지 못한 상태이다. 이러한 상황에서 2025년부터 AI 디지털교과서를 학교 현장에 도입하는 경우, 교사들로 하여금 특정한 표준화 수업모형을 사용하도록 강요할 수는 없다. 지역별로나 일선 학교별로, 또는 교과별로 인공지능 및 디지털 기술을 활용할 여건이 서로 다르다. 특히 개별 교사 간에도 디지털 문해능력이나 활용역량에 있어서 차별성이 있다. 따라서 정책당국은 급진적이고 일괄적으로 AI 디지털교과서를 확산해서 활용하는 데는 상당한 한계와 혼란이 있을 수밖에 없다는 점을 인지해야 한다.

최근 들어 전 세계적으로 인공지능 기반 기술개발의 급속한 진보는 일선 학교 교사들을 포함한 모든 교육자들에게 새로운 도전으로 다가오고 있다. 하지만, 이러한 인공지능 기반 기술의 학교교육에 효과적 활용 여부는 잘 숙련되고 훈련된 교사들의 능력에 달려 있다(OECD, 2023). 우리나라의 경우도 일괄적으로 무작정 인공지능 및 디지털교과서를 학교 현장에 도입 및 활용토록 속도를 내는 것만이 능사가 아니다. 무엇보다도 일선 학교 교사들이 인공지능 문해력(literacy)을 함양토록 하는 것이 우선적으로 중요하다. 일선 학교 개별 교사들이 인공지능 기법을 이해하고, 쉽게 인공지능에 의해 산출된 내용이나 제안사항을 비판적으로 평가해서 자신들의 수업에 그 인공지능을 창의적으로 활용토록 하는 게 중요하다. 이를 위해서 일선 학교 교사들은 계속적 전문성 개발을 위한 학습프로그램(연수)을 통해서 교수 및 학습에 디지털 기술 활용법을 함양할 필요가 있다. 지역 교육청 수준에서뿐만 아니라, 단위학교 차원에서도 교수 및 학습에 디지털 기술 활용 모형이나 사례 정보가 서로 공유되고 유통될 수 있는 네트워크 구축도 필요하다.

교육부(2023) 발표에서 AI 디지털교과서는 학생들의 인간적 성장을 지원하는 데 활용될 수 있도록 수업을 디자인하는 교사의 역할이 중요함을 강조하고 있다. 이러한 점이 실제 실현되려면, 또 한 가지 주목할 사항이 있다. 인공지능이 교실수업에서 교사를 대체하는 것이 아니라는 사실이다. 맨 먼저 인공지능 기술이 교실에서 교사가 수업을 하는 데 보조 도구로 작용토록 정책의 방향성을 설정해 주어야 한다. 구체적으로 정책당국은 학생들이나 학부모들에게 AI 디지털교과서 활용이 교사 역할을 약화시키는 게 아니라, 개별 교사들로 하여금 교실수업에서 더 나은 교육 서비스를 제공토록 하는 것이라는 점을 강조할 필요가 있다. 특히 인공지능 튜터 기능은 교실수업에서 교사의 교수 기능을 대체하거나 능가하는 것도 아니라는 점을 분명이 주지하여야 할 것이다.

## 다. 디지털 기기 활용에 따른 부작용의 최소화

현시대에 학생들이 인공지능 디지털 기술에 노출은 교육체제가 무시할 수 없는 사회발전의 한 양상이다. 인공지능 디지털 기술은 학생들을 위해 다양한 학습 시나리오를 가능하게 함으로써, 가르치고 배우는 데 그 효율성을 높일 수 있는 잠재능력을 가지고 있다. 그럼에도 불구하고 OECD(2023)는 학교교육의 경우 디지털 기술을 내포하지 아니한 학습활동이 학생들의 전인적 개발과 공식적 교육의 중요한 부문으로 전개되고 남아있어야 함을 강조하고 있다. 이러한 지적은 디지털 기술의 학교교육에 전면적 활용에 따른 부작용을 우려하고 있기 때문이다.

실제 인공지능 기술 적용이 아직 초기 단계이기 때문에, 현재 정부가 발표한 AI 디지털교과서 적용의 경우 학생들의 창의력 강화와는 다소 거리가 있다. 교육부의 AI 디지털교과서 모형에서 학생 맞춤형은 단순히 수준별 문제풀이 역량을 함양하는 데 초점을 두고 있다. 현재 정부 당국이 발표한 교과서 모형의 경우 학생의 수준별 학습 과제를 학생 개별 요구에 즉시 맞추어 코칭해 주는 능력이 있지만, 이러한 디지털 기술은 중독성이 있다는 점이다. 디지털 기기 활용을 통한 학습에 장시간 노출되면 학생의 정신건강은 나빠질 수밖에 없다(OECD, 2023). 또한, AI 디지털교과서 활용은 필연적으로 학생들이 유해하고 부적절한 콘텐츠에 더 쉽게 접근할 수 있는 가능성도 있다. 디지털 기기를 통해 학습하는 과정에서 부정행위를 하거나 데이터와 지식재산권 침해가 일어날 소지도 다분하다. 특히 정책당국은 학교에서 디지털 기기 지속적 사용으로 수업 중 주의력과 문해력이 떨어져 학습격차가 오히려 더 커질 수 있다는 우려도 주지할 필요가 있다.

앞에서 살펴본 바와 같이 여러 부작용 때문에 OECD(2023)는 인공지능 기술의 교육적 활용의 경우에 디지털과 비디지털(non－digital) 활동 간의 적정한 균형을 유지할 것을 강조하고 있다. 특히 교수자 및 학습자의 정신건강과 복지에 초점을 두어야 할 것을 권고하고 있다. 일반적으로 디지털 기기만을 통해서 학습정보를 습득하고 학습하는 경우와 전통적인 학습 방식인 서지교과서를 기반으로 읽고, 학생이 직접 문제를 쓰고 풀이하는 학습 양태 간에 상당한 차이가 있다. 즉, 뇌과학 측면에서 학생이 자신의 손으로 서지의 책장을 넘기면서 읽고, 직접 손으로 쓰고 문제를 풀이하는 학습은 인간 대뇌 작동에 있어서 다양한 뇌 부위가 활성화되지만, 디지털 기기상에서 단순히 눈으로만 정보를 습득하고 이해하는 학습은 뇌신경 작동에 의한 인지기능 활성화가 상대적으로 한계가 있다는 사실이다. 특히 우리나라 정책당국이나 학교행정가들은 이러한 뇌신경학상 학습효과 차이 이외에도, 인공지능 디지털교과서의 활용에서 학교 내 학생들의 학습은 인간과 인간 간의 상호작용을 내포하는 사회적 경험과 관계라는 사실을 망각하지 말아야 한다. 즉, 인공지능 디지털교과서의 가능성을 단순히 맹신해서 교사로 하여금 과도하게 활용토록 촉구하는 것은 오히려 학생들의 정서 함양이나 복지에 위험성을 초래할 수 있다는 사실이다(OECD, 2023).

**참고문헌**

- 교육부(2023). 인공지능(AI) 디지털교과서 추진방안. 언론 보도자료 (2023. 6. 8).
- 교육부(2024). 2025년 교실에서 마주할 인공지능(AI) 디지털교과서. 언론 보도자료 (2024. 11. 28).
- 대한민국 정부(2022). 윤석열 정부 120대 국정과제.
- OECD(2023). OECD Digital Education Outlook 2023: Toward an Effective Digital Education Ecosystem. OECD Publishing, https://doi.org/10.1787/c74f03de－en.

| 제7장 | 고등학교 유형 및 학교선택제정책의<br>실제와 쟁점 |

## 1 학교선택제 이론

공교육체제에서 교육소비자인 학부모와 학생에게 학교선택권을 부여하는 것
은 학교교육의 질적 개선을 도모하는 데 그 당위성이 있다. 역사적 측면에서 학교
선택 제도의 본격적 실현은 1980년대 미국의 수월성 교육 운동과 1988년 영국의
교육개혁법 도입이 그 배경으로 작용하였다. 이론적으로 학교선택 제도는 시장경
쟁론과 학부모 교육권론에 근거를 두고 있다. 먼저, 시장경쟁론에 의한 학교선택
은 학교로 하여금 학생을 유치하기 위한 경쟁과 학생의 성취도 측면에서 학교교
육의 효과성을 증진토록 유도하는 데서 타당성을 추구한다(Levin, 1990). 즉, 학교
선택이 없는 경우 학교들은 자동적으로 공급되는 학생에 대해 공급 독점 상태를
유지하기 때문에 학교교육의 효과를 향상시키기 위한 노력이 유발되기 어렵고,
학교의 자원을 효율적으로 활용할 유인기제를 제공하지 못하게 되는 한계점이 있
다. 따라서 학교교육의 효과를 증진시키기 위해서는 학교 간 경쟁을 유도할 수 있
도록 교육수요자인 학부모 및 학생에게 학교선택권이 주어져야 한다는 것이다.

둘째, 학부모 교육권론은 공교육체제하에서 의무교육제도가 정착되고, 의무
교육에 관한 학부모의 교육권이 구체화되어 학교선택권으로 나타난다는 관점이
다. 이러한 학부모 교육권론에 기반한 학교선택의 경우 의무취학권, 사립학교선

택권, 통학 맥락에서 적정히 배치된 학교에 다닐 권리 개념 등을 내포하고 있다. 학부모 교육권으로서 학교선택권이 보장되어야 할 이유는 가족 간 가치의 다양성을 수용할 수 있는 다양한 학교제도와 학교선택이 필수적으로 주어져야 한다는 관점이다. 즉, 부모가 특정한 종교적 전통이나 철학적 가치에 기반을 두어 자녀를 양육할 권리가 있듯이, 이러한 차원의 전통이나 가치를 내면화할 수 있도록 학교를 선택할 권리 또한 부모에게 주어져야 한다는 것이다.

학교선택 제도는 실제 공교육체제에 적용되고 운영되는 데 있어서 학교선택 범위와 시장경쟁 원리의 적용 정도에 따라 크게 두 가지 모형으로 구분한다 (Levin, 1990). 첫 번째가 시장경쟁형 모형에 의한 학교선택제이다. 시장경쟁형 모형에 의한 학교선택제는 학교를 선택할 때 소요되는 교육비를 국가 또는 지방자치단체가 부담한다는 전제가 있다. 이러한 접근 모형의 경우 공사립학교를 막론하고 학교선택을 보장하려는 접근으로서 바우처제도(Voucher system)와 교육비 공제방식(Tuition tax credit system)을 둔다(Fowler, 2004). 바우처에 의한 학교선택제, 즉 교육비 지불보증서(바우처)를 학부모나 학생에게 미리 주고 학교를 선택하게 하고, 해당 학교가 그 지불보증서를 받아서 주정부에게서 현금으로 상환하는 제도이다. 또한, 학부모나 학생이 사립학교를 선택하는 경우 소요되는 수업료 및 교육비용을 세금에서 공제해 주는 교육비 공제방식에 의한 학교선택제가 있다. 두 번째는 공립학교형 학교선택제 모형이 있다. 이 모형의 경우 학생이나 학부모가 교육비를 부담하지 않고 거주 지역에 관계없이 어떤 공립학교든지 선택하여 취학하도록 하는 제도이다. 특히 공립학교형 학교선택제는 인종 통합 및 학교교육의 질적 개선을 목표로 해서 교수방법 혁신이나 특정 교과에 특화된 특성화 학교(Magnet school)운영을 기반으로 학교를 선택하게 하는 모형이다. 주 경계 내 공립학교에 한정해서 학교선택을 허용하는 이 제도는 1990년대까지 미국의 많은 주에서 널리 활용되었다.

한편, 학교선택제 운영과 관련해서 여러 가지 비판점이 제기되어 왔다. 우선 학교선택으로 인해 발생하는 불평등 문제가 있다는 점이다. 다수의 선택이 있는 학교의 경우, 우수 학생을 위주로 학생을 선발할 개연성이 있고, 이러한 학생 선발은 입학 기회의 불평등을 가져온다는 사실이다. 아울러 학교선택에 필요한 정보를 모든 가정이 동등하게 지니고 있지 않기 때문에 교육기회의 불평등도 유발할 수 있다는 점이 있다. 특히 학교선택의 기회는 부모의 사회경제적 배경에 따라 차등적으로 부여될 수 있기 때문에 학교선택권 확대는 교육기회의 불평등을 야기할 가능성이 있다(Byrne & Rogers, 1996). 즉, 사회경제적 지위가 높은 부모들의 경우 자녀의 능력과 적성을 효과적으로 길러줄 수 있는 학교를 적극적으로 선택할 수 있는 반면, 저소득층 부모들은 거주 이전의 한계나 학교에 대한 정보를 획득하는 데 상대적으로 불리한 입장에 처해 있기 때문에 자녀를 위한 학교선택이 상대적으로 용이하지 않다는 사실이다(Conway, 1997). 이외에 학교선택론의 경우 교육서비스 공급을 초과하는 과잉의 학교선택이 있을 때, 해당 학교는 단기에 그 서비스를 확대하기 불가능(교육시설 및 교실 등을 구비하는 것이 불가능)하다는 한계도 존재한다.

## 2 / 우리나라 고등학교 운영 유형의 현황

우리나라 중등교육 체제에는 절대 다수의 일반계 고등학교와 학부모 및 학생이 선택해서 취학할 수 있는 별개 유형에 속하는 소수의 특정 고등학교가 있다. 즉, 초중등교육법 시행령 제76조의 3은 교육과정 운영과 학교의 자율성을 기준으로 일반고등학교(특정 분야가 아닌 다양한 분야에 걸쳐 일반적인 교육을 실시하는 고등학교), 특수목적고등학교, 특성화고등학교, 그리고 자율고등학교(자율형 사립고등학교 및 자율형 공립고등학교)를 학교 유형으로 구분하고 있다. 한편, 문재인 정부는 2020

년 2월 28일 초중등교육법 시행령을 개정하고, 고등학교 유형 중 외국어고, 국제고, 그리고 자율형 사립고를 삭제하고, 2025년부터 일반고로의 전환을 통해 폐지토록 하였다.

보다 구체적으로 학부모 및 학생이 선택할 수 있는 고등학교 유형에는 초중등교육법 제61조(학교 및 교육과정 운영의 특례) 및 교육제도 개선과 발전을 위한 대통령령(초중등교육법 시행령)에 의해 특히 필요하다고 인정되는 학교들이 속한다. 특히 수요자가 선택해서 진학할 수 있는 고등학교는 법률로 명시된 유형의 학교가 아니라, 정부당국(교육부 및 시도교육청)이 대통령령에 의거하여 학교 및 교육과정 운영상 자율성 필요에 따라 지정한 고등학교들이다. 이러한 특정 유형의 고교를 정부가 지정해서 운영해온 목적은 특정 분야에 소질이 있는 학생에 대한 수월성 교육을 추진하고자 하는 데 있다.

우리나라 교육체제에서 고등학교 유형별 현황을 보면 다음 <표 1>과 같다. 2020년 기준 전체 고등학교수는 2,368개, 직업계 고등학교는 583개(24.6%), 일반계 고등학교는 1,785개(75.4%)로 나타났다. 학생 수로 보면, 전체 고등학교 133만 7,763명, 직업계 고등학교 학생 수는 25만 7,642명(약 19.3%), 일반계 고등학교 학생 수는 108만 121명(약 79.7%)으로 확인되고 있다.

다음 <표 1>에 나타난 고등학교 유형 중 초중등교육법 시행령에 의거하여 정부 지정에 의한 학교선택제가 적용되는 고등학교의 경우 구체적으로 세 가지 유형이 있다. 첫 번째 유형 고등학교에는 초중등교육법 시행령 제90조에 의거하여 특수분야의 전문적인 교육을 위해 교육부장관과 시도교육청 교육감에 의해 지정·고시되는 "특수목적고등학교(특목고)"가 있다. 구체적으로 "특수목적고등학교"는 교육부 장관이 지정, 고시하는 산업계 수요에 직접 연계된 맞춤형 교육과정 운영의 고등학교("산업수요 맞춤형 고등학교")와 시도교육청 교육감에 의해 지정·고시되는 과학 인재 양성을 위한 과학계열 고등학교(과학고), 외국어에 능숙한 인재 양성을 위한 외국어계열 고등학교(외국어고)와 국제 전문 인재 양성을 위한 국제

표 1 2020년 우리나라 고등학교 유형별 현황(단위: 명)

| 학교 유형 | | 학교 수 | 학급 수 | 학생 수 | 교원 수 |
|---|---|---|---|---|---|
| 직업계 | 마이스터고 | 51 | 1,003 | 18,673 | 2,928 |
| | 특성화고 | 463 | 10,557 | 209,410 | 24,683 |
| | 종합고 | 69 | 1,426 | 29,559 | 3,222 |
| | 소 계 | 583 | 12,986 | 257,642 | 30,833 |
| 일반계 | 일반고 (종합고제외) | 1,504 | 38,061 | 927,938 | 86,396 |
| | 공사립 자율고 | 146 | 4,049 | 103,200 | 9,300 |
| | 대안학교 | 25 | 169 | 2,720 | 491 |
| | 특목고 (마이스터고 제외) | 110 | 1,905 | 46,263 | 5,148 |
| | 소 계 | 1,785 | 44,184 | 1,080,121 | 132,168 |
| 고등학교 전체 | | 2,368 | 57,170 | 1,337,763 | 163,001 |

출처: 교육통계 자료집(2020), 한국교육개발원.

계열 고등학교(국제고), 그리고 예술인 양성을 위한 예술계열 고등학교(예술고)와 체육인 양성을 위한 체육계열 고등학교(체육고)를 포함하고 있다. 역사적으로 보면 1974년 고교평준화 시행 시기부터 예술계·체육계 학교가 특목고로 지정되었고, 1982년 과학고, 1992년 외국어고, 1998년 국제고가 등장하였다. 2021년 현재 외국어고는 전국에 30개(서울 6개, 경기 8개), 국제고는 전국에 7개가 운영되고 있다. 특목고의 경우 고교평준화 정책과 국가수준 교육과정 운영이 맞물리면서 학생 구성과 교육내용의 표준화로 인해 교육의 수월성이 추구되지 못한다는 비판에 대응한 보완책으로서 탄생한 고교유형이다(강영혜 외, 2007). 이들 특목고는 학생 선발과 교육과정 운영에서 어느 정도 자율성을 보장받고, 학생의 소질에 따른 수월성 교육에 초점을 두고 도입되었다. 하지만 당초 기대와는 달리 특목고 유형의 학교가 정권의 정책적 필요에 의해 수시로 추가되었고, 대다수의 학교가 설립 취지와는 달리 입시 준비에 지나치게 치중되어 왔다는 비판이 제기되어 왔다(김영철, 2003). 특히 특목고 유형 중 외국어고의 경우 학생 선발 측면에서나 어학 분야에서 수월성 교육을 충족하지 못하는 모습을 보이면서 특목고 정책의 개선이 필요하다는 주장도 나타났다(강영혜 외, 2007).

두 번째 유형 고등학교에는 현행 초중등교육법 시행령 제91조에 의거해 교육감이 소질과 적성 및 능력이 유사한 학생을 대상으로 특정 분야의 인재 양성을 목적으로 하는 교육 또는 자연현장실습 등 체험 위주의 교육을 전문적으로 실시하기 위해 지정·고시해서 운영하는 "특성화고등학교(특성화고)"가 있다. "특성화고등학교"의 경우 졸업 후 전문 직업진로를 지향하는 종전 실업계 고등학교를 말한다. 당초 1997년 '초·중등교육법 시행령'에서는 실업계 고등학교를 전문계고, 전문계열 특수목적고, 특성화고로 구분하였다. 그러나, 이명박 정부 출범 이후인 2010년에 복잡한 실업계 고교체제를 개편해서 직업계열 특성화고로 일원화하였고, 「고교 다양화 300 프로젝트」 정책을 통해서 전문계열 특수목적고를 마이스터고로 지정, 운영해 오고 있다.

세 번째 유형 고등학교에는 초중등교육법 시행령 제91조의 3에 의하여 학교 또는 교육과정을 자율적으로 운영할 수 있도록 교육감이 지정·고시하는 "자율형 사립고등학교(자율형사립고)"가 있다. 이들 자율형 사립고등학교는 평준화 정책의 기조를 유지하면서도 수월성과 다양성을 충족할 수 있는 특성화 학교를 제안한 1995년 '5·31 교육개혁 방안'에서 출발하였다. 그 이후인 2002년도부터 건학이념이 분명하고 정부의 재정 지원 없이 학교를 운영하도록 하는 자립형 사립학교가 탄생했다.[1] 아울러 1999년부터는 교장 임용, 교육과정 운영, 교과서 사용, 학생 선발 등에서 자율성을 갖는 자율학교가 시범 운영되었고, 이를 토대로 2007년부터 개방형 자율학교가 운영되었다. 이들 자립형 사립학교를 포함한 자율학교들은 이명박 정부가 출범한 이후 추진된 「고교 다양화 300 프로젝트」에 의해 급속도로 확산되었고, 2010년 개정된 초중등교육법 시행령을 근거로 자율형 사립고와 자율형 공립고 체제로 구분 운영되어 오고 있다. 당시 이명박 정부는 대통령 선거공약을 통해 학생과 학부모의 자유로운 선택에 의해 평가를 받는 새로운 형태의 사립고교 모형을 구축하여, 국가의 획일적 통제에서 벗어나 자율 운영과 창의교육을 지향하는 자율형 사립고 100개교를 설립하겠다고 선언하였다. 이러한 견지에서 볼 때, 자율형 사립고는 학교운영의 자율성과 학부모 및 학생의 학교선택권을 보장하게 하여, 학생 유치를 위한 학교 간 경쟁을 유도하는 수요자 중심의 학교유형에 해당한다. 자율형 사립고로 지정되기 위해서는 국가 또는 지방자치단체로부터 교직원 인건비 및 학교·교육과정운영비를 지급받지 않아야 하고, 교육부령으로 정하는 법인전입금기준 및 교육과정운영기준을 충족해야 하는 조건이 있었다. 2010년 6월 이후 수도권을 중심으로 해서 재정 상태가 건실한 사립고등학교가 자율형 사립고로 전환되었고, 2015년도까지 전국적으로 49개 자율형 사립고가 지정되어 운영되었다(김경근 외, 2015). 그동안 교육청 평가에 의해 강제적으로 지정 취소되었거나, 자발적으로 지정 취소 요청한 학교를 포함해서 11개고가 일반고로 전환되었다. 2021년 현재, 서울지역 21개교를 포함해서 전국에 38개 자율형 사립고가 운영되어 오고 있다. 반면에 자율형 공립고는 교육여건이 열악한 지역의 학교를 중심으로 선정되어 교육격차를 해소하기

---

1 자립형 사립고는 김대중 정부 시절인 2002년부터 평준화의 문제점인 교육의 획일성을 보완하고, 고교교육의 다양화, 특성화 및 수월성 추구를 확대한다는 맥락에서 학생납입금 25% 이상을 매년 학교법인이 부담하고, 교육청이 지원금을 주지 아니하는 대신, 교육과정을 자유롭게 하고, 학생 선발 또한 전국 단위로 자율적 모집하게 한 고등학교 유형이다. 2002년에 광양제철고, 민족사관고, 포항제철고, 그리고 2003년에는 상산고, 해운대고, 현대청운고가 운영을 시작했다. 이명박 정부 출범 이후 2010년부터 초중등교육법 시행령 제76조의 3에 의거하여 자립형 사립고는 자율형 사립고로 이름이 변경되어 전국적으로 확대되었다.

위한 목적을 가지는 학교유형이다.

특히 특목고와 자율형 사립고 지정 및 운영에 있어, 해당 고등학교가 거짓이나 그 밖의 부정한 방법으로 회계를 집행한 경우, 부정한 방법으로 학생을 선발한 경우, 교육과정을 부당하게 운영하는 등 지정 목적을 위반한 중대한 사유가 발생한 경우, 지정 목적 달성이 불가능한 사유의 발생 등으로 인하여 학교의 신청이 있는 경우는 교육감이 교육부장관의 동의를 받아서 지정을 취소하도록 하고 있다(초중등교육법 시행령 제90조 및 제91조의 3). 아울러, 자율형사립고는 초중등교육법 시행령 제90조에 의거해 입학정원의 20% 이상을 국민기초생활 수급권자의 자녀, 국가보훈대상 자녀 등 교육기회 균등을 위한 사회적 배려 대상 학생을 선발토록 하고 있다.

## 3  고등학교 단계 학교선택제 적용 정책

우리나라의 경우 중등교육 상황에서 과열된 고입 경쟁을 완화하고, 입시 위주의 교육으로 변질된 공교육을 정상화하기 위해 1974년부터 서울, 부산을 시작으로 고교평준화 정책을 시행하였다. 그 시행 이래 지금까지 전국적으로 고교선택제가 아닌 고교평준화 지역을 확대해 왔다(강영혜 외, 2007; 김기석 외, 2005). 이러한 고교평준화 정책은 학생과 학부모 입장에서는 학교선택권을 제한하여 다양한 교육수요를 충족하지 못하게 되고, 학교 입장에서는 학생선발권을 제한함으로써 학교의 자율성과 책무성을 약화시키고 있다는 주장이 제기되었다(강영혜 외, 2005). 또한 평준화 정책으로 인해 교육의 수월성이나 다양성과 같은 가치들이 침해된다는 점도 주장되었다(윤정일 외, 2002). 이 밖에도 변수용·김경근(2004)은 지역 간 및 학교 간 교육여건의 격차를 해소하지 못한 상황에서 평준화 정책을 시행하는 것은 사회계층에 따른 거주지 분화 현상과 맞물려 교육의 평등성을 제대로 실현하지 못하게 되므로 보완이 필요하다고 주장하였다. 즉, 이들 학자의 주장은 서울지역의 경우 강남과 강북 간의 교육여건 격차가 이미 존재하는데, 평준화 정책으로 인해 이러한 서울지역 강남북 간의 교육 불균형이 심화되고 있다는 점을 시사하고 있다. 무엇보다도 고교평준화 정책에 대한 가장 결정적인 비판은 학생 및 학부모의 학교선택권을 침해한다는 것이다. 이러한 비판은 우리나라 교육실제에서 고교유형의 다양화와 더불어 교육내용 운영의 다양화 정책 요구로 이어졌다.

고교유형 다양화를 기반으로 한 학교선택제는 국가가 가진 학교 배정 권한을 학생 및 학부모에게 돌려주어, 학생의 소질과 진로 계획에 따라 학교를 선택할 수 있도록 하는 제도이다(김영화·이정희, 2003). 구체적으로 우리나라 교육체제에서 학부모 및 학생에 의한 학교선택제가 실행되는 경우는 앞에서 살펴본 세 개 유형의 고등학교(특수목적고, 특성화고, 자율형 사립고)에 입학하는 경우에 해당한다. 초중등교육법 시행령 제81조의 2는 학부모 및 학생이 해당 고등학교를 선택할 수 있도록 학생모집의 특례를 허용하고 있다. 구체적으로 특수목적고, 특성화고 그리고 자율형 사립고의 장은 교육감(입학전형실시권자)과 교육부장관이 미리 협의하여 정한 범위에서 해당 고등학교가 소재하는 지역 외 중학교에 재학한 자를 모집할 수 있도록 허용하고 있다.

우리나라에서 고등학교 입학 전형은 전기와 후기로 구분되어 시행되고 있다. 1차 전기 입시전형을 실시하는 대상은 과학고, 외국어고, 예·체능계 고교, 그리고 마이스터고와 특성화고이고, 이들 학교에 취학을 희망하는 학생은 해당 학교 입시전형에 응시함으로써 학교선택제가 실현되고 있다. 특히 1차 전기 고교 입학 전형에는 과학고, 외국어고인 특목고와 마이스터고 특목고, 특성화고, 자사고 등 고교다양화 정책을 통해 정비된 고교유형이 모두 포함되어 있는데, 학생들은 전기에 속하는 고등학교들 중 1개교에만 지원할 수 있다. 이들 유형의 고등학교가 전기에 학생들을 선발하고 난 다음, 일반고등학교를 대상으로 해서 2차 후기 전형이 실시되고, 1차 전기전형 고등학교들에 선발되지 못한 학생을 포함한 모든 학생이 후기전형을 통해 일반고에 진학하고 있다. 예를 들어 서울지역 일반고 대상 후기전형의 경우, 해당 학군 내 2개의 일반고등학교를 1, 2순위로 신청하고, 해당 고등학교 정원을 감안해서 배정하는 방식을 사용하고 있다. 따라서 일반고 진학체제는 학부모의 학교선택권을 확대하고자 했던 의도를 충족시키지 못하고 있다(김병주 외, 2010). 학자들은 전기 입시전형에는 다양한 고교유형이 포함된 가운데 이에 대응한 후기 고등학교 입시전형에는 일반고만이 존재하는 것은 다소 문제가 될 수 있다고 주장한다(김병주 외, 2010). 현행 우리나라 고교체제 하에서 일반고는 대학진학을 중점으로 하는 학교로 직업계인 특성화고와 대비되는 학교로 운영되고 있고, 진학교육이라는 측면에서는 특목고 – 자사고 – 일반고로 이어지는 위계구조를 형성하는 면이 있다. 직업교육을 받고자 하는 학생의 경우 마이스터고나 특성화고에 진학하는 게 이상적이지만, 이외에 과학고, 외국어고, 자율형 사립고 등 전기에 진학할 고교유형을 선택할 기회를 단 한 차례만 부여받기 때문에 원하는 학교에 선발되지 못할 경우 후기전형을 통해 모두가 일반고에 진학할 수밖에 없다. 결과적으로 현행 고교 입시전형제도의 경우 전기 입시전형에서 실패한 학생들은 후기 일반고에 모두 진학하게 함으로 인해 교육수요 다양성을 충족하지 못하는 고교 입시체제 구조이다.

**논의 및 평가**

## 가. 외국어고와 국제고 폐지의 타당성

우리나라 교육체제에서는 시대별 또는 정권별로 다소 상이한 철학과 관점을 바탕으로 고등학교 유형 및 학교선택 정책이 추진되어 왔다. 앞에서 살펴보았듯이, 1974년 고교평준화 시행 시기부터 예술계·체육계 학교가 특목고로 지정 운영되어 왔고, 1982년도부터 과학고, 1992년도 이후 외국어고, 1998년 국제고, 그리고 2010년 이후에 자율형 사립고가 지정 운영되었으며, 이들 유형의 고등학교는 학교선택제 원리에 의한 학생모집 특례가 허용되어 왔었다. 한편, 문재인 정부는 국정과제 추진 일환으로서 2025년부터 자사고·외고·국제고를 모두 일반고로 전환, 즉 특수목적고인 외고·국제고와 자율형 사립고를 폐지[2]한다는 정책을 발표하였다(교육부, 2019). 이들 고교유형 폐지와 관련해서 교육부는 그동안 자사고·외고·국제고로 유형화된 고교체제가 설립 취지와 다르게 학교 간의 서열화를 만들고, 사교육을 심화시키는 등 교육 불평등을 유발시켰다는 점을 강조하였다(교육부, 2019). 따라서 2025년부터 우리나라 고등학교 체제에서는 특수목적고로서 과학고와 특성화고만이 존재하게 되고, 이들 두 유형의 학교만 학교선택제를 기반으로 전기 입시전형에서 학생을 모집하는 것이 허용될 예정이다.

교육부가 지적한 바와 같이, 지금까지 과고나 외고를 진학하기 위한 입학 준비가 사교육비 부담 요인으로 작용하고 있다는 점은 어느 정도 사실이다. 그러나 우리나라에서 사교육비 문제와 교육 불평등 문제는 단순히 특목고와 자사고

---

2 2020년 2월 28일자로 초중등교육법 시행령 제76조의 3 고등학교 구분에서 외고·국제고인 특수목적고와 자율형 사립고가 삭제되고, 이들 학교유형 폐지 조항은 2025년부터 발효되는 것으로 규정되었다.

가 궁극적 원인으로 작용해서 야기된 것은 아니다. 사교육비 문제는 전반적인 우리나라의 고용 풍토 및 임금 관행, 그리고 사회적 문화 풍토에 의한 거시적이고 구조적인 차원의 문제이다. 무엇보다도 우리나라의 경우 대학진학률이 거의 75%를 상회하고, 높은 교육열을 배경으로 지위경쟁이 가속화되는 상황의 교육 생태계가 존재하고 있다. 이러한 교육생태계 상황에서는 어떠한 형태의 고등학교든지 대입 준비에 우선적 초점을 둘 수밖에 없는 현실이기 때문에 사교육비 증가를 초래하는 것이다. 특히, 사교육비 부담 문제는 고교체계상 학교유형 개선이라는 교육체제 내에서만의 접근이나 교육적 처방만으로 해결할 수 없다. 소득격차에 따른 교육양극화와 학교 간 교육격차 문제의 경우 학교유형 폐지나 일괄 변경이 아니라, 개별 학생의 교육복지 대책이나 저성취 학생에 대한 특별 학습지원책 강구 차원에서 접근할 필요도 있다.

그동안 학교선택이 허용되어 온 고교유형 중, 외국어고와 국제고의 경우는 외국어 분야 수월성 교육과 세계화를 지향하던 1990년대 당시의 시대적 패러다임에 따라서 특수목적고 지위가 부여되었다. 하지만, 외국어고 졸업생 다수가 법조계에 진출하는 등 설립 목적에 부합하지 못한 진학 및 진로가 끊임없이 문제로 제기되어 왔다. 무엇보다도 거의 30년이 지난 오늘날의 경우에는, 어학영재 또는 외국어에 능숙한 인재 양성 교육 중점 및 세계화 지향은 우리나라 고등학교 교육체제에 있어 더 이상 수월성 교육이나 특수목적에 해당하는 분야로 보기 어렵고, 오히려 모든 고등학교가 보편적으로 중시해야 할 교육분야라고 볼 수 있다. 이러한 견지에서 보면, 외국어고와 국제고를 특수목적고 분류에서 제외하고 학생모집 특례 허용(전기 입시전형 운영)을 폐지한 최근의 교육부 정책은 타당하다. 이는 현재 시점에서 특수목적고 차원의 외국어고와 국제고 학생모집 특례 허용에 의한 부정적 효과가 그 운영 편익보다 더 크다는 점에서 그렇다.

## 나. 자율형 사립고 폐지의 논쟁점

자율형 사립고의 경우 최근까지 엇갈린 평가들이 제시되면서 사회적으로 논란이 끊이지 않고 있다. 박윤수(2014)와 김희삼 외(2015)는 자사고의 성과를 분석하였는데, 그 결과 자사고와 일반고의 학업성취도 차이는 자사고의 학교효과보다 선발효과에서 기인하는 바가 크다는 사실을 밝혔다. 또한, 일반고에 비해 자사고의 교육성과가 향상되었다는 점은 실제 자사고 교육성과의 우수성 때문인지, 아니면 자사고의 학생 선발효과 때문인지 밝히기 어렵다는 주장도 있다(김경근 외, 2015). 특히 일각에서는 자율형 사립고가 일반고의 위기를 가져오게 된 주범이라는 평가를 하기도 하고, 이에 대해 자사고 도입 이전부터 일반고의 위기가 시작되었다는 반론도 있다(김경근 외, 2015). 무엇보다도 현 시점에서 자율형 사립고가 고교체제에서 차지하는 위상은 상당히 크다. 학부모들은 실제로 고교무상 교육체제임에도 불구하고, 등록금이 비싸지만 자율형 사립고의 교육서비스를 원하는 욕구도 크게 존재한다. 전반적으로 외고를 제외한 과고와 자율형 사립고의 경우, 학생 및 학부모의 학교선택권을 보장했고, 단위학교 자율성을 신장시켰으며, 궁극적으로 교육에서 다양성과 수월성을 신장시킨 성과가 어느 정도 있었다고 볼 수 있다.

이론적 실제적 관점에서, 학교선택제 운영은 학교 간 경쟁을 유도하는 메커니즘, 다양한 교육수요를 가진 부모와 학생에게 적극적 교육권 보장으로서의 학교선택권 제공, 교육의 수월성과 다양성 확보 전략 등의 긍정적 효과를 준다. 아울러 학교선택제의 경우, 제도 운영상 본질적으로 학교 간 차별성 및 교육 불평등성 야기라는 부정적 효과를 내포하는 제한점이 존재한다. 교육부(2019)가 제기했듯이 외고 및 국제고와 자율형 사립고는 전기 입시전형을 통해 일반고에 비해 우선적으로 학생을 선발함으로 인해 분명한 학생 선발효과가 있고, 그로 인해 입시 성적에서 학교 차별성을 보이고 있는 것은 명백한 사실이다. 외고·국제고인 특수목적고와 자율형 사립고 폐지라는 교육부의 정책 결정 배경에는 당초 지정 운영 취지에서 표방한 외국어 분야 인재의 효율적 양성 또는 교육의 자율성과 다양성 교육을 통한 미래 지향이 아니라, 외고나 자율형 사립고가 대학입시를 목표로 운영되는 입시 준비 교육기관임이 명백히 드러나고 있어서 그 폐해가 심하다는 점이 강하게 작용했다. 하지만, 우리나라 모든 유형의 고등학교에 있어 학부모 및 학생의 대학진학 열망을 무시하는, 대학입시를 배제한 학교교육 운영은 불가하다는 현실적 한계가 분명히 있다. 특성화고든 일반고든 또는 특목고, 자사고 역시 정도에 있어 차이가 있을 뿐이지, 모든 고등학교들의 경우 교육운영 중 가장 핵심이 되는 사항이 대학입시 준비라는 것은 당연한 사실이다. 따라서 자율형 사립고의 경우에도 설립 취지인 교육과정의 다양화가 어느 정도까지 입시 중심의 교육과정으로 수렴될 수밖에 없는 현실이 존재한다. 이러한 현실적 맥락이 있음에도 불구하고, 고교단계 교육 현실을 완전히 무시한 채로 교육의 자율성과 다양성 측면만을 내세워서 자사고 교육과정의 다양성이나 자율성 운영 정도를 평가하는 것은 현실적이지 못하다. 따라서 시도교육감은 교과교실제 운영, 수준별 수업, 예체능 특기적성 교육 등 일반고에서 실시하고 있는 교육프로그램의 운영 정도와 비교해 별도의 독자적이고 특화된 교육과정을 운영하는 정도는 어느 정도인지, 기준을 적용해서 자율형 사립고 교육과정의 다양성 평가를 수행할 필요가 있다.

보다 구체적으로 자율형 사립고의 경우에 학교선택제 적용을 통한 학생모집 특례 허용(전기 입시전형 운영)은 고교평준화로 인한 교육의 획일화 문제의 보완책으로서 고교교육 다양성 실현과 건전한 사학의 자율성 보장이라는 취지를 가진다. 또한, 학부모나 학생들에게 학교를 선택하게 하여 적극적으로 교육권을 보장하는 데도 그 취지가 있다. 특히 고등학교 단계 전면 무상교육화가 시행되고 있는 상황에서, 교육수요자가 수업료 및 학교교육비를 부담하게 하는 조건으로 자율형 사립고를 선택케 하는 교육권 보장 불허의 문제는 재검토가 필요하다고 본다. 무엇보다도 우리나라 교육기본법 제25조는 국가와 지방자치단체로 하여금 사립학교를 지원·육성하여야 하며, 사립학교의 다양하고 특성 있는 설립 목적이 존중되도록 해야 한다는 사립학교 육성의 기본방향을 천명하고 있다. 법률상 사립학교 육성이라는 기본 취지를 살리는 측면에서도 자율형 사립고는 교육수요자에 의한 학교선택제가 적용되는 고교유형으로 존재할 필요가 있다고 본다.

## 다. 고등학교 유형과 학교선택제도 운영 방향

현재 우리나라 고등학교 유형과 학교선택제 운영은 두 가지 문제점이 있다. 우선, 현행 우리나라 고등학교 유형제도의 경우 우수한 학생이 몰리는 과학고나 외국어고, 그리고 자율형 사립고는 농어촌이나 읍면단위 소재가 아니라 거의 모두 도시지역에 소재하고 있다. 결과적으로 농산어촌 소재 중학교 출신이 외고나 과고에 가기에는 구조적으로 어려움이 있고, 그 결과 학부모들은 자녀교육을 위한 이촌향도(移村向都) 경향을 심화시키고 있다. 상대적으로 도시지역에 비해 교육여건이 열악한 농산어촌이나 읍면단위 지역의 경우, 도시집중 인재 양성 구조를 완화하는 차원에서 학교선택제가 적용되도록 고교유형을 구별하고 전기 입시전형 허용, 즉 학생 우선 선발권을 부여할 필요가 있다. 다만, 농산어촌이나 읍면단위 고등학교에게 우선 선발권을 허용하는 경우, 해당 지역주민의 자녀가 진학하지 못하게 될 수도 있는 문제를 해소하기 위해 지역주민 자녀에게 특별전형을 허용토록 의무화할 필요도 있다.

아울러, 현행 고등학교 유형 및 학교선택제 운영에 있어 또 다른 문제는 고입전형제도가 다양한 고교유형을 반영하고 있지 못하다는 점이다(김병주 외, 2010). 이에 더하여 선발 시기의 차이로 인해 고교유형 간에 학업성취도 격차가 심화됐다는 문제도 있다(성열관 외, 2015). 특히 현재 고교 입시전형상 선발 시기가 구분되어 있는 상태에서 일반고는 집중적인 불이익을 받도록 되어 있다. 선발 시기의 이원화로 인한 일반고 불이익 문제의 경우는 중학교 때 학업성취가 우수했던 학생들이 주로 전기인 특목고와 자사고, 일부 특성화고에 먼저 진학하면서 후기인 일반고는 중, 하위권 학생들을 배정받고 있다는 점이 자주 지적되어 왔었다 (김경근 외, 2015). 전기고등학교에 다양한 고교유형이 포함된 가운데, 이에 대응하는 후기고등학교에는 일반고만이 존재하게 해서 고교 입시전형을 실시하는 체제가 문제인 것이다. 즉, 현행 고입전형제도 아래에서는 전기에서 원했던 다양한 학교에 진학하는 데 실패한 학생이 후기에 일반고에만 진학할 수 있다. 따라서 일반고의 경우에도 다양한 교육수요를 고려해서 직업교육 프로그램 운영이나 특정 교과 중점 운영 측면에서 특화된 특성화 학교(Magnet school)를 기반으로 학교를 선택하게 하는 학교선택제가 필요하다고 본다. 중장기적으로는 일반고를 종합학교로 재구조화하는 것을 적극적으로 추진할 필요가 있다는 의견도 주장되고 있다(김경근 외, 2015). 결과적으로 일반고 모두를 후기전형으로만 선발하게 하기보다는 학교별로 일정 규모의 학생정원을 전기전형으로 허용하는 일반학교 대상 학교선택제 도입도 검토할 필요가 있다. 비슷한 맥락에서 김경근 외(2015)는 고교입시제에서 현행 전·후기 선발 방식의 3단계 배정 방안 도입, 즉 1단계에서는 특성화고(마이스터고 포함), 2단계에서 특목고, 자사고, 일반고의 동시 선발, 3단계에서는 각 단계에서 부족했던 인원을 충원하는 입시전형을 제안하였다.

현재 많은 나라에서의 교육개혁 핵심 주제 중 하나가 단위학교 자율성 강화이다. 이는 학교 자율성이 보장되어야 교육에서 다양성이 생겨나고, 그 다양성을 기반으로 창의성이 신장되기 때문이다. 이러한 견지에서 보면, 일반고 황폐화 문제의 해소를 위한 정책 대안으로서 일부 특목고와 자사고를 일괄적으로 폐지하는 것은 다소 현실성이 떨어진다. 왜냐하면, 일반고의 낮은 교육 경쟁력 문제는 일반고 범위 내에서 대책을 강구하는 것이 보다 타당하기 때문이다. 위에서 언급했듯이 일반고를 보다 다양한 형태로 특성화하거나, 일반고 중에서 학교선택권을 강화하는 방안이 우선적 대책이라고 볼 수 있다. 고등학교 유형 체계를 일반고 유형으로 전면 통폐합하는 것은 시대 변화 패러다임이나 교육체제 선진화 구현 차원에서 타당성이 떨어진다. 특성화와 자율화, 그리고 교육의 다양화라는 나름의 설립 취지를 가지고, 성과를 지닌 자사고를 일괄적으로 폐지하는 것은 합리적 대안이 아니다. 고교유형 체제 결정의 경우 무엇보다도 거시적이고 종합적인 차원에서의 교육정책적 접근이 필요하다. 교육의 평등성 보장 차원만이 아니라, 교육의 다양성과 수월성, 그리고 단위학교 자율성 신장이라는 정책 이념도 동시에 고려할 필요성이 있다.

- 김영화·이정희(2003). 학부모의 학교선택 수요 분석. 교육사회학연구, 13(1), 57－76.
- 강영혜·박소영·정현철·박진아(2007). 특수목적 고등학교 정책의 적합성 연구. 한국교육개발원.
- 강영혜·윤종혁·이혜숙·김남걸(2005). 고교 평준화 정책의 적합성 연구: 실태 분석, 정책효과의 검증 및 개선방안 모색. 한국교육개발원.
- 교육부(2019). 고교서열화 해소 및 일반고 교육역량 강화 방안 발표. 보도자료, 2019. 11. 7.
- 교육통계 자료집(2020). 한국교육개발원.
- 김경근·조상식·전은희·김유현(2015). 초·중등교육 정상화를 위한 고교체제개편방안 연구. 2015 교육정책 연구과제 연구보고서(서교연 2015-59). 서울특별시교육연구정보원.
- 김기석·이종재·강태중·류한구·최길찬·김성식(2005). 평준화 정책이 학업성취에 미치는 영향에 대한 종단적 분석. 한국교육개발원.
- 김병주·김재춘·오범호(2010). 고등학교 선발시기 개선 방안. 교육과학기술부.
- 김영철(2003). 특수목적형 고등학교 체제연구(Ⅰ). 한국교육개발원.
- 변수용·김경근(2004). 평준화제도에 대한 학부모의 태도 결정요인 분석: 서울시 강남과 강북의 차이점을 중심으로. 14(2), 81－100.
- 성열관·백병부·김학윤·이형빈(2015). 서울시 일반고 활성화를 위한 제도적 지위. 서울특별시의회.
- 윤정일·송기창·조동섭·김병주(2002). 한국교육정책의 쟁점. 서울: 교육과학사.
- Byrne, D. & Rogers, T. (1996). Divided spaces－divided school: an exploration of the spatial relations of social division. *Sociological Research Online, 1*(2), 23－34.

■ Conway, S. (1997). The reproduction of exclusion and disadvantage: symbolic violence and social class inequalities in parental choice of secondary education. *Sociological Research Online, 2*(4), 37－50.

■ Fowler, F. C. (2004). Policy studies for educational leaders: An introduction, 2/E. Prentice Hall. (신혁석·한유경 역. 아카데미프레스)

## 제8장 학업성취도평가 및 기초학력보장 정책

---

### 1 국가 학업성취도평가 정책

1986년부터 현재까지 국가 학업성취도평가는 학교교육과정 목표 달성여부를 정부 차원에서 체계적으로 평가하고, 교육정책 개선 등의 기초자료로 활용하기 위하여 한국교육과정평가원이 주관해서 운영해 오고 있다. 구체적으로 국가 학업성취도평가는 학생들의 학업성취 수준을 객관적으로 파악해서 기초학력미달 학생의 학습결손을 보충하고, 정확한 자료에 근거해서 교육정책을 수립하기 위해 시행해 왔다. 특히 교육부는 매년 학업성취도평가 결과에서 기초학력미달학 생 비율과 도농 간 성취도 격차, 즉 읍·면지역과 도시지역 간에 '우수학력' 비율 과 '기초학력 미달' 비율을 핵심적으로 비교해서 발표해 왔다(교육과학기술부, 2009; 2011, 교육부, 2013; 2017; 2019; 2021, 교육인적자원부, 2005; 2006; 2007).

국가 학업성취도평가의 대상 학년 및 학생을 보면 다음 <표 1>과 같다. 노 무현 및 문재인 정부에서는 전국 초중고 평가대상 학년 중 약 1%에서 많게는 5% 정도를 표집하여 평가를 실시하였고, 이명박 및 박근혜 정부의 경우 평가대 상 학년의 전체 학생을 대상으로 평가를 실시하였다. 이는 3~5%만을 표집조사 해서 실시해온 학업성취도평가가 학업성취에 대한 정확한 실태파악이나 실질적 인 지원 대책 수립에 한계가 있다는 판단에 근거하였다(교육과학기술부, 2009).

표 1    국가 학업성취도평가의 학년 및 대상

| 시행 연도 | 2003~2007 | 2008~2012 | 2013~2016 | 2017~2018 |
|---|---|---|---|---|
| 평가 학년 | 초6, 중3, 고1 | 초6, 중3, 고2 | 중3, 고2 | 중3, 고2 |
| 평가 대상 | 표집 학생 | 전체 학생 | 전체 학생 | 표집 학생 |

한편, 문재인 정부의 경우 2017년부터 전수 평가제를 폐지하고 시·도교육청에서 학업성취도평가를 자율적으로 시행하게 하였다. 당시 교육부는 국가수준의 결과 분석은 3% 정도 표집학교에 대해서만 실시한다고 밝혔다(교육부, 2017b). 특히 교육부(2017b)는 표집평가 방식으로 변경한 이유에 대해서 시도교육청이 자율성·다양성을 확대할 수 있도록 했다는 사실을 강조하였다. 하지만, 당시 전수조사 국가수준 학업성취도평가를 표집조사로 변경한 이유는 시험성적에 기반한 과열경쟁 완화와 '일제고사'로 불리는 전국단위 학업성취도 시험의 축소 방침 때문이었다.

국가 학업성취도평가에서 평가대상 학년의 경우는 당초 2009년까지는 초등학교 학습이 종료되는 초등 6학년, 중학교는 학습이 종료되는 시기인 중학교 3학년, 그리고 고등학교의 경우 대상이 1학년 학생이었다. 고등학교 단계의 경우 2010년부터 학업성취도평가 대상을 2학년으로 변경했다. 이는 국가 학업성취도평가 시기가 7월로 조정됨에 따라서, 고등학교 단계에서 학업성취도를 평가하기에 충분한 기간 확보를 위함이다.

국가 학업성취도평가에서 평가과목의 경우 초중고단계 모두 국어·사회·수학·과학·영어 교과를 대상으로 평가해 왔다. 하지만, 고등학교는 2009년 개정 교육과정 적용 시 선택 교육과정을 운영함에 따라, 평가과목을 기초교과 영역인 국어·수학·영어 교과로 축소하였다. 2011년부터는 초등학교 학업성취도평가의 경우도 평가교과를 5개 교과에서 3개 교과(국어, 수학, 영어)로 축소 운영하였다. 특히 박근혜 정부 당시인 2013년부터는 학생들이 과도한 시험부담에서 벗어나고, 학생들의 꿈과 끼를 살리는 행복교육 실현의 기반 마련을 위해 초등학교 수준에서 학업성취도평가를 폐지하고, 중학교의 경우는 당초 5개 교과를 3개 교과(국어·수학·영어)로 과목을 축소하였다(교육부, 2013). 현재까지 국가 학업성취도평가에서 평과 과목별 학생 학업성취 수준은 4단계로 구분(우수학력, 보통학력, 기초학력, 기초학력 미달)해서 평가해 오고 있다.

가장 최근인 2021년 교육부(2021) 발표에 따르면, 해당 학년 학생 3%를 표집조사해서 2020년 11월 실시한 학업성취도평가 결과, 교과별 성취 수준에서 보통학력(3수준) 이상 비율이 전년 대비 중학교 국어·영어, 고등학교 국어에서 감소하였고, 기초학력 미달(1수준)의 경우, 중학교 수학을 제외한 모든 과목에서 전년보다 증가하였음을 나타냈다. 그간의 국가수준 학업성취도평가 결과에 근거한 우리나라 중·고교생 기초학력 미달 비율을 보면 아래 <표 2>와 같다(교육부, 2019). 세부적으로 교육부가 발표한 교과별 학생 학업성취 수준 비율은 다음 <표 3>과 같다.

**표 2**  중·고등학교 학생의 기초학력 미달 비율 현황(2012~2018)

- 국가수준 학업성취도 전수평가 결과에 의한 기초학력 미달 비율
  - 2012년 2.6% → 2013년 3.4% → 2014 및 2015년 3.9% → 2016년 4.1%
- 국가수준 학업성취도 표집평가 결과에 의한 기초학력 미달 비율

| 구분 연도 | 중학교 3학년 | | | 고등학교 2학년 | | |
|---|---|---|---|---|---|---|
| | 국어 | 수학 | 영어 | 국어 | 수학 | 영어 |
| 2017 | 2.6(0.17) | 7.1(0.32) | 3.2(0.22) | 5.0(0.47) | 9.9(0.70) | 4.1(0.37) |
| 2018 | 4.4(0.26) | 11.1(0.41) | 5.3(0.29) | 3.4(0.35) | 10.4(0.66) | 6.2(0.51) |

※ ( )는 표집 시행에 따라 모집단 추정치에 대한 표준오차임

표 3 2019 및 2020년 국가 학업성취도평가의 교과별 성취 수준 비율(%)

| 구분 연도 | 보통학력 이상 | | | | | | 기초학력 미달 | | | | | |
|---|---|---|---|---|---|---|---|---|---|---|---|---|
| | 중3 | | | 고2 | | | 중3 | | | 고2 | | |
| | 국어 | 수학 | 영어 | 국어 | 수학 | 영어 | 국어 | 수학 | 영어 | 국어 | 수학 | 영어 |
| 2019 | 82.9 | 61.3 | 72.6 | 77.5 | 65.5 | 78.8 | 4.1 | 11.8 | 3.3 | 4.0 | 9.0 | 3.6 |
| | (0.54) | (0.94) | (0.82) | (0.90) | (1.24) | (0.98) | (0.28) | (0.44) | (0.24) | (0.40) | (0.59) | (0.35) |
| 2020 | 75.4 | 57.7 | 63.9 | 69.8 | 60.8 | 76.7 | 6.4 | 13.4 | 7.1 | 6.8 | 13.5 | 8.6 |
| | (0.76) | (1.01) | (1.1) | (1.14) | (1.27) | (1.07) | (0.4) | (0.59) | (0.43) | (0.52) | (0.75) | (0.64) |

※ (   ): 표준오차(성취 수준 비율이 표집기반 평가 결과로서 모집단 추정치임)
※ 출처: 교육부 보도(2021. 06. 01)

이러한 학업성취평가 결과는 우리나라 중학교 3학년 및 고등학교 2학년 학생 중, 국어·영어·수학 과목에서 수업 내용을 거의 이해하지 못하는 학생이 전년도보다 많이 늘어났음을 보여주고 있다. 구체적으로 영어 과목은 기초학력 미달 비율이 중3 7.1%, 고2 8.6%로 전년도의 배 이상으로 증가했으며, 특히 수학 기초학력 미달 비율(중3 13.4%, 고2 13.5%)은 심각한 수준인 것으로 나타났다. 무엇보다도 2020년 평가 결과를 보면, 중3에서 국어 기초학력 미달 비율은 2019년 4.1%에서 2020년 6.4%로 늘었고, 수학은 11.8%에서 13.4%로 증가했다. 영어는 3.3%에서 7.1%로 늘었다. 고2 역시 1년 새 기초학력 미달 비율이 국어(4.0%→ 6.8%), 수학(9.0%→ 13.5%), 영어(3.6%→ 8.6%) 모두 높아졌다.

## 정권별 기초학력보장 정책

학교교육에서 가장 중요한 목표이자 그 핵심 기능 중 하나는 학생 학업성취도 향상이다. 따라서 정부가 국가 차원에서 학생의 학업성취 수준을 진단하고 평가하는 것은 공교육 질 확립을 위해 당연히 필요한 사항이다. 구체적으로 정부가 국가 차원에서 학교급별 학생 학업성취도를 평가하고, 기초학력이 미달한 학생에게 최소한의 기초학력을 갖추도록 특별지원 대책을 강구하는 것은 교육기본권 보장을 위한 조치에 해당한다. 이러한 맥락에서 교육부는 국가 차원에서 학업성취도평가를 통해서 전국의 초·중·고등학교 학생들이 국가교육과정에서 제시한 교육목표를 어느 정도 도달했는지를 측정하고, 이를 바탕으로 학생들의 기초학력향상 지원 정책을 추진해 왔다는 점을 강조하였다(교육부, 2009b).

우리나라 초중등교육법은 학습부진아 등에 대해 교육의 체계적 실시를 위하여 학업성취도 실태조사를 해야 한다는 것을 의무사항으로 규정하고 있다. 구체적으로 초중등교육법 제28조는 국가와 지방자치단체가 학습부진학생을 위해 수업일수와 교육과정을 신축적으로 운영하는 등 교육상 필요한 시책을 마련하여야 한다고 규정하고 있다. 법률상 학습부진아는 성격장애나 지적(知的) 기능의 저하 등으로 인하여 학습에 제약을 받는 학생 중「장애인 등에 대한 특수교육법」에 따른 학습장애를 지닌 특수교육대상자로 선정되지 아니한 학생과 학업 중단 학생을 포함하고 있다. 아울러, 초중등교육법 제28조는 국가 및 지방자치단체로 하여금 학습부진아 등에 대한 교육의 체계적 실시를 위하여 실태조사, 학습부진아 등에 대한 정책에 필요한 예산을 지원, 학습부진아 등을 위하여 필요한 교재와 프로그램을 개발·보급하여야 함을 의무화하고 있다. 아울러, 각급 학교 교원은 학습부진아 등의 학습능력 향상을 위한 관련 연수를 이수하여야 하고, 교육감은 지도·감독하여야 한다고 규정하고 있다.

지금까지 지속적으로 증가해 온 기초학력미달학생 지원을 위해 정권별로 다양한 정책을 추진해 왔다. 이명박 정부에서는 단위학교에서 기초학력 향상을 위해 학습부진 학생을 최소화하기 위한 학력향상 중점학교 정책을 추진하였다. 2009년 교육과학기술부는 학력향상 중점학교 지원 기본계획을 발표하여 해당 정책 사업을 시행하였다(정동욱 외, 2013; 교육과학기술부, 2009b). 당시 교육과학기술부는 학력향상 중점학교 지원 대책에서 우선적으로 기초학력미달학생 해소를 위해 '기초학력 미달학생 밀집학교' 1,200여 개를 선정하여 집중 지원할 계획이라고 밝혔다. 또한, 이들 기초학력 미달학생 밀집학교에 미달학생 책임지도를 위한 학습보조 인턴교사 인건비, 대학생 멘토링에 필요한 장학금, 학력증진프로그램 운영비 등을 위해 학교당 5천만 원~1억 원의 예산을 지원하고, 또한 학사운영, 우수 교장 및 교원 초빙, 교원 전보 등에 관한 학교장의 권한 확대 등 학교 운영의 자율권을 대폭 강화할 수 있도록 한다는 사실을 밝혔다(교육과학기술부, 2009b). 2011년 교육과학기술부(2011)는 기초학력 및 정신건강 사각지대 해소를 위한 지원 대책도 발표하였다. 이 대책의 경우 기초학력 미달의 주요 요인임에도 그동안 사각지대에 있었던 ADHD(Attention Deficit Hyperactivity Disorder: 주의력결핍과잉행동장애), 우울, 난독증 등 정신건강 장애학생의 기초학력 향상을 위한 체계적 지원 사항을 포함하였다. 특히 교육과학기술부는 당시 증가 추세인 정서행동발달장애 학생 등에 대한 교내외 상담 등 지원 프로그램을 확대하고, 모든 학력부진학교에 우선적으로 Wee클래스를 설치하고, 전문상담사, 임상심리사 등 전문인력을 집중 배치하여 정서심리 장애학생을 위한 심층검사, 상담서비스 등의 지원책도 강화하겠다고 밝혔다(교육과학기술부, 2011).

박근혜 정부 출범 후 2012년 7월 교육부는 12개 시·도교육청(부산, 인천, 광주, 울산, 세종, 경기, 강원, 충북, 충남, 전북, 경남, 제주)을 대상으로 '시·도교육청 기초학력 향상 지원 사업'에 68억 원을 투입한다고 밝혔다(교육부, 2013). 당시 교육부는 그동안 학업성취도평가 결과에 의한 기존 단위학교별 단기적 프로그램 중심의 지원방식은 기초학력 미달학생이 있는 모든 학교에 적용할 수 있을 만큼 일반적이면서도 체계적인 지원이 가능한 우수한 사업모델을 창출하기가 어려웠다는 점을 강조하였다. 이러한 한계점을 개선하는 차원에서 교육부는 2012년부터 교육청 (교육지원청 포함) 단위에서 체계적인 학교 밖 지원체제인 32개 학습종합클리닉센터[1]와 기초학력 진단 - 보정 시스템 등을 새롭게 설치 운영한다는 방안을 발표하였다. 2014년에 교육부는 학습부진 학생들의 꿈과 끼를 살려 모두가 행복한 학교 실현을 위한 「기초학력 지원 사업 계획」을 발표하고 기초학력 부진 학생 중 학교에서 해결하기 어려운 정서 · 행동상 도움이 필요한 학생을 교육(지원)청 차원에서 찾아가 지원하는 학습종합클리닉센터 운영경비로 91억 원을 지원할 것임을 발표하였다(교육부, 2014). 아울러, 교육부(2014)는 단위학교 차원에서 학습부진 학생을 지원하기 위하여 600개교를 시 · 도교육청별 공모해서 '두드림(Do-dream) 학교'로 지정하고, 그 전체 운영 경비로 96억 원을 지원하며, 지정된 학교에 교감, 담임, 특수교사, 상담교사, 보조교사 등을 활용한 다중지원팀을 조직하게 하여 학습부진 학생의 원인을 맞춤형으로 지원해서 학습부진 학생의 기초학력을 향상하겠다는 점을 강조하였다. 한편, 그간 교육부가 이러한 다각적인 기초학력 미달학생 교육 지원 대책을 추진해 왔음에도 불구하고, 2016년 국가수준 학업성취도 평가 결과를 보면, 중 · 고등학교 전체 기초학력 미달 비율이 4.1%로서 전년 대비 0.2%가 증가한 것으로 나타났다(교육부, 2016).

문재인 정부의 경우도, 모든 학생이 행복한 출발을 위한 「기초학력 지원 내실화 방안」을 발표하고, 관련 지원정책을 추진하였다(교육부, 2019). 2019년 당시 교육부는 학업성취도평가 결과 기초학력미달학생 비율이 지속적으로 증가하고

---

1 학습종합클리닉센터는 단위학교에서 의뢰한 기초학력 부진학생에 대하여 정서심리검사 등을 통해 정확한 부진원인을 진단하고, 학습코칭과 심리상담을 실시하게 되며, 필요에 따라서는 병 · 의원 치료 서비스를 제공하는 기능을 한다.

있어, 기초학력 저하에 대한 우려가 높아지고 있고, 특히 초등학생, 중1~2학년, 고1학년 학생과 표집학교를 제외한 나머지 학교의 경우 학생별 기초학력 진단 및 지원이 이루어지지 못하고 있었다는 사실을 강조하였다. 교육부(2019)가 발표한 정책을 살펴보면, 가장 먼저 단위학교별로 초1에서 고1까지 모든 학생의 기초학력을 진단하고, 진단도구나 방법은 학교의 자율적 선택에 따라 실시할 수 있도록 하였다. 다음으로 학교 안에서 학생 맞춤형 지도를 위한 지원 방안으로서 교실 내에서 기초학력미달학생 지도 수업모델을 마련하기 위해 선도·시범학교를 확대 운영한다. 또한, 학교 내 학습부진학생을 맞춤형으로 지원해주는 두드림학교 운영도 지속적으로 확대하고, 학교현장 수요를 기반으로 보조인력을 배치하되 저소득층 밀집지역, 농산어촌, 초등 저학년 등을 중심으로 우선 배치한다는 사항을 포함하였다.

## 3 기초학력미달학생 교육에 대한 학교 책무성 수준2

기초학력미달학생에 대한 학교 책무성(School Accountability) 강화는 매우 중요하다. 무엇보다도 학교 책무성은 교육 기회의 평등과 교육의 질적 수월성 추구라는 보편적 목적을 가지고 있기 때문이다(강상진·황정원, 2010). 국가 차원에서 기초학력 보장 정책 추진의 경우, 우선 기초학력미달학생 교육에 대한 단위학교의 책무성 이행 수준을 진단하고, 그 책무성에 영향을 미치는 요인이 무엇인지 확인하는 것도 필요하다. 실제로 Woßmann et al.(2007)은 학교·학생·교사 수준에서 책무성 점검 도구를 사용하는 국가가 그렇지 않은 국가에 비해 책무성 시

---

2 기초학력미달학생에 대한 학교 책무성 수준은 박주호(2018)의 기초학력미달학생 교육에 대한 학교 책무성과 학교 사회적 환경요인 간의 관계 분석 연구의 일부 내용과 데이터를 재정리한 것이다.

행의 결과인 학업성취도가 더 높다는 사실을 확인하였다. 특히 기초학력미달학생 교육에 대한 단위학교 책무성 이행 수준 확인은 기초학력보장 정책수립에 기초 정보를 제공하는 데 그 실제적 의미가 있다. 이에 더하여 국가수준 학업성취도평가, 교원능력개발평가, 시·도교육청 평가, 학교정보공시제, 학교평가, 학력향상중점학교 정책은 학교 책무성을 강조하는 대표적인 교육정책에 해당한다(박선형, 2013; 송경오, 2012; 정동욱, 2012).

일반 고등학교 127개교를 대상으로 기초학력미달학생 교육에 대한 학교 책무성 조사 결과3를 보면, 평균 2.84점(4점 척도 기준)으로 그렇게 높지 않다는 사실이다. 동 조사에서 기초학력미달학생 교육에 대한 학교 책무성 측정은 4점 척도의 8개 문항4이 활용되었다. 구체적으로 조사결과를 보면, 다음 <표 4>에서 보듯이, 사립고가 공립고에 비해 기초학력미달학생 교육에 대한 책무성 이행 수준이 다소 낮다는 사실을 확인할 수 있다(공립과 사립학교 간의 기초학력미달학생 교육에 대한 책무성 차이는 95% 신뢰수준에서 통계적으로 유의한 것으로 나타났다). 이러한 조사결과는 우리나라 고등학교들이 교육의 형평성을 구현하고, 기초학력미달학생들에게 특별한 배려와 차별화된 교육 서비스를 제공을 위해 얼마나 더 노력해야 할지를

---

3 교육부 지정 교육복지정책중점 연구소 2018년 수시연구 과제(CR2018−04, 연구책임자 박주호)로 수행된 결과이다. 동 연구는 전국의 전체 고등학교를 대상으로 해서 표집한 220개 고등학교를 대상으로 온라인 설문조사 결과 응답한 117개교 자료 분석 결과이다.
4 기초학력미달학생 교육에 대한 학교 책무성 측정 문항: ① 우리학교는 자체 학업성취도 평가를 통해 기초학력미달학생을 판별하고 있다. ② 우리학교는 외부 학업성취도 평가를 통해 기초학력미달학생을 판별하고 있다. ③ 우리학교는 기초학력미달학생에 대한 교육목표 수립 또는 보충교육을 위해 공식적 문서 행위를 하고 있다. ④ 우리학교는 기초학력미달학생의 선별 기준을 자체적으로 보유하고 있다. ⑤ 우리학교는 기초학력미달학생 교육을 위한 교사의 전문성 개발 연수나 지원 프로그램을 운영하고 있다. ⑥ 우리학교는 학기 또는 학년도별 기초학력미달학생의 통계 관리 및 그들의 성취도 변화를 기록하고 있다. ⑦ 우리학교는 기초학력미달학생으로부터 학습 지원에 대한 요구 사항을 청취한다. ⑧ 우리학교는 정기적(학기별 또는 월별)으로 기초학력미달학생에 대한 학습상담 또는 생활상담을 제공한다.

상기시키고 있다. 특히 교육당국은 기초학력미달학생 교육에 대한 단위학교의 책무성을 향상시키기 위해 지속적으로 모니터링할 필요도 있다.

**표 4** 기초학력미달학생 교육에 대한 고등학교 책무성 수준

| 학교유형 | N | 평균 | 표준편차 | t | p |
|---|---|---|---|---|---|
| 공립 | 72 | 2.93 | .59 | 1.99 | 0.049 |
| 사립 | 55 | 2.70 | .70 | (.115) | |
| 전체 고등학교 | 127 | 2.83 | .65 | | |

특히 2018년 실시된 기초학력미달학생 교육에 대한 학교 책무성 조사 결과에서는 127개 고등학교 소속의 국어, 영어, 수학교과 교사 1,757명을 대상으로 학생교육에 대한 책임감 정도도 확인하였다. 학생 교육에 대한 교사 책임감은 학생들의 성공적인 학습에 책임을 지는 교사의 의지로 간주되고 있다(LoGerfo & Goddard, 2008). 동 조사에서 교사의 학생교육에 대한 책임감 측정은 미국 고등학교 종단연구(High School Longitudinal Study: HSLS09[5])에서 사용한 학교수준에서 교사의 학생교육에 대한 책임감 측정 질문지를 사용하였다. 교사의 학생교육에 대한 책임감 측정 질문지는 4점 라이커트의 7개 문항[6]이 활용되었다. 다음 <표 5>

---

5 HSLS09는 미국연방 교육부 교육통계 센터(US Department of Education, National Center for Education Statistics)에 의해 944개의 고등학교를 대상으로 2009년에 조사한 학생 및 교사 데이터이다.

6 교육에 대한 책임감 측정 문항: ① 우리학교 선생님들은 학생들이 학교 교육에서 낙오되는 것에 대해 책임감을 느낀다. ② 우리학교 선생님들은 자기 교실에서뿐만 아니라, 학교 전체에서 교육목표가 유지되도록 돕는다. ③ 우리학교 선생님들은 학교를 발전시키고자 하는 책임감을 가진다. ④ 우리학교 선생님들은 학교 교육에 관한 자신들의 교수역량에 있어 높은 기준을 설정한다. ⑤ 우리학교 선생님들은 학생들이 자제력을 높이도록 돕는 것에 대해 책임감을 느낀다. ⑥ 우리학교 선생님들은

에서 보듯이, 우리나라 고등학교 교사의 학생교육에 대한 책임감은 3.2 수준으로 매우 높은 수준은 아니지만, 꽤 높은 것으로 나타났다. 구체적으로 공립학교 교사들에 비해 사립학교 교사들이 학생교육에 대한 책임감 정도가 다소 낮은 것으로 확인되었다(그 차이의 경우도 99% 신뢰수준에서 통계적으로 유의한 것으로 나타났다).

**표 5**  학생교육에 대한 고등학교 교사의 책임감 수준

| 학교유형 | N | 평균 | 표준편차 | t | p |
|---|---|---|---|---|---|
| 공립학교 교사 | 1093 | 3.24 | .51 | 3.47 (.026) | .001 |
| 사립학교 교사 | 664 | 3.14 | .56 | | |
| 교사 전체 | 1757 | 3.20 | .54 | | |

## 4  논의 및 평가

### 가. 정권별 학업성취도평가 제도의 차이 및 제한점

최근 주요 국가들은 교육개혁을 통해 불리한 처지에 놓인 학생들의 성취도 향상을 교육정책의 핵심목표로 설정하고 있다(Schütz et al., 2007). 그 대표적인 사례로서 2001년부터 2015년까지 미국 연방정부가 시행해온 아동낙오방지(No Child Left Behind: NCLB) 정책이 있다. 아동낙오방지 정책은 일반학교 중퇴자와 현저히 감소된 학업성취도 문제를 해결하기 위해 미국 연방정부가 공교육 개혁 일

---

교사들끼리 서로 최선을 다하도록 도움을 주는 것에 대해 책임감을 느낀다. ⑦ 우리학교 선생님들은 모든 학생들이 공부하도록 지도하는 것에 대해 책임감을 느낀다.

환으로서 추진하였다. 구체적으로 2002년 1월 부시 행정부는 연방 초중등교육법으로서 아동낙오방지법(No Child Left Behind Act)을 공식적으로 제정하고, 연방정부와 주정부가 전면적으로 기초학력미달자와 중도탈락학생을 줄이는 정책을 착수하였다. 부시 정부에 이어 클린턴 행정부에서도 아동낙오방지법은 존속되고 기초학력미달학생 방지 정책이 지속적으로 추진되었다. 그 이후 2015년 오바마 정부는 기존 아동낙오방지법이 너무 빈번한 표준화 시험 요구를 해왔다는 사실을 반성하고, 그에 대한 대체입법으로 모든 학생 성공 법률(Every Student Succeeds Act)을 제정해서 기초학력미달학생 방지 정책을 추진하였다.

구체적으로 미국의 아동낙오방지법(U.S. Department of Education, 2021)의 주요 내용을 살펴보면 다음과 같다. 초등 3학년에서 중등 8학년까지 모든 학생들과 고등학생들을 대상으로 읽기와 수학시험을 연 1회 실시, 아울러, 모든 학생들(초등~고등)은 최소 연 1회 과학 시험을 실시해야 함을 규정하였다. 이 시험 결과, 인종·경제력·특수교육·영어 능숙도 등의 기준에 따른 하위그룹이 "연간 적정향상도(AYP: Adequate Yearly Progress)"를 달성하지 못하면, 해당 학교는 연방정부의 재정지원 삭감 등과 같은 제재를 받도록 하였다. 3년 연속 연간 적정향상도를 달성하지 못하는 학교의 경우, 모든 소속교사 해고가 가능하도록 하였고, 해당 학교는 주정부나 사기업의 통제하에서 재조직하도록 하였다. 특히 아동낙오방지법의 주요 목적은 각 주정부가 지정한 성취기준을 모든 학생들을 만족시키도록 하고 보호하기 위함이었다. 특히 영어가 모국어가 아닌 학생과 장애를 가진 학생들을 포함한 모든 학생이 주정부 평가법에 따라 평가받을 것을 요구하였다. 즉, 영어가 모국어가 아닌 학생들은 영어에 능숙해질 것을 요구하였다. 또한, 모든 학생들은 능력 수준이 높은 교사에게 교육받을 것이며, 그 결과 중도탈락자 없이 고등학교를 졸업할 것을 요구하였다.

우리나라의 경우 지금까지 국가 학업성취도평가와 그 평가 결과를 근거로 기초학력미달학생 지원 정책을 각 정권별로 추진해 왔다. 하지만 각 정권별로 학업성취도평가 및 기초학력미달학생 정책 추진에 있어, 그 관심과 구체성 측면에서 다소 차이가 있었다. 무엇보다도 국가 학업성취도평가 실시에 대한 철학과 기조가 정권별로 달랐기 때문에, 기초학력보장 정책 추진에 있어서도 다소 다른 경향을 보여 주었다. 우선, 보수정권으로 분류되는 이명박 및 박근혜 정부는 국가 학업성취도평가를 해당 학년 학생 전수를 평가하는 방식으로 운영하였고, 기초학력미달학생 교육지원을 위해 재정지원 사업 추진 등 상대적으로 보다 구체적인 정책추진 사례를 보여주었다. 이명박 및 박근혜 정부 시절의 경우 기초학력미달학생 비율이 획기적으로 감축된 효과는 없었지만, 중앙정부가 선도적으로 기초학력보장 정책을 추진해서 시도교육청 및 단위학교가 기초학력미달학생 교육에 대해 책무성을 가지고 사업을 집행하게 했다는 점에서 긍정적인 효과를 발휘했다고 볼 수 있다.

한편, 상대적으로 보다 진보정권에 속하는 노무현 및 문재인 정부의 경우는 국가 학업성취도평가가 전국 초중고 해당 학년 모든 학생을 대상으로 일제히 시험(일명 일제고사)이 실시되고, 그 시험결과가 공개되어 비교함으로 인해 나타나는 부정적 효과(시·도 간, 학교 간 서열화 조장과 경쟁 심화)를 심각하게 우려했다. 그 결과 두 정권에서는 전수평가 방식의 국가 학업성취도평가를 표집방식으로 변경 운영하였다. 즉, 노무현 및 문재인 정부에서는 3~5% 정도의 표집학교 학생만을 대상으로 해서 국가 학업성취도평가가 이루어졌기 때문에, 시험을 치르지 아니한 학교나 학생의 경우 기초학력 미달 여부를 판별할 수 없었다. 이에 따라서 노무현 및 문재인 정부는 중앙정부 차원에서 집중적인 기초학력미달학생에 대한 구체적인 지원정책 추진에 실제적 한계를 보여주었다. 2005년 당시 교육인적자원부는 국가 학업성취도평가 결과 발표에서 도농 간 격차 해소에 초점을 두고 읍면지역 학교지원 확대와 EBS 교육방송 및 인터넷 강의 활용 활성화 지원 등의 추진 대책을 포함한 것이 눈에 띈다(교육인적자원부, 2005). 2006년 및 2007년의 경우 교육인적자원부가 발표한 국가 학업성취도평가에 대한 보도자료를 보면, 기초학력미달학생 지원 대책으로서 기초학력 책임지도제, 교육격차 해소, 교육과정 개정 등을 교육정책으로 반영하여 학교 교육의 질 관리를 지속적으로 추진해 나갈 것이라고 발표하였다(교육인적자원부, 2006; 2007). 하지만 이들 정책은 실행적 차원이기보다는 다소 선언적 의미가 강했다.

아울러, 문재인 정부에서 교육부(2019)는 기초학력 지원 내실화 방안을 발표하고 기초학력 보장법 제정 추진, 그리고 이전 정부에서부터 추진해온 학교 내 다중지원팀, 두드림학교, 학습종합클리닉센터 등을 통해서 학생 맞춤형 교육을 강화해 갈 것을 선언하였다. 이러한 정책 추진 결과, 2021년 9월 24일 기초학력 보장법이 국회에서 제정되어 현재 시행되고 있다. 기초학력보장법의 주요 내용에는 기초학력을 갖추지 못한 학생을 지원 대상으로 규정하였고, 국가와 지방자치단체의 책무로서 기초학력보장을 위한 시책 마련, 학교단위에서 기초학력진단검사 실시, 학습지원 대상 학생 선정 및 지원교육, 학습지원 담당교원 운영 등을 포함하고 있다. 기초학력 미달 정도와 그 비율 변화 수준을 판정하기 위해서는 학업성취도평가에서 검사도구의 동등화와 타당성 확보가 필요하다. 하지만, 시도교육청 및 일선 학교 교사는 평가 전문성이 높지 못하고, 단위학교가 자율적으로 채택해서 시행하는 시험도구들 경우 기초학력 미달을 엄밀히 판별할 정도의 타당성을 갖추었다고 보기 어렵다. 결과적으로 기초학력미달학생 지원 측면에서만 보면, 정책기조상 기회균등이나 형평성을 보다 더 중시하는 진보정권이 학업성취에서 뒤처진 학생을 위해, 보다 적극적으로 특별지원이나 구체적이고 실효성 있는 정책을 추진하지 못했다는 점은 다소 아쉽다.

## 나. 기초학력미달학생 우선 지원 정책 강화

앞에서 살펴보았듯이, 우리나라 초중등교육법은 국가 및 지방자치단체로 하여금 학습부진아 교육을 위한 실태조사, 정책에 필요한 예산 지원, 학습부진아

교육에 필요한 교재와 프로그램을 개발·보급하여야 함을 의무화하고 있다. 현행 법률상 근거로 볼 때, 정부는 보다 체계적이고 엄밀하게 학생 학업성취 수준을 측정하고 평가해서 기초학력미달학생 교육을 위해, 보다 적극적으로 새로운 정책을 개발하고 추진해야 하는 것은 당연한 의무사항이다. 예를 들어 정부가 국가 학업성취도평가를 대상 학년 전체학생에 대해 실시하고, 그 결과를 통해서 기초학력미달학생을 판별하며, 단위학교 및 교사로 하여금 개별 기초학력미달학생에 적합한 대책을 추진하게 하는 것도 필요하다. 다만, 정부는 국가 학업성취도평가 결과 공개로 인해서 파생되는 시도교육청, 학교, 또는 개인 간에 과열경쟁 조장 문제를 최소화할 조치도 함께 마련할 필요가 있다. 아울러, 현행 초중등교육법에 명시된 학습부진아 개념의 경우 개인의 인지발달 차원에서 지나치게 부정적 관점을 내포하고 있고, 기초학력 미달을 다소 좁게 규정해 놓고 있다. 따라서 향후 정부는 학생의 기초학력보장을 인간다운 삶을 위한 최소한의 안전망이자 인권보장 개념으로 확장해서 법률을 개정하고, 보다 실효성 있게 기초학력보장 정책의 추진 근거를 마련할 필요가 있다.

무엇보다도, 학부모들의 높은 교육열 때문에 우리나라 각급 학교들은 기초학력미달학생 교육보다는 성적우수학생 교육에 보다 더 우선적인 관심을 가져 왔다. 앞으로 우리나라 학교들은 학생 학업성취 맥락에서 수월성 향상뿐만 아니라, 형평성(equity) 제고에도 확고한 책무성을 가져야 한다. 특히 기초학력미달학생은 열등감과 심리적 위축감이 심하고, 부정적 정서발달로 이어져서 학교에 부적응하는 경우가 많다. 향후 정부는 각급 학교와 개별교사들이 기초학력미달학생 교육에 대해 스스로 높은 책무성을 갖고 학교교육에 종사하도록 강력하고 구체적인 교육정책 개발과 추진이 필요하다. 특히 정부가 기초학력미달학생 교육에 대한 단위학교 및 교사 책무성 제고를 위해서 구체적인 교육정책을 추진하는 경우, 미국의 모든학생낙오방지(NCLB)정책에서 추진되었던 시행 사례들을 눈여겨볼 필요도 있다.

정부가 교육정책을 통해서 국가 차원에서 학생들의 학업성취 수준을 진단하고 평가를 하는 것은 기본적인 국가책무에 해당한다. 특히, 정부가 국가 차원에서 학교급별 학생들의 학업성취 정도를 평가해서, 그 결과 기초학력이 미달한 학생을 판별하고 그들에 대한 특별한 교육대책을 강구하는 것은 학생 인권과 학습권 보장을 위한 기본정책이다. 결과적으로 정부가 모든 국민에게 최소한의 기초학력이 보장되도록 최대한의 정책적 조치를 강구해야 하는 것은 당연하다.

## 참고문헌

■ 교육과학기술부(2009a). "뒤처지는 학생 없는 학교 만들기" 첫 단추. 보도자료, 2009. 2. 16.

■ 교육과학기술부(2009b). 학업성취도평가 관리체제 전면 개편. 보도자료, 2009. 4. 13.

■ 교육과학기술부(2011). 2011 학업성취도평가 학교 향상도 공시방안 마련. 보도자료, 2011. 10. 17.

■ 교육부(2013). 2013년 국가 수준 학업성취도평가 결과. 보도자료, 2013. 4. 24.

■ 교육부(2013). 기초학력 향상 지원 사업 전체 시·도교육청으로 확대. 보도자료, 2013. 7. 25.

■ 교육부(2014). 기초학력 향상 정책. 보도자료, 2014. 2. 19.

■ 교육부(2016). 2016년 국가 수준 학업성취도평가 결과. 2016. 11. 30.

■ 교육부(2017a). 2017년 국가 수준 학업성취도평가 결과. 보도자료, 2017. 11. 30.

■ 교육부(2017b). 국가 수준 학업성취도평가 시도교육청별 자율 시행. 보도자료, 2017. 6. 14.

■ 교육부(2019). 한 아이도 놓치지 않고 기초학력 책임진다. 보도자료, 2019. 3. 29.

■ 교육부(2021). 2020년 국가 수준 학업성취도평가 결과 및 학습 지원 강화를 위한 대응 전략. 보도자료, 2021. 6. 1.

■ 교육인적자원부(2005). 2004학년도 학업성취도평가 결과. 보도자료, 2005. 12. 29.

■ 교육인적자원부(2006). 2005년 국가 수준 학업성취도평가 결과. 보도자료, 2006. 12. 29.

■ 교육인적자원부(2007). 2006년 학업성취도 향상. 보도자료, 2007. 12. 21.

■ 박주호 (2018). 기초학력미달학생 교육에 대한 학교 책무성과 학교 사회적 환경요인 간의 관계 분석 연구. 교육부 지정 교육복지 정책중점연구소. 수시연구(CR2018－04).

■ LoGerfo, L., & Goddard, R. (2008). Defining, measuring, and validating teacher and collective responsibility. Improving schools: Studies in leadership and culture, 73−97.

- U.S. Department of Education. (2021, June 5). NCLB Legislation. Retrieved June 5, 2021. from https://www2.ed.gov/nclb/landing.jhtml?src = ln

# 제9장 교사양성 및 임용정책의 실제와 쟁점

## 1 교사양성 및 무시험 자격검정 제도

시험 및 훈련 기간에 따른 교사양성체제의 국가 분류 현황을 보면, 우리나라의 경우 엄격한 시험과 장기간 훈련을 요구하고 있는 국가유형에 속하고 있다(OECD, 2013). 구체적으로 우리나라 초등학교와 특수학교 교사는 초·중등교육법 제21조 제2항에 의거하여 그 자격기준이 엄격히 규정되어 있다. 초중등학교 및 특수학교 교사의 경우 정교사(1급·2급), 준교사, 전문상담교사(1급·2급), 사서교사(1급·2급), 보건교사(1급·2급), 영양교사(1급·2급) 및 실기교사로 구분되어 있다. 초중등학교와 특수학교 교사(2급 정교사)가 되기 위한 자격기준을 정리하면 다음 <표 1>, <표 2>, 및 <표 3>과 같다. 교원양성기관(사범대학, 교육대학, 또는 일반대학 교직과)을 졸업하고 초중등학교나 특수학교에 최초 신규 임용된 교사는 통상 2급 정교사 신분이다. 2급 정교사가 교육대학원 또는 교육부장관이 지정하는 대학원 교육과에서 석사학위를 받고 1년 이상의 교육경력을 가지거나, 3년 이상의 교육경력을 가지고 소정의 재교육을 받은 자는 1급 정교사가 될 수 있는 자격을 가진다. 아울러, 이들 일반교사 이외에는 초·중등교육법 제21조 제3항에 의거한 수석교사가 있다. 수석교사는 교사자격증을 소지한 사람으로서 15년 이상의 교육경력을 가지고 교수·연구에 우수한 자질과 능력을 가진 사람 중에서 대통령령으로 정하는 바에 따라 교육부장관이 정하는 연수 이수 결과를 바탕으로 검정·수여하는 자격증을 받은 사람이어야 한다.

**표 1** 우리나라 중등·초등·특수학교 정교사(2급) 자격기준

| 학교별 \ 자격 | 정교사(2급) |
|---|---|
| 중등학교 | 1. 사범대학 졸업자, 2. 교육대학원 또는 교육과학기술부장관이 지정하는 대학원 교육과에서 석사학위를 받은 자, 3. 임시 교원양성기관을 수료한 자, 4. 대학에 설치하는 교육과 졸업자, 5. 대학·산업대학 졸업자로서 재학 중 소정의 교직과 학점을 취득한 자, 6. 중등학교 준교사자격증을 가진 자로서 2년 이상의 교육경력을 가지고 소정의 재교육을 받은 자, 7. 초등학교의 준교사이상의 자격증을 가지고 대학을 졸업한 자, 8. 교육대학·전문대학의 조교수·전임강사로서 2년 이상의 교육경력이 있는 자, 9. 제22조에 따른 산학겸임교사 등(명예교사는 제외한다)의 자격기준을 갖춘 사람으로서 임용권자의 추천과 교육감의 전형을 거쳐 교육감이 지정하는 대학 또는 교원연수기관에서 대통령령으로 정하는 교직 과목과 학점을 이수한 사람. 이 경우 임용권자의 추천 대상자 선정기준과 교육감의 전형 기준에 관하여는 대통령령으로 정한다. |
| 초등학교 | 1. 교육대학 졸업자, 2. 사범대학 졸업자로서 초등교육과정을 전공한 자, 3. 교육대학원 또는 교육과학기술부장관이 지정하는 대학원의 교육과에서 초등교육과정을 전공하고 석사학위를 받은 자, 4. 초등학교 준교사자격증을 가진 자로서 2년 이상의 교육경력을 가지고 소정의 재교육을 받은 자, 5. 중등학교 교사자격증을 가진 자로서 필요한 보수교육을 받은 자, 6. 전문대학 졸업자 또는 이와 동등이상의 학력이 있다고 인정되는 자를 입소 자격으로 하는 임시 교원양성기관을 수료한 자, 7. 초등학교 준교사자격증을 가진 자로서 교육경력이 2년 이상이고 방송통신대학 초등교육과를 졸업한 자 |
| 특수학교 | 1. 교육대학 및 사범대학의 특수교육과를 졸업한 자, 2. 대학·산업대학의 특수교육 관련학과 졸업자로서 재학 중 소정의 교직과정을 이수한 자, 2의2. 대학·산업대학의 특수교육 관련학과 졸업자로서 교육대학원 또는 교육과학기술부장관이 지정하는 대학원에서 특수교육을 전공하고 석사학위를 받은 자, 3. 유치원·초등학교 또는 중등학교 정교사(2급)자격증을 가지고 필요한 보수교육을 받은 자, 4. 유치원·초등학교 또는 중등학교 정교사(2급)자격증을 가지고 교육대학원 또는 교육과학기술부장관이 지정하는 대학원에서 특수교육을 전공하고 석사학위를 받은 자, 5. 특수학교 준교사자격증을 가지고 2년 이상의 교육경력이 있는 자로서 소정의 재교육을 받은 자, 6. 유치원·초등학교·중등학교 또는 특수학교 준교사자격증을 가지고 2년 이상의 교육경력이 있는 자로서 교육대학원 또는 교육과학기술부장관이 지정하는 대학원에서 특수교육을 전공하고 석사학위를 받은 자 |

출처: 초·중등교육법 제21조 제2항 관련 [별표 2]

표 2　우리나라 실기교사 및 전문상담교사 자격기준

| 학교별 ＼ 자격 | 실기교사 | 전문상담교사(2급) |
|---|---|---|
| 중등학교<br>초등학교<br>특수학교 | 1. 전문대학 졸업자로서 재학 중 대통령령으로 정하는 실과계의 기능을 이수한 자, 또는 고등기술학교의 전공과를 졸업한 자 또는 「평생교육법」 제31조 제4항에 따른 전문대학학력 인정 평생교육시설의 교사자격 관련 과를 졸업한 자<br>2. 대학·전문대학 졸업자로서 재학 중 예능, 체육 기타 대통령령으로 정하는 기능을 이수한 자<br>3. 실업계 고등학교 또는 3년제 고등기술학교의 졸업자로서 실기교사의 자격검정에 합격한 자<br>4. 실업과, 예능과 또는 보건과에 관한 지식과 기능을 가진 자로서 실기교사의 자격검정에 합격한 자 | 1. 대학·산업대학의 상담·심리관련학과 졸업자로서 재학 중 소정의 교직학점을 취득한 자<br>2. 교육대학원 또는 교육과학기술부장관이 지정하는 대학원의 상담·심리교육과에서 전문상담 교육과정을 이수하고 석사학위를 받은 자<br>3. 2급 이상의 교사자격증(「유아교육법」에 따른 2급 이상의 교사자격증을 포함한다)을 가진 자로서 교육과학기술부장관이 지정하는 교육대학원 또는 대학원에서 소정의 전문상담교사 양성과정을 이수한 자 |

출처: 초·중등교육법 제21조 제2항 관련 [별표 2]

　초·중등교육법 제21조 제2항에 의한 교사 자격기준을 갖추려면 교원양성과정 이수에 의한 국가 교사자격증을 필수로 받아야 한다. 국가 교사자격증은 교원자격검정령(대통령령)이 정하는 바에 의하여 교육부장관이 검정·수여하고 있다. 구체적으로 교육부장관이 정하는 교사자격증 과정과 기준에 맞는지 여부는 교육부가 승인한 교사양성과정을 운영하는 대학의 장이 심사하여 인정하고, 통과하는 경우 교사자격증[1]을 부여하도록 하고 있다. 교사자격증 과정을 운영하는 기

---

1　교원자격검정령에 의거 교원자격검정의 종별은 무시험검정과 시험검정이 있지만, 시험검정은 교원의 수급상 반드시 필요한 경우에 한하여 실시하며 1980년 이후 실제 사문화된 제도이다. 따라서

관(대학) 및 교직과의 경우는 교육부장관에 의해 설치인가(승인)를 받아야 한다. 교사양성을 위한 과정의 신규 설치는 물론이고, 기 설치된 양성 규모(정원)나 양성 교과목 수정 및 변경의 경우도 교육부장관의 승인이 필요하다.

**표 3** 우리나라 사서교사, 보건교사 및 영양교사 자격기준

| 학교별 ＼ 자격 | 사서교사(2급) | 보건교사(2급) | 영양교사(2급) |
|---|---|---|---|
| 중등학교<br>초등학교<br>특수학교 | 1. 대학·산업대학 졸업자로서 재학 중 문헌정보학 또는 도서관학을 전공하고, 소정의 교직과정을 이수한 자<br>2. 준교사 이상의 자격증을 가진 자로서 소정의 사서교사양성강습을 받은 자<br>3. 교육대학원 또는 교육과학기술부장관이 지정하는 대학원의 교육과에서 사서교육과정을 전공하고 석사학위를 받은 자<br>4. 사범대학 졸업자로서 재학 중 문헌정보학 또는 도서관학을 전공한 자 | 1. 대학·산업대학의 간호학과 졸업자로서 재학 중 소정의 교직학점을 취득하고 간호사면허증을 가진 자<br>2. 전문대학의 간호과 졸업자로서 재학 중 소정의 교직학점을 취득하고 간호사면허증을 가진 자 | 1. 대학·산업대학의 식품학 또는 영양학관련학과 졸업자로서 재학 중 소정의 교직학점을 취득하고 영양사면허증을 가진 자<br>2. 영양사면허증을 가지고 교육대학원 또는 교육과학기술부장관이 지정하는 대학원의 교육과에서 영양교육과정을 이수하고 석사학위를 받은 자 |

출처: 초·중등교육법 제21조 제2항 관련 [별표 2]

우리나라에서 교원자격검정은 자격기준 중 학력만 필요로 하는 무시험검정제도가 일반적으로 운영되고 있다. 현재 교원자격증을 위한 무시험검정은 교육부장관의 권한을 위임받은 해당 교원양성기관의 장(대학의 장)이 실시하고 있다. 즉, 교원양성기관의 장(대학의 장)은 교원자격검정령에 요구된 교사자격증 이수를 위한 교사자격 과정 및 기준을 부합여부를 심사해서 국가 교사자격증을 수여하고 있다.

표 4 교원양성기관 및 교원양성정원 현황(2018년 기준)

| 구분 | 기관 | 정원 | 구분 | 기관 | 정원 |
|---|---|---|---|---|---|
| 사범대 | 46개교 | 10,198명 | 전문대 유아교육과 | 90개교 | 6,588명 |
| 일반대학 교육과 | 107개 학과 | 2,835명 | 전문대 간호학과 | 45개교 | 556명 |
| 일반대학 교직과정 | 149개교 | 5,923명 | 실기교사 양성학과 | 34개 | 4,711명 |
| 교육대학원 | 71개교 | 7,175명 | | | |
| 총계 | | 26,131명 | 11,855명 | | |

출처: 교육부(2016, 2017, 2018), 4주기 교원양성기관평가 보도자료에서 발췌

현재 우리나라 교원양성기관 현황(특수, 보건, 사서, 전문상담, 영양교사 제외)을 보면, 초등교사의 경우 13개 기관(10개 교육대학, 교원대 초등교육과, 이화여대 초등교육과, 제주대학교 교육대학)이 있고, 전체 초등교사 모집정원은 2018년 기준 총 3,851명으로 확인되고 있다(교육통계 자료집, 2020). 중등교사는 위 <표 4>에서 보듯이 사범대학 46개(일반대 교육과 107개), 일반대 교직과정 149개, 교육대학원 71개가 있고, 2018년도 기준 교원양성과정 전체 입학정원은 26,131명으로 집계되고 있다. 전문대학에 의한 교원양성과정의 경우에는 유아교육과 90개교 및 간호학과 45개교가 있다.

우리나라 교원자격검령에서는 교원양성기관에서 교육과정 이수를 기반으로 무시험 교원자격 검정 합격기준으로서 이수학점 기준은 다음 <표 5>와 같이 제시하고 있다. 보다 구체적으로 법령(교원자격검정령)상 교육부장관이 정하는 교사자격증 이수를 위한 무시험 교사자격 검정의 기준을 보면 세 가지를 포함하고 있다. 첫째, 해당 교과를 위한 전공교과를 50학점 이상 이수하고 평균성적이 100점 만점에 75점 이상이어야 한다. 둘째, 교사자격증 이수를 위해서는 교직과목에서 22학점 이상 이수를 해야 하고 평균성적이 100점 만점에 80점 이상이어야 한다.

교직과목의 22학점 이상 이수에는 교직이론(교육학개론, 교육심리, 교육과정, 교육방법및교육공학, 교육과정및교육평가, 교육행정및교육경영 등) 분야에서 12학점(6개 교과 이상) 이수, 교육소양(특수교육학개론, 학교폭력 및 예방, 교직실무 등) 분야에서 6학점(3개 교과 이상) 이수, 그리고 교육실습 2학점(1개월 학교현장실습)과 교육봉사(service learning) 2학점 이상 이수가 있다. 셋째, 대학별로 교사자격증 이수 대상자는 교직적성 및 인성검사(서베이 형태의 일관성 검사)의 적격 판정을 받아야 한다.

**표 5**  교원자격 무시험검정의 이수학점 기준

| 교원양성기관별 이수자 | 이수학점 |
|---|---|
| 교육대학 또는 사범대학을 졸업한 사람 | 1. 전공과목에서 50학점 이상<br>2. 교직과목에서 22학점 이상 |
| 교육대학원 또는 교육부장관이 지정하는 대학원 교육과에서 석사학위를 받은 사람 | 1. 전공과목에서 50학점 이상(부전공과목으로 무시험검정을 받으려는 사람은 30학점 이상)<br>2. 교직과목에서 22학점 이상(부전공과목으로 무시험검정을 받으려는 사람은 해당하지 아니한다) |
| 교육부장관이 지정하는 교육대학원 또는 대학원에서 전문상담교사 양성과정을 이수한 사람 | 교육부령으로 정하는 상담과 관련된 과목에서 이수한 다음 각 과목의 학점<br>1. 전문상담교사(1급) 양성과정에서 18학점 이상<br>2. 전문상담교사(2급) 양성과정에서 42학점 이상 |
| 초중등교육법 중 개정법률 부칙 제3조에 따라 학교급식시설에서 3년 이상 학교급식을 전담한 교직원 중에서 영양교육과정을 이수한 사람 | 교육부령으로 정하는 영양교육과 관련 과목에서 취득한 다음 각 과목의 학점<br>1. 2년 미만의 영양교육과정에서 24학점 이상<br>2. 2년 이상의 영양교육과정에서 36학점 이상 |
| 유아교육법 별표2의 준교사 초중등교육법 별표2의 준교사 또는 실기교사 자격검정을 받으려는 사람 | 교육부령으로 정하는 기준학점 |
| 교사양성특별과정을 이수한 사람 | 교직과목 18학점 이상 |

출처: 교원자격검정령 제19조 제3항 관련 별표

초중고 교원이 되기 위한 교사자격의 종별 및 양성기관을 살펴보면, 우선 교과교사와 비교과 교사로 구분되고 있다. 교과교사의 경우에는 중고등학교와 초등학교 교사가 각각 별도의 자격과정 운영체제로 구분 운영되고 있다. 중고등학교 교과교사(예: 국어교사, 영어교사, 수학교사, 사회교사, 과학교사 등)는 교육부장관이 설치 인가한 3개 교원양성기관, 즉 종합대학교의 사범계 대학, 교직과정을 설치 운영하는 일반대학 관련교과 전공학과(예: 국어국문학과, 영어영문학과, 농공상 전문계 전공학과 등의 학과정원의 약 20%), 그리고 특수대학원인 교육대학원 교사양성 석사 전공학과에 의해서 양성되고 있다. 초등학교의 교과교사는 교육대학교에 의해서 양성되고 있다. 반면에 비교과(보건, 영양, 전문상담, 사서 등) 교사는 교육부장관에 의해 설치 인가된 사범대학이 아닌, 일반대학의 관련 교과 전공학과(예: 심리학과, 간호학과, 식품영양학과, 문헌정보학과 등)와 특수대학원인 교육대학원 교사양성 석사전공에 의해서 양성되고 있다.

## 2 교사임용 제도

우리나라 초중등학교와 특수학교 교사는 초중등교육 관계법령상 학급수를 기준으로 정하도록 되어 있는 배치 기준을 준거로 정해진 정원수만큼 소속되어 근무하도록 하고 있다. 각급 학교의 교사 법정정원 확보율은 이를 기준으로 하고 있다. 일반 교과교사가 아닌 교사는 세부적으로 별도 관계 법령2에 의거한 교원

---

2 유아교육법 제20조(교직원의 구분) 및 시행령 제23조(유치원 교원의 배치기준), 장애인 등에 대한 특수교육법 제27조(특수학교 등의 교원) 및 시행령 제22조(특수학교 및 특수학급에 두는 특수교육교원의 배치기준), 학교보건법 제15조(학교의사·학교약사 및 보건교사) 및 시행령 제6조, 학교급식법 제7조(영양교사의 배치 등) 및 초중등교육법 시행령 제40조의 3(영양교사의 배치기준), 학교도서관진흥법 제12조(전담부서의 설치 등) 및 시행령 제7조(사서교사 등), 초중등교육법 제19조

배치 법적 근거가 적용된다. 이들 법적 근거를 바탕으로 한 각급 학교의 교사정원 책정 및 배치 기준을 정리하면 아래 <표 6>과 같다. 한편, 국공립학교 교원인 정교사는 모두 특정직 국가공무원(교육공무원) 신분이고, 교사 정원의 총량은 '지방교육행정기관 및 공립의 각급 학교에 두는 국가공무원의 정원에 관한 규정'에 의거하여 정부가 엄격히 배정 및 관리하고 있다. 이에 따라 교육부가 배정한

**표 6**　우리나라 각급 학교의 교원(교사 등) 배치 기준

| 구 분 | 정원 책정 및 배치 기준 |
|---|---|
| 유치원 | • 원장: 단설유치원당 1인, 원감: 단설 및 3학급 이상 병설유치원에 1인<br>• 교사: 학급당 1인, 종일반 운영 유치원당 1인 이상 추가 |
| 초등학교 | • 교장, 교감 학교마다 1인(교감: 5학급 미만 미배치 가능, 43학급 이상 1인 증치)<br>• 담임교사: 학급당 1인, 교과전담교사: 3학년 이상 매 3학급당 0.75인 |
| 중학교 | • 교장, 교감 학교마다 1인(교감 : 5학급 미만 미배치 가능, 43학급 이상 1인 증치)<br>• 일반교사: 3학급까지 학급당 3인(3학급 초과 1학급당 1.5인 증치), 실업과담당교사: 3학급마다 1인, 실기교사: 둘 수 있음(임의규정) |
| 고등학교 | • 교장, 교감 학교마다 1인(교감: 5학급 미만 미배치 가능, 43학급 이상 1인 증치)<br>• 일반교사: 3학급까지 학급당 3인(3학급 초과 1학급당 2인 증치)<br>• 실업과담당교사: 3학급마다 1인, 실기교사: 둘 수 있음(임의규정) |
| 특수학교 | • 특수교육 대상 학생 4명당 교사 1인 |
| 보건교사 | • 학교마다 1인(단, 일정규모 이하의 학교에 순회보건교사를 둘 수 있음) |
| 영양교사 | • 급식 시설·설비를 갖춘 학교에 대해 학교마다 1인(총 12학급 이하 인접학교 공동) |
| 사서교사 | • 학생 1,500명마다 사서교사·실기교사·사서직원 중 1인 |
| 상담교사 | • 학교마다 1인, 하급교육행정기관(지역교육청)마다 2인 |

의2(전문상담교사의 배치 등), 시행령 제40조의 2 및 학교폭력예방 및 대책에 관한 법률 제14조(전문상담교사 배치 및 전담기구 구성).

시도 교육청별 교원 총 정원 범위 내에서 해당 공립학교의 교사임용은 시도교육청 교육감이 위임하여 실시하고 있다. 결과적으로 우리나라 국공립학교 교사 정원과 배치할 교원임용 규모는 정부가 승인한 교육공무원 정원에 의해 통제되고 있다. 실제로 교육부는 매년 교사 1인당 학생 수, 시·도교육청별 보정지수, 국제 비교지표인 교사 1인당 학생 수, 시·도별 교육여건 격차, 학생밀도, 교사의 근무조건 등 여러 지표를 고려해서 시도교육청별 적정 규모의 교원 정원을 배정하고 있다.

시도교육청별로 소속 공립학교 교사 신규채용은 교육공무원법 제11조에 의거한 공개전형에 의해서 실시하도록 하고 있다. 시도교육청별 교사 신규채용을 위한 공개전형은 교육공무원 임용령 제11조에 의거한 필기시험·실기시험 및 면접시험 등의 방법에 의하도록 하고 있다. 보다 구체적으로 교육공무원인 공립학교 교사 신규채용은 교육부령을 근거로 하여 다음 <표 7>과 같이 공개경쟁 시험전형 절차를 통해 각 시도교육청별로 교육공무원인 신규교사를 채용하도록 하고 있다. 즉, 신규 교사임용 시험은 임용권자인 시도교육청 교육감이 채용 예정직의 해당 과목이나 비교과 분야의 교원자격증을 취득했거나 이를 취득할 대학 졸업예정자를 대상으로 실시하도록 하고 있다.

실제로 신규교사 채용을 위한 다음 <표 7>의 전형 절차 중, 지필고사 전형시험은 전국 시도교육청이 공통으로 한국교육과정평가원에 위탁해서 실시하고 있다. 신규 교사임용을 위한 1차 지필고사에서는 교육학 및 해당 교과전공(교과교육학 및 내용학)을 대상으로 전형시험을 실시하고, 다득점자를 임용 예정 수 대비 1.5배수 이상을 합격자로 선정한다. 그다음 1차 시험 합격자를 대상으로 실시하는 2차 시험의 경우에는 교수학습 지도안 작성, 수업 시연 등을 포함한 심층면접 시험을 실시해서 최종 임용후보자를 선발하고 있다. 이러한 교사 신규 임용 대상자 선발 전형에서 한국교육과정평가원이 출제한 1차 시험은 전국의 모든 교육청별 응시 수험생을 대상으로 동일하게 실시한다. 2차 심층면접 시험은

| 표 7 | 교원 신규 임용 후보자 선발 전형 제도 현황 |

| 구분 | 초등(배점) | 중등(배점) | 시험유형 | 합격자 사정 |
|------|-----------|-----------|---------|-----------|
| 1차 | 교육학(30)<br>교육과정(70) | 교육학(20)<br>교과전공(80) | 교육학은 논술형<br>교과전공은 서술형<br>및 단답형 | 시험점수로 1.5배수<br>이상 선발 |
| 2차 | 심층면접(40)<br>수업안 작성(10)<br>수업실연(30)<br>영어면접(10)<br>영어수업실연(10) | 심층면접(40)<br>학습지도안(20)<br>수업실연(40)<br>실기·실험(30) | 실연 및 면접 | 1차 및 2차 시험점수<br>합산 |

※ 2차 시험의 내용 및 배점은 시·도교육청별로 다소 차이가 있을 수 있다.

해당 교육청별로 실시하고 있다. 특히 시도교육청별 채용할 중등 교과교사의 경우, 시험실시일 약 6개월 전에 개략적인 선발예정교과와 인원을 사전에 예고하도록 하고 있다.

사립학교의 경우 교사 임용권이 해당 학교법인이사장에게 주어져 있다. 이에 따라 그동안 사립학교가 교사를 임용하는 경우 학교법인이 해당 교사자격증 소지자를 대상으로 신규 교사임용 시험을 개별 실시해서 건학이념과 학교 특성에 맞게 채용해 왔었다. 하지만, 2021년 9월 31일자 사립학교법 개정에 따라, 사립학교가 신규 교원을 채용하는 경우 관할 교육청이 관리하는 필기시험을 치르도록 의무화하였다. 초중등 사립학교가 교사 신규 채용 시 필기시험을 시·도 교육청에 의무적으로 위탁토록 한 사립학교법 개정은 사립학교 교사 채용에 있어서 공정성과 투명성을 높이는 데 그 취지가 있다.

| 3 | 교원양성기관 평가와 양성정원 감축 정책 |

교육부는 교원양성기관 평가를 1998년 1주기 시범평가 이후, 매 4년 기간을 대상으로 주기별로 실시해 오고 있다. 매 주기별 교원양성기관 평가는 한국교육 개발원이 주관해서 시행해 오고 있고, 가장 최근 5주기(2018~2021) 평가의 경우 '교원양성기관 역량진단' 이름으로 시행되어, 그 결과가 2021년 2월 23일에 발 표되었다(교육부, 2021). 교원양성기관 평가는 교원을 양성하는 기관, 즉 교육대학, 사범대학, 일반대학 교육과 및 교직과정, 그리고 교육대학원을 대상으로 해당기 관의 발전계획, 교육여건, 전임교원 확보율, 전임교원 1인당 연구실적, 교육과정 운영실태, 교원임용율 및 학생 만족도 조사 등을 종합적으로 평가하는 것이다. 특히 5주기 교원양성기관 역량진단 평가에서는 교육과정 영역 배점을 상향(4주 기, 30% → 5주기, 50%)하고, 교원양성기관의 교육과정 운영계획 및 실적, 수업운영 의 현장성, 교수자 역량개발의 충실성 지표를 추가해서 평가를 실시하였다(교육부 2021). 평가절차를 보면, 맨 먼저 해당 교원양성기관이 자체평가보고서를 작성하 고 제출하면, 한국교육개발원이 전문가 심사단을 구성해서 해당 보고서에 대한 정량평가와 현장진단 평가를 실시하고, 최종 평가 결과를 집계하여 교육부와 공 동으로 발표한다. 교원양성기관 평가를 실시하는 목적은 예비교원 양성교육의 질을 체계적으로 관리하고, 기관의 자기발전 노력을 유도하여 우수교원양성에 기여함에 있다(교육부, 2021). 궁극적으로 교원양성기관 평가를 시행하는 이유는 교원양성기관이 예비교원을 양성할 수 있는 우수한 여건을 조성하고, 프로그 램의 질을 제고하며, 경영 및 교육적 성과를 높이도록 하는 데 있다고 볼 수 있다.

1주기와 2주기 교원양성기관 평가의 경우 시범평가로서 평가 결과에 대한 강 제적 제재조치가 없었고 자율적 개선만을 유도하였다. 하지만, 교육부는 3주기

(2010~2014) 평가부터 재평가대상을 정하고, 재평가에서도 C·D등급을 받은 경우 교원양성정원을 감축 조치하였다. 3주기 평가 결과를 보면, 2010년도 기준 교원양성 정원 전체 5만 명(사범대학 11,048명, 일반대학 교육과 3,300명, 일반대학 교직과정 15,228명, 교육대학원 20,424명) 중, 6,269명의 양성정원 감축 계획을 발표하였다(교육과학기술부, 2011). 실제 2013년도 경우에는 대학의 자구노력에 의한 감축인원을 합해 총 1,666명(일반대학 교육과 65명, 일반대학 교직과정 710명, 교육대학원 891명)의 교원양성정원이 감축되었다(교육과학기술부, 2012). 2015년도에는 대학의 자구노력에 의한 감축인원을 합해 총 1,220명(일반대학 교육과 30명, 일반대학 교직과정 689명, 교육대학원 501명)의 교원양성정원이 감축되었다(교육부, 2013).

교육부는 2015년부터 실시하는 4주기(2015~2017) 교원양성기관 평가3부터 재평가 시행 없이 평가 결과 C등급은 30% 감축, D등급은 50% 감축하며, E등급의 경우 양성기관 자체를 폐지한다는 계획을 발표하였다(교육부, 2016). 따라서 4주기 교원양성기관 평가부터는 평가 목적이 교원양성정원 감축이라는 사실이 보다 명료화되었다. 4주기 교원양성기관 평가의 1차년도 결과에서는 총 3,220명(사범대 및 일반대 교육과 418명, 교직과정 1,368명, 교육대학원 1,434명)이, 2차년도인 2016년도에서는 총 2,509명(일반대 교육과 263명, 교직과정 1,488명, 교육대학원 758명)의 교원양성정원이 감축될 것이라고 발표되었다(교육부, 2016; 2017). 이에 더하여 교육부는 전문대학 108개교 및 일반대학 9개교를 대상으로 시행한 제4주기 3차년도 평가에서 770명(전문대 유아교육과 363명, 간호학과 49명, 실기교사 양성학과 352명, 일반대학 교직과정 6명)의 교원양성 정원을 감축할 것이라고 발표하였다(교육부, 2018). 최근 2021년 5주기 교원양성기관 평가 1차년도 결과 발표의 경우, 교육부(2021)는 4주기 평가

---

3 제4주기 교원양성기관 평가의 경우 전체 평가대상 기관이 286개교로서, 2015년도에는 사범대학 설치 대학교 및 교육대학교 62개교, 2016년도는 사범대학 미설치 대학교 107개교, 2017년도에는 전문대학 108개교와 일반대학 9개교가 평가대상 기관이었다(교육부, 2017).

결과와 동일한 정원 감축 기준을 적용하여 역량진단 대상 양성정원 총 26,000명 중, 총 3,200명(사범대 및 일반대 교육과 130여 명, 교직과정 1,800여 명, 교육대학원 1,200명)을 감축할 것이라고 발표하였다.

## 4 │ 논의 및 평가

### 가. 폐쇄형 교원양성체제의 한계

앞에서 살펴보았듯이, 우리나라 초중등학교 및 특수학교의 교원양성은 엄격한 정부 관리 제도하에서 운영되고 있다. 초등학교 교사양성은 교육대학교(한국교원대학 및 이화여대 초등교육과와 제주대학교 교육대학 제외)에 의해서만 양성되고, 대부분 중등학교 교사는 교원양성이라는 특수목적형인 사범대학에 의해서 주로 양성되고 있다. 특히, 초등학교 교사양성의 경우 교육부가 국가 전체 초등교사 임용 수요를 감안해서 양성정원을 엄격하게 조정 및 관리하고 있다. 실제 2005년 6,225명이던 교육대학 입학정원이 2018년도 경우에는 3,851명으로 38%나 교육부에 의해 감축 조정되었다. 따라서 교원양성만을 목적으로 설립 및 운영하고 있는 교육대학과 사범대학은 폐쇄형 교원양성체제에 해당한다고 볼 수 있다.

우리나라의 경우 정부(교육부)의 관리 및 규제를 통해서 교사양성체제가 운영되기 때문에 교사의 질 관리 측면에서 비교적 우수성을 가진다는 장점이 있다. 반면에 다소 장기적 교육이 요구되는 교사자격증제에 의한 교사양성은 운영상 경직성이 있고, 시대 변화나 기술 변화에 학교가 교과운영에 있어 유연성과 융통성을 갖추는 데 약점이 있다. 이에 더하여 우리나라의 경우 무시험검정을 통해 교원자격(2급 정교사)을 부여하고 있기 때문에, 국가가 정하는 최소 기준만을 바탕으로 각 대학에 맡기고 있고, 대학에서는 형식적 요건의 충족 여부만을 심사하고 있어, 교사 자격기준에 대한 질 문제가 발생하고 있다(김병찬, 2016). 아울러, 교원양성기관과 그 기관 내 교과별 교사양성정원이 정부의 승인하에 운영되기 때문에, 학문 및 교과(disciplinary)별 이기주의가 존재하고, 이는 학교교육 및 학교혁신에 제한점으로 작용하기도 한다.

현행 우리나라 교원양성체제에서 결정적인 문제는 만성적 과잉공급 상태에 있다는 점에 있다. 예를 들어 교육부에 따르면, 2020년도 전국 초등교사 임용시험의 경우 7,151명이 지원해 3,564명만 합격하는 데 그친 것으로 나타났다. 특히 2018학년도 임용시험을 시작으로 매년 선발인원 축소가 예상되면서 교육대학 양성정원의 초과공급 상태는 심각한 상황에 직면하고 있다. 실제 교육부(2020)는 2030년 초등 학령인구가 180만 명으로 추계되어 학령인구 감소폭이 25%에 달함에 따라, 2020년 대비 2024년까지의 학령인구 감소를 감안하여 초등교원 신규채용 규모에서 최대 916명의 감축이 불가피하다고 발표하였다. 중등교사 양성에 있어 초과공급 상황은 초등교사 양성체제보다 훨씬 더 심각한 상태이다. 공립 중고교 교사는 2018년 4,468명을 선발했으나, 2030년에는 3,000명 수준으로 크게 줄어들 것으로 나타났다. 실제 교육부는 중등교원 신규채용 규모를 2020년 대비 2024년까지 최대 650명을 감축하는 것으로 발표하였다(교육부 2020). 사범대 외에도 교직과정이나 교육대학원을 통해 중등교사 자격증 소지자가 매년 25,000명가량이 배출되는 데 비해, 2020년 전국 중등교사 임용시험 선발 규모는 4,000명 정도에 불과하다. 더구나 전국의 중등교사 임용 규모는 매년 지속적으로 감축될 것이 자명하다.

구조적 측면에서 학령인구의 지속적 감소와 교원임용 수요 급감에 적절히 대응하고, 질 높은 교원양성체제를 확립해야 하는 것은 미래 교육정책의 핵심 의제에 해당한다. 교사임용이 어려운 사범대학 졸업자의 낮은 고용능력은 최근 청년실업률 급증세에 맞물려 문제시되고 있는 상황이다. 교원양성과정을 통해서 과잉 배출된 우수 인력들이 교직으로 진출하지 못하고, 충분히 활용되지 못하고 있는 점은 국가 인력 활용 측면에서도 심각한 문제가 될 수 있다(김병찬, 2016; 정미경 외, 2014). 특히 대학에서 교원양성 전공은 교직 이외의 여타 직무 및 직종을 위한 취업역량과 대체성이 상대적으로 미약해서 교원양성 규모 적정화 실현은 중요한 교육정책 문제에 해당한다.

2013년 이후 최근까지 교원양성기관 평가 정책을 통해서 교원양성기관의 교원양성정원을 지속적으로 감축해 오고 있으나, 여전히 초등 및 중등학교 교사를 대상으로 하는 교원양성 규모는 매년 만성적인 초과공급 상태에 있다. 향후 주기별 교원양성기관 평가에 의한 교원양성정원 감축만으로는 만성적인 과잉공급 상태인 현행 교원양성체제의 구조적인 문제를 해소하기에는 역부족이다. 더구나 교원양성기관 평가를 통해서 교원양성기관에 대한 교원양성정원 감축이라는 행정조치에 대한 법률적 근거도 확실하지 못하다. 현행 고등교육법 제11조의 2(평가 등)의 규정에 의거 교육부장관으로부터 인정받은 기관은 학교의 신청에 따라 학교운영의 전반과 교육과정(학부·학과·전공을 포함한다)의 운영을 평가하거나 인증할 수 있다. 다만, 동법 제11조의 2 제3항에 의하면, 정부가 대학에 행정적 또는 재정적 지원을 하려는 경우에 한해서 평가 또는 인증 결과를 활용할 수 있도록 규정하고 있다. 이러한 고등교육법 규정에 비추어 볼 때, 교원양성기관(일반 4년제 대학교, 교육대학, 전문대학 등)에 대한 평가는 행·재정적 지원을 위해서 허용하고 있지만, 교원정원 감축이라는 제재조치를 위해서까지 교원양성기관에 대한 평가를 허용하고 있지는 않다는 사실이다. 그렇지만, 전반적으로 국가 차원에서 교사자격증제 기반의 교원양성체제의 전면 개혁과 교원양성정원의 혁신적 구조조정은 불가피한 상황이다.

결과적으로 우리나라 현행 교원양성과정에는 교원의 전문성 향상을 위해서 개선할 여러 정책문제가 산적해 있다. 우선적으로 학교교육 현장과 사범대학 교사양성과정과의 괴리가 심각하다는 사실이다(김병찬, 2016; 김혜숙, 2006; 박재승, 2005). 이와 관련해서 손충기(2004)는 사범대학의 교육과정의 경우 '교육현장 중심보다 대학 교수 중심의 교육과정 편성', '교과별 교과교육학 교육의 미흡', '양성기관과 현장과의 연계미흡' 등의 문제를 지적하였다. 전국 초중고 현직교사들 대상의 교원양성 교육과정 요구도 조사를 통해서 정미경 외(2011)는 22학점 이상 이수를 요구하는 교직과목이 지나치게 교육학 이론과목으로 구성되어 있어, 교사 직무 역량 향상에 도움을 주고 있지 못하다고 비판하였다. 그들의 비판에 따르면, 현행 교원양성과정에서 이수토록 설계된 다수의 교직이론 과목들은 교사를 위한 과목이라기보다는 교육학자를 위한 과목으로 가르쳐지고 있어서 교원양성에 별도움을 주고 있지 못하다는 사실을 알 수 있다. 둘째, 국내 사범대학들은 강의실, 실습실 등 시설 환경이 대체적으로 열악한 상황이며, 기자재를 포함한 물리적 환경이 제대로 구비되어 있지 못하고 교수의 총 정원 및 교과교육학 교수가 부족하다는 문제가 지적되고 있다(김병찬, 2008; 신현석, 2009). 셋째, 교직과목을 위해 필수로 이수해야 하는 교육실습이 부족하고 부실해서 수박 겉핥기에 그치고 있다는 점이다(김병찬, 2016). 교육실습은 예비교사들의 교수에 관한 불안을 감소시키고 실제적인 교수 기술을 기르는 데 도움을 주는 것으로 인식되어 왔다. 한편, 우리나라 교원양성과정에서는 다소 짧은 1개월간의 교육실습이 대학 4학년 학기 중에 이루어지기 때문에, 학기 중 여타 전공교과 학습에도 지장을 초래하고 있다. 더구나 초중등학교 현장에서도 짧은 기간 동안만 진행되는 교육실습이 학습 분위기만 해친다고 교육실습 학생 수용을 꺼리고 있는 실정이다. 특히 다음 <표 8>에서 보듯이, 미국(12~16주), 핀란드(1년, 3차례로 나누어 실시), 영국(24주~32주), 프랑스(30주), 독일(1년)과 비교해서, 중등교사 양성과정에서 우리나라 교육실습과정 기간이 아주 짧게 4주만 이루어지고 있는 실정이다(김병찬, 2016; 정미경 외, 2014). 교원의 전문성은 학교현장에서의 구체적 경험과 체험을 통해 길러질 수 있는 측면이 많은데, 우리나라 교원양성과정의 경우 4주라는 짧은 기간의 교육실습을 통해서는 교원의 전문성 함양이 어렵다고 볼 수 있다. 이러한 점에서 볼 때, 우리나라 교원양성과정의 경우 예비교사인 학생이 학교현장을 이해하거나 교육

| 표 8 | 주요 국가의 교원양성과정에서 교육실습 기간 |

| 국가 | 교육실습 기간 |
| --- | --- |
| 미국 | 12주~16주 (대체로 1개 학기) |
| 영국 | 24~32주 |
| 프랑스 | 30주 (대체로 1년) |
| 독일 | 1년 (수습 기간 별도 2년 운영) |
| 핀란드 | 1년 (3차례로 나누어 실시) |
| 일본 | 4~5주 |

출처: 김병찬(2016)에서 편집 발췌

실습 경험을 충분히 하지 못하고, 학생이나 실제 학교현장 이해에 있어 구조적인 문제가 있다. 실제 전국 총 360개 학교의 현직교사를 대상으로 한 교직과목에 대한 요구를 분석한 결과에서도 교육실습 비중확대 요구가 가장 많은 것으로 나타났다(정미경 외, 2011). 넷째, 우리나라 교원양성의 총체적 교육기간이 다른 선진국에 비해 짧아서 충분한 교직 전문성을 함양하는 데 문제가 있다는 점이다(김병찬, 2016). 우리나라 교원양성과정은 4년제로 운영하고 있지만, 미국, 핀란드, 영국, 독일, 프랑스, 독일 등 상당히 많은 선진국에서는 교사양성교육을 5~6년제로 운영하고 있다(김병찬 2016, 정미경 외, 2014).

## 나. 전문대학원 기반의 새로운 교원양성체제 구축

종합적으로 볼 때 우리나라 교원양성체제의 경우, 전면 구조조정을 통해서 교직 전문성을 갖추고 교사로 진출하는 새로운 교원양성제도의 도입이 필요하다고 본다. 학생자원의 감소에 대응한 교육대학 및 사범대학 운영체제 구조의 혁신은 물론이고, 사회변화와 미래 수요 요구에 보다 적극적으로 대응하는 질 높은 교원양성체제 확립이 필요하다. 세계 최고의 교육 경쟁력을 자랑하는 핀란드의 경우 초중등학교 교원양성에 있어서 모든 교사에게 5년간(석사학위 이상)의 교육과정을 요구하고 있다(김병찬, 2016; 정일용·김든, 2012). 특히 핀란드 교사 양성과정은 연구능력에도 많은 강조를 두어서 연구 활동을 통하여 가르치는 일에 대한 객관적인 시각을 체득하게 하고, 문헌을 통해 습득한 지식과 실제 학교현장 경험을 연결하는 데 중점을 두며, 학생들의 학습동기 유발능력 개발에 중점을 두고 있다(정일용·김든, 2012). 이러한 핀란드 교원양성체제 운영사례는 향후 우리나라 교원양성체제 개혁에 시사하는 바가 크다.

구체적으로 교원양성체제 전면 개혁을 위한 검토 대안으로서, 과잉공급 상태인 현행 교원양성기관의 전면적 구조조정 실현과 더불어 제도적 차원에서 교사 전문성 향상을 위해서 '대학 학부중심 교원양성체제'를 '교원양성 전문대학원 체제'로 개편하는 방안을 제언한다. 대학 학부에서는 폭넓은 기초교양이나 다양한 교과내용 전공을 이수한 후, 교사를 희망하는 학생은 '교원양성 전문대학원'으로 진학하여 교육프로그램 개발이나 수업설계 역량 등 교사 역량을 집중적으로 함양할 필요가 있다. 보다 구체적으로 '교원양성 전문대학원'의 경우 교사자격증 취득을 위한 2년제 석사과정으로 운영하되, 그 교육과정에서는 수업방법의 학습, 학습분석 및 평가능력 함양, 학습동기 유발능력 함양, 생활지도와 개인화학습(personalized learning)의 지도방법 터득, 4~6개월의 인턴과정이나 교육실습 등을 포함할 필요가 있다. 이와 유사한 맥락에서 정미경 외(2011)의 경우도 교원양성과정 교육을 개선하기 위해서는 단순히 수업이수 요건의 변화가 아니라, 교원교육 교육과정을 재구조화시킬 필요가 있음을 제기하였다. 특히 그들은 구체적으로 교원양성 교육과정을 구성하는 프로그램의 내용과 교수방법에 있어 새로운 변화가 필요하다는 점을 강조하였다. 무엇보다도 국가 차원에서 교육 경쟁력은 교사의 전문성과 교사 경쟁력을 결코 넘지 못한다는 사실을 직시해야 한다.

# 참고문헌

- 교육과학기술부(2011). 2011년 교원양성기관 평가 결과 발표. 보도자료, 2012. 9. 1.
- 교육과학기술부(2012). 2012년 교원양성기관 평가 결과 발표. 보도자료, 2012. 8. 30.
- 교육부(2013). 2013년 교원양성기관 평가 결과 발표. 보도자료, 2013. 8. 30.
- 교육부(2016). 2015년 교원양성기관 평가 결과 발표. 보도자료, 2016. 3. 23.
- 교육부(2017). 2016년 교원양성기관 평가 결과 발표. 보도자료, 2017. 1. 24.
- 교육부(2018). 2017년 교원양성기관 평가 결과 발표. 보도자료, 2018. 3. 20.
- 교육부(2020). 미래교육 환경변화에 대응하는 교원수급정책 추진계획. 보도자료, 2020. 7. 23.
- 교육부(2021). 2020년 교원양성기관 역량진단 결과 발표. 보도자료, 2021. 2. 23.
- 교육통계 자료집(2020). 한국교육개발원.
- 김병찬(2008). 사범대학 교육 경험의 의미에 관한 질적 사례 연구. 한국교원교육 연구, 25(2), 105 – 137.
- 김병찬(2016). 교원교육의 현실과 교육학의 과제: 사범대학을 중심으로. 한국교육학회 2016년 연차학술대회 자료집, 151 – 193.
- 김혜숙(2006). 고등학교 초임과 경력 지리교사의 실천적 지식 비교연구. 사회과교육, 45(3), 91 – 113.
- 박재승(2005). 중등교원 양성 교육과정의 진단과 발전방향: 인문/사회분야 중심. 교원 양성 교육과정의 진단과 발전방향. 한국교원교육학회 2005년도 추계학술대회자료집, 71 – 92.
- 손충기(2004). 사범대학 교육과정 편성 운영방법 개발을 위한 교사의 요구 분석 연구. 교육과정연구, 22(4), 251 – 271.

- 신현석(2009). 교원양성체제의 개편 방향과 전략의 탐색. 한국교육, 36(3), 53-78.
- 정미경·김갑성·류성창·김병찬·박상완(2011). 교원양성 교육과정에 대한 초·중등 교원의 요구 분석. 한국교원교육연구, 28(3), 287-306.
- 정미경·김이경·김병찬·박상완·전제상(2014). 창의적 학습생태계를 위한 교직환경 구성 방안 연구. 한국교육개발원 연구보고, 82-100.
- 정일용·김든(2012). 핀란드 교육의 특징과 교육혁신의 성공요인. 한국교육개발원, 현안보고 OR 2012-01-11.
- Organization for Economic Cooperation and Development [OECD]. (2013). *PISA 2012 Results: What makes schools successful? Resources, policies and practices. Volume. IV.* Paris: OECD.

# 제3부

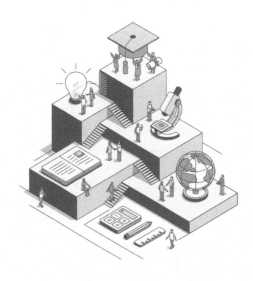

# 교육복지정책과 교육격차 해소

# 제10장  교육복지정책 확대와 주요 쟁점1

## 1  정책으로서 교육복지의 등장

교육복지가 한국 교육현상 및 교육정책 상황에 최초로 등장한 것은 1995년 문민정부에서 발표한 5·31 교육개혁 비전이었다(류방란 외, 2006). 당시 교육개혁에서는 누구나, 언제, 어디서나 원하는 교육을 받을 수 있는 열린교육체제를 구축하여, 모든 국민이 자아실현을 극대화할 수 있는 교육복지국가(edutopia)를 만든다고 선언하고 있다(교육개혁위원회, 1996; 류방란 외, 2006). 실제 어떠한 모습이 교육복지국가인지는 구체적으로 제시하고 있지 않았지만, 당시 교육개혁안의 핵심은 전반적으로 단위학교의 자율성 확대와 교육의 질을 개선하며, 공·사립 간 사회계층 간, 지역 간 교육 형평성 제고를 내포하고 있었다.

교육인적자원부는 '1997년 교육복지종합대책'을 발표하여 장애아, 유아, 학습부진아, 학교 중도탈락자, 해외 귀국자녀 교육지원 방안을 마련하고 추진하였다. 특히 1997년 외환위기를 거치며, 계층 간 소득불평등 심화와 사회양극화 및 빈곤의 대물림이 사회적 이슈로 등장했다. 이에 따라 빈곤의 대물림을 막고, 취약계층에 대한 생산적 복지정책으로서 교육 및 훈련 서비스를 강화하였다(류방란

---

1 본 장은 박주호(2014) 교육복지의 논의: 쟁점, 과제 및 전망 중 제1장, 제2장 및 제3장의 내용을 요약 정리해서 서술하였다.

외, 2006). 교육에서 기회보장과 질 높은 교육서비스를 취약계층에 제공하는 것이 복지국가 실현에 핵심으로 작용하였다.

국가 교육정책에서 보다 종합적이고 구체적인 모습으로 교육복지가 등장하게 된 것은 참여정부, 즉 노무현 정부 시절이다. 2004년 당시 '참여정부 교육복지 5 개년 계획'이 입안되어 적극적으로 추진되었다. 국민 기초 교육수준 보장, 교육 부적응 해소, 교육여건 불평등 해소, 복지친화적 교육환경 조성을 정책목표로 설정하고, 각 영역에서 본격적으로 교육기회 보장과 교육격차 해소에 주력하였 으며, 교육복지투자우선지역 사업을 시작으로 차차 다양한 교육복지사업이 전개 되었다. 2006년도에는 당시 이슈로 등장한 사회 양극화 대처의 일환으로 교육격 차 해소를 위한 교육안전망 구축 정책 목표 및 정책과제가 추진되었다.

노무현 정부에서 적극적으로 추진된 교육복지 관련 정책은 이명박 정부에서 도 지속적으로 전개되었다. 구체적으로 이명박 정부는 학력 수준 향상과 교육격 차 완화, 가난 걱정 없이 다닐 수 있는 학교, 교육복지 지원체제 구축, 건강한 학생 안전한 학교, 선진화된 유아교육과 특수교육 보장, 평생 공부할 수 있는 학 습 환경 조성을 추진하는 등 교육복지 대책을 마련하고 교육복지 15대 핵심과제 를 발표하였다. 이를 통해 지속적으로 적극적인 교육복지 정책과 교육복지 사업 이 실시되었다. 2013년 2월 출범한 박근혜 정부는 이명박 정부의 교육복지 정책 을 기반으로 꿈과 끼를 키울 수 있는 학교 교육 정상화, 고른 교육기회 보장을 위한 교육비 부담 경감, 미래 인재 양성을 위한 능력중심사회 기반 구축이라는 '교육복지 3대 중점 추진과제'를 선정하고 국민행복을 위한 맞춤형 교육복지에 주력했었다. 각 정부별 교육복지의 주요 정책과 추진된 사업을 정리하면 다음 <표 1>과 같다.

표 1 | 각 정부별 교육복지 관련 핵심 정책 및 주요 내용

| 정부 | 정책 내용 및 주요 사업 |
|---|---|
| 문민정부<br>1993.2-1998.2 | - 1995년 5·31 교육개혁에서 교육개혁비전으로 교육복지국가(edutopia) 제시<br>- 1997년 교육복지 종합대책 발표 |
| 국민의 정부<br>1998.2-2003.2 | - 1999년 '교육발전 5개년 계획'<br>- '국가 인적 자원 개발 기본 계획' 수립<br>  만 5세아 무상교육실시(1999), 저소득층 자녀 학비지원 실시 |
| 노무현 정부<br>2003.2-2008.2 | - 2004년 '참여정부 교육복지 종합계획' 수립<br>- 2006년 교육격차 해소를 초점으로 교육안전망 구축 지원을 정책 발표<br>- 도시 저소득층 교육복지투자우선지역 사업 시작(2003), 방과후학교사업(2006), 지역아동센터(2004), 희망스타트(2007: 차후 드림스타트), CYS-Net(2005), 청소년 방과후 아카데미(2005), 돌봄교실(2004에는 방과후 교실, 2009년 초등돌봄교실) |
| 이명박 정부<br>2008.2-2013.2 | - 2008~2012 이명박 정부 교육복지 대책 추진<br>- 교육복지우선 지원사업, 방과후학교 사업, 초등돌봄교실(2010: 2011), Wee프로젝트(2008), 다문화 학생 교육지원(2009), 탈북청소년 교육지원, 창의경영학교(2009), 전원학교사업(2009), 드림스타트, 지역아동센터, 희망복지지원단(2011), CYS-Net, 청소년 방과후 아카데미 |
| 박근혜 정부<br>2013.2- 현재 | - 교육복지 3대 중점 추진과제(우선배려 학생 맞춤형 교육지원 강화, 소득 수준간·지역간 교육격차 해소, 모두를 위한 교육기회 확대) 선정<br>- 국민행복을 위한 맞춤복지 주력 |

자료: 고전 외(2009). 교육복지지원법 제정 방안. p.3을 수정 및 재구성하였다.

문재인 정부는 직접적으로 교육복지라는 이름을 내세워 지원 사업을 대폭 확대하지는 않았지만, 노무현 정부의 교육복지 철학을 계승하였다. 특히, 문재인 정부에서는 포용기반의 학교교육 강화를 모토로 내세우고 고졸 취업 활성화, 다문화 학생 맞춤형 지원, 저소득층 교육급여 지원, 교육비 국가 부담 확대, 고교 무상교육 실시, 기초학력보장법 제정 등 교육복지 정책을 추진하였다. 전반적으

로 이들 정책에 나타난 기조로 비추어 볼 때, 문재인 정부에서 교육당국은 선별적 복지보다는 최소한의 절대적 수준 보장으로서 교육복지 강화에 우선적 초점을 두고 교육정책을 추진했다고 볼 수 있다.

앞에서 살펴보았듯이, 우리나라 교육 실제에서 교육복지가 정책으로 출현되고 강조되기 시작한 것은 어느 정도 경제성장에 도달한 이후, 즉 선진국 클럽인 세계 경제협력개발기구(OECD) 가입 이후였다. 이러한 시기에 국가 경제사회의 핵심가치는 성장을 넘어 분배나 형평의 문제였다. 특히, 한 나라의 복지체제가 어떤 형태이든지 그 국가의 복지가 해결하려는 문제는 자본주의와 경제성장 과정에서 야기된 빈곤과 사회적 불평등, 그리고 사회변화에 따른 가족 기능 약화 문제 해소에 초점을 두고 있다(류방란 외, 2006). 이러한 관점을 교육복지에 투영해 보면, 교육복지는 모든 사람을 대상으로 하기보다는 교육에서 취약집단을 우선 대상으로 하고, 그들에 대해 교육관련 재화와 사회적 가치의 평등 또는 배분이 중요한 관건임을 시사한다. 또 한편, 안병영·김인희(2009)의 경우, 새롭게 교육복지 개념을 구성하는 이유를 두 가지에서 찾고 있다. 첫째, 관련 문제들이 통합적·체계적으로 정리됨으로써, 효율적 의사소통과 사고의 발전을 이룬다는 것과, 새로운 시각으로 기존의 교육문제를 대처하여 우리의 교육시스템과 정책의 발전 방향을 설정할 수 있다는 점이다. 둘째, 우리의 기존 교육이 교육복지구현 차원에서 취약성, 즉 심화된 교육소외 현상을 처방하여 교육적 효율성을 구현하는 것이 필요하다는 점이다.

## 2 교육복지와 학교사회복지 관계

우리나라 학교 현장이나 교육정책 실제에서 교육복지 개념이 통용되고, 교육복지 서비스 활동이 실천되고 있다. 아울러 학교사회복지(school social work)와 학교사회복지 서비스가 사회복지학 분야에서 교과로 운영되고, 복지이론 차원으로 다루어지고 있다. 특히 학교사회복지의 경우, 미국에서 전개 및 운영되고 있는 학교사회복지 제도가 우리나라 사회복지학에 받아들여지고, 사회복지 영역 내 세부 전공분야로 접근되어 교육 및 연구가 전개되고 있다. 구체적으로 1900년 초 미국에서 학교사회복지가 출연하게 된 배경은 당시 미국 사회발전 과정에서 학교교육을 받고 있는 모든 아동에게 학교가 더 좋은 서비스를 많이 제공하라는 수요의 지속적인 증가 때문이었다(Allen-Meares, 2007).

교육복지와 학교사회복지의 관계를 요약해서 제시하면 아래 [그림 1]과 같다. 교육과 사회복지가 결합한 교육복지 전체 영역에서 기존 사회복지 영역 중 교육복지가 학교사회복지에 해당한다. 즉 학교사회복지는 교육복지에 포함된 사회복지 영역이라고 볼 수 있다.

**그림 1** 　교육복지와 학교사회복지 간의 관계

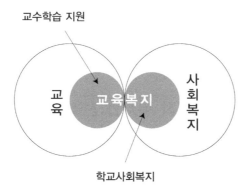

학교사회복지는 교육복지에서 교육서비스(교수-학습 지원), 즉 학습복지 부문만이 제외된 부분이다. 개념적인 측면에서 보면, 학교사회복지는 우리나라에서

통용되고 있는 교육복지 중 교수−학습 지원이 아닌 교육여건 지원 서비스 부문만을 의미한다고 볼 수 있다. 특히 학교사회복지란 아동 및 학생의 신체적·정서적 결함, 경제적 빈곤, 또는 비가시적 측면에서의 학생, 가정 및 학교가 보유한 사회적 자본 및 학부모의 교육에 기대와 관심의 격차 등 다양한 장애를 해소하기 위해 정부 또는 민간에 의해 수행되는 공적활동인 교육여건 지원 서비스라고 볼 수 있다. 실제로 교육복지 활동 전개 과정에서 교육복지 대상 학생에게 교육서비스 지원과 교육여건 지원이 동시에 작동되는 경우가 대부분이기 때문에 교육복지에서 학교사회복지를 실제 구별해서 접근할 실익은 크지 않다. 특히, 우리나라 경우 아직 학교사회복지 및 학교사회복지사가 법규 제도로 정착되어 있지 않기 때문에, 굳이 학교사회복지를 교육복지와 구별해서 접근할 필요성도 크지 않다. 결과적으로 포괄적 차원에서 학교사회복지는 교육복지에 포함된 하위 요소 개념으로 보는 것이 현실적으로 타당하다. 아무튼 학교사회복지사 제도가 교육관계 법에 규정되어 있지 않기 때문에 학교교육 현장에서 전개되는 교육복지 중 학교사회복지에 해당되는 역할을 실제 누가 담당하느냐는 별개의 문제에 해당한다.

## 3  교육에서 보편적 복지와 선별적 복지 논쟁

우리나라 상당수 연구들은 교육복지를 상대적 소외 및 차이의 해소에 초점을 맞춰 수혜 대상을 설정하고, 이러한 병리현상을 극복할 수 있는 방안들을 제시하고 있다. 하지만, 교육복지를 상대적인 격차의 해소로만 이해하기엔 그 한계가 있다. 교육은 헌법과 교육관련 법률 등에서 국민이 기본적으로 누려야 할 권리로 보장되고 있다. 또한, 교육을 인간이 당연히 가져야 할 인격권 또는 인권으로 이해하는 관점에서 본다면, 국가는 국민 개인 간 교육의 상대적 격차 해소뿐만 아니라, 최소한의 절대적 기준에 도달하는 교육을 제공해야 할 의무를 지니고 있다. 즉, 교육복지의 개념정립이 헌법에서 규명한 '균등하게 교육받을 권리'를 보장하고, '만인을 위한 교육'을 표방하는 공교육체제가 정상적으로 실현되기 위한 필요조건으로 이해되어야 한다. 결과적으로 교육복지를 상대적 격차의 해소로만 보는 입장은 교육복지의 수혜 대상을 일부 저소득층 학생에만 한정하게 된다. 반면, 교육을 국민의 기본권 또는 인권으로 이해하는 입장은 국민 전체를 대상으로 최소한 절대적 수준의 교육을 보장하는 롤즈주의적 정의에 보다 가깝다고 볼 수 있다. 결과적으로 교육복지에서 핵심 논쟁은 교육복지가 과연 모든 사람들에게 보편적으로 제공되어야 할 성질인지, 혹은 소외된 계층에 대해 선별적으로 지원해야 하는 성질인지에 그 초점이 맞추어져 있다.

## 가. '상대적 격차의 해소'로서 교육복지

다수 선행연구는 한 사회에서 교육적으로 가장 취약한 집단과 그렇지 않은 집단 간의 관계 속에서 취약집단의 상황을 판단하고, 교육취약집단을 중심으로 그들에게 필요한 정책을 개발하고 지원하여 교육 형평성을 실현하려는 개념이 바로 교육복지라고 강조하였다(김정원, 2008; 류방란 외, 2006; 한만길 외, 2000). 이런 입장들은 교육복지가 궁극적으로 보편적인 복지로 나아가야 하는 것이 바람직하나 상대적으로 소외된 계층에 대한 집중투자의 방식으로 실현되는 것이 바람직하다고 바라보았다.

한편, 교육복지를 상대적 격차의 해소로 보는 입장에서는 다음과 같은 한계점을 가진다. 첫째, 상대적 격차의 해소로 교육복지를 바라볼 경우 교육복지는 사회복지를 실현하기 위한 도구로 인식될 가능성이 높다. 이런 관점에서 교육복지는 교육 불평등을 해소하기 위해 상대적으로 취약한 집단을 대상으로 행해지는 기초적인 교육권 보장활동으로 상대성을 중시한다. 여기서 상대성은 교육적으로 취약한 집단과 그렇지 않은 집단 사이의 상황 및 여건의 차이에 주목한다. 이렇게 '상대적 차이의 해소'로 교육복지를 바라보는 입장에서는 사회복지의 한 하위 영역으로 교육복지를 간주하여 교육의 본질적인 의미를 제대로 실현하지 못한 채 단순히 불평등을 해소하기 위한 과정으로 인식될 수 있다는 한계를 가진다. 환언하면, 이런 관점은 도구주의적인 관점으로 교육복지를 바라보고, 교육복지의 개념을 '복지를 위한 교육'으로 그 의미를 한정시킨다는 한계점이 있다. 둘째, 교육복지의 개념이 상대적 격차의 해소로 한정될 경우 상대적 격차가 과연 무엇인지에 관한 구체적인 기준 정립이 요구된다. 기존 연구들은 상대적 격차를 '교육 불평등', '교육 소외', '교육취약집단', '기회 불균등' 등으로 명명하였지만, 이런 개념이 구체적으로 의미하는 바가 무엇인지 실질적인지를 충분하게 규명하지 못하였다. 또한 그 사회에서 용인 또는 묵인될 수 있는 상대적 차이가 무엇인지를 규명할 수 있는 구체적인 기준도 모호했다.

## 나. '최소한의 절대적 수준 보장'으로서 교육복지

교육복지를 '상대적 격차의 해소'로 보는 입장과 달리, '최소한의 절대적 수준의 보장'으로 바라보는 관점이 있다. 이 관점에서는 교육복지가 교육에 참여하는 모든 구성원들의 교육적 욕구를 충족시키고 이를 통해 잠재능력을 최대한으로 계발할 수 있도록 여건을 보장하는 데 그 일차적인 목적이 있다고 강조한다(이혜영, 2005; 김인희, 2006; 류방란 외, 2010). 각 개인에게 유의미한 성장의 기회를 제공하여 '최소한의 절대적 수준'을 보장하기 위한 노력을 교육복지로 바라보는 입장에서는 교육복지가 바로 인권 및 인격권의 실현 과정이라고 강조한다. 교육은 개별 학생이 갖는 학습권에 대한 법적·철학적인 관점에서 본질적으로 보편성을 띠는 활동이기 때문에 교육복지는 학습자의 유의미한 경험의 성장이라는 교육의 본질과 상통한 개념으로 이해한다. 즉, 대한민국 헌법, 세계인권선언, 아동협약 등의 법령과 규약 등에서 논의하고 있는 학습자의 학습권을 인정하고 이를 보장한다는 입장에서는 교육복지의 개념을 학생들이 가지고 있는 실제적인 문제들을 해결하는 과정으로 인식하였다. 결국 이런 관점으로 교육복지를 바라본 입장은 교육복지사업의 근간이 최소한의 절대적 수준(national minimum)을 국가가 명시하고 그 목표를 달성토록 지원하는 데 있음을 강조하였다. 즉, 사회·경제적 계급, 성별, 인종, 지역을 막론하고 인간이라면 반드시 누려야 할 기준인 최소한의 절대적 기준(national minimum)을 보장하려는 노력이 교육복지를 실현하기 위해 가장 우선시되어야 할 선결요소로 논의되었다.

교육복지를 최소한의 절대적 수준을 보장해야 한다고 보는 입장은 모든 사람들을 교육복지의 수혜 대상으로 간주하며, 투입뿐만 아니라 과정과 결과에 이르기까지 교육복지의 개념적 외연을 확대하여 교육복지를 개념화하였다. 이러한 입장은 교육복지를 평등주의적 가치 준거에서 벗어나 롤즈주의적 가치 준거에 보다 부합한다고 볼 수 있다. 이러한 입장에서는 교육기회를 박탈당해 정상적인 교육여건을 보장받지 못한 모든 사람이 교육복지의 주된 관심 대상이 되며, 최소한의 절대적인 수준 보장을 중시하였다.

## 다. 새로운 지원기준 관점에서 교육복지

### 1) 대상에서 내용 중심의 교육복지 보장

교육복지는 최소한의 절대적 수준을 보장하는 것과 상대적인 차이의 해소를 함께 논의하는 것이 바람직하다. 교육복지의 개념을 이렇게 두 가지 견해의 상호 보완적인 관계로 이해하게 되면, 기존 교육복지의 수혜 대상의 논란은 더 이상 의미를 찾기 어렵게 된다. 교육복지를 상대적인 격차의 해소로 이해하는 입장에서는 주로 교육복지의 대상에 대해 관심을 두어 왔으나, 최소한의 절대적 수준의 보장이라는 견해에 따르게 되면 교육복지의 대상이 아니라 그 내용이 더 중요하게 된다. 양 견해의 보완 관계로 이해하는 입장에서는 교육복지의 대상과 함께 교육복지의 내용과 수준까지 함께 논의해야 궁극적으로 교육복지의 실현이 가능할 수 있다. 즉, '누구를' 대상으로 하여 '무엇을' '어느 수준까지' 지원할 것인지의 논의가 함께 고려되어야 한다. 이는 지금까지의 교육복지 수혜 대상 중심의 논의가 교육복지의 내용으로 확산 전이되어야 함을 의미한다.

물론 '무엇을 어느 수준까지' 지원할 것인지에 대한 개념 정립은 결국 교육복지를 통해 궁극적으로 달성해야 하는 최소한의 절대적 기준(national minimum)에 대한 구체화 과정을 통해 가능하다. 여기서 '최소한의 기준'은 교육복지에서의 '무엇을'에 해당하며, '절대적'이라는 용어는 어느 수준까지 해당 기준을 달성해야 하는 것인가를 내포하는 표현이다. 즉, 인간의 존엄성을 근간으로 하는 학습권에 대한 충분한 보장이 바로 교육복지의 근저에 있는 이념적 핵심이라고 한다면, 결국 이러한 기준을 구체적으로 명시하여 그 기준을 모든 학습자가 달성하도록 보장하는 것이 바로 교육복지의 핵심이다. 따라서 최소한의 절대적 수준을 무엇으로 보아야 하는지 그 개념과 세부기준을 정립이 필요하다.

## 2) 최소한의 절대적 수준으로 교육복지 보장

교육복지의 개념을 최소한의 절대적 수준까지 함께 아울러 개념화할 경우 교육복지의 내용 중의 핵심인 '최소한의 절대적인 수준'을 과연 무엇으로 볼 것인지 구체화하는 과정이 필요하다. 정동욱(2011)의 경우 의무교육연한이 최소한의 절대적 수준으로 논의되는 것이 바람직하다고 보았다. 또한 일부 전문가들은 학급당 학생 수, 교사 자격 등에 대해서도 사회적으로 일정한 수준의 합의가 가능하다고 보았다. 그러나 이러한 논의에도 불구하고, 최소한의 절대적 수준에 대한 내용과 범위에 대한 구체적인 합의가 없었다는 점에 공감하면서 이에 대한 심도 있는 연구의 필요성이 있다.

최소한의 절대적 수준으로 적합한 요소들은 투입 – 과정 – 결과의 범주로 구분해 볼 수 있다. 첫째, 투입과 관련한 최소한의 절대적 수준으로는 의무교육연한, 학급당 학생 수, 형평성(equity)과 관련한 교육재정 등이 있다. 정동욱(2011)의 연구에서는 한 개인에게 국가가 정한 최소한의 교육연한을 보장함으로써 한 개인의 인간다운 삶을 영위하고 사회통합 및 경제성장의 동력을 확보할 수 있다고 강조하였다. 다음으로 학급당 학생 수의 경우에도 최소한의 절대적 기준의 한 예로 볼 수 있다. 학급당 학생 수와 관련하여 교육과정에 명시되어 있는 수업을 하기 위해서는 학급당 몇 명의 학생들이 적정한지 살펴볼 필요가 있다. 적정 학급당 학생 수를 추산하는 과정은 최소한의 절대적 수준의 교육여건을 보장하기 위해 우선되는 과정으로서 최소한의 교육여건을 보장하는 과정으로 볼 수 있다. 마지막으로 교육재정 배분과 관련하여 학생 1인당 교육비를 균등하게 배분하고자 하는 노력 역시 학생들에게 최소한의 절대적인 수준의 교육비를 제공하려는 과정으로 볼 수 있다.

둘째, 과정요소와 관련해서 최소한의 절대적 수준으로 바라볼 수 있는 요소들로 수업의 질, 교육과정, 학생에 대한 공정한 처우 등을 살펴보고자 한다. 먼저 학생들이 최소한의 절대적 수준의 교육혜택을 누릴 수 있기 위해서는 최소한의 절대적인 수준에서 합당한 수업이 누구나에게 보장되어야 한다. 다음으로 교실에서 이루어지는 수업은 국가에서 법으로 명시한 교육과정을 충실하게 수행되는 것을 기본으로 한다. 모든 학생들에게 국가교육과정을 교육해야 하며, 이런 과정 역시 최소한의 절대적 수준으로 이해됨이 바람직하다.

셋째, 결과 단계와 관련하여 일정한 학업성취를 모든 학생들에게 보장해야 한다는 관점에서는 특정한 학업성취결과를 모든 사람들이 달성해야 하는 최소한의 절대적 기준으로 바라본다. 이러한 입장은 다음 단계의 교육을 받는 데 있어 선행되어야 할 지식을 분명하게 습득하도록 충분히 지원해야 한다는 측면에서 의의가 있다. 이런 과정을 통해 사회성원으로서 필요한 자질을 함양한다는 측면까지도 고려되어야 한다. 또한, 교육재정의 운영과 관련하여 최소한의 절대적 수준의 교육성취를 보장하기 위해 필요한 재원을 충분히 지원해야 한다는 충분성(adequacy) 역시 결과 측면에서 최소한의 절대적 수준으로 볼 수 있다.

최소한의 절대적 수준의 개념과 세부기준을 사회적 합의를 통해 설정하는 과정은 상대적인 소외계층에 대한 지원과 투자로 간주하였던 교육복지의 영역을 교육과정, 수업의 질, 학업성취 등과 같은 과정 및 결과의 영역까지로 확대한다. 즉 교육복지의 스펙트럼이 더욱 넓어진다는 것을 의미한다. 하지만 아직까지도 최소한의 절대적인 수준이 구체적으로 어떤 요소들을 포함해야 하는지 구체적인 연구가 이루어지고 있지 못하는 실정이다.

### 3) 수혜 대상 확대 차원에서 교육복지 보장

일반적으로 교육복지의 수혜 대상은 사회적·경제적 소외계층뿐만 아니라 문화적으로 소외된 계층까지 포함하고 있다(이정선, 2009; 김인희, 2010; 류방란 외, 2010). 교육복지의 대상을 국민 모두가 아니라 사회, 경제, 문화적 약자라는 일부 계층에 한정되고 있는 것은 교육복지를 상대적인 격차 또는 소외의 해소라는 관점으로 이해하고 있기 때문이다. 현재 우리나라의 교육복지 정책은 교육불평등 해소, 방과 후 활동, 평생교육, 학교 부적응 치유, 정보화 교육으로 나뉘며 여러 사업에서 추진되고 있는데, 이 중 85%(17개)는 학령기 아동 및 청소년을 주 대상으로 하고 있다(정동욱, 2011).

하지만, 교육복지의 대상을 학교 울타리 밖으로 확대할 필요도 있다. 사회경제적 취약 계층의 학생뿐만 아니라, 교육기회를 박탈당한 청소년 나아가 성인에 이르기까지 최소한의 절대적 수준의 교육을 받지 못한 국민들도 교육복지의 수혜 대상으로 포함되어야 할 것이다. 교육복지대상을 확대하는 경우 교육복지의 교육투입요소, 교육과정요소, 교육결과요소 관점에서 살펴볼 필요가 있다. 먼저 교육투입요소의 경우 출발점에서의 평등을 의미한다. 이는 사회적·문화적 배경에 관계없이 교육을 받기 위한 준비를 모든 사람들에게 보장함을 의미한다. 이때, 이러한 준비를 제대로 보장받지 못한 사회적·문화적인 소외계층이 바로 교육복지의 대상이 될 수 있다. 교육과정요소와 관련하여 살펴보면, 학교교육과정과 학교에서 이루어지는 교육과정 가운데 발생하는 부적응 및 불만족 문제를 고려해 볼 수 있다. 교사의 차별, 표찰(labeling)과정 등으로 인해 정상적인 교육을 받지 못하는 학생들을 교육과정상에서 나타나는 교육복지대상 집단으로 분류해 볼 수 있다. 예로써, 학교교육에 적응을 하지 못해서 이탈한 청소년들과 수업에서의 차별과 표찰(labeling)과정으로 인해 학교수업에 만족하지 못하는 학생들을 교육복지의 대상으로 볼 수 있다. 이뿐만 아니라 교육결과요소와 관련하여 정상적으로 학교교육을 받았다고 하더라도 최소한의 학업성취를 보이지 못한 학생들 역시 교육복지의 대상이 되어야 한다. 최소한의 학업 결과는 학생들의 기본적인 학습권이라는 측면에서 최소한의 학업 성취를 강조하는 것이 필요하다. 또한 사회생활에 필요한 기본적인 기능을 익히지 못한 성인, 과거 학교교육으로부터 소외된 성인들까지 교육복지의 대상으로 포함해야 한다. 생애 주기적 관점에서 이러한 성인들의 학습권을 보장하여 인간다운 삶의 여건을 제공해야 한다는 관점에서 교육복지 대상의 문제를 바라볼 필요가 있다.


## 4 향후 교육복지 실현 방향

교육복지를 상대적인 격차의 해소로 이해하는 입장에서는 주로 교육복지의 대상이 누구이어야 하는가에 중점을 두어 왔으나, 최소한의 절대적 수준의 보장이라는 견해에 따르게 되면 교육복지의 대상이 아니라 그 내용이 더 중요하게 된다. 양 견해의 보완 관계로 이해하는 입장에서는 교육복지의 대상과 함께 교육복지의 내용과 수준까지 함께 논의해야 궁극적인 교육복지 실현을 할 수 있게 된다. 즉, '누구를' 대상으로 하여 '무엇을' '어느 수준까지' 지원할 것인지의 논의가 함께 고려되어야 한다. 이는 지금까지의 교육복지 수혜 대상 중심의 논의가 교육복지의 내용으로 확산 전이되어야 함을 의미한다.

물론 '무엇을 어느 수준까지' 지원할 것인지에 대한 개념 정립은 결국 교육복지를 통해 궁극적으로 달성해야 하는 최소한의 절대적 기준(national minimum)에 대한 구체화 과정을 통해 가능하다. 여기서 '최소한의 기준'은 교육복지에서의 '무엇을'에 해당하며, '절대적'이라는 용어는 어느 수준까지 해당 기준을 달성해야 하는 것인가를 내포하는 표현이다. 즉, 인간의 존엄성을 근간으로 하는 학습권에 대한 충분한 보장이 바로 교육복지의 근저에 있는 이념적 핵심이라고 한다면, 결국 이러한 기준을 구체적으로 명시하여 절대적으로 그 기준을 모든 학습자가 달성하도록 보장하는 것이 바로 교육복지의 핵심이다. 따라서 최소한의 절대적 수준을 무엇으로 보아야 하는지 그 개념과 세부기준을 정립할 필요가 있다.

이런 관점을 토대로 향후 교육복지 정책이 추구해야 할 지향점을 제시하면 다음과 같다. 첫째, 교육복지 정책의 패러다임을 기존 대상 중심에서 내용 중심으로 전환하는 것이다. 기존 교육복지 논쟁은 그 수혜 대상에 초점을 맞춰 왔다. 교육복지를 개인/집단 간 상대적인 격차 해소로 바라보는 입장에서는 교육복지의 대상이 주요 관심사였다. 그러나 교육복지가 상대적 격차의 해소 이외에도 최소한의 절대적 수준의 교육을 보장하는 것이 보완될 경우 무엇이 최소한의 절대적 수준의 교육인가에 대한, 즉 교육복지의 내용에 대한 심도 있는 토론과 논의를 바탕으로 한 구체적인 교육복지의 내용이 마련될 필요가 있다. 다시 말하면, 기존 대상 중심의 교육복지 논의는 내용 중심으로 전환되어야 하며, 이에 따라 교육복지 내용 중심의 정책과제가 새로이 발굴되어야 한다.

둘째, 교육의 개념에 있어서 최소한의 절대적 수준의 교육에 대한 개념 정립과 기준의 세부화이다. 관련 연구들은 의무교육연한, 학급당 학생 수, 교사자격 등을 교육을 받는 과정에서 인간으로서 반드시 보장되어야 할 '최소한의 절대적 수준'으로 논의를 전개하였다. 무엇보다도 최소한의 절대적 수준을 명확하게 정립하기 위해 그 수준이 무엇이 되어야 하는지 국민적 합의가 필요하다. 또한 이런 국민적 합의를 도출하기에 앞서, 학계에서 최소한의 교육수준이 무엇인지 그 내용을 살피는 과정과, 그 여부를 판가름할 수 있는 기준이 무엇인지 등에 대해 이론적·철학적인 논의가 충분히 이루어질 필요가 있다.

셋째, 교육과정 및 결과까지 아우르는 교육복지 정책의 과제 발굴이 우선되어야 한다. 교육복지 논의의 중심이 투입 중심에서 과정 및 산출까지 아우르는 관점으로 옮겨져야 한다. 기존의 상대적인 차이를 줄이는 데 교육복지의 주된 목적이 있다고 보았던 관점에서는 개념적 한계로 인해 투입 과정에 초점을 맞춰 왔다. 하지만 앞서 언급한 것처럼, 교육복지는 투입−과정−결과의 각 단계에서 구현되어야 할 요소들이 명백하게 존재한다. 교육복지가 헌법에 규정된 '균등하게 교육받을 권리'를 보장하는 노력이며, '만인을 위한 교육'을 표방하는 공교육 체제를 정상화하는 방안으로 논의되는 시점에서 종래에 간과되었던 교육과정과 결과 측면에서 교육복지 정책 과제들이 새롭게 도출되어 논의될 필요가 있다.

마지막으로, 교육복지의 스펙트럼이 확대되는 과정에서 교육복지의 대상 또한 확대될 필요가 있다. 교육복지의 대상은 기존 소외계층 학생에서 교육 기회를 갖지 못했던 청소년 성인에 이르기까지 확대하려는 노력이 필요하다. 특히, 교육복지를 상대적 격차의 해소뿐만 아니라 최소한 절대적 수준의 교육의 보장이라는 관점에서 본다면 교육복지의 수혜 대상은 교육기회를 박탈당한 청소년과 성인들로 확대되어야 하며, 궁극적으로는 전 국민이 교육복지의 수혜자로 바라보는 인식의 전환이 요구된다. 결국 교육을 인간이 당연히 가져야 할 인격권 또는 인권을 보장하는 과정으로 바라볼 때, 교육복지에 대한 인식 변화는 '인간 행동의 계획적인 변화 실현'이라는 교육의 본질적인 개념에 가장 적합하다고 볼 수 있다.

## 참고문헌

■ 고전·황준성·신지수(2009). 교육복지지원법 제정 방안. 정책자료 91집. 한국교원단체
  총연합회.

■ 교육개혁위원회(1996). 신교육체제 수립을 위한 교육개혁보고서. 교육개혁위원회.

■ 김인희(2006). 교육복지의 개념에 관한 고찰. 교육행정학연구, 24(3), 289-314.

■ 김인희(2010). 교육소외의 격차 해소를 위한 교육복지정책의 과제. 한국사회정책,
  17(1), 129-175.

■ 김정원(2008). 교육복지 마스터플랜 수립 배경과 방향. 한국교육개발원(2008). 교육복
  지 마스터플랜 수립을 위한 정책토론회 자료집. 3-29. 한국교육개발원.

■ 류방란·이혜영·김미란·김성식(2006). 한국 사회 교육복지지표 개발 및 교육격차분석
  -교육복지지표 개발. 한국교육개발원.

■ 안병영·김인희(2009). 교육복지정책론. 다산출판사.

■ 이정선(2009). 교육복지투자우선지역지원사업을 통한 교육복지공동체의 구축. 초등도
  덕교육. 제30집, 73-111.

■ 이혜영(2005). 도시 저소득 지역의 교육복지 실태. 한국교육개발원(2005). 교육 소외계
  층의 교육복지 실태와 대책. 2005 교육인적자원혁신박람회 정책세미나(RM 2005-13).

■ 정동욱(2011). 교육복지정책의 쟁점과 추진방향 연구. 한국인적자원연구센터. 연구과제
  KHR 2011-5.

■ Allen-Meares, P.(2007). Social work services in schools (5th ed.) Boston: Allyn
  & Bacon.

# 제11장 교육격차의 체계적 문헌분석[1]

## 1 교육격차 분석의 필요성

　　교육격차가 실제적으로나 이론적으로 우리 사회에서 집중 조명을 받은 것은 교육복지국가(edutopia) 실현이라는 1995년 5·31 교육개혁 과제 추진에서 비롯되었다(박주호, 2014). 이런 맥락과 관련해서 김민희(2017)는 교육격차 해소의 경우 교육정책이나 교육실제에서 교육복지 확대와 동일한 개념으로 이해되어야 한다는 점을 제언하고 있다. 일반적으로 교육격차는 주로 가정의 소득격차나, 지역의 교육여건 격차, 다문화 가정의 열악한 교육여건 등 다양한 원인으로부터 파생되고, 그 격차가 궁극적으로 사회계층 이동을 막는 심각한 사회문제화를 초래하기 때문에 복지국가 실현을 위해 해소되어야 할 문제이다(박주호, 2014). 특히 우리가 교육격차 해소에 관심을 기울여야 하는 이유와 관련해서 김경근(2005)은 교육격차가 낮은 사회적 지위를 파생시키고 계층고착화, 즉 가난의 대물림으로 인한 사회양극화를 심화시키기 때문임을 강조한다.

　　최근까지 교육격차를 확인하고 접근하는 데 있어 핵심은 학업성취 결과 분석을 위주로 접근해 왔다(김경근, 2005; 김민희, 2017). 학교교육 결과인 학생 학업성취

---

[1] 본 장은 "박주호·백종면(2019). 교육격차 실증연구의 체계적 분석. 한국교육문제연구, 37(1), 213－238."의 논문을 수정 및 요약해서 정리한 것이다.

에 영향을 미치는 요인의 경우 다양한 요인(예: 학생 개인변인, 가정변인, 학교변인, 교사변인, 교수-학습변인)으로 구분해서 그 효과가 분석되고 상당히 많은 결과가 축적되어 왔다(예: 학생 개인특성 관련: 변수용·김경근, 2008; 장희원·김경근, 2015; 김양분·김난옥, 2015, 부모 또는 가정배경 관련: 곽수란, 2006; 김경근, 2005; 김선숙·고미선, 2007; 김현진, 2007; 임현정, 2010, 부모자녀관계 또는 부모양육태도 관련: 류방란·송혜정, 2010; 조희원·박성연·지연경, 2011; 표경선·안도희, 2006, 학교 배경 또는 설립 유형 등 학교요인 관련: 김양분 외, 2010; 김희삼, 2012; 변수용·김경근, 2011, 교사요인 관련: 김경식·이현철, 2010; 김종백·김준엽, 2014). 이에 더하여 학업성취에 영향을 주는 요인의 효과에 대한 다수의 메타분석 연구가 수행되어 왔다(예: 구병두·김수옥, 2014; 오성삼·구병두, 1999; 엄정영·김영길·전옥례, 2015; 이희숙·정제영·선미숙, 2016). 하지만, 학업성취에 미친 영향 요인 연구들의 경우 단지 학업성취에 어떠한 요인이 어떻게 어느 정도 유의미한 영향을 미치는지를 확인하는 데 초점을 두었다. 말하자면 선행연구는 학업성취에 특정 투입 또는 통제 변인(예: 부모소득, 부모학력, 거주 지역 등)이 미친 효과를 기반으로 교육격차 발생 정도와 그 원인이 무엇인지를 부수적, 단편적으로 분석했다. 결과적으로 우리 사회의 핵심적 교육문제인 교육격차가 어떻게 또는 어느 정도 발생하고 있는지는 심층적으로 분석 확인한 사례는 드물었다는 사실이다.

교육격차를 접근한 일부 선행연구는 부모의 소득과 가정의 사회경제적 지위가 학업성취 또는 대학진학률에 있어 그 격차의 원인으로 작용하고 있음을 입증하고 있다(구인회·박현선·정익중, 2006; 김광혁, 2011; 김경근, 2005; 김영철, 2011). 또한 선행연구는 지역 간 교육격차 문제가 농촌지역 우수학생의 도시 이동을 가속화시키고 도시와 농촌 간에 교육양극화와 사회양극화를 초래하는 원인이 되고 있음을 강조해 왔다(김경근, 2005; 성기선 외, 2009; 이두휴, 2011). 아울러, 가정의 소득이나 부모의 사회경제적 지위가 학생의 학업성취 기반 교육격차만이 아니라, 정서적 발달 영역에 있어서도 부정적인 영향을 미치고 있음을 입증하고 있다(이혜영, 2004; 장혜자, 2000). 즉, 가정의 경제적 궁핍 상황은 부모의 심리적인 스트레스 증가와 부부관계의 문제를 야기하여서 종국에는 바람직하지 못한 양육태도와 학업에 대한 낮은 기대, 또는 자녀에 대한 지도 감독의 소홀을 야기해서 학생의 낮은 자존감, 우울, 학업성취 저하 같은 문제를 낳는다는 사실이다(김현주, 2011; Bradley & Whitesde‒Mansell, 1997). 이외에 2000년 중반 이후 새롭게 등장한 교육격차의 한 원인으로서 다문화 가정 배경이 논의되어 왔다. 실제 다문화 가정의 자녀 경우, 학령기 이후 또래 아이들보다 언어 발달 지체와 문화 부적응으로 인해 학교부적응과 기초학력 부진을 초래하는 등 교육격차 문제가 심각하게 제기되었다(김정원 외, 2008; 오성배, 2005).

최근까지 수행된 연구 결과를 종합적으로 보면, 교육격차가 다양한 원인(예: 가정의 소득 차이, 부모의 사회경제적 배경, 지역 차이, 다문화 가정 배경 등)에 의해서 야기되고, 그 격차가 단순히 학업성취도 측면에서뿐만 아니라 아동의 심리정서적 영역의 측면에서도 그 격차를 접근하고 있음을 알 수 있다. 그렇지만, 이들 선행연구들의 경우, 특정 학교급만을 대상으로 하거나, 특정 자료(예: PISA데이터, 한국교육종단연구 자료, 한국교육고용패널에 의한 수학능력시험 점수, 전국학업성취도 자료 등)만을 분석하였고, 그리고 종단분석보다는 횡단면적으로 접근하는 경우가 다수였다. 특히, 교육격차의 경우 유사하지만 다른 개념(학업성취도 차이, 교육 불평등, 학업성취도 격차 등)하에서 접근되기도 하고, 세부 전공영역(예: 교육사회학, 교육정책 및 경제, 교육심리, 사회복지 등)에 따라 상이한 논의의 초점을 보여 왔으며, 분석 모형이나 방법에 따라 그 격차 크기가 다른 경우도 있었다.

결과적으로 교육격차를 발생시키는 데 얼마나 다양한 요인(학생 개인적 특성, 가정배경 및 지역 차이, 학교 내 사회문화적 환경 차이, 학교운영 여건 및 교원의 질 차이 등)이 작용했는지, 개념적으로 교육격차가 다의적 의미를 내포(김민희, 2017)하고 있기 때문에 어떻게 포괄적으로 그 격차가 접근했는지를 살펴볼 필요가 있다. 구체적으로 교육격차의 원인은 무엇이었으며, 학교급별로는 어떻게 교육격차가 발생하였고, 무슨 자료를 토대로 교육격차가 분석되고, 그 격차를 입증하기 위해 사용한 분석모형이나 방법은 무엇이었으며, 실제 교육격차는 어느 정도 입증되었는지 등을 종합적으로 정리하고 분석하는 체계적인 문헌분석 연구가 필요하다. 이를 위해 다음에서는 교육격차의 개념적 의미와 범위, 교육격차를 발생시키는 원인에 관한 이론적 관점과 교육격차 유형, 교육격차 또는 그 의미를 내포한 개념적 핵심어(예: 학력격차, 학업성취도 격차)를 가지고 접근한 선행 연구들을 체계적 분석하였다. 이러한 체계적인 문헌분석 연구는 현재 우리 사회에서 심화되어 가고 있는 교육격차 이슈에 대한 교육학적 의미를 보다 심층적이고 종합적으로 정리하는 이론적 차원의 의미와 교육격차 완화를 위한 교육정책을 마련에 토대를 제공하는 실제적 시사점이 있다.

## 2  교육격차의 의미와 범위

교육격차에 대해서는 학자들마다 다소 상이한 관점을 나타내고 있다(박현정·길혜지, 2013). 용어상으로 볼 때도 교육격차는 학교환경의 차이, 지역 환경의 차이, 사교육을 받는 정도의 차이, 학부모 지원 차이, 학업성취 차이 등 교육과 관련된 여러 형태의 차이를 담고 있다(김양분 외, 2010). 실제 교육연구에서도 교육격차는 개념적으로 유사한 여러 용어를 통해서 접근되어 왔다. 예를 들어 교육격차는 표면적 어휘상으로 보면 상이한 학력격차(예: 이재경·김양분·신혜진, 2016; 임성태·강승호, 2003), 학업성취도 격차(예: 정충대, 2017), 학업성취 격차(예: 백병부·김정숙, 2014), 학력 차이(예: 김성숙 외, 2011) 등으로 접근되었다. 가장 최근에 김민희(2017)는 교육격차의 개념과 관련해서 그 격차를 해소할 수 있다는 입장의 경우 교육복지, 교육정의, 교육안전망이라는 용어와 유사하게 사용되었고, 그 격차를 감소 또는 제거해야 하는 입장에서는 교육양극화, 교육소외, 또는 교육불평등 개념과 혼용해서 사용해 왔다는 점을 지적한다. 교육격차와 유사 어휘들 간에 구체적인 의미 차이는 그 개념에 가치(value)가 내포되어 있느냐 여부에 따라 구분되기도 한다. 즉, 교육격차는 단순히 교육기회 및 결과의 차이에 초점을 둔 가치중립적이고 현상적 개념인 반면, 교육불평등은 교육기회와 결과에 있어 자원 배분 정도라는 가치와 이념적 의미가 내포되어 있다는 점에서 서로 차이가 있다(김민희, 2017; 김병성, 2003).

실제 사용된 어휘나 그 다의적 의미를 떠나서 교육격차는 사회경제적 양극화 심화와 교육을 통한 계층이동 가능성이 어려워진 최근 사회변화와 시대상황하에 교육 및 사회정책의 가장 핵심적 과제로서 다루어져 왔다는 사실이다. 이러한 시대맥락 차원에서 볼 때, 교육격차는 학력격차 또는 교육결과 격차로서 집단 간에 나타난 교육성과 불균형의 의미(김양분 외, 2010)를 특징적으로 함유하고 있다. 실증연구에서도 교육격차에 관한 논의가 주로 인지적 측면의 교육결과 격차인 학업성취 격차에 집중되어 왔다(김경근, 2005). 특히, 교육의 결과인 학업성취도 차원에서 집단 간 교육격차의 경우, 교육에서 개인의 능력이나 노력에 의한 격차를 의미하는 것이 아니라, 거주지(어디서 출생했느냐?), 가정배경(부모가 누구냐?) 또는 가구소득 등 귀속적 요인이 학업성취도에 작용해서 발생한 격차를 의미한다는 사실이다.

지금까지 교육격차를 인지적 측면에서 교육결과인 학업성취 격차나 학력 차이에 집중해온 것이 사실이었다. 하지만, 본 연구에서는 교육격차를 보다 심층적이고 포괄적 차원에서 교육이 수행되는 전 과정 차원에서 개념규정하고자 한다. 즉, 본 연구에서 교육격차는 학교교육에 접근하는 교육기회의 격차, 교육활동이 이루어지는 과정과 조건에서 격차, 그리고 교육을 통해 성취되는 그 결과에 있어 교육격차를 모두 포괄한다(김경근, 2005; 박현정·길혜지, 2013; 이혜영·강태중, 2004). 또한, 본 연구에서는 학교교육이 추구하는 목표나 결과는 인지적 차원에서 학업성취뿐만이 아니라, 정의적 측면에서 인성 및 정서발달 특성도 포함하기 때문에, 자기존중감, 학업탄력성, 교과에 대한 태도나 자신감, 학습몰입과 같은 비인지적 성취 부문도 교육격차에 포함하고자 한다(김성식, 2007).

## 3 / 교육격차를 접근하는 이론적 관점

### 가. 가정의 인적자본투자 이론

인적자본이란 인간에게 축적된 지식, 기술, 전문성 등을 의미한다(Schultz, 1961). 이러한 인적자본은 주로 학습경험에 의해 사후적으로 형성되며, 대표적인 인적자본투자의 형태는 학교교육에 대한 투자이다. 실제로 인적자본에 대한 투자 증대는 교육수준을 높이고, 그 결과 개인의 소득 및 경제성장의 원천을 이끈다. 많은 실증연구가 이러한 인적자본의 투자의 실효성을 입증하였다. 즉, 실증적으로 교육 연한(year of schooling)의 증가가 노동시장에서 개인의 임금에 미치는 효과를 확인해 주고 있다(박주호, 2014).

특히, 학령기 아동 및 청소년의 경우 미래 생산성 증대를 위한 교육투자, 즉 학업성취를 향상시키기 위해 인적자본을 투자한다. 학령기 아동의 인적자본투자는 주로 부모에 의해 이루어지고, 그 투자비용은 부모의 경제적 능력에 따라 달라진다(Becker & Tomes, 1986). 이런 맥락에서 볼 때, 인적자본투자 관점에 따르면, 가족이 경제적 어려움에 처하는 경우 부모는 아동의 교육이나 양육에 비용을 투자하기보다, 일상적인 생활비에 대한 상대적 가치를 더 크게 고려하여 아동에 대한 지원을 결여하거나 감소시키고, 그 결과 아동의 신체적, 정신적, 인지적 발달에 부정적인 영향을 가지고 온다는 사실이다(Eamon, 2002; Guo & Harris, 2000). 이는 가족의 재정상태가 어려운 경우, 부모는 생활비에 비해 자녀의 교육에 대한 투자를 상대적으로 덜 중시하게 되어, 자녀에 대한 낮은 인적자본투자를 야기하고 그 결과 자녀의 낮은 학업성취를 발생시킨다는 견해이다(Becker & Tomes, 1986). 실제 우리나라의 선행 연구도 가족소득이 아동의 교육성취에 미치는 영향이 저소득층과 빈곤층에서 보다 크고, 가정이 경제적으로 어려운 경우 그 자녀의 학업성취도가 상대적으로 더 낮다는 사실을 보고하였다(구인회·박현선·정익중, 2006; 김미숙·배화옥, 2007)

## 나. 가구소득에 의한 가족과정 이론

가구소득에 의해 야기되는 가족과정 모델의 경우, 인적자본투자 관점과는 대조적으로 가정의 심리적 과정을 통해서 아동 발달에 부정적인 결과를 초래한다는 견해를 설명한다(Conger, Conger, & Elder, 1997). 즉, 가정의 경제적 빈곤이나 낮은 소득의 상황은 해당 부모의 정서적 복지 상태나 자녀와의 상호작용 관계와 같은 비 금전적 능력을 떨어뜨리고, 그 결과 자녀의 인지적 또는 정서적 발달에 부정적 영향을 초래한다는 논리이다(Yeung, Linver, & Brooks–Gunn, 2002). 특히, Yeung과 그의 동료들(2002)은 소득에 의한 가족과정 모델이론을 가족스트레스 관점으로 지칭하고 설명한다. 그들에 따르면, 가정의 빈곤 상황은 부모의 경제적 스트레스를 증가시켜서, 부모의 심리적 상태나 상호관계 등 부모의 생활만족도에 부정적 영향을 미치고, 이 결과 부모의 자녀관계나 양육태도에 부정적인 영향을 가져오고, 종국에는 그 자녀의 심리정서발달이나 학업성취에 부적인 결과를 가져온다는 견해이다.

## 다. 사회적/문화적 자본 이론

사회자본 개념은 다양한 수준에서 제도화된 지속적 관계망 속에서 상호인식을 통해 얻을 수 있는 잠재적 자원의 총합(Bourdieu, 1986), 사회구조 내에서 개인이나 집단이 특정한 행위를 하도록 유도 및 촉진하는 특징(Coleman, 1988), 또는 협력적 행위를 촉진시켜 사회적 효율성을 향상시킬 수 있는 신뢰 및 연결망 등의 사회조직의 속성(Putnam, Leonard, & Nanetti, 2000)을 포함하고 있다. 중요한 것은 사회적 자본이 경제적 자본을 획득하는 수단으로 작용하고 있다는 점이다(백병부·김정숙, 2014).

사회적 자본 개념을 학교조직에 적용하는 경우, 학교 구성원들의 관계망 및 규범을 통해 전달되는 기대와 관심과 같은 무형의 자원으로 정의된다(이재훈·김경근, 2007). 특히, 학교 내 사회적 자본 효과를 학생발달에 영향을 미치는 효과로 보고, 학교 구성원들의 관계, 학교의 규범적 구조, 공동체적 학교 구조, 가정 및 지역사회와 연계라는 측면으로 구분해서 그 효과를 탐색하는 경우도 있다(Lee & Croninger, 1996). 특히, 경제적 자본이나 인적자본과 별개로 사회적 자본이 학생의 학업성취도에 영향을 주고 있다는 연구 결과들이 발표되면서, 사회적 자본의 차이가 교육격차를 설명하는 관점으로 이해되고 있다(전현곤, 2011). 실제로 이인자·한세희·이희선(2011)은 학생 가정의 사회적 자본, 즉 아동에 대한 신뢰, 기대 또는 관심 등이 학업성취에 영향을 보다 더 크게 준다는 것을 확인하였다. 이와 비슷하게, 안우환(2009)의 경우도, 부모와 자녀 간의 관계가 더욱 친밀하고 신뢰성을 가질 때, 그 자녀에 대한 교육에 대한 포부수준에 정적인 영향을 가져온다는 사실을 입증하였다. 결과적으로 가정의 사회자본, 즉 가족 간의 높은 수준의 기대와 신뢰, 부모의 자녀교육에 관심과 관여가 학생의 교육적 성취에 높은 영향을 미치며, 이러한 사회자본은 경제적 자본과 별개로 학생의 교육적 성취에 영향을 준다는 사실이다(박주호, 2014).

사회적 자본 이외에 축적된 문화자본의 차이에 의해서도 교육격차가 발생한다는 관점이 제시되고 있다(안병영·김인희, 2009). 구체적으로 개인의 체화된 문화자본, 즉 개인의 성향, 자질, 사고 및 행동방식과 같은 문화자본은 개인이 오랜 시간 동안 경험과 학습을 통해서 습득하기 때문에, 학교교육 기간 등 개인이 성장과정에서 어떤 문화적 경험을 갖는가에 따라 소유하는 자본의 양과 질에서 차이가 난다는 점이다. 즉, 문화자본 이론은 인간이 어떤 문화자본을 얼마나 소유하느냐가 학교에서의 학업성취에 영향을 가져온다는 관점이다. 이러한 관점에서 안병영·김인희(2009)는 언어에 대한 독해능력, 사람과 의사소통 능력 등이 학교생활을 성공적으로 영위하는 결정 요인으로 작용한다는 사실을 지적한다. 이는 학교에서 학생들의 성공은 그들이 학령기전에 문화자본을 얼마나 많이 습득 했느냐에 달려 있음을 시사한다. 구체적으로 저소득층 부모의 경우 상대적으로 자녀들에게 투자할 경제적 여유, 시간, 지식 및 자원 등에 있어 불리한 처지에 놓이기 때문에, 그 자녀들은 문화자본을 습득할 총체적 여건과 환경이 좋지 못하다. 이에 따라, 저소득층 자녀들은 낮은 문화자본을 보유하게 되고 학교에서도 불리한 조건하에 학업을 수행하고, 그 결과 학업부진 및 학교교육에 실패를 경험할 가능성이 높다는 사실이다. 결과적으로 학령기 전 문화자본의 결핍은 추후 학교교육 과정에서 인지적·정의적 발달을 저해하여 학교교육에서 성공이나 교육격차를 야기하는 원인으로 작용하다는 사실이다(김인희, 2004).

## 라. 학교특성 요인 이론

전통적으로 교육격차 또는 학업성취 격차의 원인 탐색 연구에서 핵심 쟁점은 그 격차가 학생의 사회경제적 배경에 의해 야기되는가, 아니면 학교특성 요인에 의해 발생하는가에 대한 논쟁이었다(김경근, 2005; 이혜영·강태중, 2004). 하지만 Coleman(1966) 리포트가 보고했듯이, 학생 학업성취에 가장 큰 영향을 미친 요인은 학생의 가정배경이고, 학교조직 풍토 및 환경이나 교사의 질과 같은 학교 내 특성 요인에 의한 효과는 거의 미미하다는 것이 일반적인 사실이었다. 그럼에도 불구하고, 학업성취 또는 교육격차에 다양한 학교특성 요인이 미친 효과 역시 지속적으로 입증되어 왔다. 김양분 외(2010)는 학생 및 학교 배경요인을 통제하고도 학교의 과정적인 노력 정도가 학생의 성취도에 유의한 영향을 미친다는 사실을 확인하였다. 성기선(2011) 역시 고등학교를 대상으로 도농 간 학생성취도 격차에 학생 및 학교수준의 교육활동 과정변인(예: 학생들의 심리적 변인, 학교 수업분위기, 학교의 학습풍토, 교사의 열의 등)이 유의한 영향을 미친다는 사실을 보고하였다. 박성호(2012)의 경우, 3수준 다층모형을 통해서 도농 간 중학교 학생의 학력격차 분석 결과, 학년이 올라갈수록 학력격차가 감소했는데 그 감소에 있어, 도시지역보다 농촌지역에서 높은 학교풍토(예: 교사의 학업 강조 정도와 학생의 수업태도 등의 학업고취 학교풍토, 학생의 교사에 대한 신뢰, 학부모의 교육만족도 등에 의한 공동체적 학교풍토)가 영향을 미쳤다는 것을 확인하였다. 결과적으로 교육격차 발생에 있어서 어느 정도 학교 배경적 요인 이외에 교사특성(예: 교수능력, 교육관, 교육에 열정, 교육적 기대 등)이나 교장특성(예: 리더십 유형, 학교행정 능력, 교사와 학생관계 등), 학교의 조직풍토 등과 같은 학교특성 요인이 그 원인으로 작용한다고 볼 수 있다.

## 4 교육격차의 체계적 문헌분석 결과

구체적으로 교육격차의 실증연구의 체계적 분석결과를 통해서 4가지 차원, 즉 첫째 교육격차는 개념적으로 어떤 차이를 분석했는가와, 둘째 교육격차를 발생시킨 원인, 그 격차를 입증하기 위한 비교집단, 그리고 격차를 입증한 시기(학교급)는 언제였는지, 셋째 교육격차는 어느 정도 발생되었는지, 그리고 마지막으로 교육격차는 어떠한 분석 자료와 방법을 사용하였는지를 정리하였다.

### 가. 교육격차의 측정 영역

2000년 이후 2018년까지 우리나라 전문학술지가 실증적으로 분석하고 논의한 교육격차는 인지적 영역의 학업성취도와 심리정서 영역의 변인으로 크게 구분해 볼 수 있었다(<표 1>). 인지적 영역에 있어서 학업성취는 주로 국어(읽기), 영어, 수학 등의 교과에서 개별 교과목 또는 2개-5개의 교과 성적으로 측정되었다. 이 가운데 국어, 영어, 수학의 3과목 성적을 모두 측정해서 교육격차를 논의한 경우가 17사례로서 가장 많았다. 이외에 학교의 중간/기말/모의시험의 석차(5개 사례)나 우수/보통/기초학력미달의 비율(2개 사례)을 가지고 교육격차를 접근하는 경우도 눈에 띄었다.

심리정서적 영역에서 교육격차 측정의 경우, 전체 분석대상 논문 54편 가운데 9개 사례(16.7%)에 불과했다. 세부적으로 그 격차 분석 변인을 살펴보면, 자아존중감, 자아탄력성, 자기효능감, 우울 및 불안 정도의 정신건강, 학교적응, 수업태도, 주의집중이나 사회적 위축과 같은 사회정서발달, 성실성, 자존감, 직업포부(열망) 등을 포함하고 있었다.

**표 1** 실증연구에 나타난 교육격차 측정 영역 및 사례 수

| 학업성취 영역 | | | | | | | | | 심리정서 영역 |
|---|---|---|---|---|---|---|---|---|---|
| 국어 | 영어 | 수학 | 영어<br>수학 | 국어<br>영어<br>수학 | 국어<br>수학<br>과학 | 국어<br>수학<br>영어<br>사회<br>과학 | 중간/<br>기말/<br>모의<br>시험<br>석차 | 교과별 우수/<br>보통/기초학<br>력미달 비율 | 자아존중감, 자아탄력성, 자기효능감, 정신건강, 학교적응, 수업태도, 사회정서발달, 성실성, 성취동기, 직업포부 등 |
| 2 | 3 | 9 | 6 | 17 | 1 | 2 | 5 | 2 | 9 |

## 나. 교육격차의 원인, 비교집단 및 학교급

문헌에 나타난 교육격차의 원인 및 비교 준거는 학생의 사교육 참여 정도, 가정배경 변인의 차이, 학교변인의 차이, 거주지 차이 등이었다. 가정배경의 경우 부모의 학력이나 직업, 소득에 따른 가정의 SES 차이, 부모의 자녀에 대한

교육적 기대 및 관심 정도, 다문화 가정 여부, 편부모 여부 등이 비교집단의 준거로 제시되었다. 학교특성의 차이로는 학교수준의 SES 차이, 학교의 교육풍토 및 여건 차이, 설립유형, 목적유형, 학교규모 등이 교육격차 원인으로 확인되었다. 거주지 차이는 도시와 농촌지역 또는 지역규모에 따른 대도시·중소도시·읍면지역과 함께 지역수준의 사회자본 차이 등이 제시되었다. 이와 같은 교육격차의 원인과 비교집단 준거 가운데 가정의 SES 차이를 교육격차의 원인으로 다룬 사례는 31개, 도시와 농촌 등 거주지역의 차이를 그 원인으로 다룬 경우는 19개 사례로 나타났다.

한편, 교육격차 실증 대상인 학교급에 있어서 중학교를 대상으로 한 경우가 34개, 고등학교 대상은 33개로 가장 많았으며, 초등학교 대상의 경우 18개, 중학교 및 고등학교 모두를 대상한 경우가 18개, 초중고 전체를 다룬 경우는 16개로 나타났다. 초등학교 및 중학교를 대상으로 한 경우는 2개 사례에 그치고 있다.

## 다. 교육격차 정도를 분석한 실증 결과

교육격차의 각 원인별 구체적인 실증 결과는 <표 2>와 같이 나타났다. 사교육 참여정도, 부모의 학력·직업·소득의 차이, 부모의 교육적 기대 및 지원, 편부모 및 다문화 가정 여부, 학교의 교육적 풍토 및 여건의 차이, 학교의 SES 차이, 학교 설립유형 및 목적유형의 차이, 학교규모의 차이, 도시와 농촌 등 거주지 차이, 거주지역의 사회자본의 차이 등이 학업성취와 관련한 교육격차를 초래하고 있는 것으로 나타났다. 이외에도 지역 간 교육재정 배분의 형평성 정도도 영향을 미치고 있다.

한편, 가정의 사회경제적 지위 차이, 부모의 교육적 기대나 관심 및 가정의 사회적 자본 수준, 부모의 존재 여부, 다문화 가정 여부 등의 변인은 학업성취뿐만 아니라 자아존중감 등의 비인지적 영역에 있어서도 영향을 미치고 있는 것으로 나타났다.

표 2   교육격차 원인별 발생 정도

| 격차<br>원인 | 비교 준거 | 교육격차 실증 결과 |
|---|---|---|
| 사교육<br>참여<br>차이 | 사교육<br>참여정도<br>차이 | – 사교육 참여가 학업성취에 정적 효과, 즉 교육격차 유발(박현정 외, 2013; 박인용 외, 2015; 성기선, 2010; 임다희·권기헌, 2013; 임의진 외, 2018) |
| 가정의<br>SES<br>차이 | 부/모의<br>학력/직업/<br>소득 차이 | – 전반적으로 가정의 사회경제적 배경은 학업성취도에 유의한 영향, 즉 교육격차를 유발(김경근, 2005; 김경근·연보라·장희원, 2014; 김주경·신태섭, 2015; 박명수, 2014; 박찬선·주경식, 2011; 박현정 외, 2013; 백병부·김정숙, 2014; 신혜숙·민병철, 2017; 유백산·김경근, 2013; 이유정·오성배, 2016; 이재경·김양분·신혜진, 2016; 이중섭·이용교, 2009; 임다희·권기헌, 2013; 최희숙·전정수, 2011)<br>– 2000년-2009년 사이에 부모의 사회경제적 지위의 영향력 정도가 더 커지고 계층 간 학력격차가 크게 나타났는데, 그 차이는 상위계층의 성적이 더 크게 향상에서 비롯됨(김위정, 2012), 중학생들의 학업성취도에 대한 부의 학력과 부의 직업효과가 지난 20년 동안 1.7-3.5배 증가(성기선, 2010), 특히 가정의 사회경제적 지위에 따라 부모-자녀 관계의 양상이 차이가 나고 종국에 자녀의 학업성취에 격차를 유발(김은정, 2007)<br>– 또한, 가정배경은 학생의 비인지적 능력에 부적인 직접효과를 유발(이자형, 2011), 구체적으로 취약한 가정배경은 부모자녀관계 질을 떨어뜨리고, 그 결과 낮은 성장신념 및 낮은 교과 효능감을 가지게 하여 수업태도에 부정정적인 영향(임혜정, 2016) 미치고, 가구소득과 부모학력이 학생의 직업포부 차이를 유발(신수영·김경근, 2012), 특히 저소득층은 시간이 지남(초4~중1)에 따라 자기효능감과 정신건강 정도에 있어 발달 추세가 점차 하락(이나리·구남옥, 2017) |
| 부모의<br>기대와<br>지원<br>차이 | 부모의<br>교육적<br>기대 및<br>지원 차이 | – 부모의 자녀교육기대 수준, 교육적 관여, 교육정책에 대한 관심 등은 학업성취에 영향을 미치는 것으로 나타남(김경근, 2005; 김경근·연보라·장희원, 2014; 신혜숙·민병철, 2017; 유백산·김경근, 2013; 이유정·오성배, 2016; 임다희·권기헌, 2013; 정제영·정예화, 2015; 최희숙· |

| | | |
|---|---|---|
| | | 전정수, 2011)<br>– 한편, 부모의 학교활동참가는 자녀의 국, 영, 수 학업성취를 어느 정도 향상시키지만 일정 수준 이상을 넘어서면 오히려 역효과가 있음(변수용·김경근, 2008)<br>– 가정 내 사회적 자본이 학생의 비인지적 능력 발달 차이에 결정적인 영향을 유발(이자형, 2011) |
| | 부모의<br>존재<br>(편부모,<br>양부모) 여부 | – 학업성취도에 대해 한부모 가정 여부가 유의미한 영향을 미침(신혜숙·민병철, 2017; 이유정·오성배, 2016)<br>– 편부모 저소득층 학생이 신체 및 외모에 있어 더 낮은 자아 존중감을 가짐(강영자, 2004) |
| 다문화<br>가정 | 다문화<br>가정 및<br>일반 가정 | – 다문화 학생들의 경우도 가정과 부모변인에 따라 학업성취도에 차이가 발생(남부현·김연이, 2011)<br>– 특히, 다문화 가정 학생이 일반가정 학생에 비해 주의집중 및 사회적 위축, 즉 정서발달 정도에서 학년이 증가할수록 지속적 감소 추세(격차 발생)(신재현, 2017). 또한, 저학년(초1~3학년)의 경우 자아존중감 및 학교 자아존중감에서 다문화가정 아동의 자아존중감이 낮음(이윤정 외, 2012) |
| 학교<br>특성 | 학교<br>SES의<br>차이 | – 학교의 평균 SES가 학업성취도 차이 유발(김경근·연보라·장희원, 2014; 김성식, 2010; 백병부·김정숙, 2014) |
| | 학교의<br>교육적<br>풍토 및<br>여건 차이 | – 2000년에서 2009년 사이 계층 간 학력격차에 분권화 또는 학교운영 자율성 증가가 영향을 미친 것으로 나타남(김위정, 2012)<br>– 학생풍토/학부모 관심이 학교 간 학업성취에 차이를 발생시킴(김성숙 외, 2011; 박인용 외, 2015)<br>– 학업성취를 강조하는 학교일수록 학업성취 수준이 높음(김성식, 2007), 또한 교사의 학생성취 기대도 학업성취 차이에 영향을 미침(김경근·연보라·장희원, 2014; 김성식, 2010). 특히, 교사–학생 관계는 가정의 사회경제적 배경이 학업성취에 미치는 영향력을 감소(백병부·김정숙, 2014)<br>– 전반적으로 학교환경(교육여건)이 교육격차에 유의미한 영향을 미침(임다희·권기헌, 2013), 다만 전반적으로 볼 때 그 영향력은 크지 않음(시기자·이용상·김인숙, 2013) |
| | 설립유형, | – 고등학교의 경우 설립유형 또는 목적유형(특목고, 자사고)에 따라 초기 |

| | | |
|---|---|---|
| | 목적유형,<br>학교규모<br>차이 | 학업성취도와 변화율에 차이가 있음(김경근·연보라·장희원, 2014;<br>박인용 외, 2015; 박현정·길혜지, 2013; 이재경·김양분·신혜진,<br>2016; 임의진 외, 2018)<br>- 이외에 국공립과 사립, 신설학교와 기존학교, 학교규모에 따른 학교 간<br>에 교육격차 존재(허은정·신철균·정지선, 2012) |
| 거주<br>지역<br>차이 | 도시와<br>농촌지역<br>(서울/광역<br>시/중소도<br>시/읍면) | - 학생들의 평균 학업성취의 경우 도시지역에 비해 농어촌(읍면)지역이 낮<br>음(강태중, 2007; 김경근, 2005; 김성숙 외, 2011; 도종수, 2005;<br>박인용 외, 2015; 이순주, 2012; 이유정·오성배, 2016). 또한, 서울<br>과 광역시 지역이 여타 지역에 비해 저성취 학교 비율이 낮음(허은정·<br>신철균·정지선, 2012)<br>- 지역 간 학력격차는 시간변화에 따라 감소하며, 도농 간에 초기 학력격<br>차의 원인으로 학생 SES가 작용(박성호, 2012; 성기선, 2011; 최필선·<br>민인식, 2010). 특히, 도시에서는 성적우수자의 비중이 늘어나는 데 비<br>해, 농촌에서는 기준미달자의 비중이 늘어나고 있음(이두휴, 2011)<br>- 전반적으로 초·중학교는 부모학력/소득의 성적차이 효과는 있으나 지<br>역단위 성적차이 효과는 없으며, 학교급이 올라갈수록 도농 간에 학업<br>성취에 차이 증가, 특히 고등학교 경우 지역 간(도농 간) 학업성취 차이<br>는 우수학생이 도시로 이동 결과에서 비롯됨(강태중, 2007; 성기선,<br>2011; 오성배, 2004)<br>- 도·농 간의 교육격차는 도·농이라는 단순 거주지 차이에서 발생하는<br>격차이기보다는 상당부분 개인의 가정배경(부모의 교육기대, 사교육투자<br>여부)에서 기인하고 있음(정철영·정진화·오창환, 2011). 즉 읍면지역<br>거주의 학업성취에 부적 영향력은 가정의 사회경제적 지위 및 가정 내<br>사회적 자본 하위 변인을 동시에 투입하는 경우 그 유의미성은 사라짐<br>(이유정·오성배, 2016) |
| | 사회자본<br>차이 | - 학업성취 차이에 지역 사회자본 및 가족 사회자본이 영향을 미침(김장<br>민·김신열, 2010) |
| 기타 | 교육재정<br>배분의<br>형평성<br>차이 | - 서울시 자치구별 학교 간 학업성취도 격차의 경우 부유한 지역에서 더<br>높게 나타남(우명숙, 2013). 또한 학교 간 교육비 배분이 불평등하면<br>할수록 교육지원청 기준으로 보통학력이상 학생비율이 더 낮음. 또한<br>학교 간 교육비 배분이 불공평하게 이루어질 경우도 학교 간 학업성취<br>격차가 확대되는 경향(정동욱 외, 2011) |

## 라. 교육격차 분석자료 및 분석방법

교육격차 검증을 위해서 활용된 자료의 경우 교육종단연구 자료를 이용한 논문이 18편으로 가장 많았으며, 지역단위 표준화 시험 성적 활용 논문 9편, 한국아동청소년패널조사 자료 활용 논문 6편, 국가수준학업성취도 평가 점수 활용 논문 5편 등의 순서로 나타났다(<표 3>).

표 3 교육격차 검증을 위한 활용자료

| 구분 | 논문 편수 | 비고 |
|---|---|---|
| 교육종단연구 자료 | 18 | 서울교육종단연구 4편, 경기교육종단연구 4편, 한국교육종단연구 7편 포함 |
| 한국교육고용패널 데이터 | 3 | |
| 한국아동청소년패널조사 자료 | 6 | |
| PISA 데이터 | 3 | |
| 설문지조사 자료 | 4 | 주로 정의적 영역의 교육격차 원인 연구 |
| 학교정보공시자료 | 1 | |
| 국가수준학업성취도평가 점수 | 5 | |
| 대학수학능력시험점수 | 2 | |
| 고교입학연합고사 성적 | 1 | |
| 중졸검정고시성적 | 1 | |
| 지역단위 표준화 시험 성적 | 9 | 도 단위 또는 지역 단위 시험 |
| 학교단위 시험성적 | 1 | |

교육격차 검증을 확인한 자료 분석방법의 경우, t-검정이나 F-검정 등 집단 간의 평균차이 분석 사례가 19개로 가장 많았으며, 다음으로 회귀분석에 의

해 접근한 경우 18개, 위계적 선형회귀모형 분석(HLM) 16개, 구조방정식 모형 분석 9개 순이었다. 이외에도 Oaxaca-Blinder 분석방법을 적용한 사례도 2개 가 있었다.

## 5 논의 및 제언

2000년부터 2018년까지 교육격차를 실증분석 논문 전체 54편(83.3%)이 학업성취 측면에서 그 격차를 입증한 연구이었다는 사실이다. 이는 우리나라 교육실제에서 교육격차, 특히 학교교육 성취 결과로서 학업성취 격차를 분석하고 입증해 온 것이 절대다수임을 확인해 주고 있다. 보다 구체적으로 본 연구는 교육에서 학생들의 학업성취 격차를 발생시키는 결정적 원인이 가정의 사회경제적 배경(부모의 소득, 부모의 학력)임을 보여 주고 있다. 이러한 사실은 우리 사회에서 학교교육 결과로서 학업성취가 학생의 능력이 아니라, 부모의 사회경제적 지위에 의해 좌우되는 맥락이 보다 뚜렷해졌다는 것을 시사한다(예: 구인회·박현선·정익중, 2006; 김광혁, 2011; 김경근, 2005; 김영철, 2011; 박주호, 2014). 아울러, 우리나라 학교교육 관계자가 보다 심각하게 받아들여야 할 사항은 가정의 사회경제적 배경차이가 학업성취에서 격차 이외에 심리정서적 발달(예: 자아존중감, 자아탄력성 등) 측면에서도 그 격차를 야기하고 있다는 점이다.

특히, 인지적 영역(학업성취)의 교육격차에 가정의 사회경제적 배경, 사교육 참여 정도, 부모의 교육적 기대 및 지원 차이가 결정적 원인으로 작용하고 있고, 그뿐만 아니라 심리정서적 영역의 발달격차에서도 가정의 사회경제적 배경과 부모의 교육적 기대 및 지원 차이가 결정적 요인으로 작용하고 있다. 이러한 사실은 가정의 인적자본투자 이론과 가구소득에 의한 가족과정 모델 관점이 그 과정을 잘 설명하고 있다. 구체적으로 우리나라에서 교육격차는 가정에서 인적자본 투자 관점에 따라, 가족이 재정적으로 어려운 경우, 자녀 교육에 대한 지원이 결여되거나 감소되고, 그 결과 아동의 정신적, 인지적 발달에 부정적인 영향을 초래(Becker & Tomes, 1986; Eamon, 2002; Guo & Harris, 2000)하고 있음을 보여 주고 있다. 또한, 가정의 사회경제적 배경이 교육격차 유발 원인으로 작용함은 가구소득에 의한 가족과정 모델 관점에 의해서도 잘 이해된다. 즉, 가정의 낮은 소득의 상황은 해당 부모와 자녀와의 상호작용 관계 능력을 떨어뜨리고, 그 결과 자녀의 인지적 또는 정서적 발달에 부정적 영향을 초래한다는 사실이다(Conger et al., 1997; Yeung et al., 2002).

우리나라에서 교육격차와 관련한 또 하나의 핵심 이슈는 어느 지역에 학생이 거주하느냐가 학업성적에 차이를 가져오느냐에 대한 것이었다. 전체 54편 실증연구 중 26편(48.1%)이 교육격차의 원인을 지역거주 차이로 분석하고 논의하였다. 특히, 대부분의 연구들은 도농 간의 교육격차를 입증하는 데 관심을 가졌었다. 한편, 도농 간의 교육격차 입증 연구의 경우, 부모 소득이나 가정배경 변인 또는 학교특성 요인을 통제하는 경우 그 격차가 사라지는 결과(성기선, 2011; 정철영·정진화·오창환, 2011)가 나타나거나, 초중학교 때에는 도농 간 격차가 미약하고 없었으나 고등학교로 올라가는 경우 그 격차가 심화되는 현상도 발생(강태중, 2007; 성기선, 2011; 오성배, 2004)하고 있음을 확인해 주고 있다. 이러한 결과는 교육격차의 원인이 단순히 학생이 도시에 거주하느냐, 아니면 교육여건이 상대적으로 취약한 농산어촌에 거주하느냐의 문제가 아니라는 점을 의미한다. 이와 관련하여 오성배(2004)와 이두휴(2011)는 농어촌 거주 우수학생이 학교급이 올라감에 따라 도시로 이동함으로 인해서 나타난 차별효과임을 주장한다. 아무튼 분명한 사실은 학교급이 올라갈수록 도농 간에 교육격차가 존재하고 있다는 점이다. 도농 간 교육격차를 만든 근본적인 원인은 어느 정도 도농 간의 교육여건이나 물리적 학교환경 차이도 있지만, 상대적으로 우수한 학생을 도시지역으로 몰리게 만드는 현행 우리나라 학교유형 제도에 그 원인이 있다고도 볼 수 있다. 즉 과학고, 외국어고 등 우수학생이 입학하기를 원하는 학교가 거의 대부분 군지역이나 읍면단위보다는 도시지역에 소재하고 있음이 이를 간접적으로 입증하고 있다. 결과적으로 농산어촌 소재 초중학교 출신 학생이 외국어고 및 과학고로 진학하거나 도시의 우수고교로 진학하게 되어, 도농 간의 교육격차가 심화되고 있음을 의미한다. 따라서 본 연구결과는 향후 우리나라 초·중등학교 유형 제도화의 경우 도농 간을 획일적으로 고려할 것이 아니라, 지역균형 발전을 추구하고 이촌향도로 인해 나타나는 문제를 최소화하기 위해 농산어촌은 도시지역과 달리 우선 선발 배려나 특별 교육재정 지원이 보다 적극적으로 가능하도록 하는 학교유형 제도화가 필요하다는 점을 제언한다.

전통적으로 학교교육 효과연구(예: Coleman, 1966)가 지적했듯이 교육격차, 특히 학업성취 차이에 있어 학생의 사회경제적 배경이 결정적 영향 요인으로 작용한 반면에, 전반적으로 학교 여건이나 운영특성이 미치는 영향력은 미미하다는 점이다(시기자·이용상·김인숙, 2013). 하지만 본 연구결과를 통해 확인된 주목할 점 중 하나는 학교의 교육풍토나 학교 내 사회적 자본(예: 교사-학생 관계) 차이가 가정의 사회경제적 배경에 의한 교육격차를 감소하는 데 어느 정도 기여한다는 사실이다(박성호, 2012; 백병부·김정숙, 2014). 이는 우리나라 학교교육에서 학교가 학생의 교육격차를 해소하는 데 처방적 기능을 할 수 있다는 사실을 반증해주고 있다. 향후 우리의 학교행정가나 교사들이 교육 형평성 기반의 적절한 교육철학을 견지하고 교육여건이 취약한 학생에게 보다 배려 깊은 교육적 기대와 관계성을 견고히 할 때, 작금에 심화되고 있는 교육격차 문제는 다소 완화될 수 있다는 사실을 견지할 필요가 있다.

우리 사회는 그간 급속한 경제발전 과정에서 파생된 소득격차가 교육격차를 야기하고, 이러한 교육격차는 궁극적으로 교육여건이 취약한 아동이나 학생의 사회계층 이동을 가로막아 사회양극화를 초래하고 있음을 보여주고 있다. 이러한 결과가 의미하는 바는 우리 사회의 경우 '공정성 기반의 교육 형평성'2(OECD, 2016) 약화가 심각한 사회문제로서, 향후 교육정책에 의해 해소할 핵심적 과제임을 제시해 주고 있다. 무엇보다도, 이는 우리나라 교육정책 관계자 및 교육자들이 공정성 기반의 교육 형평성 제고를 위해 가정의 사회경제적 배경으로 인한 교육여건이 취약한 학생들에게 보다 특별한 교육지원 서비스 제공에 보다 우선적 관심을 가져야 함을 시사한다. 이에 따라 본 연구결과에 의한 실제적 시사점 중 하나는 우리의 학교행정가나 교사들이 사회경제적으로 취약한 학생에 대한 우선적 배려가 아니라, 교육에서 수월성 제고를 위해 학업성취 우수학생에 대해 우선적 관심을 쏟아 오지는 아니했는가를 스스로 성찰해 보기를 제언한다. 교육정책 관점에서 향후 정부는 가정의 사회경제적지위(SES) 차이로 인해 파생되는 교육격차의 해소를 위해 저소득층, 다문화 학생 등 교육성취의 취약 계층에 개별적인 맞춤형 교육복지 서비스 제공을 위해 보다 적극적으로 대책을 개발할 당위성을 가진다. 이에 더하여 교육격차 문제를 정부가 보다 적극적이고 지속적으로 관리 및 해소하기 위한 일환으로서 전국단위 교육격차 측정자료 구축에 더 많은 재정투자와 실증연구 지원에 관심을 기울일 필요가 있다.

---

2 OECD는 교육에서 형평성(equity)을 공정성 기반의 형평성(equity as fairness)과 포괄성 기반의 형평성(equity as inclusion)을 구분해서 정의하고 있다. 공정성 기반의 교육 형평성이란 성, 인종, 또는 가정배경 같은 개인적 또는 사회경제적 여건이 학교교육에서 성공의 장애로 작용하지 않는 것을 의미한다. 반면에 포괄성 기반의 교육 형평성이란 모든 학생들이 적어도 최소한 기초적 수준의 기능에 도달함을 시사한다. 이에 따라 공정성으로 교육 형평성이 높다는 것은 학교교육 성과인 학업성취 결과에 가정의 사회경제적 배경의 영향이 적게 나타나고 있는 정도를 의미한다.

참고문헌

■ 강영자(2004). 저소득층 초등학교 학생의 자아존중감 및 우울에 관한 연구. 대전 대학교 기초과학연구소 논문집 자연과학, 15(1), 15 − 26.

■ 강태중(2007). 학업성취도의 지역 차이 분석: 인구 이동의 영향을 고려한 시도. 한국 청소년 연구, 18(2), 315 − 344.

■ 곽수란(2006). 인문계 학생의 학업성취 결정요인. 교육사회학연구, 16(2), 1 − 29.

■ 권희경 · 신태섭 · 이현주(2013). 인지적 활동 유형에 따른 학업성취도 차이. 아시아교육연구, 14(4), 23 − 48.

■ 구병두 · 김수옥(2014). 학업성취에 교사 관련 변인이 미치는 영향에 대한 메타분석. 농업교육과 인적자원개발, 46(4), 33 − 59.

■ 구인회 · 박현선 · 정익중(2006). 빈곤이 아동의 학업성취에 미치는 영향. 아동권리연구, 10(3), 269 − 295.

■ 김광혁(2011). 빈곤이 청소년의 성적에 영향을 미치는 과정: 전주시 교육복지사업 참여 중학교의 학생을 중심으로. 사회과학논총, 26(2), 77 − 92.

■ 김경근(2005). 한국사회 교육격차의 실태 및 결정요인. 교육사회학연구, 15(3), 1 − 27.

■ 김경근 · 연보라 · 장희원(2014). 서울시 중고등학생의 학업성취 영향요인 및 그 함의. 교육사회학연구, 24(4), 1 − 29.

■ 김경식 · 이현철(2010). 사회적 자본으로서의 부모, 교사, 교우관계와 학업성취간의 종단적 관계 분석. 중등교육연구, 58(1), 203 − 225.

■ 김미숙 · 배화옥(2007). 한국 아동빈곤율 수준과 아동빈곤에 영향을 미치는 요인 연구. 보건사회연구, 27(1), 3 − 26.

■ 김민희(2017). 교육격차 개선 방안: 연구동향 분석을 중심으로. 예술인문사회융합멀티

미디어논문지, 7(11), 377－385.

■ 김병성(2003). 우등생과 열등생 차이, 그 오래된 의문점: 교육격차의 의미·배경·인과론. 교육개발, 30(3), 20－25.

■ 김선숙·고미선(2007). 청소년의 학업성취 변화에 영향을 주는 요인: 잠재성성장모형을 적하여. 한국청소년연구, 18(3), 5－29.

■ 김성숙·송미영·김준엽·이현숙(2011). 국가수준 학업성취도 평가의 지역간 학력 차이에 따른 초·중·고 학교특성 분석. 교육평가연구, 24(1), 51－72.

■ 김성식(2007). 중학교 학생의 학업성취에 대한 학교 풍토 변수의 영향 분석. 한국교육, 34(2), 27－49.

■ 김성식(2010). 초등학생의 학업 성취에 대한 학교 효과 분석: 평균 향상과 격차 완화의 두 측면에서. 서울교육대학교 한국초등교육, 21(2), 45－60.

■ 김양분·김난옥(2015). 학업성취에 영향을 미치는 학생 및 학교변인 탐색. 교육학연구, 53(3), 31－60.

■ 김양분·이재경·임현정·신혜숙(2010). 학력격차 변화 추이 및 해소 방안 연구. 서울: 한국교육개발원.

■ 김영철(2011). 고등교육 진학단계에서의 기회형평성 제고 방안. 서울: 한국교육개발원.

■ 김위정(2012). 계층간 학력 격차의 변화: 학교정책의 영향을 중심으로. 교육사회학연구, 22(3), 49－76.

■ 김은정(2007). 가정의 사회경제적 지위, 사교육비, 부모－자녀 관계 그리고 청소년 자녀의 학업성취 간의 관계에 관한 연구. 한국사회학, 41(5), 134－162.

■ 김인희(2004). 교육복지 정책의 성공조건과 정책 사례. 중앙일보 교육포럼 발표 논문.

■ 김장민·김신열(2010). 지역사회 취약성, 지역사회자본 및 가족사회자본이 청소년의 학업성취에 영향을 미치는 과정. 사회과학연구, 26(3), 153－174.

■ 김정원 외(2008). 교육복지 마스터플랜 수립 연구. 교육과학기술부.

■ 김종백·김준엽(2014). 교사와 학생의 교사－학생 관계 지각이 수업이해에 미치는 영향. 한국교원교육연구, 31(3), 245－267.

■ 김주경·신태섭(2015). 중학생의 인지전략이 학업성취에 미치는 영향: 저소득층과 일반 가정 청소년 비교를 중심으로. 학습자중심교과교육연구, 15(7), 383－401.

■ 김현주(2011). 빈곤 아동과 일반가정 아동의 학교생활 적응 영향 요인 비교분석 연구,

학교사회복지, 20, 1 – 22.

■ 김현진(2007). 가정배경과 학교교육 그리고 사교육이 학업성취에 미치는 영향분석. 교육행정학연구, 25(4), 485 – 508.

■ 김혜미·문혜진(2013). 다문화가정 아동청소년과 비다문화가정(한국인 부모가정) 아동청소년의 학교적응 비교연구. 한국사회복지학, 65(4), 7 – 31.

■ 김희삼(2012). 학업성취도 분석을 통한 초·중등교육의 개선방향 연구. 서울: 한국개발원.

■ 남부현·김연이(2011). 다문화가정 학생과 일반학생의 학업성취도 격차 연구. 다문화교육, 2(3), 19 – 57.

■ 도종수(2005). 학업성취 관련변인의 지역격차 실태와 대책. 청소년학연구, 12(4), 305 – 334.

■ 류방란·송혜정(2010). 초·중학생의 학업 성취수준에 미치는 가정과 학교경험의 영향력 분석. 아시아교육연구, 10(3), 1 – 25.

■ 박명수(2014). 영어교육격차의 원인 분석. 외국학연구, 27, 35 – 60.

■ 박성호(2012). 도농 간 중학생 학력격차 감소에 미치는 학교교육의 영향. 교육사회학연구, 22(1), 77 – 108.

■ 박인용·김성은·구슬기·김완수(2015). 학교 학업성취 연도별 변화에 미치는 교육맥락변인 분석. 교육평가연구, 28(5), 1447 – 1471.

■ 박주호(2014). 교육복지의 논의: 쟁점, 과제 및 전망. 서울: 박영story.

■ 박찬선·주경식(2011). 대학수학능력시험 성적의 분포 특성. 한국지리환경교육학회지, 19(2), 53 – 68.

■ 박현정·길혜지(2013). EBS 수능강의 수강이 교육격차 감소와 학교수업태도 향상에 미치는 효과 분석. 교육평가연구, 26(5), 1115 – 1141.

■ 박현정·정동욱·이진실·박민호·조성경(2013). 서울시 초·중등교육의 교육격차 구조요인 분석. 교육행정학연구, 31(4), 149 – 174.

■ 백병부·김정숙(2014). 학교내 사회자본이 학업성취 격차에 미치는 영향. 교육학연구, 52(1), 221 – 249.

■ 변수용·김경근(2011). 사립학교의 효과성. 교육사회학연구, 21(1), 77 – 109.

■ 변수용·김경근(2008). 부모의 교육적 관여가 학업성취에 미치는 영향: 가정배경의 영향을 중심으로. 교육사회학연구, 18(1), 39 – 66.

■ 성기선(2009). 평준화지역과 비평준화지역 고등학생들의 학업성취도 격차와 변화에 대한 분석연구: 경기도지역 고등학교를 중심으로. 한국교육, 36(4), 171-195.

■ 성기선(2010). 중학생들의 학업성취도에 미치는 가정배경의 영향력 변화에 관한 연구. 교육사회학연구, 20(3), 88-103.

■ 성기선(2011). 학교급별 도농간 학업성취도 격차에 관한 연구. 교육사회학연구, 21(4), 125-148.

■ 성기선·박철희·양길석·유방란(2009). 농산어촌 교육 실태 분석 및 교육복지 방안 연구: 고등학교. 한국교육개발원.

■ 시기자·이용상·김인숙(2013). 국가영여능력평가시험에 나타난 영어 학력 격차 설명 요인 분석. 교육과학연구, 44(3), 19-47.

■ 신수영·김경근(2012). 가정배경이 직업포부에 미치는 영향: 가족 내 사회자본의 역할을 중심으로. 한국교육학연구, 18(1), 121-141.

■ 신재현(2017). 통합교육 내 다문화가정 초등학생의 학습활동 및 사회정서발달에 관한 종단연구. 통합교육연구, 12(1). 53-74.

■ 신혜숙·민병철(2017). 가정배경, 부모 교육관여 및 학업성취도의 구조적 관계. 교육문화연구, 23(6(B)), 535-556.

■ 안병영·김인희(2009). 교육복지정책론. 서울: 다산출판사.

■ 안우환(2006). 지역에 따른 학업성취도 격차의 원인 탐색. 아동교육, 15(2), 319-329.

■ 안우환(2009). 부모-자녀 관계 사회적 자본과 교육포부 수준과의 관계: 초등학생을 중심으로. 중등교육연구, 57(1), 1-20.

■ 엄정영·김영길·전옥례(2015). 학업성취도에 미치는 요인에 대한 메타분석. 교육 문제 연구, 21(1), 106-131.

■ 오성배(2004). 지역간 학업성취도 격차 원인 분석: 지역 효과와 학생이동의 영향 탐색. 한국교육, 31(2), 169-192.

■ 오성배(2005). 코시안의 아동의 성장과 환경에 대한 사례연구. 한국교육, 32(3), 61-83.

■ 오성삼·구병두(1999). 메타분석을 통한 한국형 학업성취 관련변인의 탐색. 교육학 연구, 37(4), 99-122.

■ 우명숙(2013). 서울시 중학교의 단위학교 및 자치구 수준에서의 교육격차 분석. 교육재정경제연구, 22(4), 55-83.

- 유백산·김경근(2013). 가정배경, 가정 내 의사소통 방식, 학업성취 간 구조적 관계. 교육학연구, 51(3), 1-33.
- 이나리·구남욱(2017). 교육복지우선지원사업 참여 여부에 따른 저소득층 학생의 인지적, 사회·정서적 발달 추이 탐색. 학습자중심교과교육연구, 17(13), 91-110.
- 이두휴(2011). 도시와 농촌간 교육양극화 실태 분석. 교육사회학연구, 21(2), 121-148.
- 이순주(2012). 초등학교 수학 학업성적에서의 성별 거주지역별 차이. 초등수학교육, 15(3), 177-187.
- 이유정·오성배(2016). 지역 간 학업성취도 격차 실태 완화 및 방안에 대한 탐색적 연구. 한국교육문제연구, 34(1), 93-114.
- 이윤정·이정임·유희·정재은(2012). 다문화가정 아동과 일반아동의 신체이미지와 자아존중감에 관한 비교연구. 한국교과교육학회지, 25(4), 149-167.
- 이인자·한세희·이희선(2011). 사회자본이 교육성과 미치는 영향에 관한 연구: 사교육의 매개효과를 중심으로. 한국정책학회보, 20(1), 179-212.
- 이자형(2011). 일반계 고등학생의 비인지적 능력 결정요인에 대한 구조분석. 교육 사회학연구, 21(4), 205-233.
- 이재경·김양분·신혜진(2016). 학력격차의 변화 추세와 해소 방안. 한국교육, 43(1), 261-286.
- 이재훈·김경근(2007). 가족 및 학교 내 사회자본과 학업성취. 한국교육학연구, 13(2), 175-208.
- 이주은·김천기(2016). 초등학생의 학교 내 사회자본, 영어에 대한 흥미와 자신감, 영어성적의 구조적 관계. 교육종합연구, 14(3), 29-54.
- 이중섭·이용교(2009). 부모의 교육수준이 자녀의 학업성취 수준에 영향을 미치는 경로. 한국가족복지학, 26, 159-192.
- 이혜영(2004). 저소득층 아동청소년의 교육복지 실태. 중앙일보 교육포럼 발표논문.
- 이혜영·강태중(2004). 교육복지투자우선지역 학교와 타 지역 학교의 교육격차 분석연구. 서울: 한국교육개발원.
- 이희숙·정제영·선미숙(2016). 교육자원 투입에 따른 청소년의 학업성취 효과에 대한 메타적 접근: 교사변인을 중심으로. 청소년학연구, 23(4), 425-450.
- 임다희·권기헌(2013). 인적자본·동기부여·교육복지 이론을 통한 교육격차 영향요인

에 관한 연구: 순서화 로짓 모형(Ordered Logit Model)을 중심으로. 한국정책과학학회보, 17(1), 185-213.

- 임성택·강승호(2003). 도시-농촌간 학력격차 통제변인 탐색. 교육학연구, 41(3), 399-422.

- 임의진·박인용·정혜경·서민희·김완수·한정아(2018). 국가수준 학업성취도 평가 결과에 기반한 고등학생 학업성취도 영향요인 및 격차 탐색. 교육평가연구, 31(1), 125-153.

- 임현정(2010). 초등학생의 학습부진에 대한 학생 및 학교수준의 결정요인 탐색. 교육평가연구, 23(1), 191-216.

- 임혜정(2016). 가정배경이 중학생의 수학수업태도에 미치는 영향분석: 성장신념·교과효능감의 매개효과를 중심으로. 교육사회학연구, 26(2), 117-143.

- 장혜자(2000). 빈곤한 아동의 현황 및 고찰. 한국생활과학지, 9(3), 257-270.

- 장희원·김경근(2015). 서울시 중고등학생의 학업성취 영향요인에 대한 종단분석. 한국교육학연구, 21(3), 175-196.

- 전현곤(2011). 교육학에서의 사회자본 논의에 대한 비판적 탐색: 가정의 사회적 자본을 중심으로. 한국교육학연구, 17(3), 151-174.

- 정동욱·김영식·우윤미·한유경(2011). 지역교육지원청 내 단위학교 간 교육자원 배분과 학업성취 간의 관계 분석. 교육재정경제연구, 20(4), 189-215.

- 정제영·정예화(2015). 부모의 교육적 관여 수준이 학생의 학업성취도에 미치는 영향. 청소년학연구, 22(7), 73-93.

- 정철영·정진화·오창환(2011). 도·농간 교육격차에 관한 가정 및 학교배경의 효과 분석. 농업교육과 인적자원개발, 43(1), 27-49.

- 정충대(2017). 도농 학업성취도 격차의 시계열적 추세와 원인 분석. 교육종합연구, 15(3), 117-137.

- 조희원·박성연·지연경(2011). 아동의 기질 및 주장적 행동과 어머니의 양육행동이 학업성취도에 미치는 영향. 아동학회지, 32(6), 1-18.

- 차성현·신혜숙·민병철(2011). 학력향상중점학교와 일반학교의 학업성취도 '차이'를 설명하는 학생 및 학교 특성 분석. 아시아교육연구, 12(4), 335-356.

- 최필선·민인식(2010). 지역 간 학업성취도 격차의 원인분석: Oaxaca 분해를 이용. 교

육문제연구, 36, 161－181.

- 최희숙·전정수(2011). 부모·친척의 사회자본이 교육성취에 미치는 영향. 글로벌경영학회, 2011(1), 1－30.

- 표경선·안도희(2006). 초등학교 고학년 학생의 완벽주의, 성취목적, 부모 양육방식 및 학업성취간의 관계 모형. 아동교육, 15(2), 211－227.

- 허은정·신철균·정지선(2012). 일반계 고등학교의 교육격차 실태 및 특성 분석. 열린교육연구, 20(1), 141－164.

- Becker, G. S., & Tomes, N. (1986). Human capital and the rise and fall of families. Journal of Labor Economics, 4(3), s1－s39.

- Bourdieu, P. (1986). The forms of capital. In Richardson, J.G.(ed.), Handbook of theory and research for the sociology of education. NY: Greenwood Press Inc.

- Bradley, R., & Whitesde－Mansell, L. (1997). Parents socioemotional investment in children. Journal of Marriage and the Family, 59, 77－90.

- Eamon, M. K. (2002). Effects of poverty on mathematics and reading achievement of young adolescents. Journal of Early Adolescence, 22(1), 49－74.

- Coleman, J. S. (1966). The concept of equality of education opportunity. Harvard Education Review, 38(1), 37－77.

- Coleman, J. S. (1988). Social capital in the creation of human capital. American Journal of Sociology, 94, S95－S120.

- Conger, R. D., Conger, K. J., & Elder, G. H. (1997). Family economic hardship and adolescent adjustment: mediating and moderating processes. In G. J. Duncan & J. brooks－Gunn (Eds.), Consequences of growing up poor (288－310). New York: Russell Sage Foundation.

- Guo, G., & Harris, K. M. (2000). The mechanisms meditating the effects of poverty on children's intellectual development. Demography, 37(4), 431－447.

- Lee, V. E., & Croninger, R. G. (1996). Social capital and children's development: The case of education. Office of Educational Research and Improvement(ED). 412－629.

- Organization for Economic Co−operation and Devlopment. (2016). PISA 2015 results (vol. Ⅰ): Excellence and equity in education. Paris, France: OECD.
- Putnam, R., Leonardi, R., & Nanetti, R. Y. (2000). 사회적 자본과 민주주의[Making Democracy Civic Traditions in Modern Italy]. (안청시, 장훈, 강원택, 김학노, 김하영, 유석진 역). 서울: 박영사.
- Schultz, T. W. (1961). Investment in human capital. The American economic review, 51(1), 1−17.
- Yeung, W. J., Linver, M. R., & Brooks−Gunn, J. (2002). How money matters for young children's development: parental investment and family processes. Children Development, 73, 1861−1879.

## 제12장  사교육비 경감정책의 실제와 쟁점

## 1  사교육비 정책 추진의 당위성

일반적으로 사교육(shadow education)은 정규학교 교육과정에 의해 제공되는 교육을 제외한 모든 교육서비스를 말한다. 통계청(2019) 사교육비 조사에서는 개인과외, 그룹과외, 학원수강, 방문학습지, 인터넷·통신 강의 등을 사교육에 포함하고 있다. 사교육서비스 구입비용의 문제는 현상적으로 공교육 영역에서 나타나지만, 학교교육 내에 그 근원적 원인이 있다고 보기 어렵다. 무엇보다도 재화의 성격상 사교육은 공공재가 아니라 사유재[1] 속성을 가지기 때문에 정부에 의해 원천적인 규제가 불가능하다. 특히 시장경제를 기반으로 하는 자본주의 체제하에서 모든 국민은 자신의 인적자본 가치를 신장시키기 위해 사유재인 사교육서비스 구입에 있어 본질적으로 자율성을 가진다. 학교교육에서 부족한 부문을 채우기 위해 학업보충 차원의 사교육이 전개되는 경우도 있다. 따라서 학부모들이 자기 자녀의 인적자본 가치를 높이고 미래에 성공을 위해 사교육비를 지불하

---

1 사유재는 특정한 사람이 자기의 비용을 지불해서 구입해야 하고 그 소비 혜택을 누리는 재화(자동차, 옷, 음식 등)이다. 사유재의 경우 그것을 얻기 위해 비용을 지불해야 하는 경합성과 특정한 사람이 소비함으로 인해 다른 사람이 구입할 몫에 영향을 미치게 되는 배제성이라는 속성을 지닌다. 반면에, 공공재란 어떤 사람이 이용하면 다른 사람의 몫이 줄어들지 아니하는, 즉 일반 국민 모두가 공평하게 소비 혜택을 누리는 재화를 말한다. 통상 공공재는 국가나 지방자치단체 등 공공기관이나 공기업에 의해 공급되는 재화(국방, 치안, 교육, 보건서비스 등)이다.

는 행위는 본질적으로 정부가 규제하고 제한할 수 없는 영역이라고 볼 수 있다. 오히려 국가 전체의 인적자본 가치를 신장시키기 위해서 민간에 의한 사교육 투자 행위를 조장하고 촉진시키려는 정부의 노력이 필요하다고도 볼 수 있다.

현재 우리나라 교육 현실에서 학부모들은 교육에 대한 높은 열망과 교육을 통한 자기 자녀의 성공(더 좋은 지위 획득)에 대한 기대감을 가지고 막대한 사교육비를 지속적으로 지출하고 있다. 이러한 사실은 최근까지 통계청에 의해 조사된 연도별 초중고 학생의 총 사교육비 규모(아래 [그림 1])와 사교육 참여율 현황(다음 [그림 2])이 잘 나타내주고 있다(통계청, 2019). 구체적으로 사교육비 실태를 보면, 아래 [그림 1]에서 보듯이 2015년 이후 최근까지 초중고 학생 사교육비 지출 규모가 지속적으로 증가해왔다. 2019년의 경우는 사교육비 지출 규모가 약 21조 규모에 달하고 있다. 또한, 다음 [그림 2]에서 보여주듯이 우리나라 초중고 학생의 평균 사교육 참여율 역시, 2015년 이후 꾸준히 증가해서 2019년도의 초중고 학생 평균 74.8%가 사교육에 참여하고 있는 것으로 나타나고 있다.

우리나라 초중고 학생의 사교육 실태를 보다 심층적으로 분석해 보면, 2018년 사교육비 정책 추진의 당위성 월평균 소득 800만 원 이상 가구

**그림 1**  연도별 우리나라 초중고 학생 사교육비 지출 규모

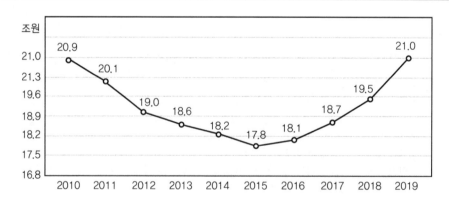

그림 2  연도별 우리나라 초중고 학생의 평균 사교육 참여율

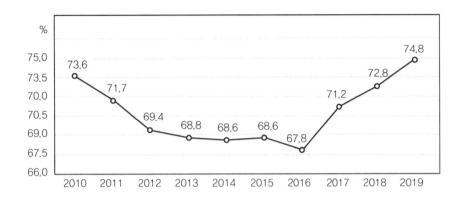

의 월평균 사교육비는 50.5만 원이고, 200만 원 미만 가구는 9.9만 원으로서 그 사교육비의 격차가 40만 6천 원에 해당한다. 2018년 기준 학생의 사교육 참여 비율의 경우를 보면, 월평균 소득 800만 원 이상 가구의 사교육 참여율은 84% 이며, 200만 원 미만 가구는 47.3%로서 사교육 참여율 차이가 무려 36.7%에 이른다(교육부, 2018).

사교육으로 인해 파생된 교육적, 사회적 문제 중 사교육 조사 통계에 나타난 막대한 사교육비 지출 규모나 높은 사교육 참여 비율은 그 근원적 사항이 아니다. 무엇보다도 우리 사회 내에서 사교육비 투자 격차가 학교교육 격차를 만들고, 더 나아가 사회 양극화를 심화시키고 있다는 것이 결정적인 문제이다. 위에서 살펴보았듯이, 고소득층과 저소득층 간에 사교육비 지출액이나 사교육 참여율은 뚜렷한 격차를 보이고 있다. 학령기 인적자원 투자이론(Becker & Tomes, 1986)에 따르면, 가족의 재정상태가 어려운 경우, 부모는 생활비에 비해 자녀의 교육에 대한 투자를 상대적으로 덜 중시하게 되어, 자녀에 대한 낮은 인적자본 투자를 야기하고, 그 결과 자녀의 낮은 학업성취를 발생시킨다.

실제 다수의 선행연구는 가구소득이 아동의 교육성취에 미치는 영향이 저소득층과 빈곤층에서 보다 크고, 가정이 경제적으로 어려운 경우 그 자녀의 학업성취도가 상대적으로 더 낮다는 사실을 보고하였다(구인회 외, 2006; 김경근, 2005; 김미숙·배화옥, 2007). 박주호·백종면(2019)의 교육격차 실증논문 분석에 따르면, 학교교육에서 학생들의 학업성취 격차를 발생시키는 결정적 원인이 가정의 사회경제적 배경(부모의 소득, 부모의 학력)임을 보여 주고 있다. 이러한 실증연구 결과는 한국사회에서 학생 학업성취가 학생의 능력이 아니라 부모의 사회경제적 지위에 의해 좌우되는 맥락이 보다 뚜렷해졌다는 것을 시사한다(예: 구인회 외, 2006; 김광혁, 2011; 김영철, 2011; 박주호, 2014).

실제 우리나라 사회에서 고소득층의 경우 대학 진학률이 빈곤층에 비해 최대 2배[2] 높고, 수도권 주요 대학에 고소득계층 출신 자녀 비중이 상대적으로 커지고 있다(김영철, 2011; 박주호, 2014). 이러한 사실은 교육이 부와 소득의 격차를 줄이는 방향이 아니라 오히려 확대하는 방향, 즉 불평등을 보다 크게 하는 방향으로 작용시키고 있음을 보여 준다. 결과적으로 현재 우리나라의 경우 사교육 격차를 기반으로 교육이 부와 지위의 세습화에 기여하고 있다는 것이다.

또한, 선행학습 유형의 사교육과 입시준비만을 위한 사교육 활동의 심화는 학부모의 가계 부담 가중은 물론이고, 학생의 행복 감소 및 공교육 정상화를 어렵게 만드는 부가적 문제를 발생시킨다. 예를 들어 사교육을 통해서 학교 수업보다 앞서 배우는 선행학습 활동은 학교의 정상적인 교육과정 운영을 저해하게 만드는 원인으로 작용한다. 학원을 통해서 선행학습을 받은 학생은 학교에서 배울 내용을 이미 학습했다는 인식을 하게 함으로써 학교 수업을 소홀히 하고 집

---

2 김영철(2011)의 연구 결과를 보면, 월평균 가구소득 1분위(110만 원 이하)에 해당되는 학생의 4년제 대학진학률은 33.8%이었고, 반면에 월평균 가구소득 10분위(490만 원 이상)에 속하는 학생의 진학률은 74.5%에 이르는 것으로 나타났다.

중하지 않게 하는 결과를 발생시킨다. 특히 입시전형에 유리한 위치를 차지하는데 있어서, 그 준비 시기를 앞당길수록 경쟁에서 유리한 위치를 가질 수 있다는 믿음은 학부모나 학생들로 하여금 사교육을 통한 '선행학습'을 부추기고 관련 사교육비 지출을 증가하게 만들었다. 이에 대해 2014년도에는 국가 차원의 사교육비 정책으로서, 선행학습의 폐해를 막기 위한 '공교육 정상화 촉진 및 선행교육 규제에 관한 특별법'을 제정하였다. 이러한 법률적 규제는 학교로 하여금 편성된 교육과정을 앞서는 교육과정을 운영하지 못하게 하였고, 학원, 교습소 또는 개인 과외 교습자에게는 선행학습을 유발하는 광고 또는 선전을 금지하게 하였다. 아울러 입학 전형을 실시하는 학교나 대학 등의 장은 학교 입학 단계 이전 교육과정의 범위와 수준을 벗어난 내용을 출제하거나 평가할 수 없도록 명문화하였다. 또한, 보다 적극적으로 대학 등의 장이 대학별 고사를 실시하는 경우 선행학습을 유발하는지에 대한 영향평가를 실시하고 그 결과를 입학 전형에 반영하도록 하였다.

결과적으로 우리나라 사회에서 사교육비 증가(공급과잉)는 소득계층 간에 사교육비 투자 차이와 학교교육 격차를 야기해서 교육에 의한 사회 불평등을 심화시키고 있다. 사교육이 증가해온 상황에서 부유층의 사교육 투자는 본인 자녀의 교육성과 편익이 발생함과 동시에 사교육에 투자할 여력이 없는 저소득층 자녀 교육에게는 교육격차를 파생하게 만드는 원인으로 작용하였다. 교육격차 발생은 원래 부유층에 의한 사교육 투자가 의도하지 아니한 부정적 외부효과(negative externality)로 작용한다는 사실이다. 이러한 부정적 외부효과에 의거하여 사교육 서비스는 지속적으로 증가해 왔다. 이에 더하여 사교육 서비스 증가는 학교교육 정상화를 저해시키는 부수적 문제도 파생시켰다. 사교육 서비스 증가로 인해 발생된 교육격차와 학교교육 정상화 저해 현상은 바로 교육에서의 시장실패를 의미한다. 정부는 이러한 교육의 시장실패에 관여할 수밖에 없다. 사교육 대책 또는 사교육 경감대책은 정부의 관여로서 교육정책으로 성립한다.

**정권별 사교육비 경감 정책**

지난 20년 동안 4개 정권이 바뀌어도 사교육비 문제는 한국교육 실제에서 지속적으로 추진된 핵심적 정책이었다. 각 정권이 사교육비 경감을 위해 발표하고 추진한 세부적인 대책을 살펴보면 다음 표들과 같다.

아래 <표 1>에서 보이듯이 노무현 정부의 경우 사교육비 경감 대책을 두 차례나 교육정책으로 발표하였다. 사교육 수요를 공교육체제 내로 흡수하는 데 초점을 두어서 학교교육의 질 제고를 위한 각종 대책을 마련하였으며, 국가 차원에서 교육방송체제(EBS)를 활용해서 수능과외 강화, 사이버 가정학습체제 도

**표 1** 노무현 정부 사교육비 경감 대책의 주요 내용

| 구분 | 내용 |
|------|------|
| 사교육 수요 공교육 체제 내 흡수 | • EBS 수능방송 및 인터넷 강의 확대<br>• 정부 주도 사이버 가정학습체제 구축<br>• 학교별 수준별 보충수업 실시<br>• 방과 후 특기적성 교육 및 초등 저학년 교실 운영<br>• 정부 주도 영어체험 프로그램 확대<br>• 입시 전형에서 학력경시 및 경연 대회 실적 폐지 |
| 학교교육 내실화 | • 교원평가 체제 개선 및 근무여건 개선<br>• 수업평가 방법 개선<br>• 수준별 수업운영, 고등학교 교육의 다양화와 특성화<br>• 학생생활기록부 중심 대입전형 제도 개선 |
| 사회풍토 개선 | • 학벌주의 및 대학서열 구조 완화(지방대학 집중 육성, 지방연구중심대학 육성)<br>• 지방출신 공직임용 확대<br>• 국가 주도(통계청 중심) 사교육 통계조사 |

출처: 교육인적자원부 보도자료(2004; 2007)

입, 방과후 학교 및 교실 운영, 사교육 유발 억제를 위한 학생생활부 중심 대입 전형 개선을 추진하였다. 특히 노무현 정부의 사교육 대책 중 학벌주의 및 대학 서열 구조 완화를 목적으로 지방대학 집중 육성과 지방연구중심대학 육성 등 지방대학 교육지원 대책을 추진했다는 점이 눈에 띈다.

표 2    이명박 정부 사교육비 경감 대책의 주요 내용

| 구분 | 내용 |
| --- | --- |
| 공교육 내실화 지속 추진 | • 교육과정 편성 기반 학교자율화 확대<br>• 수준별 및 맞춤형 이동 기반 교과교실제 도입<br>• 교원능력개발평가제 도입<br>• 학업성취도 평가 개선 및 학력향상 중점학교 지원<br>• 영어교육의 질 제고 및 격차 해소<br>• 공교육 정상화 촉진 및 선행교육 규제에 관한 특별법 제정 추진 |
| 학생·학부모가 바라는 선진형 입학 전형 정착 | • 대입전형의 선진화 및 입학사정관제 내실화<br>• 특목고 입시제도 개선<br>• 과학올림피아드 및 영재교육 대상자 선발 방식 개선<br>• 기출문제 공개로 내신 사교육 경감 |
| 사교육 대체 서비스 강화 | • 사교육 없는 학교 프로젝트 추진<br>• 수요자 중심 방과 후 학교 교육서비스 강화<br>• EBS의 수능연계, 수능강의, 영어교육 서비스 품질 제고 |
| 학원운영의 효율적 관리 | • 학원 교습시간을 시·도 자율로 단축 운영토록 유도<br>• 온라인 교육기관의 수강료 제한<br>• 학원운영의 투명성 강화<br>• 불법·편법 운영 학원 신고 포상금제 등 효율적 관리 |
| 사교육비 경감을 위한 제도·문화적 인프라 구축 | • 시·교육청 및 교과부의 책무성 강화<br>• 학부모 인식 전환 및 정보 제공 강화 |

출처: 교육과학기술부 보도자료(2008; 2009; 2011; 2013)

이명박 정부에 와서도 사교육 경감 대책이 지속적으로 추진되어 왔음은 앞의 <표 2>가 잘 보여 주고 있다. 이명박 정부의 경우 거의 매년 교육정책으로서 사교육 경감 대책을 수립하고 발표하였다. 특히, 사교육 없이 학교교육만으로 학생이 재능과 꿈을 키워 나갈 수 있도록 공교육을 내실화하는 데 정책역량을 결집했다. 가장 특징적인 대책은 공교육 경쟁력 강화와 EBS 수능연계, 그리고 대입전형 개선을 위한 입학사정관제를 도입하고, 선행학습을 금지하고자 선행교육 규제에 관한 특별법 제정을 추진했다는 점 등이 눈에 띈다.

박근혜 정부의 경우도 다음 <표 3>에서 보듯이, 공교육 정상화와 학교 교실수업 개선을 사교육비 경감의 핵심 정책으로 추진했음을 보여 주고 있다(교육부, 2014; 2016). 특히 이명박 정부에서 발주해서 추진되었던 공교육 정상화 촉진 및 선행교육 규제에 관한 특별법(공교육정상화법)이 2014년 3월 11일 제정되고, 그 해 9월부터 시행되었다. 아울러 박근혜 정부의 경우는 예체능 분야와 영어, 수학 교과가 사교육을 주도한다고 분석하고, 이에 대한 영어 및 수학 사교육 억제 대책을 추진하고 있는 점이 눈에 띈다. 2015년 사교육실태조사 결과 발표(교육부, 2016)에서는 중학교 자유학기제 도입으로 인한 해당 학년의 사교육 참여 및 비용 감소를 강조하고 있다.

2017년 5월 출범한 문재인 정부의 경우도 이전 정부와 거의 동일하게 사교육비 문제의 근원적인 대책이 '공교육 정상화'에 있음을 천명하고, 그 핵심 대책에 '교실 혁명을 통한 공교육 혁신 강화'를 두었다. 구체적으로 교육부(2018)는 교사 주도형 수업문화를 프로젝트·토의 등 학생 활동 중심으로 개선하고, 과정중심평가 강화를 통해 사교육비를 경감해 가도록 할 계획임을 발표하였다. 또한, 교육부(2019)는 2018년 초중고 사교육비 조사 결과를 발표하면서, 수업 - 평가 혁신 등 공교육 혁신을 추진하고, 지역사회와 연계한 다양한 방과 후 프로그램과 돌봄교실 확대를 통한 사교육 경감을 지속 추진한다고 선언하였다. 이외에 교육부(2017)는 시도교육청과 협력하여 지역 맞춤 사교육비 대응 및 점검 강화, 그리고 소프트웨어 사교육 불법 행위 근절, 학원 허위·과장 광고 및 교습비 초과를 중점 단속한다는 점을 강조하였다. 한편, 사교육비 관련 언론 보도자료만을 기준으로 보면, 문재인 정부는 이전 정부들과 비교해서 적극적이고 구체적인 정책 추진 사례가 거의 없다는 사실, 즉 사교육비 정책에 공식적으로 관심이 가장 미약했다는 점을 확인할 수 있다.

**표 3**  박근혜 정부 사교육비 경감 대책의 주요 내용

| 구분 | 내용 |
|---|---|
| 공교육 정상화 추진 | • 학교 영어교육의 질 제고(영어교사 전문성 신장, EBSe 콘텐츠 확충, 영어동아리 활성화)<br>• 수학 학습내용 적정화와 수능 준비 부담 완화<br>• 학교급별 맞춤형 사교육 경감 정책 대응<br>• 고입전형 중학교 교육과정 범위와 수준에 맞게 출제<br>• 자유학기제 내실화 및 확산<br>• 공교육 정상화 촉진 및 선행교육 규제에 관한 특별법(공교육정상화법) 제정 |
| 대입부담을 지속적으로 완화 | • 대입전형 사전 예고 기간 확대<br>• 고교 교육과정 중심의 대입전형 유도<br>• 수능 영어 절대평가 도입 |
| 사교육 대체 서비스 강화 | • 초등학교의 수준 높은 돌봄 서비스 제공<br>• 방과 후 학교 참여율 제고 및 만족도 향상 |
| 학원운영 관리 및 법 제도 인프라 구축 | • 학원비 인상 억제 및 선행교육 풍토를 근절<br>• 학원 밀집 지역을 사교육특별관리구역으로 설정 관리<br>• 고등학교 입학 전형에서 사교육 유발 요인이 있는지에 대한 입학전형영향평가(교육감이 주관해서 운영) |

출처: 교육부 보도자료(2014; 2016)

## 3 | 논의 및 평가

### 가. 사교육비 원인 진단과 대책의 한계

지난 20년간 각 정권에서 정부(교육부)가 교육정책으로 발표하고 추진해 온 사교육비 경감 대책을 보면, 학교교육 내실화 대책, 사교육 수요를 공교육체제 (EBS 프로그램 및 방과 후 학교 등)로 흡수하는 대책, 그리고 입시전형 개선방안 등을 공통적으로 추진해 왔다. 모든 정부는 우선적으로 교실수업을 변화시켜 학교교육을 강화하고 공교육에 대한 신뢰를 회복하여 사교육 유발을 억제하는 대책을 추진해 왔다. 이러한 대책과 더불어, 단기적으로는 방과 후 학교나 EBS 수능연계 등으로 사교육 수요를 흡수하는 대책, 그리고 학원 등 사교육 기관의 규제 및 관리를 강화하는 방안을 추진해 왔다. 이를 통해 그간의 모든 정부는 전반적으로 사교육비에 대한 원인과 대책을 교육체제 내부에서 주로 찾아왔다는 사실을 알 수 있다.

한편, 역대 모든 정부가 지속적으로 다양한 사교육비 관련 정책을 추진해 왔음에도 사교육비가 획기적으로 경감되지 않았고, 소기의 정책성과를 내지 못했다. 그 이유는 무엇인가? 무엇보다도 사교육비 지출 및 증가 현상이 교육체제 내부의 문제가 아님에도, 그 대책의 초점을 공교육 내에서 찾아왔고, 대학 입시전형 개선 또는 사교육 수요를 공교육 내로 흡수하는 전략을 주로 추진해 왔기 때문이다. 특히 우리나라 학부모들이 감당하기 힘들 정도의 비용을 사교육에 투자하고, 학생이 그 많은 사교육을 받고 있는 이유는 공교육, 즉 학교교육이 부실하기 때문이 아니다. 그럼에도 불구하고 정부(교육당국)는 사교육비 문제를 치유하기 위해 주로 공교육에 초점을 맞추어 그 대책을 추진해 왔다. 또한, 공교육영역에서 사교육비 문제를 진단해서 잘못된 처방을 추진하는 악순환을 계속해 왔다. 따라서 이러한 사교육비 정책으로부터 국민들이 그 성과를 뚜렷하고 가시적으로 체감하지 못하는 것은 당연하다. 오히려 매년 사교육비는 증가해 오고 있고, 학부모들은 사교육비 부담에 대한 고통을 계속 호소하고 있는 실정이다.

무엇보다도, 우리나라 사회에서의 사교육은, 본질적으로 공교육의 부족한 점을 보완하기 위해 존재하는 것이 아니라는 사실에 주목할 필요가 있다. 즉, 대부분의 학부모들은 자기 자녀가 받는 학교교육이 부실해서 그것을 보충하고 보완하기 위한 대체재로서 사교육을 선택하고 투자하는 것이 아니다. 이러한 사실은 사교육을 증가시키는 가장 중요한 원인이 무엇이냐에 대한 우리나라 학부모 대상 조사(통계청, 2011) 결과가 잘 확인해 주고 있다. 우리나라 학부모들은 사교육을 증가시키는 가장 중요한 원인으로, 가장 먼저 '취업 등에 있어 출신 대학이 중요하기 때문', '특목고, 대학 등 주요 입시가 점수 위주로 학생을 선발하기 때문'이라고 응답했고, 그다음으로 '대학 서열화 구조가 심각하기 때문', '부모세대의 전반적인 학력상승, 저출산 등 자녀에 대한 기대치 상승 때문', '사교육이 보편화되어 있어 사교육에 참여하지 않으면 불안하기 때문' 순으로 응답했다(통계청, 2011). 만약 공교육이 부실해서 사교육이 번창하고, 학부모가 사교육에 투자를 증가시킨 것이라 본다면, 사교육비 정책의 핵심은 공교육의 질 저하를 막을 수 있는 대책 마련이 당연 필요하다. 즉, 공교육의 질이 낮아서 사교육이 번창하기 때문에 공교육에 대한 투자를 계속해서 늘려야 한다는 것이다. 교사를 지속적으로 증원하고, 교사의 처우도 개선해야 하며, 초중등 단계에 지속적으로 투자를 늘려야 할 뿐만 아니라, 공교육 정상화를 위한 연구도 증가해야 하고, 이를 위한 여건도 조성해 주어야 한다. 그러나 우리나라의 경우, 실제 사교육과 공교육 간에 서로 보완 또는 대체하는 관계성이 매우 미약하다.

우리나라 학부모들이 공교육의 부실 때문에 그 대체재로서 사교육을 선택하는 것이 아니라는 견해와 관련해서, 안병영·하연섭(2015)은 사교육비의 근본적인 원인이 지위경쟁 때문이라는 점을 강조한다. 다시 말하면, 학부모와 학생의 사교육에 대한 투자는 교육을 통한 지위재화(예: 좋은 또는 선호하는 학교의 졸업장, 좋은 직장, 높은 소득) 확보에 있어 상대적 우위를 점하기 위한 노력의 산물이라는 사실이다(하연섭, 2005). 이러한 관점의 경우, 사교육 투자 증가를 만든 근원을 교육을 통해 얻을 수 있는 편익의 정도, 즉 다른 사람과 비교되는 상대적 지위(relative position)에 의해 좌우되는 현상에서 찾는다. 예를 들어 대학을 졸업했느냐의 여부, 어느 대학을 졸업했냐의 여부가 추후 노동시장에서 경쟁력 확보로 이어지고, 취업이나 취업 후 성공을 보장하는 데 중요한 영향력을 가진다. 이러한 사회여건 하에서는 공교육 질이 아무리 좋아지더라도, 교육을 통해서 더 좋은 지위를 차지하려는 지위경쟁이 더욱 심해지고, 그 결과 학생과 학부모들은 지위경쟁에서 이기기 위해 끊임없이 사교육비 지출을 할 수밖에 없다는 결론에 이른다. 특히 우리나라의 경우 대학교육이 지위재적 특성에서 그 정점에 위치하고 있고, 학부모와 학생은 대학진학을 향한 경쟁적 우위를 차지하기 위해 지속적인 노력을 경주한다. 따라서 대학교육에 대해 우리 국민이 지닌 지위재적 인식의 성향을 완화시키지 않는 한 사교육비가 전반적으로 감소될 가능성을 예상하기 힘들다.

## 나. 기존 사교육비 정책의 목표와 방향 전환

향후 정부가 사교육비 정책 마련에 있어서는 교육을 둘러싼 역사적 제도적 맥락과 정치 및 경제적 환경 요인을 무시한 상태에서 교육영역 내부에서만 대책을 찾는 우를 범하지 말아야 한다. 무엇보다도 지금까지 정부가 줄곧 교육정책으로 추진해온 사교육 경감 대책이 교육의 본질적 가치와 교육적 효과 측면에서 바람직한지도 재검토할 필요가 있다. 사교육비 유발을 막으려고 추진된 대학 입시전형 개선책은 본래 목적과 다르게 대학의 자율성을 줄이는 규제로 작용해 왔다. 또한, 사교육비 지출 억제책으로 정부가 추진한 EBS 수능방송 및 수능연계 전략은 창의 및 인성교육 강화와 정면으로 배치되며 표준화 교육의 문제를 심화시킨다. 즉, EBS 수능방송 및 수능연계는 다양한 경험과 체험적 학습을 기반으로 한 창의성 함양에 있어 오히려 제한을 초래하는 면이 있다. 더군다나 사교육비 지출 억제는 교육체제 내에서 그 처방책을 찾아 치유하기에는 원천적 한계가 있다. 결과적으로 사교육비는 국민들이 직접 체감할 수 있는 양적 지수이지만, 사교육비 경감 자체를 교육적 가치로서 차원의 의미를 띤 교육정책으로 추진하기에는 한계가 있다는 점을 주목해야 한다.

이러한 견지에서 교육당국이 향후 사교육비 정책 추진에서 고려해야 할 발전적 정책방향을 살펴보면 다음과 같다. 우선, 정부는 사교육비 문제에 대해서 보다 장기적 안목을 가지고 교육을 향한 국민적 인식의 전환을 추구하는 등 폭넓은 접근을 시도하는 것이 필요하다. 특히 교육정책만으로 사교육비 문제를 다루고 접근하는 전략에서 탈피할 필요가 있다. 정부는 지금까지 줄곧 공교육의 경쟁력을 강화하고 그 결과로 학부모의 사교육비 부담을 줄인다는 전략으로 사교육비 경감 대책을 교육정책으로서 추진해 왔다. 하지만, 실제 사교육비 문제가 교육적 처방만으로 해결이 가능한지에 대해서는 여전히 강한 의문이 있다.

둘째, 사교육비 문제에 대해 교육정책이 추구해야 할 성과목표 설정에 대한 전면 재검토가 필요하다. 사교육비 문제에 대한 교육정책을 추진할 때, 단순히 사교육비 지출의 감소나 억제를 정책목표로 설정하여 교육대책을 추진하는 것은 교육적 가치(창의 및 인성교육 강화, 학교 자율성 제고 등) 함양과 배치되는 결과를 만든다. 이러한 견지에서, 앞으로 정부의 사교육비 정책목표의 경우, 소득계층 간의 사교육비 격차와 교육격차 문제 해소에 초점을 둘 필요가 있다. 즉, 정부는 사교육비 근절 또는 지출 완화보다는 사교육으로 인해 발생하는 교육격차의 해소를 정책목표로 설정하고 제도적 대책이나 재정적 지원책에 우선적 초점을 두는 것이 보다 타당하다. 사교육에 투자할 여건이 상대적으로 빈약한 저소득층이 특별히 질 높은 공교육이나 방과 후 무상교육을 받을 수 있도록 획기적 정책지원이 있어야 한다. 더 나아가 저소득층 자녀가 부유층 자녀가 누리는 사교육 혜택까지도 무상으로 누릴 수 있도록 하는 국고지원 사교육 티켓(바우처) 제도도 검토해 보아야 한다. 우리나라 교육실제에서 소득격차 기반의 사교육 격차 감소 대책이 실증적으로 중요하다는 사실은 최근 정부의 초중고 사교육비 조사 결과가 잘 보여 주고 있다. 교육부(2020)의 2019년 초중고 사교육비 조사 결과 발표에 따르면, 소득구간별로 1인당 월평균 사교육비 지출 분포의 경우, 200만 원 미만 구간에서는 사교육 참여율도 낮고 상대적으로 소액을 지출하는 학생 비중이 높은 데 비해, 700만 원 이상 구간의 경우 사교육 참여율이 높고 상대적으로 고액을 지출하는 학생 비중이 높다는 사실을 알 수 있다. 구체적으로 아래 <표 4>의 소득구간별 학생 1인당 월평균 사교육비 지출 현황을 보면, 소득계층 차이가 사교육비 지출 차이를 유발하고, 고소득구간으로 갈수록 1인당 월평균 사교육비 규모가 더욱 커지는 것을 볼 수 있다.

셋째, 단위학교 내의 학교장이나 교사들이 교육 형평성 강화에 대한 교육철학을 우선적으로 견지해서, 교육여건이 취약한 학생에게 보다 배려 깊은 교육적 기대와 관심을 가지도록 하는 데 정책의 초점을 두어야 한다(박주호·백종면, 2019).

넷째, 사교육 격차로 인한 교육격차 문제를 범정부 차원에서 보다 적극적이고 지속적으로 관리 및 해소하기 위한 일환으로, 전국 단위 교육격차 측정자료 구축에 대한 재정투자 및 실증연구 지원에 관심을 기울일 필요가 있다.

**표 4** 소득구간별 학생 1인당 월평균 사교육비 지출 현황(단위: 만원)

| 년도 | 200만 원 미만 | 200~ 300만 원 | 300~ 400만 원 | 400~ 500만 원 | 500~ 600만 원 | 600~ 700만 원 | 700만 원 이상 |
|---|---|---|---|---|---|---|---|
| 2007 | 9.2 | 17.7 | 24.1 | 30.3 | 34.4 | 38.8 | 46.8 |
| 2012 | 9.9 | 16.8 | 23.0 | 28.8 | 33.2 | 36.7 | 42.6 |
| 2017 | 9.3 | 15.3 | 21.2 | 27.4 | 32.2 | 36.5 | 45.7 |
| 2019 | 10.4 | 17.0 | 23.4 | 30.0 | 35.4 | 40.4 | 51.5 |

출처: 교육부 보도자료(2020. 3. 11.)

참고문헌

■ 구인회·박현선·정익중(2006). 빈곤이 아동의 학업성취에 미치는 영향. 아동권리연구, 10(3), 269-295.
■ 교육과학기술부(2008). 학원비 등 사교육 경감대책 발표. 보도자료, 2008. 10. 28.
■ 교육과학기술부(2009). 공교육 경쟁력 향상을 통한 사교육비 경감 대책. 보도자료, 2009. 6. 3.
■ 교육과학기술부(2011). '공교육 강화-사교육 경감 선순환 방안' 확정·발표. 보도자료, 2011. 5. 19.
■ 교육과학기술부(2013). 2012년 사교육비·의식조사 결과 발표. 보도자료, 2013. 2. 7.
■ 교육부(2014). 「사교육 경감 및 공교육 정상화 대책」 발표. 보도자료, 2014. 12. 18.
■ 교육부(2016). 2015년 초·중·고 사교육비조사 결과 발표. 보도자료, 2016. 02. 26.
■ 교육부(2017). 소프트웨어 사교육 온라인 모니터링 실시. 보도자료, 2017. 11. 1.
■ 교육부(2018). 2017년 초·중·고 사교육비 조사 결과 발표. 보도자료, 2018. 3. 16.
■ 교육부(2020). 2019년 초중고 사교육비조사 결과 발표. 보도자료, 2020. 3. 11.
■ 교육인적자원부(2004). 공교육정상화를 통한 사교육비 경감대책. 보도자료, 2004. 2. 17.
■ 교육인적자원부(2007). EBS수능방송·방과후학교 사교육대책으로 효과 있다. 보도자료, 2007. 3. 20.
■ 김광혁(2011). 빈곤이 청소년의 성적에 영향을 미치는 과정: 전주시 교육복지사업 참여 중학교의 학생을 중심으로. 사회과학논총, 26(2), 77-92.
■ 김경근(2005). 한국사회 교육격차의 실태 및 결정요인. 교육사회학연구, 15(3), 1-27.
■ 김미숙·배화옥(2007). 한국 아동빈곤율 수준과 아동빈곤에 영향을 미치는 요인 연구. 보건사회연구, 27(1), 3-26.

- 김영철(2011). 고등교육 진학단계에서의 기회형평성 제고 방안, 서울: 한국교육개발원.
- 박주호(2014). 교육복지의 논의: 쟁점, 과제 및 전망. 서울: 박영story.
- 박주호·백종면(2019). 교육격차 실증연구의 체계적 분석. 한국교육문제연구, 37(1), 213－238.
- 통계청(2011). 2011년 사교육비조사 보고서.
- 통계청(2019). 2019년 사교육비조사 보고서.
- 안병영·하연섭(2015). 5·31 교육개혁과 그리고 20년. 서울: 다산출판사.
- 하연섭(2005). 지식·정보화 사회와 교육의 미래. 21세기 한국 메가트렌드 시리즈 III. 과천: 정보통신정책연구원.
- Becker, G. S. & Tomes, N. (1986). Human capital and the rise and fall of families. *Journal of Labor Economics, 4*(3), s1－s39.

## 제13장 돌봄 및 방과후학교 정책

---

## 1 정권별 정책의 주요 내용

### 가. 노무현 정부

국가수준 교육정책으로 초등돌봄교실과 방과후학교 지원 사업은 노무현 정부에서 최초로 시작하였다. 구체적으로 초등돌봄교실은 2004년에 도입되었고, 방과후학교의 경우 2006년 3월부터 본격적으로 운영되었다. 당시 교육인적자원부(2006)는 방과후학교의 경우 정규 교육과정 이후 학생들에게 다양한 교육기회를 제공할 것이라고 발표하였다. 특히 노무현 정부는 취약지역과 농산어촌 지역 방과후학교에 대한 정부지원을 집중 투자하여 지역 간·계층 간 교육격차를 줄여나감으로써 사회적 양극화 해소에 주력한다는 정책의지를 표명하였다(교육인적자원부, 2006).

노무현 정부 당시 방과후학교 정책에서 나타난 특징은 전국적으로 실시되는 방과후학교의 경우, 학교 여건에 따라 자율적으로 운영할 수 있도록 했다는 점이다. 또한 농산어촌 지역도 각각의 특성에 맞는 방과후학교 모델을 개발하고 다른 농산어촌 지역에 확산시킨다는 것이었다. 2006년도에는 시범학교를 지정·운영하여 위탁 운영 등 다양한 운영 방법을 적용한 후, 운영 성과를 분석하여 수요자의 만족도를 제고할 수 있는 운영 모델 개발·확산에 주력하였다. 이는 당시 방과후학교가 우리나라에 도입되는 초기 단계였기 때문에 적절하고 타당한 정책 방향이었다.

그 당시 방과후학교 정책에서 보여준 또 하나의 특징은 운영 프로그램 모습이었다. 즉, 방과후학교 운영은 학교별로 학생과 학부모의 교육수요를 감안하여, 초등학교는 보육프로그램과 특기적성 프로그램에 중점을 두었고, 중학교는 특기적성 프로그램과 무학년 수준별 선택 교과 프로그램을, 고등학교는 무학년 수준별 선택 교과 프로그램과 진로·직업 프로그램 위주로 운영했다(교육인적자원부, 2006). 아울러 교육정책당국은 방과후학교가 입시 위주 교육에만 치우칠 경우 오히려 정규교육과정을 위축시킬 수 있다는 우려를 고민했다는 점도 눈여겨볼 사항이다. 예를 들어, 교육인적자원부(2006)는 무학년 수준별 선택교과 프로그램 운영은 토론식 수업, 멘토링 학습 지도 등의 다양한 학습지도방법을 적용하여 학생들의 자기주도적 학습 능력, 창의력 등을 신장할 수 있는 방향으로 운영하는 것에 초점을 두었다. 이에 따라 노무현 정부에서 방과후학교는 학습지·문제풀이식·교재판매 위주의 프로그램과 정규교육과정의 정상적 운영을 해치는 프로그램은 허용하지 않았다는 사실이다.

무엇보다도 노무현 정부는 방과후학교 활성화를 위해 농산어촌 지역 운영의 경우에 지자체가 주도적으로 참여하고 지원하는 정책을 추진했다는 사실이다. 즉, 지자체와 교육청이 함께 인근에 위치한 소규모 학교를 하나의 학교군으로 구성하고 거점학교를 중심으로 방과후학교 운영을 시도했다. 그 예로 2007년 교육인적자원부(2007)는 교육·문화의 지역 중심센터로서 학교의 역할을 강화하고자 연간 총 497억 원의 예산을 지원하는 농산어촌 방과후학교 지원 사업을 추진하였다. 이를 위해 지자체와 지역교육청이 연합해서 정부의 방과후학교 지원 사업에 신청토록 하였다.

## 나. 이명박 정부

이명박 정부 출범 이후, 새롭게 착수되어 발표한 돌봄 정책은 늦은 시간까지 일해야 하는 맞벌이 또는 한부모 가정의 고충해결을 위해 야간 돌봄을 위한 전담유치원을 선정해서 운영비와 보조인력비를 지원하겠다는 것이다(교육과학기술부, 2010a). 야간 돌봄 전담유치원의 경우 학부모가 야간 돌봄 서비스 이용을 희망할 경우에 19시 이전에는 각 유치원에서 종일제를 이용한 후, 저녁 9시~10시까지 돌봄 서비스를 제공받을 수 있도록 하였다. 야간 돌봄 전담유치원 지원은 늦게 까지 일해야 하는 맞벌이 부모 또는 취업 중인 한부모 등이 안심하고 직장 생활에 전념토록 하는 것으로서 전형적 교육복지 강화 정책으로 볼 수 있다. 이외에 당시 정부는 농산어촌의 학생감소 및 학교의 소규모화로 교육여건이 악화됨에 따라, 도농 간 학력격차가 꾸준히 벌어지고 있는 문제를 해결하기 위해, 농산어촌에 365일 교육복지 서비스를 제공하는 농산어촌 연중돌봄학교를 신규 육성·지원하는 정책을 추진하였다. 농산어촌 연중돌봄학교 경우에 학기 중에는 다양한 방과후 학습·문화·복지 프로그램을 제공하고, 주말과 방학 중에는 학습뿐만 아니라 학생들의 유익한 생활공간을 제공하여 농산어촌 교육의 질을 제고에 초점을 두었다(교육과학기술부, 2010b). 이명박 정부 종료시점까지 초등학교 돌봄사업도 지속적으로 확대되어, 2016년 기준 전국 5,998개 초등학교에서 11,920실, 초등학생 24만여 명이 돌봄사업 서비스를 제공받고 있는 것으로 나타났다(2017, 교육부).

이명박 정부에서도 노무현 정부가 추진해 온 방과후학교 정책을 지속적으로 이어받아 확대 지원하였다. 특히 2006년 이후 방과후학교 수가 전국에 걸쳐 양적으로 팽창해온 것과 맞물려, 당시 정부는 방과후학교 프로그램의 다양화 및 질 제고를 추진하고 토요일과 방학 중에도 지속적으로 방과후학교를 운영하여 신뢰도를 높이는 데 정책의 초점을 두었다. 이러한 차원에서 교육과학기술부 (2011)는 방과후학교 운영에 우수 교사대 및 예체능 계열 졸업생을 중심으로 사회적기업을 설립하여 참여토록 하는 정책을 새롭게 추진하였다. 대학 주도 방과후학교 사회적기업 운영은 우수강사 확보에 어려움을 겪고 있는 방과후학교들에게 우수강사를 지원하고 민간의 다양하고 질 높은 프로그램을 활용토록 하는데 기여하였다고 볼 수 있다. 또한, 취약계층 지원 확대 및 돌봄기능 강화 차원에서 차상위계층 전체(약 75만 명)를 대상으로 연 60만 원의 방과후학교 자유수강권을 제공하는 정책도 실시하였다. 모든 초·중학교에서 학교 여건에 따라 EBS English 방과후 영어 교실도 본격적으로 활용토록 하였다(교육과학기술부, 2012).

## 다. 박근혜 정부

초등학교 돌봄 정책의 경우, 박근혜 정부는 방과후학교 연계형 돌봄교실을 운영하고 방학 중 돌봄 서비스를 확대하는 등 돌봄 공백 해소에 초점을 기울였다(교육부 2016). 이에 따라 교육부는 학기말, 재량휴업일이나 방학 중에도 학부모 수요와 학교의 여건에 맞게 돌봄교실을 충실히 운영할 수 있도록 돌봄 지원 사업을 전개하였다. 희망학생이 적어 자체적으로 저녁돌봄 운영이 어려운 학교에서는 지역돌봄 기관과 협력 체계를 통해 학부모에 대한 사전안내를 바탕으로 인근 지역아동센터와 연계 운영이 되도록 하였다. 특히 당시 교육부(2017)는 여성의 사회진출로 인한 맞벌이 가정의 증가, 저소득층·한부모 가정 등 가정환경의 변화에 따라 돌봄이 꼭 필요한 학생들에게 질 높은 돌봄 서비스 제공을 하는 데 정책 역량을 강화할 것이라고 발표하였다. 구체적으로 당시 정책을 살펴보면, 맞벌이·저소득층·한부모 가정의 초등학생 대상으로 오후·저녁 돌봄교실과 방과후학교 연계형 돌봄교실을 내실화해서 프로그램을 자율적으로 운영하도록 하였다. 특히 자녀가 재학 중인 학교의 초등돌봄교실 정보를 미리 확인하고, 신청 관련 서류를 첨부해 학교 방문 없이 온라인으로 신청할 수 있도록 하였다. 이들 내용을 비추어 볼 때, 박근혜 정부의 돌봄 및 방과후학교 정책 특징은 초등 방과후학교를 돌봄으로 확대·연계라는 점을 확인할 수 있다. 즉, 방과후학교 및 기존의 사업들과 연계하여 돌봄교실의 프로그램을 다양화하고 내실 있는 돌봄 서비스를 제공하는 데 정책의 초점을 두었다.

## 라. 문재인 정부

문재인 정부 출범 이후, 관련부처가 연합해서 기초지방자치단체(시·군·구)를 중심으로 지역사회의 다양한 자원을 활용하여 지역 특성에 맞게 초등돌봄 서비스를 제공하는 '온종일 돌봄 생태계 구축' 사업을 전개하였다(교육부, 2018). 당시 정부에서는 초등학생 대상 돌봄 지원은 상대적으로 부족하다는 점에 초점을 두고 교육부와 복지부가 공동으로 실무팀을 운영하고 온종일 돌봄 정책을 추진하였다. 전국 226개 시·군·구 등 기초지자체를 중심으로 해서 학교, 교육지원청, 지역사회 관련 기관·단체 등과 연계·협력을 통해 사업을 신청토록 하고, 선정된 지자체에게 2018년부터 3년간 돌봄 서비스 지원비를 제공하였다. 이는 당시 정부가 지자체를 중심으로 통합적인 돌봄 서비스 제공을 착수했다는 점에서 그 의의가 있었다.

이에 더하여 문재인 정부는 2020년 당시 코로나바이러스19 예방 및 확산 방지를 위해 개학 연기 후속조치의 일환으로 어린이집, 유치원, 초등학교의 휴업 기간 동안 안심하고 자녀를 맡길 수 있는 긴급돌봄 서비스를 제공하기도 하였다(교육부, 2020). 구체적으로 당시 교육부는 코로나의 전국적 확산과 관련하여 맞벌이 가정 등 돌봄 공백을 해소하고, 안전한 환경에서 초등학생 대상 돌봄 서비스를 제공하기 위해 단위학교 내 도서관, 컴퓨터실, 특별실 등 교내 활용 가능한 공간을 적극 확보 및 재배치하여 긴급돌봄 정책을 추진하였다.

## 마. 윤석열 정부의 정책

2022년 5월 10일 출범한 윤석열 정부는 돌봄 서비스를 국정과제로 선정하고 '늘봄학교'라는 새로운 명칭하에, 방과 후 교육활동 내실화 및 돌봄의 질을 제고하여 교육과 돌봄을 통합적으로 제공하는 정책을 추진하고 있다. 이를 위해 교육부는 25년부터 전국에서 '늘봄학교'를 운영하고, 교육·돌봄을 국가가 책임지겠다고 발표하였다(교육부, 2023). 특히 교육부는 늘봄학교를 통해서 학부모의 돌봄 부담을 경감하고, 출발점 시기의 교육격차를 해소할 수 있도록 모든 학생에게 개별화된 교육과 돌봄을 지원한다는 점을 강조하였다.

늘봄학교 정책의 주요내용을 살펴보면 2025년부터 학교 안팎의 다양한 교육자원을 활용하여 희망하는 모든 초등학생에게 정규수업 전후로 양질의 교육·돌봄(Educare) 통합 서비스, 즉 정규학교 시작 전 오전 7시부터 9시까지 아침돌봄 서비스와 방과후 오후 8시까지 저녁돌봄 서비스를 제공하는 것이다. 무엇보다도 늘봄학교 정책의 경우, 맞벌이 가정을 위해 오후돌봄뿐 아니라 아침돌봄·저녁돌봄 서비스까지를 제공한다는 점을 주목할 수 있다. 또한, 교육부(2023)는 초등학교 고학년의 경우, 민간참여를 활성화하여 인공지능·코딩·빅데이터, 소규모·수준별 강좌 등 고품질 방과후 프로그램을 확대하고, 교육과 돌봄이 유기적으로 이루어질 수 있도록 틈새돌봄을 강화한다는 계획을 발표하였다. 그간 단위학교 중심으로 운영되던 방과후 업무를 시도교육(지원)청 중심의 지역단위 운영체제로 개편하여 단위학교와 교원의 업무 경감 방안도 발표하였다. 이를 위해 시도교육청은 기존 방과후학교지원센터를 방과후·늘봄지원센터로 개편하고, 시도교육청 공무원을 단위학교의 늘봄학교 업무를 지원할 방과후·늘봄지원센터의 전담인력으로 재배치 운영할 것이라고 하였다.

늘봄학교 정책을 넘어, 윤석열 정부는 영유아 중심의 질 높은 새로운 교육·돌봄 체계 마련, 즉 '출생부터 국민안심 책임교육·돌봄' 실현을 위한 유치원 및 보육지원을 2025년부터 교육중심의 관리체계로 통합한다는 사실을 공지하였다 (교육부, 2023b). 이는 만3세에서 5세까지 유치원의 경우 교육부 및 교육청이, 0세에서 5세까지 어린이집 보육은 보건복지부 및 지자체가 관장해오던 이원체제를 교육관청으로 통합운영 체제를 마련한다는 것이다. 그간 국가차원에서 이원체제 운영으로 인해 5세 아동까지 교육·돌봄 여건이 달라 기관별 서비스 격차가 아동 간 격차로까지 이어진다는 우려가 있었으나, 이제 관리체계가 일원화되어 교육부와 교육청이 중심이 되어 0~5세의 모든 영유아가 이용 기관에 관계없이 양질의 교육·돌봄 서비스를 차별 없이 받을 수 있게 되었다.

## 2 | 논의 및 제언

학교 기반의 돌봄 및 방과후학교 정책은 국가수준에서 교육복지가 정책으로 등장한 노무현 정부에서 최초 입안 및 추진되어 2025년 현재까지 지속적으로 확대되고 질 제고를 위해 거듭나 왔다. 최근 10년간 초등 돌봄교실 공급은 2배 이상 증가하였고, 오후돌봄교실 외 3~6학년 학생의 돌봄 수요 해소를 위해 2015년부터 방과후학교 연계형 돌봄교실도 꾸준히 늘어나고 있음을 알 수 있다 (교육부, 2021). 구체적으로 다음 [그림 1]에서 나타났듯이 초등학교 돌봄 교실수를 보면 2012년 7,086실에서 2022년 14,970실로 늘어났고, 참여학생의 경우도 2012년 159,248명에서 2022년 292,068명으로 증가되었음을 확인할 수 있다(교육부 2023b). 이처럼 돌봄 서비스의 양적 확대를 바탕으로 가장 최근 윤석열 정부는 아침돌봄·저녁돌봄 서비스까지를 확대해서 제공하고, 교육과 돌봄 서비스를 통합 운영하는 늘봄학교 정책을 국정과제로 추진하고 있음을 알 수 있다.

**그림 1** 전국 초등학교 돌봄 운영 현황(교육부, 2023b)

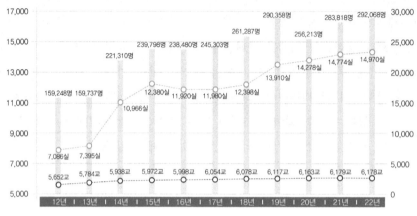

아래 <표 1>에서 보듯이 방과후학교를 운영하는 전국 초등학교 규모의 경우에도 그간 정부의 정책추진 결과, 전반적으로 증가해 왔다는 사실을 알 수 있다. 전반적으로 급격한 학생자원 감소 때문에 학교 수가 2018년도에 비해 2022년은 크게 증가되지 아니한 것으로 보이나, 방과후학교에 참여해 온 학생수를 보면 2020년 54만 6천 명에서 2022년 120만 9천 명으로 늘어났음을 보여주고 있다.

**표 1** 전국 초등학교 방과후학교 운영 현황(교육부, 2023b)

| 항 목 | 년 도 | 2022 | 2021 | 2020 | 2019 | 2018 |
|---|---|---|---|---|---|---|
| 운영학교 | 수(개) | 6,292 | 5,701 | 3,999 | 6,247 | 6,228 |
| | 비율(%) | 99.8 | 90.4 | 63.7 | 99.8 | 99.8 |
| 참여학생 | 수(천명) | 1,209 | 975.5 | 546 | 1,567 | 1,603 |
| | 비율(%) | 45.3 | 36.6 | 20.3 | 57.1 | 59.3 |

현재 초등학생의 경우 방과 후 오후시간은 사교육에 과잉 의존하는 경향이 있었다. 그리고 출발점 시기의 사교육 격차는 향후 교육 양극화를 심화시킬 우려가 있다는 사실이다. 이러한 점에서 볼 때, 초등학교 학교 기반의 돌봄 서비스와 방과후학교 정책은 학부모의 사교육비 부담 경감뿐만 아니라, 교육격차 해소 등 교육복지 향상에 결정적으로 기여해 왔다. 그간 각 정부가 돌봄 및 방과후학교 운영에 초점을 두고 취약지역과 농산어촌 지역에 집중 투자를 해온 결과, 지역 간·계층 간 교육격차가 줄어들고, 사회적 양극화 해소에 기여해 왔다는 점도 짐작해 볼 수 있다. 특히 저소득층, 맞벌이 부부 및 한부모 가정 등 돌봄이 필요한 초등학생에게 다양한 형태의 돌봄 서비스를 제공함으로 인해서 학교 밖 사교육 수요를 대체하는 역할도 했다.

한편, 초등학교가 정규 학교교육 이외에 돌봄 및 방과후학교 서비스까지 확장하는 과정에서 교원 등 학교 구성원의 관련 업무 경감을 위한 여러 지원 정책(전담인력 채용, 인센티브, 서비스 온라인 시스템 구축 등) 역시 추진해 왔다. 하지만, 돌봄 및 방과후학교를 직접 운영하는 학교의 경우 강사·위탁업체 선정, 강사료 지급 등 행정업무에 대한 학교장 및 교사의 업무 부담이 가중되어 왔었다. 아울러 최근 증가하는 돌봄 수요에 대응하여 돌봄교실을 지속 확대해 왔으나, 돌봄교실 신청 인원도 함께 증가하여 대기인원도 지속 발생하고 있다. 특히 학교 내 돌봄 대상을 위한 공간 확보 어려움, 인력 운용 부담 등으로 여전히 저학년 중심으로 운영(1~2학년 83.1%, 3~6학년 16.9%)해 오고 있다(교육부, 2023b). 이러한 제한점을 해결하기 위해 교육정책 당국은 지역별·학교별 여건에 맞는 다양한 돌봄 및 방과후학교 모델이 운영되도록 조장하고, 지속적인 운영성과 분석을 통해 양질의 교육프로그램 개발 및 유통, 그리고 단위학교 업무 경감을 위한 섬세한 정책 개발을 위한 노력이 필요하다.

향후 저소득층 등 교육취약 계층의 교육복지 신장을 위한 핵심기제로 기능하기 위해 돌봄 및 방과후학교는 학교 안에서 또 다른 학교(school within school)로 착근 및 활성화되고, 이를 위한 보다 구체적 제도 마련이 필요하다. 역할이나 기능 차원에서 돌봄 및 방과후학교의 경우 정규 학교 또는 사교육기관(사설 학원 등)이 제공하는 교육서비스와 그 형태나 방식이 전혀 달라야 한다. 특히 학교 안에서 또 다른 학교로서 돌봄 및 방과후학교가 제공하는 교육서비스는 참여 학생이 자기주도적으로 공부하고 학습하도록 지원 및 안내에 초점 둔 교육프로그램을 운영하여야 한다. 무엇보다도 학교 안에서 또 다른 학교로 돌봄 및 방과후학교가 자리 잡기 위해서는 국가수준에서 안정적인 재정지원 근거 마련, 그리고 단위학교의 책무성 및 업무 경감을 제도적으로 규정하는 법규도 마련할 필요가 있다고 본다.

# 참고문헌

- 교육과학기술부(2010a). 야간 돌봄 전담유치원 172개원 선정. 언론보도 자료(2010. 02. 25).
- 교육과학기술부(2010b). 교육복지 폐달에 가속. 언론보도 자료(2010. 12. 17).
- 교육과학기술부(2011b). 방과후학교, 대학과 언론기관이 함께 합니다. 언론보도 자료(2011. 11. 09).
- 교육과학기술부(2012). EBS English 방과후 영어 교실 본격 운영. 언론보도 자료(2012. 09. 01).
- 교육부(2014). 초등 방과후 돌봄 확대·연계 운영 계획 발표. 언론보도 자료(2014. 01. 28).
- 교육부(2016). 2016년 행복더하기 돌봄교실, 수요자 맞춤형으로 더욱 탄탄하게. 언론보도 자료(2016. 01. 13).
- 교육부(2017). 2017년 초등돌봄교실 운영 계획. 언론보도 자료(2017. 01. 11).
- 교육부(2018). 온종일 돌봄 선도사업, 10개 시·군·구 공모. 언론보도 자료(2018. 05. 03).
- 교육부(2020). 안전하고 촘촘한 긴급돌봄 정부가 지원하겠습니다. 언론보도 자료(2020. 02. 28).
- 교육부(2021). 초등돌봄교실 운영 개선 방안. 언론보도 자료(2021. 08. 04).
- 교육부(2023a) 2025년부터 전국에서 늘봄학교 운영. 언론보도 자료(2023. 01. 09).
- 교육부(2023b). 유보통합으로 출생부터 국민안심 책임교육·돌봄 실현. 언론보도 자료(2023. 01. 30).
- 교육인적자원부(2006). 방과후학교 지원으로 사회양극화 해소한다. 언론보도 자료(2006. 01. 26).
- 교육인적자원부(2007). 내 고향 교육 살리기에 앞장설 지자체를 공모합니다. 언론보도 자료(2007. 02. 22).

# 제4부

# 고등교육정책 실제

제14장    정권별 고등교육정책의 내용분석 결과[1]

　　본 장에서는 고등교육 부문에만 중점을 두어서 각 정권별 정책 내용을 분석하고, 그 결과로서 핵심적인 정책 주제를 산출해서 제시하였다. 앞 제3장에서 제시한 고등교육정책 추진계획 주제는 각 정권에서 교육당국(교육부)이 교육 전 범위에 대한 연도 업무계획을 총괄 분석한 결과 중 일부에 해당한다. 반면에, 본 장에서 제시한 주제는 각 정부에서 고등교육정책 보도자료만을 별도로 구분해서 내용분석한 결과이다. 분석 자료 중에는 정권별 입시정책 자료는 제외하였다. 왜냐하면, 대학입시정책은 고등학교와 대학이 연계 또는 중첩된 부문으로서 독립된 고등교육정책으로 규정하기가 어렵기 때문이다. 한편, 제3장과 본 장에서 제시한 정권별 고등교육 관련 주제들 간에는 정확히 동일하지 아니하고, 각각 서로 상이한 주제도 포함하고 있다. 왜냐하면, 본 장의 내용분석에 사용한 자료는 제3장에서 분석한 자료와 완전히 다르고, 그 양과 범위에서도 보다 방대한 자료를 사용하였기 때문이다.

---

1　정권별 고등교육정책의 내용분석 결과는 필자가 참여한 교육부 연구과제(신서경 외, 2021), "2003 – 2021 교육부 핵심정책 분석을 통한 미래교육 정책 제언"의 토픽 모델링 결과 중 자료(다음 <표 1, 2, 3, 4>와 [그림 1, 2, 3, 4, 5, 6, 7, 8])를 활용해서 작성하였다.

## 1 노무현 정부 고등교육정책의 주제

노무현 정부 고등교육정책의 핵심 주제는 교육부(당시 교육인적자원부)가 언론에 발표한 고등교육 보도자료에 대한 토픽 모델링을 통해서 확인할 수 있었다. 토픽 모델링에 사용된 보도자료(단순 행사홍보 자료는 제외)는 총 445개 문서(6,445개 단어)이고, 분석에 활용된 자료는 교육부 보도자료 데이터베이스에 저장되어 있는 문서들이었다. 고등교육 분야 445개 교육부 정책 보도자료의 핵심 단어(key word) 빈도를 워드 클라우드로 구성하면 아래 [그림 1]과 같다. [그림 1] 워드 클라우드 경우에 사업단, 지역, 산학협력, 취업, 산업, 대학원, 정원, 인력, 개선, 양성 등의 단어가 중요 빈도로 나타나고 있다. 보다 구체적으로 다음 <표 1>에서 보이듯이, 노무현 정부에서 교육부가 언론에 발표한 고등교육정책 보도자료의 토픽 모델링 분석 결과를 보면, 위에서 제시한 빈출 핵심 단어를 기반으로 6개

---

**그림 1** 노무현 정부 고등교육정책의 빈출 키워드 기반 워드 클라우드

의 정책 주제(topic)가 산출되었다.

이들 6개 정책 주제는 핵심 단어군에 내포된 공통 의미 해석을 통해서 정하였고, 6개 주제에는 1) 누리사업 기반 지방대학 역량 강화, 2) 연구중심대학 육성, 3) 대학 특성화와 구조개혁, 4) 취약계층의 고등교육 기회 확대, 5) 전문대학원 체제 조성, 6) 사학 운영의 책무성 강화가 포함되었다.

표 1 노무현 정부 고등교육정책의 토픽 모델링 결과

| 토픽 | 토픽명 | 핵심 단어 | 문서 수 |
|---|---|---|---|
| 토픽 1 | 누리사업 기반 지방대학 역량 강화 | 사업단, 지역, 취업, 산학협력, 산업, 인력, 권역, 양성, 지방, 산업체, 인력양성 | 103 |
| 토픽 2 | 연구중심대학 육성 | 논문, 학술, 연구비, 세계, 연구소, 박사, 연구자, 학술지, 심사, 학술진흥재단, 공학 | 49 |
| 토픽 3 | 대학 특성화와 구조개혁 | 대학원, 정원, 구조개혁, 입학, 국립, 의학, 심사, 채용, 사립대학, 폐합, 양성, 개선 | 78 |
| 토픽 4 | 취약계층의 고등교육 기회 확대 | 등록, 보증, 이공, 학자금대출, 학자금, 장학금, 부담, 등록금, 성적, 야간, 저소득층 | 60 |
| 토픽 5 | 전문대학원 체제 조성 | 학위, 학사, 학점, 외국, 시설, 총장, 이사, 학교기업, 법학전문대학, 도서관, 여성 | 85 |
| 토픽 6 | 사학 운영의 책무성 강화 | 연구윤리, 해외, 이사장, 산학협력, 러닝, 징계, 계약, 교비, 추자, 취소, 경고, 임원 | 70 |

이들 정책 주제와 관련 핵심 단어들 간의 네트워크 맵을 구성하면 다음 [그림 2]와 같이 나타난다.

그림 2    노무현 정부 고등교육정책의 키워드 네트워크 맵

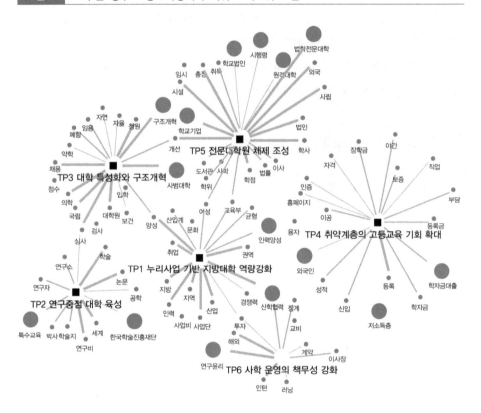

## 2 / 이명박 정부 고등교육정책의 주제

이명박 정부 고등교육정책 핵심 주제 분석에서는 당시 교육과학기술부가 고등교육 분야에서 발표한 정책 보도자료 662개(7,305개 단어)가 토픽 모델링 분석에 활용되었다. 분석에 포함된 보도자료의 경우 단순히 장차관 행사 홍보나 언

론대응 자료는 제외하고 정책 보도자료만을 포함하였다. 주요 빈출 키워드 기반의 워드 클라우드는 아래 [그림 3]과 같다. [그림 3]에서 보이듯이, 빈출 핵심 단어에 산학협력, 취업, 정원, 개선, 산업, 해외, 심사, 지역, 연구비, 국립, 논문, 한국연구재단, 세계 등이 나타나고 있다.

다음 <표 2>에서 보이듯이, 구체적으로 이명박 정부에서 교육부가 언론에 발표한 고등교육정책 보도자료에 대한 토픽 모델링을 통해서 확인한 핵심 주제는 5개로 나타났다.

그림 3  이명박 정부 고등교육정책의 빈출 키워드 기반 워드 클라우드

이들 5개 핵심 주제인 1) 글로벌 fellowship 등 학술연구기반 강화, 2) 산학협력선도대학 육성, 3) 세계수준 연구중심대학 육성, 4) 맞춤형 국가장학제도, 5) 전문대학원 육성이 핵심 단어 군내에서 공통 연상의미 해석을 통해서 확인할 수 있었다.

표 2 이명박 정부 고등교육정책의 토픽 모델링 결과

| 토픽 | 토픽명 | 핵심 단어 | 문서 수 |
|---|---|---|---|
| 토픽 1 | 글로벌 fellowship 등 학술연구기반 강화 | 연구비, 논문, 인증, 공학, 취업, 학술지, 외국인, 인턴, 산업, 전임교원, 도서관, 게재 | 113 |
| 토픽 2 | 산학협력선도대학 육성 | 산학협력, 개선, 지역, 산업, 투자, 산업체, 국립, 자율, 경쟁력, 시설, 인력, 지방 | 131 |
| 토픽 3 | 세계수준 연구중심대학 육성 | 해외, 한국연구재단, 세계, 연구소, 글로벌, 연구자, 인문, 박사, 사업단, 학술, 융합 | 181 |
| 토픽 4 | 맞춤형 국가장학제도 | 취업, 등록금, 공시, 학자금, 장학금, 법인, 총장, 상환, 부담, 학점, 학자금대출, 채용 | 148 |
| 토픽 5 | 전문대학원 육성 | 정원, 입학, 대학원, 성적, 심사, 의학, 학위 등록, 법학전문대학, 진학, 면접 | 89 |

이렇게 분석을 통해 확인한 5개의 핵심 주제는 이명박 정부가 추진한 고등교육정책의 정책 주제임을 의미한다. 노무현 정부와 비교했을 때, 연구중심대학 육성과 전문대학원 육성은 동일한 정책 주제이었다. 반면에 글로벌 fellowship 등 학술연구기반 강화나 맞춤형 국가장학제도 주제는 이명박 정부에서 새롭게 추진한 고등교육정책에 해당한다고 볼 수 있었다. 토픽 모델 결과로서 핵심 단어군과 각각의 핵심 주제 간의 네트워크 맵을 구성해 보면 다음 [그림 4]와 같이 표현되어 나타난다.

그림 4    이명박 정부 고등교육정책의 키워드 네트워크 맵

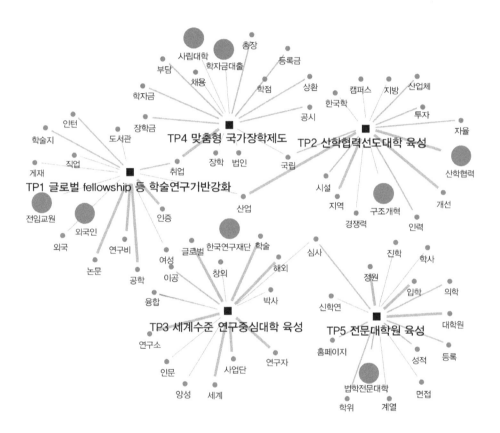

# 박근혜 정부 고등교육정책의 핵심 주제

　박근혜 정부 고등교육정책 핵심 주제 확인에서는 당시 교육부가 고등교육 분야에서 발표한 정책 보도자료 515개(13,776개)가 토픽 모델링에 활용되었다. 주요 빈출 키워드 기반의 워드 클라우드를 보면 아래 [그림 5]와 같다. [그림 5]에서 보이듯이, 주요 빈출 핵심 단어에 창업, 취업, 지역, 산학협력, 산업, 사업단, 장학금, 인재, 개선, 인문, 창의, 학자금 등이 나타나고 있다.

그림 5　박근혜 정부 고등교육정책의 빈출 키워드 기반 워드 클라우드

표 3  박근혜 정부 고등교육정책의 토픽 모델링 결과

| 토픽 | 토픽명 | 핵심 단어 | 문서 수 |
|------|--------|-----------|---------|
| 토픽 1 | 대학 자율역량 강화 | 시설, 임용, 사립, 안전, 국립, 진흥, 기숙사, 공시, 심사, 법률, 총장 | 123 |
| 토픽 2 | 대학의 사회수요 대응 및 인문역량 강화 | 지역, 사업단, 산업, 양성, 인문, 융합, 창의, 학술, 인문학, 글로벌, 공학, 연구자 | 74 |
| 토픽 3 | 반값 등록금 실현과 국가장학금 제도 | 학자금, 장학금, 상환, 납부, 등록금, 입학, 채무자, 초과, 부담, 상환액, 법률, 장학 | 73 |
| 토픽 4 | 산학협력 활성화 촉진 | 창업, 산학협력, 인재, 창의, 아이디어, 공학, 청년, 학교기업, 문화, 캡스톤디자인 | 103 |
| 토픽 5 | 학생정원 감축 기반 대학구조조정 | 취업, 지방, 맞춤형, 정원, 장학금, 직업, 대학원, 계열, 개선, 학부, 학사 | 142 |

<표 3>에서 보이듯이, 핵심 단어를 기반으로 한 핵심 주제 확인 분석에서는 5개가 확인되었다. 이들 5개 핵심 주제로서 1) 대학 자율역량 강화, 2) 대학의 사회수요 대응 및 인문역량 강화, 3) 반값 등록금 실현과 국가장학금 제도, 4) 산학협력 활성화 촉진, 5) 학생정원 감축 기반 대학구조조정이 핵심 단어군에서 연상의미 해석을 통해서 확인되었다.

최종 토픽 모델링 결과로서 5개 주제와 핵심 단어들 간의 네트워크 맵은 아래 [그림 6]과 같이 나타난다.

**그림 6** 박근혜 정부 고등교육정책의 키워드 네트워크 맵

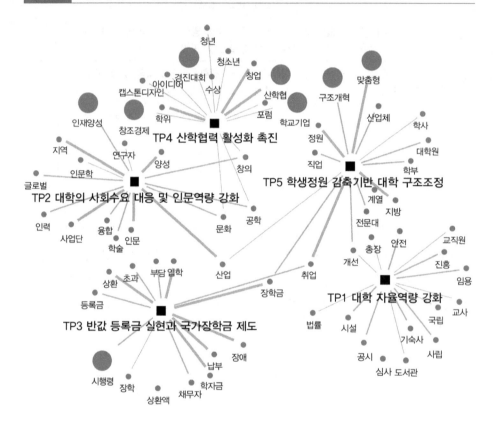

## 4 문재인 정부 고등교육정책의 핵심 주제

문재인 정부에서 교육부가 언론에 발표한 고등교육 관련 정책 보도자료(2017. 05. 10.~2021. 06. 30.)에 대한 토픽 모델링에서는 총 463개 보도자료 문서(13,470개 단어)가 활용되었다. 토픽 모델링 결과를 살펴보면, 우선 아래 [그림 7]의 핵심 단어 빈도 클라우드에서 보이듯이, 빈출 키워드 우선순위를 차지하는 단어에는 창업, 지역, 취업, 개선, 산업, 장학금, 진로, 산학협력, 입학, 학술, 양성, 장애 등이 나타나고 있다.

**그림 7** 문재인 정부 고등교육정책의 빈출 키워드 기반 워드 클라우드

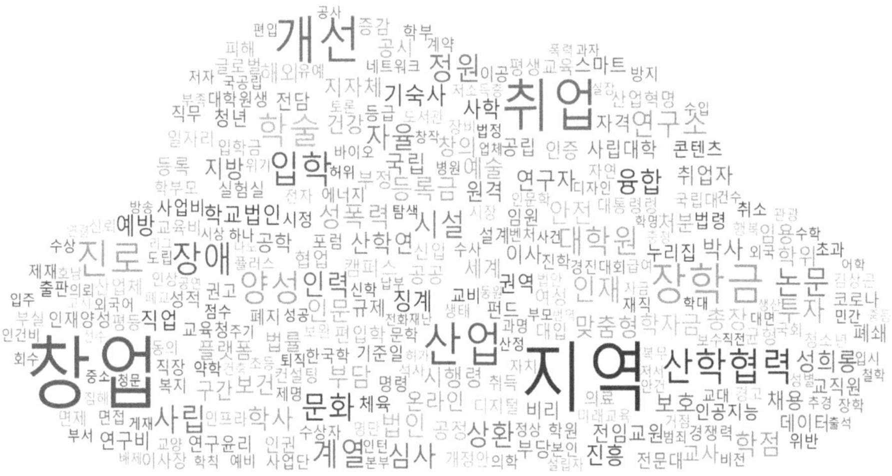

아래 <표 4>에서 보이듯이, 핵심 단어(key word)군을 기반으로 한 주제(topic) 산출에서는 5개가 가장 적절한 수로 나타났다. 이들 5개 주제는 1) 국가장학금 제도 개선, 2) 건전한 고등교육체제 조성, 3) 대학기본역량 평가와 재정지원, 4) 대학 연구역량 강화, 5) 지역협력 네트워크 기반 국립대학 육성을 각 핵심 단어 군에서 공통 연상의미 해석을 통해서 정할 수 있었다.

아래 <표 4>의 핵심 주제(topic)를 보면, 이전 정부들과 비교해서 문재인 정부 고등교육정책 중 특징적인 점은 대학 내 성희롱이나 성폭력, 학생 인권, 그리고 교수의 갑질 방지 등에 관심을 두고 안전하고 건전한 대학문화와 학교풍토 보장정책에 초점을 두었음을 알 수 있었다. 토픽 모델링 최종 결과로서 5개의 핵심적인 정책 주제와 및 핵심 단어들 간의 네트워크 맵을 구성하면 다음 [그림 8]과 같이 나타난다.

**표 4** 노무현 정부의 초중등교육정책 토픽모델링 결과

| 토픽 | 토픽명 | 핵심 단어 | 문서 수 |
|------|--------|-----------|---------|
| 토픽 1 | 국가장학금 제도 개선 | 취업, 장학금, 장애, 계열, 상환, 등록금, 학자금, 대학원, 구간, 학점 | 67 |
| 토픽 2 | 건전한 고등교육체제 조성 | 진로, 개선, 성폭력, 지역, 양성, 성희롱, 보호, 안전, 예방, 국립, 원격, 징계, 인권 | 89 |
| 토픽 3 | 대학기본역량 평가와 재정 지원 | 입학, 정원, 사립, 개선, 법인, 기숙사, 총장, 학사, 사학, 자율, 장학금, 공시 | 116 |
| 토픽 4 | 대학 연구역량 강화 | 학술, 논문, 연구소, 문화, 박사, 연구자, 인문, 예술, 세계, 보건, 연구윤리, 융합 | 57 |
| 토픽 5 | 지역협력 네트워크 기반 국립대학 육성 | 창업, 지역, 산학협력, 산업, 인재, 투자, 산학연, 플랫폼, 맞춤형, 융합, 지자체 | 134 |

| 그림 8 | 문재인 정부 고등교육정책의 키워드 네트워크 맵 |

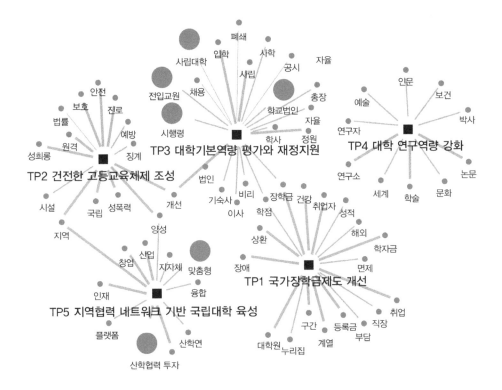

# 5 정권별 고등교육정책의 주제 비교 및 논의

　각 정권에서 교육부가 고등교육 분야에서 산출한 정책 보도자료에 대한 토픽 모델링 결과인 핵심 주제를 집계해 보면, 다음 <표 5>와 같이 요약 정리할 수 있다. 이들 토픽 모델링 결과에 나타난 주제로만 본다면, 정권별 고등교육정책 추진 양상의 경우 공통 주제도 보이지만 다소 차이점도 보이고 있다. 우선, 4개

표 5 정권별 고등교육정책 핵심 주제 비교

| 노무현 정부 | 이명박 정부 | 박근혜 정부 | 문재인 정부 |
|---|---|---|---|
| • 취약계층의 고등교육 기회 확대<br>• 누리사업 기반 지방대학 역량 강화<br>• 연구중심대학 육성<br>• 대학 특성화와 구조 개혁<br>• 사학 운영의 책무성 강화<br>• 전문대학원 체제 조성 | • 글로벌 fellowship 등 학술연구기반 강화<br>• 세계수준 연구중심대학 육성<br>• 맞춤형 국가장학제도<br>• 산학협력선도대학 육성<br>• 전문대학원 육성 | • 학생정원 감축 기반 대학구조조정<br>• 대학의 사회수요 대응 및 인문역량 강화<br>• 반값 등록금 실현과 국가장학금 제도<br>• 대학 자율역량 강화<br>• 산학협력 활성화 촉진 | • 대학기본역량 평가와 재정지원<br>• 대학 연구역량 강화<br>• 국가장학금 제도 개선<br>• 지역협력 네트워크 기반 국립대학 육성<br>• 건전한 고등교육체제 조성 |

정권 모두는 아니지만 전반적으로 정권이 변경되어도 계속 이어져서 유사한 기조를 유지하고 추진된 정책 주제가 있다. 예를 들어 대학 학술연구 역량 강화와 연구중심대학 육성, 대학 학령인구 감소와 고등교육 질적 개선을 위한 대학 구조조정, 산학협력 촉진, 고등교육기회 보장을 위한 국가장학금 지원 주제가 이러한 경우에 해당한다. 보다 구체적으로 각 정권에서 거의 동일한 주제를 바탕으로 고등교육정책이 추진된 사례를 보면, 연구중심대학 육성 및 학술연구 역량 강화인 것으로 확인할 수 있다. 예를 들어 노무현 정부에서 연구중심대학 육성, 이명박 정부에서 심층적으로 글로벌 fellowship 지원과 세계수준 연구중심대학 육성, 박근혜 정부에서 대학의 사회수요 대응 및 인문 역량 강화, 문재인 정부에서 대학 연구역량 강화가 동일한 주제하에 고등교육정책이 각각 추진되었다. 정권별 정책 추진에서 이러한 동일 주제가 나타난 이유는 연구중심대학 육성정책의 경우, 지난 1999년 시작한 7년 주기 BK21사업이 노무현 정부에서 2단계 BK21사업으로 이어지고, 그 이후 현재 문재인 정부에 이르기까지 4단계 BK21

로 이어져 왔기 때문이다. 또한 교육부 소관 학술진흥법이 존재하고, 각 정부에서 동법을 근거로 매년 지속적으로 학술연구진흥 사업을 추진해 왔기 때문이다.

대학구조조정의 경우 실제로 모든 정권에서 나름 추진해 왔으나, 상대적으로 부각된 경우는 노무현 및 박근혜 정부로 확인되고 있다. 산학협력 촉진의 경우에도 고등교육실제에서 모든 정권에서 정책사업으로 추진하였으나, 핵심적 주제로 부각되어 나타난 경우는 이명박 및 박근혜 정부로 확인되고 있다. 대학 등록금 문제와 관련해서 추진된 국가장학금 정책은 이명박, 박근혜, 문재인 정부에 거쳐서 각각 중요한 주제로 다루어진 것으로 나타났다. 법학전문대학원과 의약학전문대학원 체제는 노무현 및 이명박 정부에 거쳐서 조성되었기 때문에 두 정권에 거쳐서 전문대학원 육성이라는 주제가 공통적으로 나타나고 있다. 국가장학금이 최초 고등교육정책 핵심 이슈로 다루어진 것은 이명박 정부이고, 당시에 국가장학금을 운영 지원하는 한국장학재단이 법령으로 설립되었다. 그 이후 정권에서도 지속적으로 국가장학금을 확충하고 핵심 정책으로 추진해 왔다. 앞의 <표 5>에서 보이듯이, 박근혜 정부에서는 반값 등록금이라는 정치기조가 강화되면서 국가장학금이 전체 대학생 대상 소득연계형 국가장학금으로 확대되어 고등교육현장에 착근했다는 점을 보여주고 있다.

아울러, 앞의 <표 5>를 보면 정권별로 대학의 인력양성 지원, 즉 교육역량강화 사업이 국가재정지원으로 각 정권별로 전개되어 왔음을 알 수 있다. 하지만, 지원 대상이나 방식 등 재정지원 정책 초점이 정권별로 다소 차이가 있었음을 인지할 수 있다. 예를 들어 토픽 모델링을 통해 확인한 정책 주제에서, 노무현 정부의 경우는 누리사업을 기반으로 해서 지방대학을 지원하거나, 대학을 특성화하기 위한 목적으로 재정지원 사업을 전개했음을 보여주고 있다. 박근혜 정부에서는 대학의 사회수요 요구에 대응한 교육지원과 대학 자율역량 강화 차원에서 고등교육재정지원 사업이 진행되었음을 보여주고 있다. 문재인 정부는 고등교육 질 보장을 목적으로 대학기본역량 평가를 실시하고 대학 재정지원을 하였으며,

지방 국립대 기능 강화를 위한 재정지원 사업도 추진했음을 보여 주고 있다.

종합적으로 정리해 보면, 각 정권별로 정부당국(교육부)이 발표한 고등교육정책 보도자료 토픽 모델링 결과는 각 정부가 추진한 고등교육정책에서 이념적 특징을 개략적으로 잘 비교해 주고 있다. 노무현 및 문재인 정부의 경우 전반적으로 정책 주제에 내포된 정책이념은 고등교육의 형평성 강화, 대학의 책무성 제고로 집약되고 있다. 즉, 이명박 및 박근혜 정부와 비교해서, 노무현 및 문재인 정부는 취약계층 교육기회 확대나 지방대학 역량 강화, 그리고 대학의 책무성 강화(예: 노무현 정부의 사학 운영의 책무성 강화, 문재인 정부의 건전한 고등교육체제 조성)를 상대적으로 보다 강조했음을 확인할 수 있다. 반면에 이명박 및 박근혜 정부는 고등교육정책에서 수월성 및 효율성이나 자율성 이념을 강조했음을 보여주고 있다. 예를 들어 이명박 정부의 정책 주제들을 보면, 연구지원에 '글로벌', 연구중심대학 육성에 '세계수준', 국가장학금에 '맞춤형'이 강조되고 있고, 박근혜 정부의 경우에는 대학지원에 '사회수요 대응', '대학 자율역량 강화', 구조조정에 '학생정원 감축'을 강조해서 정책을 추진했다는 점을 확인할 수 있다. 결과적으로 정책 주제에 이러한 강조점이 의미하는 바는 이명박 및 박근혜 정부의 경우 노무현 및 문재인 정부와 유사한 고등교육재정지원 정책을 추진했더라도 지원의 초점이 형평성이나 균형성이 아니라 수월성 및 효율성에 맞추었다는 사실을 보여주고 있다.

## 제15장 대학입시정책의 실제와 쟁점

김은혜[1] · 박주호

## 1 대학입시제도의 개요

대학입학 제도는 고등교육 진입단계에서 대학들이 학생을 선발하는 원칙과 전형기준, 구체적인 절차와 방법 등 주요 내용을 포함하고 있다. 의미적으로 보면, 대학입학 정책이란 고등학교 졸업생의 상급학교 진학제도 운영과 관련하여 정부가 설정하여 제시하는 대학입학 전형 방향과 지침이라고 볼 수 있다. 즉, 대학입학 정책은 대학이 학생을 선발하는 제도적인 면을 포함하고, 국민 입장에서는 국민이 선호하는 사회적 가치로서 고등교육기회 배분에 관한 원칙적 규범으로서 기능한다. 통상 대학입학 정책을 통해서 대학의 학생선발에 관한 핵심적인 문제들에 대해 정부의 교육적 관점과 정책적 의지가 구체화된다. 정책으로서 대학입학 전형에 포함된 내용은 학생선발에 관한 비교적 정형화된 법제적 틀로서 존재한다.

실제 우리나라 대학입학 정책의 경우 대학입학을 허용할 수 있도록 선발 과정에서 준수해야 할 입시전형의 핵심 사항이 고등교육법령상 제도로서 규정되어 있다. 이는 우리나라에서 대학입학 정책이 법령에 의거 대학이 지켜야 할 입시제도로서 기능한다는 것을 의미한다. 고등교육법 제34조는 대학이 일반전형과 특별전

---

[1] 한양대학교 일반대학원 러닝사이언스학과 박사과정 학생, 한국대학교육협의회 입학기획팀장 역임.

형에 의해 입학할 학생을 선발하도록 정하고 있다. 일반전형의 경우 일반학생을 대상으로 보편적인 학생을 선발하는 전형으로서, 대학 교육목적에 적합한 입학전형의 기준 및 방법에 따라 시행되어야 한다(고등교육법 시행령 제34조 제1항). 반면에 특별전형은 특별한 경력이나 소질 등 대학이 제시하는 기준 또는 차등적인 교육적 보상기준에 의한 전형이 필요한 자를 대상으로 학생을 선발하는 전형으로서, 사회통념적 가치기준에 적합한 합리적인 입학전형의 기준 및 방법에 따라 시행되어야 한다(고등교육법 시행령 제34조 제2항). 아울러, 대학의 학생 선발일정과 관련해서도 수시모집·정시모집 및 추가모집으로 구분하여 학생을 선발하도록 정하고 있다(고등교육법 시행령 제41조). 특히 대학이 학생을 선발할 때 활용하는 입학전형 자료의 경우 법령상 구체적으로 나열하여 제시하고 있다. 고등교육법 시행령 제35조는 대학이 입학전형에 활용하는 자료로서 고등학교 학교생활기록부의 기록, 대학수학능력시험의 성적, 그리고 대학별고사(논술 등 필답고사, 면접·구술고사, 신체검사, 실기·실험고사 및 교직적성·인성검사)의 성적과 자기소개서를 제시하고 있다. 이에 더하여 고등교육법 시행령 제35조에서는 대학의 장이 대학별고사로서 논술 등 필답고사를 시행하는 경우 초·중등교육이 추구하는 본래의 목적을 훼손하지 않아야 한다는 강행적 제한 규정을 두고 있다. 여기서 '초·중등교육이 추구하는 본래의 목적의 훼손' 여부는 다소 포괄적이고 추상적이어서, 정부가 대학별고사 내용을 규제하는 데 있어 이해관계자 간에 다소 다툼의 여지가 있을 수 있다.

기능상으로 보면, 대학입학 정책은 학생을 뽑는 일과 관련한 고교와 대학 간 연결고리로서 대입제도가 그 기능을 원만히 수행할 수 있도록 조성하는 역할을 수행하고 있다. 하지만, 실제 우리나라의 경우, 대학입학 정책은 단순히 고등학생들의 상급학교 진학을 위한 시험제도 운영에 관한 사항만이 아니라, 고등학교 교육과정 운영, 교수학습 패턴, 과중한 사교육비 부담, 재수생 문제, 학교서열화, 대학의 학생유치 문제, 대학입학 정원의 확대 문제, 학생선발에서 대학의 자율화, 고교평준화 제도, 특목고 문제, 전문계 고교운영 등 국가교육 전반에 현실적 영향을 미치는 중요한 정책 영역에 속한다(김동석, 2009).

　실제적으로 보면, 대학입학 전형의 핵심은 대학에 입학하여 수학하는 데 요구되는 자질의 정도를 측정하여 그 정도에 따라 적합한 입학자 선발을 위한 절차 사항이다. 여기에서 '대학에 입학하여 수학할 수 있는 자질'의 경우 매우 포괄적인 의미를 내포하고 있다. 사회적 측면에서는 향후 사회의 구성원으로 직업적 가치를 지닐 사람으로서의 잠재능력일 수도 있다. 대학의 측면에서 보면 특정 학문분야의 학문적 수월성을 이루어 낼 수 있는 학업성적일 수도 있다. 또한, 대학입학 전형은 교육기회의 보장적 요소를 충족해야 한다. 기회균등 및 차별금지 원칙에 따라, 대학입학 전형은 대학교육을 받고자 하는 기회가 누구에게나 공평하고 균등하게 보장해 주는 기능적 요소를 지녀야 한다(김영달, 1988). 이러한 고등교육 기회 보장적 측면 요소가 대학입학 전형제도에 반영된 것이 현행 고등교육법상 규정된 특별전형 제도이다. 구체적으로 대학입학에서 특별전형을 통한 정원 외 선발의 경우에 농어촌에 거주 및 재학하는 자, 특수교육대상자, 재외국민과 외국인, 기초수급대상자 등의 사회적 지원을 받는 자를 포함한다.

　특히 대학진학에 국민적 열망이 높은 우리나라의 경우, 대학입학 전형이 어떻게 형성되느냐에 따라 하급학교, 무엇보다도 고등학교 교육의 전반적인 방향이 달라질 수 있다. 시험 성적 중심만으로 대학입학 전형을 운영하는 경우 고등학교 등 하급학교들은 입시 위주 교육에 치중된 학교수업이 될 수밖에 없다는 것이다(유인종, 2001). 예를 들어, 과거 대학 본고사가 운영되던 시기에는 본고사에 초점을 맞춘 초중고 교육이 이루어지게 되었다. 또한, 대학입학 전형의 중요한 자료로 학교생활기록부의 각종 기록내용이 활용되는 시기의 경우에는 이에 맞춰 하급학교 교육체제가 전반적으로 바뀌게 되었다. 결과적으로 우리나라 대학입학 전형은 하급학교 교육방향 설정에 커다란 영향력을 지니고 있다. 따라서 대학들은 자신들의 입학 전형 운영의 경우, 그것이 하급학교 교육체제에 미치는 파장과 영향력을 깊이 인식하여, 사회적 책무성 차원에서 하급학교 교육이 왜곡되지 않도록(정상화가 가능하도록) 하는 방향으로 운영할 필요가 있다. 이러한 견지에서 우리나라 고등교육법 시행령(제35조)은 대학의 장이 입학 전형에 대학별고사로서 논술 등 필답고사를 시행하는 경우 초·중등교육이 추구하는 본래의 목적을 훼손하지 않아야 함을 규정하고 있다.

이처럼 우리나라에서 대학입시 전형이 가지는 사회적 및 교육적 기능의 중요성 때문에, 정부는 대학입학 정책을 운영함에 있어 세부적이고 구체적으로 관여하고 규제하는 정책기조를 유지하고 있다. 우리나라 정부가 대학입학 정책 운영 일환으로서 대학의 학생선발에 관여하고 규제를 가하는 것은 법률상 대학입시 제도에 그 근거를 두고 있다. 우선 고등교육법 제34조의 5는 대학수학능력시험의 주요사항(기본방향 및 과목, 평가방법, 출제형식)과 학생이 대학에 지원할 수 있는 총 횟수, 그리고 대학 입학과 관련해서 필요하다고 인정하는 사항을 정부(교육부)가 정하도록 하고 있다. 이들 사항을 정부가 변경하는 경우 해당 입학연도 4년 전 학년도가 개시되는 날 전(해당 학생이 중학교 3학년 학기 개시일 전)까지 공표하도록 하고 있다. 또한, 동법 제34조의 5의 제3항에서는 대학교육협의회로 하여금 매 입학연도의 2년 전 학년도가 개시되는 날의 6개월 전까지 교육부장관이 공표하는 사항을 준수하여 입학전형에 관한 기본사항, 즉 대학입학전형 기본사항을 수립·공표하여야 함을 규정하도록 하고 있다. 예를 들어 22학년도에 적용될 대학입학전형 기본사항의 경우, 대학교육협의회가 22학년도로부터 2년 전 학년도 개시일(20년 3월)의 6개월(2019년 9월) 이전에 발표해야 한다. 이 경우 해당 학생은 고등학교 1학년 8월 말에는 본인이 대학에 진학할 학년도의 대학입학전형 기본사항을 확인할 수 있도록 발표해야 한다는 점을 의미한다.

고등교육법에 규정된 대학입시제도를 형식상으로 보면 대학들의 협의체인 대학교육협의회가 대학들의 의견을 수렴하여 대학입시 전형의 기본사항을 사전에 자율적으로 정해서 공표 후 운영하도록 하고 있다. 하지만, 그 내용의 구체적 실제를 보면, 대학교육협의회가 공표해서 운영하기 위한 대학입학전형 기본사항

수립의 경우 교육부장관이 공표하는 사항을 반드시 준수토록 하고 있다. 따라서 실제 대학의 학생선발을 위한 입시전형은 정권별로 정부의 방침이나 의지가 교육부장관의 공표사항에 포함될 수밖에 없다. 결과적으로 우리나라 대학입시 전형은 대학입학 정책으로서 교육부가 정해서 공표하는 사항에 의해 규제되고 있음을 알 수 있다.

## 2 정권별 대학입시정책의 핵심 사항

### 가. 노무현 정부

노무현 정부에 의해 추진된 대입제도는 그 목표를 '내신강화를 통한 공교육 정상화'에 두었다. 이를 달성하기 위해서는 '미래사회가 요구하는 21세기형 우수 인재를 발굴 육성하는 데 기여'하고, '고교교육의 중심축을 학교 밖에서 학교 안'으로 전환시키는 데 중점을 두었다. 구체적으로 2004년 10월 28일 '2008학년도 이후 대입제도'를 발표하였다. 여기에서는 네 가지 주요 정책이 추진되었다. 첫째, 학교생활기록부의 반영 비중 확대, 즉 원점수와 석차등급(9등급) 표기 및 AP 제도의 도입 운영, 둘째, 대학수학능력시험 결과를 9등급으로 성적 제공, 셋째, 학생선발의 특성화·전문화를 위해 고교 동일계열 진학 촉진 및 입학사정관제 도입, 넷째, 사회통합을 유도하는 입시전형 활성화, 즉 농·어촌특별전형 확대 (4%)와 지역균형선발 특별전형 유도 등이 골자이다.

특히 노무현 정부는 대입제도 개혁을 강도 높게 진행하였다. 구체적으로 '학생부 내신 실질반영비율 50% 반영'을 대학에 요구하였다. 이에 따라 대학은 수능성적 비율을 일부 낮추면서 내신성적 반영비율을 높였고, 동시에 변별력 확보를 위해 논술 반영비율도 높이는 방식으로 대응하였다.

## 나. 이명박 정부

이명박 정부는 대학에 학생선발권을 단계적 이양 및 대입전형의 자율화를 핵심 정책으로 추진하였다. 2008년 1월 22일 공교육을 강화하고 사교육을 줄일 수 있는 대입 3단계 자율화 정책을 마련하였다. 그중 1단계의 내용은 2008년도 입시부터 대학입시 업무를 교육부에서 한국대학교육협의회로 전면 이양하는 것이었다. 그리고 2009년도 입시부터 수능등급제 보완, 학생부 및 수능성적 반영 비율 자율화, 입학사정관제 확대 지원, 대학이 신입생 모집 결과에서 학생의 다양성에 관한 정보를 공개하도록 하였다. 2단계에서는 수능 응시과목을 학생당 평균 7과목에서 2012년까지 최대 5과목으로 축소하고, 2013년부터는 최대 4과목으로 축소하는 것을 계획하였다. 대학입학 전형 자율화 1단계와 2단계를 통해서 대학의 학생선발이 선진화되고, 안전적으로 운영되는 추이를 감안하여 그 3단계로서 2012년 이후에 대학입시 완전 자율화를 시행하겠다고 밝혔다. 이를 통해 실제 추진된 핵심 정책은 대학협의체로 업무 이관, 입학사정관제의 확대, 수준별 수능 과목 축소 등이다.

## 다. 박근혜 정부

2013년 8월 교육부(2013)는 '학생·학부모 부담 완화와 학교교육 정상화를 위한 대입전형 간소화 및 대입제도 발전방안을 발표하였다. 이 개선방안에서 수시전형 4개, 정시전형은 2개 이내로 전형방법 수 축소가 핵심 사항이었다. 아울러, 학생부를 적극적으로 활용하도록 권장하고, 최저학력기준 완화 및 우선 선발 금지를 규정하였다. 대학별고사인 논술은 가급적 시행하지 않도록 하고, 논술보다는 학생부와 수능 등 대다수의 학생이 준비하는 전형요소 중심으로 반영하도록 권장하였다. 반면에 교과 중심의 문제 풀이식 구술형 면접과 교과 중심의 문제 풀이식 적성고사는 지양하도록 하였다. 그 외 고른 기회 입학전형 확대 등을 포함하였다.

　박근혜 정부는 '대입전형 간소화'를 핵심으로 한 대입제도 개선안을 대학이 수용토록 하기 위해, '2014년 고교교육 정상화 기여대학 지원사업'이라는 국가재정지원 사업을 대학입학 정책 일환으로 추진하였다. 이 정책은 '고교교육 정상화 실현'을 비전으로, '복잡한 대입전형의 간소화'와 '고교 교육과정 중심 대입전형 운영'을 목표로 시행되었다(교육부/한국대학교육협의회, 2014).

## 라. 문재인 정부

　문재인 정부 출범 이후 대입제도와 관련하여 여러 차례의 정책 결정이 있었다. 교육부(2017)는 2017년 8월 10일 '2021학년도 수능 개편시안'에서 수능 교과목 개편과 수능 절대평가 확대 방침을 발표하였으나, 8월 31일 다시 2021학년도 수능개편을 1년 유예하기로 결정하면서 제도 변경은 무효화되었다. 결과적으로 2021학년도 수능은 종전과 동일하게 시행되었다. 이후, 2018년에는 국가교육위원회 주도하에 대입공론화 과정을 거친 후, 8월 17일 '2022학년도 대학입학제도 개편방안'을 발표하였다(교육부, 2018). 2019년 11월 28일에는 교육부가 '대입제도 공정성 강화방안'을 발표하였다(교육부, 2019).

　'2022학년도 대학입학제도 개편방안'의 주요 내용은, 수능위주전형 비율 30% 이상 확대 권고와 수능 체제 개편이다(교육부, 2018). 구체적으로 2022년 수능 체제 개편은 2015 교육과정의 취지를 반영해서 첫째, 국어·수학·직업탐구에 공통＋선택형 구조를 도입, 둘째, 탐구 영역의 문과·이과 구분을 폐지하여, 학생들이 진로·적성, 희망 등에 따라 총 17개 과목(사회 9개 과목, 과학 8개 과목) 중 2과목까지 선택2할 수 있도록 하는 등 학생 선택권을 확대, 셋째, 수학에서는 기하를,

---

2 사회탐구 2과목, 과학탐구 2과목, 사회탐구 1과목＋과학탐구 1과목 선택 가능

과학에서는 과학Ⅱ 4개 과목을 선택과목으로 포함해서 관련 분야로 진학을 희망하는 학생들의 선택권을 보장, 그리고 넷째, 수능 평가방법에서 영어, 한국사와 과목 쏠림 문제가 있는 '제2외국어/한문'은 절대평가로 변경함을 포함하였다. 아울러, 교육부(2018)는 2022년 대학입학제도 개선방안 일환으로 고교 학생부 기재 시 개선방안도 포함하였다. 우선, 학생부의 신뢰도를 높이기 위해 과도한 경쟁 및 사교육을 유발하는 요소·항목을 정비하고, 학교 내 정규교육과정의 교육활동을 중심으로 기록하도록 개선한다는 점이다. 그 개선사항으로는 인적사항의 경우 학부모 정보를 삭제하고, 수상경력은 현행대로 기재하되, 대입 제공 수상경력 개수를 학기당 1개, 총 6개까지 제한하여 제공하도록 한다. 다음으로 자율동아리는 학년당 1개에 한하여 객관적으로 확인 가능한 사항만 기재하도록 하고, 소논문은 기재하지 않도록 한다는 방침이다.

특히, 교육부는 "2022학년도 대입부터 수능 위주의 정시전형 비율을 30% 이상 늘리지 않을 경우 재정지원에 반영하겠다" 하였고, 이에 2019년 4월 30일에 한국대학교육협의회가 발표한 '2021학년도 대입전형 시행계획'과 교육부의 조치로 많은 대학들이 수능 위주의 정시전형 비율을 상향하였다.

아울러, 문재인 정부가 발표한 '대입제도 공정성 강화방안'의 주요 내용은 첫째, 대입제도 공정성 강화 방안, 둘째, 평가의 투명성·전문성 강화, 셋째, 대입전형 구조 개편이었다. 그중에서 가장 중요한 대입전형 구조개편의 내용을 보면, 학생부종합전형과 논술위주전형으로 쏠림이 있는 서울 소재 16개 주요대학에 수능위주전형을 40% 이상 확대, 논술위주전형과 어학·글로벌 등 특기자전형 폐지 적극 유도, 사회적 배려 대상자의 기회 확대와 지역균형발전을 위한 사회통합전형 도입 등이었다. 향후 대학들은 이러한 정부의 입시정책 방향성에 따라 수능 위주의 정시전형을 확대할 것으로 보인다.

**정권별 대학입시정책에서 논쟁점**

우리나라의 경우 대학 학생선발에 관한 정책이나 새로운 대입제도 형성과정
에서 다양한 이해관련 집단과 교육 관련 행위주체 간에 교육적 쟁점과 사회적
쟁점이 첨예하게 대립되어 오고 있다. 최근까지 대학입학 정책에서 지속적으로
논쟁거리로 등장한 문제들에서 각 쟁점들은 어떠한 주장들로 이루어져 있는지,
그러한 주장을 뒷받침하고 있는 근거와 이유는 무엇인지를 살펴보고자 한다.

## 가. 정부의 개입과 대학자율의 문제

우리나라 대학입학 정책에 있어 핵심 쟁점사항 중 하나는 대학의 자율과 한
계, 즉 정부 관여에 관한 논쟁이다. 대학의 학생선발 전형은 본질적 성격에 있
어, 각 대학이 추구하는 건학이념, 교육적 신념과 학문적 필요에 따라 우수한 적
격자를 선발하는 과정이다. 따라서 대학들의 입장은 일련의 학생선발 과정에 있
어 정부나 다른 기관으로부터 간섭과 통제를 받지 않고 전적으로 자율성을 가져
야 한다는 것이다. 그러나 정부는 국가 차원에서 교육제도 운영의 공정성을 확
보하고, 공공의 가치가 실현될 수 있도록 하는 역할과 책무가 있기 때문에, 교육
의 기본권과 평등한 고등교육 기회가 보장되도록 대학의 학생선발 과정에 개입
한다. 이러한 맥락에서 대학입학 전형에 대학의 자율과 정부개입, 국민의 요구
간에 타협점 모색이 필요하고, 그 과정에서 정치적 쟁점이 존재할 수밖에 없다
(김동석, 2009).

구체적으로 고등교육기관인 대학이 자유시장주의 입장에서 학생을 선발한다
는 측면에만 국한한다면, 학문의 발전을 지향하고 다양한 전공단위의 특성과 내
재적 요구를 반영하여 우수 학생을 적격자로 선발하는 것은 대학이 가질 수 있

는 가장 기본적이고 원초적인 자율의 영역이다(변기용, 2009; Jongbloed, 2003). 대학
입학 전형의 핵심요소가 바로 대학교육 적격자 선발이며, 이것을 침해하는 경우
이론적으로 대학의 자율성은 유지될 수가 없다. 한편, 우리나라 상황에서 대학을
둘러싸고 있는 교육실제의 경우, 고등학교는 대학입시 준비에 목을 매고 있고,
학부모들의 경우 자녀의 대학입시 준비를 위한 사교육에 치중해서 과중한 사교육
비 부담이 사회적 문제화되고 있다. 전반적으로 사회의 양극화와 소득격차 문제
가 심화되어 교육 부문에서도 양극화 해소와 균형발전에 역할을 해야 하는 정책
적 과제를 안고 있다. 학생선발에 대학 자율성이 적극적으로 보장되어야 한다는
입장에서는 대입제도의 본질적 성격, 고등교육의 수월성 확보, 경쟁을 통한 학교
발전 등의 논리를 근거로 하고 있다. 반면, 대학입학 전형에 정부의 공공적 개입
이 당연하다는 입장에서는 대입제도 운영의 공정성 확보, 교육격차 해소, 교육의
형평성 제고, 교육 시장실패의 조정 등을 이유로 들고 있다(김동석, 2009).

## 나. 공교육 정상화와 사교육에 대한 정책적 대응 문제

대학의 학생선발에 있어 고교교육의 정상화를 지원하는 문제와 사교육에 대
한 정부의 정책적 대응 또한 대학입학 정책과 관련한 핵심 쟁점사항 중 하나이
다. 특히 우리나라의 경우 대학입학 과열 경쟁으로 인해 야기된 입시 위주의 교
육운영과 이로 인한 사교육 문제가 지속적으로 사회적 쟁점이 되어 왔다. 대입
준비교육에만 집중된 고등학교 교육과정의 파행적 운영, 그리고 대입 준비를 위
한 각종 사교육비 부담이 계층 간 갈등으로 심화되어, 정부는 학교교육의 정상
화와 사교육 지향을 억제하는 방향으로 입시경쟁을 완화하는 교육정책을 추진하
게 되었다. 학교교육의 큰 흐름이 입시 위주로 운영되는 것은 국가 차원에서 문
제 상황이 될 수밖에 없다. 따라서 정부는 교육개혁과 입시제도 변경을 위한 대
학입시정책을 지속적으로 추진해 왔다.

대학입시에 정부의 관여와 정책 추진은 초중고 교육의 정상적 운영을 도모하고 공교육체제 기능 강화에 그 당위성을 두었다(김동석, 2009). 실제로 중학교 무시험 진학제(1969), 고교평준화 제도(1974), 7·30 과외금지 조치, 그리고 학교 정상화 방안(1980), 새 대학입학전형제도(1997), 2002~2008 대입전형제도, 고교교육 정상화 지원사업(2014) 등 대학입학과 관련해 추진되어 온 정부 정책들은 입시 위주 학교교육 및 과열과외 문제와 사교육비 문제에 대한 정부의 정책적 대응을 표방하고 있다. 예를 들어 2008 대학입학전형제도에서 고교내신 성적의 실질적 반영비율을 높이도록 한 것은 공교육 정상화 지원을 핵심 목표로 설정하고 있음을 보여주는 대표적인 사례라고 볼 수 있다.

## 다. 대학입학 전형의 다양화와 간소화 문제

대학입학 전형의 다양화 추구, 이와 반대인 간소화 지향 문제는 대입과 관련한 문제 중 여전히 정답이 없는 논쟁거리에 해당한다. 대학입학 전형의 다양화를 주장해온 입장의 경우, 국가가 관리하는 대학수학능력시험 점수만을 선발의 기준으로 삼았던 획일적인 대학입학 전형방법에서 탈피하고, 각 대학이 모집단위의 특성에 맞게 학생을 선발하되, 교과 성적 이외에 특기와 적성, 수상경력, 봉사활동과 동아리 활동, 면접 자료와 추천서, 자기소개서 등 다양한 전형요소를 고려하여 학생선발의 다양화를 추구하자는 것이다. 특히 대학입학 전형의 다양화는 다원화 시대, 다품종 소량생산 방식의 미래 사회가 요구하는 지향점에 가장 적합한 형태이고, 종전의 성적 한 줄 세우기에 의한 입시전형 문제 개선이라는 장점을 가진다는 것이다. 말하자면, 대학입학 전형의 다양성 추구는 학생선발 시 다양한 준거로 잠재력을 기반하여 선발하자는 입장이다(정광희 외, 2004). 이러한 입장에서 그동안 대학들은 대학입학 전형 다양화 정책에 따라 차별화된 전형을 개발하기 위하여 노력하였고, 다양화된 전형에 따른 전형요소, 전형절차,

지원자격 등이 점차 세분화되고 복잡해지게 되었다.

한편, 대학입학 전형의 다양화는 기존의 학업성적만에 의한 획일적인 선발에서 학생의 재능, 잠재능력, 가능성 등을 고려한 선발이라는 긍정적인 면이 있는 반면에, 전형이 다양화될수록 학생들은 전형요소에 맞춤형으로 대비해야 하는 부담이 커진다는 부정적인 면이 존재한다(황수진, 2018). 이에 따라 대입 준비 부담을 완화할 수 있는 대입전형제도 개선의 필요성이 제기되고, 대입전형을 단순화해야 한다는 사회적 요구가 높아졌다(김승현, 2013). 그 결과 박근혜 정부는 2013년 8월 27일 학생·학부모 부담 완화와 학교교육 정상화를 위한 '대입전형 간소화 및 대입제도 발전방안'을 발표하였다. 이 방안에서 주목할 점은 대학별로 전형방법을 전형요소를 기준으로 수시(학생부 중심 전형)는 4개, 정시(수학능력시험 성적 중심 전형)는 2개 이내로 전형방법 수를 축소하여 최대 6개 이내로 대입전형을 설계하도록 한다는 것이다. 이는 당시 전국 대학에서 3,000여 개가 넘는다고 여겨진 대학입학 전형을 간소화하겠다는 것이었다. 2021년 현재 대입전형제도의 경우도 대학별로 전형요소를 기준으로 수시(학생부 중심 전형)는 4개 이내, 정시(수학능력시험 성적 중심 전형)는 2개 이내의 전형으로만 입시전형을 운영토록 하고 있다.

## 라. 대학입학 전형에서 공정성의 문제

대학입학 정책과 관련하여 가장 많이 논의가 되고 있는 사항은 공정의 문제, 즉 공정한 전형방법이 무엇인가 하는 문제이다. 누구나 대입제도는 공정해야 한다고 생각하지만, 대학입시에서 무엇이 공정한 것인가를 정의하는 것은 쉽지 않고, 인과관계 차원에서 명확히 정리하는 것도 어렵다. 학생과 학부모들은 대입전형의 공정성을 각자 자신의 유·불리에 따라 판단할 뿐이고, 교사들의 경우도 진학지도 경력과 교육철학에 따라 제각각 공정성을 주장한다. 사교육 기관들의 경우는 자신들에게 특화된 대입전형은 공정한 것이고, 그렇지 않은 것은 불공정한 것이라고 치부하기도 한다(김평원, 2018a). 한편으로는 대학수학능력시험 점수 만을 토대로 한 수능전형이 가장 객관적이고 공정하기 때문에, 정시중심의 수능 전형을 확대하는 방향으로 대입제도가 개선되어야 한다는 주장이 있다. 또 다른 한편에서는 학생부를 중심으로 선발하는 것이 더욱 타당하며 공정하다는 주장이 있다. 수능전형과 학생부전형의 경우, 전형의 방법과 요소가 각각 다른데도 서 로 공정하다고 주장하는 상황이다(양성관, 2019).

최근 정부에서 공정성을 국정의 지표로 설정하고 대입제도 개선의 중요한 평 가 준거로 제시할 때에는 문제가 없어 보였다. 하지만, 구체적인 전형방안을 선 택하는 단계에 이르러서는 어떻게 하는 것이 공정한 것인가의 문제는 복잡하게 전개될 수밖에 없다는 사실이다(강태중, 2018). 예를 들어, 대입전형의 수가 많은 것을 '복잡하다'고 인식하는 사람들이 있는 반면, '다양하다'고 인식하는 사람들 도 있다. 대입전형 요소의 수가 적으면 '획일적이다'라고 부정적인 평가를 하는 사람들도 있고, '단순해서 간편하다'고 평가하는 사람들이 있다(김평원, 2018b). 이 러한 견해와 관점 차이는 특정 현상을 서로 달리 해석한 결과로 볼 수 있다. 공 정성을 결과에 초점을 두는 사람들이 있는가 하면, 결과보다는 과정이나 절차의 공정성에 관심을 두는 사람들도 있다. 어떠한 결과에서 그 내용이 과연 실력에 의한 것인지의 문제, 즉 결과가 소득수준이나 지역에 의해 영향을 받기 때문에 공정성 평가가 달라질 수가 있다는 점이다(진명선, 2018). 특히 소속된 기관이나 단체의 성격에 따라 공정성 평가가 다르고 또 달리 인식되는 경향도 있다(양성관, 2019). 입시정책을 받아들이는 다양한 이해당사자들에 따라 공정성은 달리 해석 되는 문제가 존재하기 때문에, 대학입학 전형의 평가 기준으로서의 공정성 개념 의 적용은 보다 심층적으로 검토할 필요성이 있다.

# 4 / 논의 및 제언

앞에서 살펴보았듯이, 우리나라 각 정권별 정부는 나름 교육개혁 또는 혁신 차원에서 각각 상이한 입시정책을 추진해 왔었다. 우선, 2003년 2월 25일 출범한 노무현 정부의 경우, 대학입학 정책에서 학생들이 학교교육에 좀 더 충실성을 기하게 하고 교사의 권위를 높이며, 각 지역의 모든 고교 간 내신성적 격차를 인정하지 않도록 해서 지역 간 형평성 신장에 초점을 두었다. 무엇보다도, 노무현 정부는 대입에 고등학교 학생부 반영과 그 반영비율 확대를 실현하였고, 입학사정관제를 최초 도입함으로써 현재 운영 중인 학생부종합전형의 제도적 틀을 실질적으로 완성했다고 평가할 수 있다(안선회, 2018). 하지만, 노무현 정부 대학입시정책의 경우 고등학교 내신성적 상대평가로 인한 성적 경쟁의 심화, 수능에 이은 내신과 논술 사교육비 지출로 인한 극심한 사교육비 증가, 학생의 학습 부담과 스트레스 증가 등을 가져왔다.

이명박 정부는 대입정책에서 가장 중요한 문제를 정부의 '규제'라고 규정하였다. 이에 대한 해결책으로 대입전형 '자율화'를 정책목표로 제시하였다. 한편, 대입제도 운영에서 '규제'와 '자율화'라는 양극단의 관점에서 보면, 이명박 정부는 이전 정부와 비교해서 정책방향이 크게 다른 것 같지만, 일부 차이점이 있을 뿐 근본적인 방향에서는 큰 차이가 없었다는 의견도 있다(안선회, 2018). 정책 방향에 큰 차이가 없었다는 실제의 사례를 들자면, 노무현 정부가 새로 추진한 입학사정관제 정책이 이명박 정부에서 보다 본격적으로 정착 및 확대되었다는 점이다.

박근혜 정부에서도 기존 입학사정관전형이었던 '학생부종합전형'의 지속적인 확대 및 정착을 계속해서 추진하였다. 박근혜 정부의 경우 '대입전형 간소화' 정책을 추진하였고, 학생부교과전형, 학생부종합전형이 확대되었다. 문재인 정부의 경우 대입전형의 공정성 강화에 초점을 두고 입시정책을 추진하였다. 구체적으로 대학별 수시전형 운영이 공정하지 못하다는 비판을 염두에 두고 대학수학능력시험 점수를 중심으로 운영하는 정시전형 비중을 높이는 정책을 추진하였다.

대학입시에서 어떤 전형요소를 활용하고 어떠한 전형방법을 운영하는 것이 가장 바람직한 것인가? 이에 대한 정답은 결코 없다. 한 국가에서 대학입시제도는 그 나라 사회문화의 산물인 동시에, 고등교육기관에 대한 그 나라 국민들의 신뢰성에 의해 특화된다. 예를 들어, 세계 최고의 교육 경쟁력을 자랑하는 핀란드의 종합대학 선발 방식을 보면, 우리나라 수학능력시험에 해당하는 대학입학자격시험(Matriculation)[3] 성적과 대학 전공분야별로 시행하는 입학시험 성적(종전 우리나라 대학별고사라고 볼 수 있다)이 중요한 요소로 작용한다는 사실이다(정일용 및 김든, 2012). 특히 정일용과 김든(2012)의 조사에 따르면, 핀란드 대표 대학인 헬싱키 대학의 경우 약 50% 학생은 대학입학자격시험 성적에 기초하여 선발하고, 나머지 50%는 대학 전공분야별로 시행하는 입학시험 성적만으로 선발하고 있다. 헬싱키 대학이 2개 시험 성적으로 학생을 선발하는 이유는 대학입학자격시험 성적이 낮으나 대학입학시험 성적이 좋은 학생을 배려하고, 그 반대인 학생들의 경우도 고려한 것으로 보인다. 핀란드 종합대학들의 경우 엄격히 학생 학업능력을 위주로 학생을 선발하고 있기 때문에 해당 대학입학을 위하여 몇 년씩 재수하는 경우도 많이 있다(정일용 및 김든, 2012). 또한, 많은 사람들이 알고 있듯이 미국 대학의 경우 대학입학자격시험(Scholastic Assessment Test: SAT, 또는 American College Testing: ACT) 성적과 고등학교 학생부를 기반으로 입학사정관이 심사해서 선발하는 입시전형 방식을 사용하고 있다. 입학사정관이 심사해서 선발하는 미국 대학

---

3 핀란드 대학입학자격시험은 대학을 진학하고자 하는 학생은 모두 치르는 시험으로서 1년에 두 번(봄과 가을) 실시, 시험과목은 4개(필수인 모국어와 외국어, 제2모국어, 수학, 인문 및 자연과학 중 3개 교과 선택)이고 상대평가 시행, 합격자 중 약 20%만이 종합대학에 진학하고, 17%는 폴리테크닉에 진학하며, 동 시험에 탈락한 학생도 매년 7~8%에 이르고 있다(정일용·김든, 2012).

입학전형에서 눈여겨볼 사항은 모든 고등학교가 특정대학 입시전형에 모두 허용되어 있지 않다는 사실이다. 예를 들어 하버드 대학교 입시전형에는 매우 제한적인 수의 고등학교만이 허용되어 있다. 어떤 특정 고등학교 졸업생이 하버드 대학교 입시전형에 지원하려면, 그 고등학교가 2~3년간 하버드 대학 입시전형 가능성 여부를 위한 사전 심사를 거쳐야 한다.

우리나라는 특이하게 대학의 명성이 대학 졸업 후의 성과보다는 어떤 학생을 뽑는가에 좌우되는 현상이 고등교육풍토에 팽배해 있다. 즉, 대학 졸업생의 수준이 아니라, 입학생의 수준이 해당 대학의 지위를 결정하는 풍토가 지배하고 있다. 이러한 고등교육풍토에서 대학의 상품가치는 입학생으로부터 나오기 때문에 대학들은 입학과정에서 보다 우수한 학생을 뽑기 위한 치열한 경쟁에 치중할 수밖에 없다. 실제 우리나라 주요 대학들은 '가르치는 경쟁'이 아니라 주로 '뽑는 경쟁'에 관심을 집중하고 있고, 이러한 경쟁 수단 확보 차원에서 입학전형의 자율성 강화를 주장하고 있다(하연섭, 2011). 이러한 특이한 고등교육풍토하에서 우리나라 대학은 학생선발을 하는 데 있어서 어느 정도까지 자율성을 가져야 하는지의 문제는 정부의 대학입시전형 관여 문제와 관련해 판단할 필요가 있다.

향후 정부가 대입정책에서 특별히 초점을 두어야 할 사항은 대학수학능력시험과 고등학교 학생부 관리방안이라고 본다. 우선, 대학수학능력시험은 고등학교 교육과정의 내용과 범위 내에서 출제되도록 관리할 필요가 있다. 고등학교에서 학생이 배우는 수업내용과 대학수학능력시험 측정내용이 불일치하는 경우, 학교교육만으로는 수능시험 준비가 불가능하여 그 갭(gap)을 사교육에 의존할 수밖에 없다. 현재 우리나라의 경우 사교육비 대책 일환으로 정부 차원에서 수능방송이라는 정부 주도 공교육형 사교육을 운영하고 있지만, 이러한 정책은 교육의 본질적 가치에 적합하지 못하다. 고교교육과 수능시험 간의 불일치와 EBS 수능방송에 의존하는 입시준비 체제는 고교교육단계에서 학교가 교육의 주도권을 포기하게 된 결과를 야기하고 있고, 교사들 또한 자신들의 교육을 사설학원이나 EBS 방송교육에 방치하게 해서 스스로 자기 주도성을 상실하는 구조이다. 따라서, 우선적으로 수능시험의 측정내용을 고교교육과 일치시키는 것만이 입시 준비를 위한 사교육 부담을 최소화할 수 있고, 공교육 정상화는 물론 교육의 형평성을 보장하는 최소한의 장치일 것이다. 아울러, 정부는 대학입시정책 일환으로서 입시전형의 자료로 활용되는 고등학교 학교생활기록부 관리운영에 있어 만전을 기할 필요가 있다. 궁극적으로 정부는 고등학교 교육을 정상적으로 충실히 이수하는 경우, 어느 지역, 어떤 학생이든지 수능시험은 물론 대입전형에서 기회가 확실히 보장되도록 해야 할 것이다.

대학이 학생을 선발하는 데 있어서 하급단계 학교교육의 정상화 정도를 어느 정도까지 고려해서 자신의 입시전형을 시행해야 하는가? 실제로 대학들이 입시 전형을 운영함에 있어서 고등학교 교육 본질의 왜곡을 방지하고 학교교육의 정상화를 엄밀히 실현하는 것은 거의 불가능하다. 왜냐하면, 고등학교 교육의 본질과 초중등학교 교육의 정상화라는 개념은 다소 추상적인 성격이 강하고, 그것을 주장하는 기관이나 사람에 따라 달리 해석할 여지가 있기 때문이다. 또 한편, 고등교육기관인 대학이 자신의 건학이념과 교육적 가치와 신념에 따라서 우수한 학생을 자율적으로 선발할 수 있도록 해야 한다는 것에 대해선 누구도 부정할수 없는 대학 자율성 제고의 원칙이다. 특히 우리나라와 같이 교육열이 높고, 대학진학에 높은 국민적 관심이 있는 상황하에선 대학진학 시험을 준비하지 아니한 고등학교는 결코 있을 수가 없다는 사실이다. 궁극적으로 공교육의 본질을 구현하고 학교교육의 정상화 실현의 문제는 초중고 교육 담당자와 교육정책 담당자가 해결하고 책임져야 할 문제이다.

무엇보다도 대학입시전형의 운영은 본질적으로 대학의 자율사항으로서 정부가 관여하는 데에 명백히 한계가 있다. 대학입시에서 학생부종합전형 또는 교과전형의 경우에도 고등교육법에서 열거된 전형요소 범위 내에서 어떤 전형요소를 어느 정도 비율로 반영할지는 전적으로 대학의 자율성에 해당한다. 다만, 대학은 사회적 통념과 절차적 정의를 지키는 원칙에 따라 전형요소와 전형요소별 반영비율을 사전에 공표해서 학부모나 학생에게 대입전형의 예측가능성을 엄격히 유지할 필요가 있다.

참고문헌

■ 강태중(2018). '공정한' 대입제도에 대한 우리의 인식 재고(再考). 한국교육개발원, 이슈페이퍼(2018 – 18).

■ 교육부(2013). 학생·학부모 부담 완화와 학교교육 정상화를 위한 대입전형 간소화 및 대입제도 발전방안(시안). 2013. 8. 1.

■ 교육부(2017). 2021학년도 수능 개편 시안. 2017. 8. 10.

■ 교육부(2018). 2022학년도 대학입학제도 개편방안 및 고교교육 혁신방향 발표, 2018. 8. 17.

■ 교육부(2019). 대입제도 공정성 강화방안. 2019. 11. 28.

■ 교육부(2014). 고교교육 정상화 기여대학 지원사업 선정결과 발표. 보도자료. 2014. 6. 18.

■ 교육인적자원부(2004). 학교교육 정상화를 위한 2008학년도 이후의 대학입학제도 개선안. 2004. 10. 28.

■ 김동석(2009). 학생 선발정책의 특성과 쟁점 분석. 교육연구, 17, 3 – 36.

■ 김승현(2013). 대입전형 관련 설문 조사 결과 및 개선 최종안 발표. 사교육 걱정 없는 세상 대입전형 단순화 5대 핵심방안 최종발표 자료집.

■ 김영달(1988). 대학입시제도의 변천과정과 개혁방안. 석사학위논문. 대구대학교 대학원.

■ 김평원(2018a). 대입 제도의 공정성에 관한 교사의 인식과 학생부종합전형의 개선 방안 연구. 교육문화연구, 24(3), 105 – 126.

■ 김평원(2018b). 대입제도 공정성을 바라보는 서로 다른 시각. 대입정책포럼 자료집, 185 – 197.

■ 변기용(2009). 대학 자율화 정책의 쟁점과 대안: 5·31교육개혁 이후의 시장적 대학 자율화 논의를 중심으로. 교육정치학연구, 16(1), 135 – 164.

■ 안선회(2018). 대입제도 정책결정과 정책집행 연계성 분석: 노무현, 이명박, 박근혜 정부의 대입제도를 중심으로. 한국교육학연구, 24(1), 57－92.

■ 양성관(2019). 대입제도 개편을 위한 공론화 과정의 '대입전형 공정성' 재검토. 교육행정학연구, 37(4), 23－57.

■ 유인종(2001). 새 대입 제도와 대학의 역할. 대학교육, 5·(6), 4－6.

■ 정광희 외(2004).「고교－대학 연계」를 통한 대입전형연구. 한국교육개발원.

■ 정일용, 김든(2012). 핀란드 교육의 특징과 교육혁신의 성공요인. 한국교육개발원, 현안보고(OR 2012－01－11).

■ 진명선(2018). 공정성, 학생부의 모순. 대입정책포럼 자료집, 198－208.

■ 하연섭(2011).「제도분석: 이론과 쟁점」. 제2판. 서울: 다산출판사.

■ 황수진(2018). 언어네트워크분석 방법으로 분석된 대입전형 간소화 정책에 의한 학생부 및 사교육에 대한 인식변화. 학습자중심교과교육연구, 18(9), 707－728.

■ Jongboed, B. (2003). Marketization in higher education: Clark's triangle and the essential ingredients of markets. *Higher Education Quarterly, 52(3)*, 557－587.

## 제16장 · 대학설립 및 학생정원 관리정책의 실제와 쟁점

---

## 1 / 대학설립과 학생정원 관리제도

　미국은 대학설립에 있어 설립주체에게 신고만을 요구하는 대학설립 자유주의를 취하고 있다. 반면에 우리나라는 대학 및 대학원 설립에 있어 정부에 의한 설립 인가주의를 취하고 있다. 우리나라가 취하고 있는 대학설립 인가주의란 법률이 정한 대학설립 요건을 구비하고 그 설립을 신청하는 경우 정부가 학교법인을 승인하고 학교를 운영하게 하는 원칙을 말한다. 구체적으로 대학설립 인가는 고등교육법 제4조를 근거로 법령(대학설립·운영 규정)이 정하는 기준(교사, 교지, 교원 및 수익용기본재산 등의 요건)을 갖추어야 한다. 대학설립 인가 요건인 교사[1], 교지[2], 및 교원[3]의 경우, 해당 대학이 운영하고자 하는 편제 완성 연도의 계열별 학생

---

[1] 대학설립 인가 기준으로서 교사 시설에는 교육기본시설(강의실, 실험실, 도서관, 열람실, 행정실 등), 지원시설(강당, 학생기숙사 등) 및 연구시설을 포함하고 있고, 각 교사 시설의 기준 면적은 편제완성 연도를 기준으로 학생 1인당 계열별 학생정원수와 계열별 기준 면적(인문사회 12m², 자연과학 17m², 공학 20m², 예체능 19m², 의학 20m²)을 곱한 면적 이상을 갖추어야 한다.

[2] 대학설립 인가 기준으로서 교지 요건은 교지별로 수용하는 편제 완성 연도의 학생정원을 기준으로 400명 이하, 400명 초과~1,000명 미만의 경우는 교사 시설의 건축면적 이상, 그리고 1,000명 이상은 교사 시설의 기준 면적 2배 이상을 갖추어야 한다.

[3] 대학설립 인가를 위해 갖추어야 할 교원 수의 경우 편제 완성 연도를 기준으로 계열별 교원 1인당 학생 수(인문사회 25, 자연과학 20, 공학 20, 예체능 20, 의학 8명)로 나눈 수의 교원을 확보하

정원이 그 산출 준거로 작동한다. 대학원 신설 인가의 경우, 일반대학원에서 석사과정은 5명(특수대학원의 경우 3명) 이상의 관련 분야 교원 확보, 박사과정은 7명 이상의 관련 분야 교원 확보와 전체 학점 수를 기준으로 교원의 강의 비율이 60% 이상이어야 한다. 이외에 연구실적 요건4을 별도로 요구하고 있다.

1996년까지 운영되었던 대학설립 인가제의 경우, 학생정원 5,000명 이상 규모에 맞는 시설 기준을 확보해야만 대학설립이 가능하도록 규정하고 있었다. 하지만, 1995년 5·31 교육개혁 조치를 통해 1996년에 대학설립 준칙주의가 도입되었다. 대학설립 준칙주의는 대통령령인 「대학설립·운영규정」에 규정된 교사(제4조)·교지(제5조)·교원(제6조)·수익용기본재산(제7조)의 최소 확보 기준을 충족하면 대학의 목적과 특성에 따라 대학설립을 인가해 주는 제도이다. 대학설립 준칙주의 도입 이후 2014년까지 설립 인가된 고등교육기관의 경우 4년제 일반대학 52교, 전문대학 9교, 대학원대학 46개였다. 특히, 대학설립 준칙주의 시행 이후 사립대학과 소규모 대학원대학교가 급격하게 증가하였다. 구체적으로 1996년 264개였던 전국 대학(전문대학, 대학원대학 포함)의 수가 337개로서 73개나 늘었다. 특히 4년제 대학이 109개에서 156개로 증가해 준칙주의 시행 후 설립된 곳이 47개(43%)에 달했다. 한편, 대학설립 준칙주의 시행 후 설립된 일반대학 52교 가

---

여 한다(예: 편제 완성 연도를 기준으로 인문사회 200명, 자연과학 200명, 공대 200명, 의대 160명 정원을 가진 대학이 갖추어야 할 총 교원 수는 48명). 대학원을 부가적으로 운영하는 경우 계열별 교원 1인당 학생 수의 경우, 학사과정 학생정원에 대학원 학생정원의 1.5배(전문대학원의 경우는 학생정원의 2배)를 합한 학생 수와 대학원대학에서는 대학원 학생정원의 2배 학생 수로 산정해서, 그 합산된 계열별 교원 1인당 학생 수로 나눈 수의 교원을 추가로 확보하여야 한다.

4 대학원을 신설하는 경우, 교원 중 2분의 1 이상은 박사학위과정의 설치 학기 개시일을 기준으로 인문·사회 계열의 경우 최근 5년간 교육부장관이 정하여 고시하는 국내외의 학술지 등에 발표한 논문 또는 이에 준하는 연구실적 4편 이상, 예·체능 계열은 최근 5년간 교육부장관이 정하여 고시하는 국내외의 학술지 등에 발표한 논문 또는 이에 준하는 연구실적 3편 이상, 그리고 자연과학·공학·의학 계열의 경우 최근 5년간 교육부장관이 정하여 고시하는 국내외의 학술지 등에 발표한 논문 또는 이에 준하는 연구실적 6편 이상을 갖추어야 한다.

운데, 최근까지 정부의 대학구조개혁평가 결과에 의거 재정지원제한대학, 학자금대출제한대학, 경영부실대학으로 지정된 대학이 46.2%(24교)나 이르고 있어서, 준칙주의 대학설립 인가제도는 상대적으로 고등교육 질 관리 기준과 상반되고 있음을 보여 주었다(김태년, 2015).

대학설립 준칙주의에 의한 대학설립 인가제 도입 이후 대학 입학정원 역시 많은 증가를 가져왔다. 2020년 현재 정부에 의한 대학 및 대학원 설립 인가를 기반으로 전체 고등교육기관의 학생정원(입학정원)은 4년제 일반대학 312,655명, 전문대학 162,335명, 그리고 대학원 129,111명으로 집계되고 있다(교육통계자료집, 2020). 고등교육 발전단계 분류에 의하면, 한 국가에서 해당 연령인구 중 대학 재학률 기반이 15% 미만의 경우 엘리트 고등교육 단계, 15~50%이면 대중화 고등교육 단계, 그리고 50% 이상의 경우 보편화 고등교육 단계로 분류한다(Kerr, 1995). 이 분류에 따르면 우리나라는 현재 고등교육 보편화 단계를 훨씬 넘어섰다.

최근까지 우리나라 대학 및 전문대학의 입학정원 변동 현황을 보면 다음 <표 1>과 같다. 1969년 당시 52,623명이던 입학정원이 지속적으로 증가하여 2002년에 최고로 증가해서 656,783명에 달하였다. 2002년도의 경우 고등교육에서 학생 입학정원이 '69년 대비 604,160명이 증가했음을 알 수 있다. 2002년 이후는 정부에 의한 학생정원 감축 기조에 따라, 2018년 입학정원이 482,697명인 것으로 나타났다. 2018년도의 경우 입학정원이 '02년 대비 174,086명이나 감소한 것으로 나타났다.

**표 1** 고등교육에서 학생정원(입학정원) 변화 추이(1969~2018, 단위: 명)

| 구 분 | 1969년 | 1980년 | 1995년 | 2002년 | 2010년 | 2018년 |
|---|---|---|---|---|---|---|
| 일반대학<br>(산업대 및<br>교육대 포함) | 41,113 | 121,380 | 279,830 | 363,609 | 329,045 | 314,024 |
| 전문대학 | 11,510 | 84,455 | 215,470 | 293,174 | 218,482 | 168,673 |
| 합 계 | 52,623 | 205,835 | 495,300 | 656,783 | 547,527 | 482,697 |

출처: 박주호 외(2019), 중장기 고등교육 정책방향 수립 연구

역사적 측면에서 우리나라 학생정원 제도를 살펴보면, 다음과 같이 4단계로 구분해 볼 수 있다(박주호 외, 2019). 첫째, 1980년대 초반 이전까지는 국가에 의해 철저하게 학생정원이 통제되었던 시기였다. 당시까지는 1965년 제정된 '대학학생정원령'을 근거로 해서 대학의 학과별 정원이 법령으로 정해져 있었다. 둘째, 1980년대 초반부터 90년대 중반까지는 대학의 학생정원이 확대된 시기였다. 즉, 1980년 '7·30 교육개혁 조치'에 의거 대학졸업정원제(대학별로 졸업정원의 130%까지 선발 가능)가 도입되었다. 그에 따라 고등교육에서 학생정원이 양적으로 급속히 팽창되었다. 셋째, 1990년대 중반부터 2000년대 초반까지는 대학생 정원 자율화가 추진된 시기였다. 1995년 5·31 교육개혁 방안에 따라 일정한 교육여건 충족 시 대학설립이 가능(대학설립 준칙주의)하도록 하였다. 2000년에는 고등교육법에서 대학이 대학설립·운영규정상 요구 기준에 맞추면 정원을 증원할 수 있도록 허용하였고, 해당 대학이 학생정원을 학칙으로 정하도록 하였다. 넷째, 2000년대 초부터 현재까지는 학생정원 감축 시기라고 볼 수 있다. 현시점의 경우 대학 학생정원 자율화 정책기조는 유지되고 있지만, 학령인구 감소에 대비하여 대학설립·운영규정상 요구되는 교원·교사·교지·수익용기본재산을 각각 100% 충족하는 대학만이 학생정원 증원을 가능하도록 하였다. 아울러, 이 시기에 정부는 고등교육 재정지원 사업과 연계

해서 대학의 학생정원 감축을 위한 대학구조개혁을 적극 추진하였다.

　정부에 의해 관리되는 학생정원 이외에, 우리나라 대학들은 고등교육법 시행령 제29조에 의거 외국인 학생[5]의 경우는 별도정원으로 모집 운영할 수 있다. 이는 우리나라 대학들이 외국인 학생을 모집 운영하는 경우, 고등교육의 질 관리를 위해 법적으로 최소한 갖추어야 할 교사, 교지 및 교원 요건을 확보함에 있어 예외가 인정되고 있음을 시사한다. 교육통계자료집(2020)에 따르면, 현재 국내 전문대 및 대학 학위과정에 별도정원으로 입학해서 재학 중인 외국인 유학생 수는 연수과정생을 제외하고도 총 11만 3천 3명에 이르고 있다. 2020년 현재 전국의 주요 대학에 별도정원으로 입학해서 재학 중인 외국인 학생 수는 다음 <표 2>와 같다. 수도권 대학들의 경우 약 4천 명에서 적게는 1천여 명 이상의 외국인 학생이 학위과정에 재학하고 있다. 한편, 별도정원으로 인정되고 있는 이들 외국인 학생 수는 각 대학이 설립운영상 교육의 질 관리를 위해 최소한 구비해야 할 교원, 교지 및 교사 시설 확보 요건에 포함되지 않기 때문에, 우리나라 대학들의 교육여건이 상대적으로 훨씬 열악해졌음을 시사한다.

　우리나라의 경우 대학설립에 있어 그 인가를 위한 4대 요건(교사, 교지, 교원, 수익용기본재산)의 산출 준거는 해당 대학이 모집하고 운영하고자 하는 학생정원이다. 대학의 설립·운영에서 요구되는 학생정원은 정부에 의한 고등교육 질 관리 기준으로서 역할을 한다. 무엇보다도, 대학설립 인가 당시 정부에 의해 허용된 학생정원은 해당 대학이 추후 고등교육 생태계를 유지하고 발전하는 데 있어 핵심동력으로 작용한다. 즉, 대학은 정부로부터 대학설립 인가 시 받은 학생정원을 기준으로 학내 계열별, 단과대학별, 그리고 전공학과별로 학생 모집단위 규모를 정하고 운영한다. 또한, 대학 내 학생정원은 계열별 및 학과별 교수 정원 결정 등 교육자원을 배분하는 준거로서도 기능한다. 결과적으로 우리나라 각 대

---

[5] 대학에서 별도정원으로 모집 운영할 수 있는 외국인 학생은 부모가 모두 외국인인 학생과 외국에서 우리나라 초·중등교육에 상응하는 교육과정을 전부 이수한 외국인 학생을 말한다.

표 2 전국의 주요 대학 학위과정에 등록된 외국인 유학생 현황(단위: 명)

| 학교명 | 유학생 수 | 학교명 | 유학생 수 |
|---|---|---|---|
| 경희대학교 | 4599 | 인하대학교 | 1390 |
| 성균관대학교 | 3994 | 부경대학교 | 1315 |
| 한양대학교 | 3818 | 부산대학교 | 1283 |
| 중앙대학교 | 3409 | 단국대학교 | 1250 |
| 고려대학교 | 3027 | 서울대학교 | 1238 |
| 연세대학교 | 2710 | 경북대학교 | 1112 |
| 동국대학교 | 2472 | 충북대학교 | 1004 |
| 한국외국어대학교 | 2336 | 충남대학교 | 899 |
| 건국대학교 | 2180 | 울산대학교 | 724 |
| 홍익대학교 | 1811 | 강원대학교 | 711 |
| 전남대학교 | 1686 | 아주대학교 | 626 |
| 이화여자대학교 | 1517 | 제주대학교 | 571 |
| 서강대학교 | 1494 | 동아대학교 | 556 |
| 전북대학교 | 1456 | 경상대학교 | 457 |

출처: 교육통계자료집(2020)

학은 학생정원 제도 전통에 따라서 학과 전공별 고정된 입학정원 체제를 유지하고 있다. 특히 법령상 대학 학생정원이 자율적으로 조정 운영하도록 허용되어 있음에도 불구하고, 여전히 모집단위인 학생정원을 기반으로 고정된 학과 및 전공 교육체제가 작동하고 있다.

2000년부터 정부는 대학 학생정원 자율화 원칙을 법률로 규정하였다. 즉, 고등교육법 시행령 제27조에 의거 대학은 학생정원을 운영함에 있어서 교육여건과 사회적 인력수급 전망 등을 반영하여 특성 있게 발전할 수 있도록 자율성을 가진다. 하지만, 대학이 학생정원을 운영함에 있어서 모집단위별 입학정원 수를 자유롭게 정하더라도, 대통령령인 「대학설립·운영 규정」상 계열별 교사, 교지, 교원의 구비 여건을 갖추어야 한다. 또한, 대학 및 대학원이 정부에 의해 설립 인가를 받은 뒤, 해당 대학은 편제 완성된 후에 학과 또는 학부를 증설하거나 학생정원을 증원할 수 있다. 이 경우도 증설하거나 학생정원을 증원하는 경우에 그 증설 또는 증원 분을 포함한 전체에 대하여 편제 완성 연도의 계열별 학생정원에 맞게 교사, 교지, 교원 및 수익용기본재산 요건을 갖추어야 한다. 결과적으로 우리나라 대학들의 학생정원 운영은 대학설립 운영 시 법규상 확보해야 할 교사, 교지, 교원 및 수익용기본재산 비율에 의해 엄격히 규제되고 있다. 현재 정부는 대학설립·운영규정상 요구되는 교원·교사·교지·수익용기본재산을 각각 100% 충족하는 대학에게만 학생정원 증원을 허용하고 있다. 한편, 대학설립·운영 규정상 요구되는 교원확보율의 경우, 서울대학교를 제외한 우리나라 모든 대학들은 거의 80% 미만만을 확보하고 있기 때문에, 실제로 각 대학은 교수를 획기적으로 많이 채용하지 않는 한 학생정원을 증원할 수 없는 상황이다.

한편, 대학이 모집단위별 학생정원을 학칙으로 정해서 운영하더라도 교원양성 관련 모집단위, 보건의료분야 인력양성 정원, 국공립대 정원, 그리고 수도권 정비계획법에 의거 총량이 규제되는 수도권 대학의 모집단위별 입학정원은 교육부장관이 정하는 기준을 따라야 한다. 이들 분야 학생정원은 교육부장관이 대학별 운영할 정원 규모를 별도로 정해서 운영해야 함을 시사한다. 예를 들어, 현재 보건의료분야 학생정원 운영의 경우, 보건의료분야 인력수급 여건을 고려해서 보건복지부가 정하는 총 양성정원 범위 내에서, 교육부장관은 대학들에게 기존 학생정원 범위 내에서 자율 조정을 조건으로 매년 보건의료 인력양성을 위한 학생정원을 할당 및 배정해 오고 있다.

우리나라는 고등교육체제에서 대학설립과 대학별 학생정원이 정부에 의해 관리되는 국가이다. 대학설립과 대학 학생정원을 정부가 엄격히 관리하고 통제하는 이유는 정부 관여를 통한 최소한의 고등교육 질 관리 때문이었다. 이 경우 고등교육 학생정원 관리제도는 고등교육에서 대학 학생정원 모집 및 운영의 실패를 정부가 최우선적으로 책임을 지는 구조이다. 구체적으로 대학 학생정원 관리제도는 고등교육에서 초과수요가 상존하고 산업 및 고용구조가 비교적 안정적이던 때에 고등교육 질(Quality) 유지와 고등인력 공급 측면에서 적합하고 합리성이 있었다. 특히 대학 학생정원 관리제도의 경우 60~70년대 정부 주도로 경제개발을 추진하고, 그에 맞게 고등인력 양성(manpower planning)을 하던 시기에는 어느 정도 실효성이 있었다.

한편, 1960년대 이후 1990년대 초반까지 고교 졸업생이 급격히 증가하고, 고등교육에 대한 높은 국민적 열망은 고등교육 공급 확대에 대한 강력한 사회적 압력으로 작용하였다. 그 당시 한정된 국가재정으로 인해 정부는 고등교육에 거의 투자하지 못하였고, 증가하는 고등교육 수요를 사립대학에 의존해 왔다. 아울러, 당시 정부는 대학설립 인가에 있어 준칙주의를 유지하되, 고등교육에 초과수요를 통제하기 위한 목적으로 대학 정원에 대해서 강력한 관리 및 통제 정책을 추진해 왔다.

현재 우리나라 고등교육체제에서 고등교육의 질 관리 수단으로 운영되고 있는 대학 학생정원 관리제도는 두 가지 측면에서 한계성을 보이고 있다. 우선, 최근 국내 대학에 급증하고 있는 외국인 유학생(별도정원) 규모가 정부에 의한 대학 정원 관리제도의 타당성에 심각한 문제를 야기하고 있다. 1998년 법령 제정 당시, 외국인 유학생을 별도정원으로 허용한 이유는 외국인 학생이 대학별로 희박

하거나 매우 소수였기 때문에, 대학설립·운영 요건에 최소 질 관리 기준에 포함시키지 않아도 전혀 문제가 없었고, 오히려 별도정원을 인정해서 외국인 학생을 늘리려는 의도가 있었다. 하지만, 앞에서 살펴보았듯이 2020년 현재 우리나라 대학에 별도정원으로 재학 중인 외국인 학생이 약 11만 3천 명에 이르고 있다. 수도권 주요 대학의 경우, 많게는 4천 명에서 최소 1천여 명 이상의 외국인 학생이 대학 내 학위과정에 등록되어 있다. 이와 같이 급격히 늘어난 외국인 학생 정원에 대해서 정부는 해당 대학에게 추가적인 교사 시설이나 교원확보를 전혀 요구하지 않고 있다. 이에 따라, 우리나라 대학들은 전반적으로 그만큼 고등교육 질이 열악해졌음을 짐작할 수 있다.

특히 학생자원이 급감하고 있는 작금의 상황에서 대학 학생정원 관리제도는 그 실효성이 미약하고, 정부와 대학 모두에게 오히려 족쇄로 작용하고 있다. 거시적 차원에서 국가 전체 산업구조와 고용구조가 급속하게 변화하고 있고, 고학력 인력의 초과공급이 상존하고 있는 상황에서 학생정원 관리제도는 국가 인력 수급상 분야별 불일치(Mismatching)는 물론이고 고등교육 시장실패를 동시에 초래하게 하고 있다. 미시적 차원에서 특정 대학이 산업 및 고용시장에서 인력 수요가 없는 전공이나 학과를 자체적으로 구조조정하거나 폐지해서 탄력적으로 운영하고자 하여도, 학내 학과별 학생 및 교수 정원체제가 그 탄력성을 저해한다. 지금까지 국가 학생정원 관리제도를 근거로 해서 대학들 역시 학과별 학생 및 교수 정원을 할당해서 운영해 왔고, 그 학과별 정원체제라는 관성이 작용한 결과가 학내 전공별(또는 학과별) 정원 구조조정에 제한점으로 작용하고 있다. 결과적으로 학생정원 관리제도는 대학교육의 탄력성을 저해해서, 급변하는 산업 및 고용구조 변화 시대에 고등인력을 효율적으로 공급하거나, 국가경쟁력 제고를 위한 질 높은 고등인력을 양성하는 데 오히려 걸림돌로 작용하고 있다.

앞에서 지적했듯이, 대학 학생정원 관리제도는 고등교육 초과수요(고등교육 공급 부족, 즉 대학입학 학생자원 과잉 상태) 시대에 고등교육시장 진입 규제정책으로서 나름 고등교육의 질 관리 역할을 수행하였다. 하지만, 학생자원 감소로 인한 고등교육 초과공급 상황에서 대학 학생정원 제도는 더 이상 고등교육 질 관리 지표로서 역할을 기대할 수 없게 되었다. 고등교육 초과공급(대학 학생자원 부족) 시대에는 고등교육시장에서 진입을 규제하는 정책보다는 대학교육의 과정이나 산출 측면에서 규제정책이 고등교육의 질 관리를 위해 더 유효할 것이다. 이러한 점에서 볼 때, 고등교육시장에 진입 규제 역할을 해온 기존 대학 학생정원 관리 제도는 대학설립 및 운영관리에 있어서 폐지 등 재검토가 필요하다고 본다. 앞으로 대학 학생정원 제도에 의한 고등교육 질 관리 정책기조를 폐지하거나 전면 재검토하는 경우, 법률상 새로운 대학설립 및 관리운영 기준 마련이 요구된다. 구체적으로 정부가 새로운 고등교육 질 제고 기준6을 마련하는 경우, 교과 강좌 당 평균 학생 수, 전임교원 주당 강의 시수, 대학설립 비전 및 목표 달성 정도를 개관하는 고등교육기관 자율지표, 사회변화에 대응력 확보와 자체 경쟁력 확보를 위한 대학 자율 노력도 지표. 그리고 국가 및 사회적 발전에 고등교육기관으로서 기여 정도, 대학경영 및 관리 면에서 일반 국민에 신뢰성 유지 정도 지표 등을 포함할 필요가 있다.

---

6 고등교육의 질 제고 기준의 경우 탁월성으로서 대학교육의 질, 최소기준의 충족으로 대학교육의 질, 총체적 질 관리차원에서 질, 목적에 대한 합치도로서 대학교육의 질, 소비자 만족도로서 대학교육의 질, 학생변화로서 대학교육의 질 개념을 포함하고 있다. 그리고 고등교육기관이 구비할 책무성 이행 담보에는 대학의 설립 비전 및 목표 달성도, 대학 경영·관리적 차원에서의 도덕성, 국가 목표에 부합성, 교육 및 경영 측면에서 객관적 성과지표가 있다(Hall et al., 2010).

참고문헌

- 교육통계 자료집(2020). 한국교육개발원.
- 김태년(2015). 5·31 교육개혁 실태 진단: 고등교육정책 중심으로. 정책자료집.
- 박주호·변기용·정종원·이정미·문명현(2019). 중장기 고등교육 정책방향 수립연구. 교육부 지정 고등교육정책연구소.
- Hall, K., Skolits, G., Les Fout, M., Cook, M. P., Vaughan, M. E., & Smith, M. A. (2010). Corporate, political, and academic perspectives on higher education accountability policy. *A Paper Presented to the Commission on Colleges.*
- Kerr, C. (1995). The use of the university. 대학의 효용 (2000), (이형행 역). 학지사.

| 제17장 | **정원 감축 기반 대학구조개혁 정책의 실제와 쟁점** |
|---|---|

## 1 / 재정지원 연동의 대학구조개혁 추진

고등교육체제에서 우리나라는 대학설립에 인가주의를 취하고 있을 뿐만 아니라, 학교를 폐지하거나 중요사항(목적, 명칭, 위치, 학칙, 사립학교의 경우 학교법인의 정관 및 출연금 등)을 변경하려는 경우에도 교육부장관의 인가를 받아야 함을 고등교육법이 정하고 있다. 아울러, 법률상 우리나라 대학들은 최초 모집 운영이 허가된 학생정원을 자유롭게 감축하거나 학과 간 통폐합 운영할 수 있도록 하고 있다. 다만, 대학이 구조개혁(대학 간 통·폐합, 대학과 대학원대학 간의 통·폐합, 대학과 전문대학 간의 통·폐합, 전문대학 간 통·폐합 등) 차원에서 입학정원을 감축할 때도 「대학설립·운영 규정」에 의거 통·폐합 후 교사 및 교원은 통·폐합 신청날이 속하는 해의 3년 전을 기준으로 한 확보율 이상을 유지해야 함을 명시하고 있다.

보다 구체적으로 「대학설립·운영 규정」 제2조의 3은 대학 간 통·폐합의 경우 최근 3년간 평균 미충원 입학정원 이상에 해당하는 입학정원 감축, 그리고 대학과 전문대학 간의 통·폐합은 전문대학 입학정원 60% 이상에 해당하는 입학정원 감축(다만, 수업연한 3년인 과는 입학정원 40%, 수업연한이 4년인 과는 입학정원의 20% 이상을 감축), 전문대학 간의 통·폐합은 최근 3년간 평균 미충원 입학정원 이상에 해당하는 입학정원 감축을 각각 구조조정에 의한 학생정원 감축 기준으로 제시하고 있다. 아울러, 대학과 대학원대학 간에 정원비율 조정에 의한 구조조정의 경우 학부과정 입학정원 1.5명을 대학원 입학정원 1명으로 증원하는 비율, 박사과정 1명을 감축하여 석사과정 2명 이내로 증원하는 비율, 또한 석사과정의 입학정원 2명을 감축하여 인공지능 및 빅데이터 등 첨단산업 분야 박사학위과정의 입학정원 1명을 증원하는 비율로 학생정원을 조정할 수 있도록 규정하고 있다. 특히 학생정원 비율 조정을 통한 대학구조개혁 추진의 경우도 학생정원 상호조정 후의 교원확보율은 편제 완성 연도의 계열별 학생정원을 기준으로 한 전년도 확보율 이상으로 유지하여야 함을 전제 조건으로 하고 있다. 하지만, 편제 완성 연도 계열별 학생정원을 기준으로 한 교원확보율이 65% 미만인 대학에게는 학생정원 비율 조정에 의한 대학구조개혁 기준을 적용할 수 없도록 규제하고 있다. 이러한 구조조정에 수반된 규제들을 비추어 볼 때, 우리나라 대학들은 학생정원을 조정하거나 감축을 하는 경우에도, 대학설립 운영상 요구되는 계열별 학생정원을 산출 준거로 한 교원 및 교사 시설 기준을 반드시 유지해야 한다.

무엇보다도, 우리나라 고등교육체제에서 대학구조개혁 정책의 요체는 부실대학의 폐지 이외에 대학별 학생정원을 감축하고 조정하는 것이 핵심이다. 앞에서 살펴보았듯이, 우리나라 대학들은 계열별 학생정원 기준에 의거한 교사, 교지, 교원 요건을 갖추는 범위 내에서 산업 및 고용구조 변화에 맞게 학생정원을 자율적으로 조정하거나 축소할 수 있도록 법률상 허용하고 있다. 하지만, 2000년대 이후 저출산으로 인한 급격한 학령인구 감소라는 인구환경 변화에, 선제적 대응책 마련의 사회적 요구가 강하게 작용하였다. 구체적으로 학령인구가 급감함으로 인해서 고등학교 졸업자가 2013년 63만 명에서 2018년 55만 명으로, 2024년에는 39만 명(2013년 대비 38% 축소)으로 추계되고 있다. 따라서 2013년 당시 대학 입학정원(전문대학 포함) 약 52만 명이 유지되는 전제하에 2018년부터는 대입정원이 고등학교 졸업자 수를 초과할 것이라는 사실이 자명해졌다.

이에 따라 본격적으로 2005년 이후 정부가 고등교육시장에 관여해서 학생정원 감축을 착수하는 대학구조조정 정책을 착수하기 시작하였다. 당시 정부는 학생정원을 미충원함으로 인해 경쟁력이 떨어지는 대학에 경영개선을 유도하고, 대학 전반의 교육수준 개선을 도모할 수 있는 제도적 기반을 마련한다는 목적으로 대학구조개혁 정책을 시작하였다. 2003년 출범한 노무현 정부의 경우, 2005년에 처음으로 대학구조개혁 방안을 마련하였다. 이 시기의 대학구조개혁은 국·사립대학을 엄격히 구분해서 추진하였다. 국립의 경우 대학 간 통·폐합, 유사 - 중복학과 통합, 교 - 사대 및 국립대 - 국립산업대학 통합 유도, 국고 일반회계와 대학 기성회계 통합 운영 등 강도 높은 구조조정 계획을 수립하고 추진하였다. 사립대학에 대해서는 재정지원을 통한 정원 감축 유도 및 퇴출 경로 마련에 치중하였다. 하지만, 노무현 정부에서는 대학 학생정원 감축 이행이라는 가시적이고 실질적인 대학구조개혁이 본격적으로 이루어지지 못했다.

이명박 정부가 출범하고, 정부는 대학구조개혁평가를 실시하고 '10년부터 대학재정지원 제한대학(대학재정지원사업 및 국가장학금지원 제한)과 학자금대출 제한대학(대학재정지원사업 및 학자금대출 제한)을 선정하였고, '13년부터는 경영부실대학(국가장학금 및 학자금대출 제한, 컨설팅 후 개선되지 않으면 폐교)을 각각 선정하여 제재조치 하였다. 이들 재정지원 제한 및 경영부실대학 선정 평가가 '15년부터 대학구조개혁평가로 통합 운영되었다. 당시 정부는 재정지원 제한 및 경영부실대학에 학생정원 감축을 거의 강제로 촉구하는 대학구조조정 정책을 시행하였다.

구체적으로 이명박 정부는 대학구조개혁평가를 근거로 상대적으로 경쟁력이 낮은 대학에 고등교육 재정지원 사업 참여 제한 또는 지원 중단 조치를 함으로써, 구조조정을 강하게 추진하였다. 실제 2011년 이후 매년 대학구조개혁평가를 실시하고, 전국 346개 대학(전문대학 포함) 중 하위 15%는 부실대학으로 선정해서 재정지원 제한 및 학자금대출 제한대학으로 선정하였다. 평가지표는 대학별 취업률, 재학생 충원율, 교육비 환원율[1], 전임교원확보율, 학사관리·교육운영, 장학금 지급률, 등록금 인상 수준 등을 포함하였다. 무엇보다도 이명박 정부의 대학구조조정 정책의 특징은 정부의 고등교육 재정지원을 연계해서 대학으로 하여금 적극적으로 자체 학생정원 감축을 촉구하였다는 점이다. 예를 들어 재정지원 제한대학 평가에서 자체 정원 감축을 통해 구조조정을 적극 추진하는 대학에 대해서는 정원감축률에 따라 평가점수에 일정한 가산점을 부여하였다. 이러한 가산점 부여 조치는 대학들이 정원 감축 등 자체 구조조정을 적극 촉구하는 차원이었다. 아울러 전년도 대학구조개혁평가 결과에 의거 선정된 경영부실대학 중 구조조정 추진 실적이 미흡한 대학, 학자금대출 제한대학의 최소 제한 대출 그룹에 해당하는 대학, 행·재정 제재를 받는 대학 중 정상적 운영이 곤란한 대학, 감사 결과 중대한 부정·비리가 밝혀진 대학의 경우, 당해 평가 결과에 관계없이 대학구조개혁위원회 심의를 거쳐 정부 재정지원 제한 여부를 결정하였다.

2013년 박근혜 정부는 대학교육의 질 제고와 대학입학 자원 급감에 대비하여 대학구조개혁 추진을 보다 정교화해서 가속적으로 추진하였다. 당시 교육부 보도자료(2014)를 보면, 정부는 대학구조개혁 평가를 통해서 2016년에 4만 명, 그리고 2022년까지 약 16만 명의 학생정원을 감축한다는 정책목표를 제시하였다. 이를 위하여 대학구조개혁평가를 보다 체계적으로 실시(2단계로 구분해서 평가)하고 평가등급별 차등적으로 학생정원 감축을 추진한다고 발표하였다. 1단계 및 2단계 대학구조개혁 평가지표는 다음 <표 1>과 같다. 다음 <표 1>에서 보이듯, 이명박 정부에서 적용했던 대학구조개혁 평가지표보다 지표의 항목이 더 세부적으로 구분되고 지표 수도 훨씬 많아졌음을 알 수 있다.

아울러, 평가 결과에 따른 구조개혁 조치 계획을 다음 [그림 1]과 같이 체계적으로 제시하였다. 2015년부터 대학구조개혁평가에서 1단계 평가의 경우 2개 그룹으로 구분하고, 1그룹으로 평가되는 대학들을 다시 A, B, C등급으로 평정한다.

---

1 교육비 환원율＝총 교육비(도서구입비, 기계 및 기구매입비 포함. 다만, 국공립대학의 경우 기계 및 기구매입비 제외)/등록금 수입액

표 1 박근혜 정부의 대학구조개혁 평가지표

| 1단계 평가지표 | |
|---|---|
| 교육여건 | 전임교원 확보율(국사립 구분), 교사 확보율, 교육비 환원율(국사립 구분) |
| 학사관리 | 수업 관리, 학생 만족도 |
| 학생지원 | 학생 학습역량 지원, 진로 및 심리 상담 지원, 장학금 지원, 취·창업 지원 |
| 교육성과 | 학생 충원율(수도권/지방 구분), 졸업생 취업률(권역 구분), 교육수요자 만족도 관리 |
| 2단계 평가지표 | |
| 중장기 발전계획 | 중장기 발전계획의 적절성 |
| | 중장기 발전계획과 학부(과) 및 정원 조정의 연계성 |
| 교육과정 | 핵심역량 제고를 위한 교양 교육과정, 전공능력 배양을 위한 전공 교육과정, 교육과정 및 강의 개선 |
| 특성화 | 특성화 계획의 수립, 추진, 성과 |

2단계 평가에서는 2그룹에 포함되는 대학을 대상으로 다시 심층 평가를 실시하고, D, E등급으로 구분해서 학생정원 감축 요구 및 정부 재정지원 제한 조치를 차등해서 적용한다는 사항을 포함하였다. 즉, 평가 결과를 토대로 전체 5개로 등급화하고, 등급별로 차등적 정원 감축 요구와 평가등급 명단 공개 및 하위 2개 등급(D, E)에 대해 재정지원을 제한한다는 것이었다. 특히, 당시 교육부는 대학구조개혁평가 결과 2회 연속 최하(매우미흡) 등급을 받고 퇴출이 불가피한 대학은 강제 폐쇄한다는 강력한 조치를 발표하였다. 결과적으로 박근혜 정부 대학구조개혁 정책의 핵심은 당시 급격한 학령인구 감소로 인한 대학 학생자원 부족에 맞추어 차별적 정원 감축 및 대학퇴출을 통한 국가 전체의 고등교육 공급 총량 감소였다.

2017년 문재인 정부가 출범하자, 교육부는 이전 정부들에 의해 추진되어온

**그림 1** 2015년 대학구조개혁평가 결과 등급별 조치 계획(교육부, 2014)

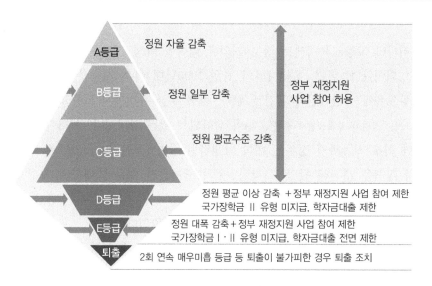

대학구조개혁 정책을 전면 수정하였다. 이전 정부들에 의한 추진된 학생정원 감축 기반의 대학구조개혁 정책이 지나치게 강제적으로 추진되어, 반시장적이었고, 대학 현장에 갈등과 반목을 일으켰다는 견지에서 대학이 자율적으로 학생정원을 감축하는 정책으로 변경하였다. 정부에 의한 고등교육 재정지원 사업과 연동된 강제적 대학구조개혁 정책도 전면 폐지하였다. 대신에 대학 기본역량 진단 평가를 실시하고, 그 결과를 바탕으로 합리적 수준의 정원 감축 권고와 평가 결과 정보 제공을 통한 학생의 선택을 병행하게 하였다. 즉, 대학 기본역량 진단 결과, 미흡한 대학은 재정지원을 제한하지만 정원은 강제적 감축이 아니라 자율적 정원 축소를 권고하는 정책을 추진하였다. 결과적으로 문재인 정부의 경우, 고등교육시장에서 학생정원 감축을 위한 대학구조개혁을 개별 대학이 자체적으로 자유롭게 추진하게 하였음을 시사한다.

우리나라 고등교육체제는 정부에 의한 대학별 학생정원 총량 관리제도에 의해 운영되어왔다. 한편, 우리나라의 경우 2000년대 이후 저출산 추세가 심화되어 고등교육에 학생자원이 급감해 왔다. 학생 수급 측면에서 고등교육의 초과공급(대학 입학정원이 고교졸업자 수를 초과)이 심화되고 있는 상황이다. 이러한 상황에서 2005년 이후 지금까지 정부는 대학 학생정원 관리제도를 기반으로 해서 대학구조개혁 정책을 추진해 왔었다. 학령인구가 줄어들기 때문에 대학의 학생정원도 그에 맞춰서 줄이지 않으면 굉장한 혼란이 생길 수가 있고, 그 부작용을 줄이기 위해 정부가 선제적으로 대학구조개혁을 추진해 왔었다.

구체적으로 이명박 정부와 박근혜 정부의 대학구조개혁 정책 사례에서 보이듯이, 고등교육 재정지원 사업과 연동해서 일부 대학에 대해서는 재정지원 참여 제한 또는 국가장학금 지원에 제한을 두는 방식으로 대학별 정원 감축을 요구해 왔다. 구체적으로 정부가 재정지원 사업을 할 때 정원 감축에 대해 가산점을 주었고, 구조개혁평가 결과에 따라 차등적으로 정원 감축을 유도해 왔다. 그러나 이명박 정부와 박근혜 정부 주도에 의한 대학구조개혁 정책은 학생정원 감축에 있어서 기대한 만큼의 성과를 달성하지 못했다. 구체적으로 다음 <표 2>에서 볼 수 있듯이, 4년제 일반대학의 경우 입학정원이 2010년에 329,045명인데 비해 2018년은 314,024명으로 거의 10년 동안 단지 15,021명만이 줄어든 것으로 나타났다. 전문대학은 2010년에 218,482명인데 비해 2018년에는 168,673명으로 다소 많은 45,881명이 줄어든 것으로 나타났다.

표 2 연도별 대학 입학정원, 입학생 수 및 충원율 현황(단위: 명; %)

| 구 분 | | 2005 | 2010 | 2015 | 2018 | 2020 |
|---|---|---|---|---|---|---|
| 전체고등<br>교육기관 | 입학정원 | 838,582 | 783,600 | 758,950 | 723,528 | 712,609 |
| | 입학자 | 715,638 | 739,258 | 690,029 | 640,098 | 624,299 |
| | 충원율 | 85.3 | 94.3 | 90.9 | 88.5 | 87.6 |
| 일반대학 | 입학정원 | 323,537 | 329,045 | 331,854 | 314,024 | 312,655 |
| | 입학자 | 308,650 | 325,537 | 327,644 | 311,125 | 309,060 |
| | 충원율 | 95.4 | 98.9 | 98.7 | 99.1 | 98.9 |
| 전문대학 | 입학정원 | 266,090 | 218,482 | 183,025 | 168,673 | 162,335 |
| | 입학자 | 218,783 | 211,565 | 181,253 | 162,828 | 152,072 |
| | 충원율 | 82.2 | 96.8 | 99 | 96.5 | 93.7 |
| 대학원 | 입학정원 | 123,911 | 126,745 | 130,722 | 129,228 | 129,111 |
| | 입학자 | 108,255 | 126,958 | 115,028 | 105,349 | 105,513 |
| | 충원율 | 87.4 | 100.2 | 88 | 81.5 | 81.7 |

출처: 한국교육개발원 교육통계 서비스(https://kess.kedi.re.kr/index)

　그동안 정부가 대학구조개혁 정책을 통해서 대학 입학정원 감축을 지속적으로 추진해 왔음에도 그 성과가 미진한 원인 중, 결정적인 것은 학생정원 감축을 강제로 규제할 법적 근거가 없었다는 점이다. 현행 법령상 대학은 학생정원을 자율적으로 조정하거나 축소할 수 있도록 허용하고 있다. 정부가 대학구조개혁 평가 결과를 재정지원 사업과 연계해서 일부 대학에 대학 정원 감축을 아무리 촉구해도, 해당 대학이 입학정원 감축을 이행할 법적 의무는 없었다. 아울러, 대학은 자체적으로 학생 및 교수 정원 제도를 운영하고 있어서, 학내에서 특정 학과의 학생정원을 감축하는데, 구조적으로 상당한 갈등과 반발이 야기되어 자발적 구조조정이 쉽지 않다는 사실도 대학구조개혁 성과가 저조한 이유로 작용하였다. 그럼에도 불구하고 지금까지 학생정원 감축을 기반으로 한 대학구조개혁 문제가 교육정책의 핵심 의제로 등장할 수밖에 없는 이유는 대학 입학자원 급감으로 인해 초과공급 상태인 고등교육기관의 학생정원에 대한 구조조정이 불가피하다는 사회적 요구가 강하게 작용하였기 때문이었다.

지금까지 정부는 고등교육의 공급역량 조정 및 관리 체제가 법령상 미구축되어 있는 상황에서 대학구조개혁 정책을 추진해 왔다고 볼 수 있다. 현행 고등교육법 체계는 고등교육 수요가 팽창하던 90년대 후반('95년 5월 31일 교육개혁 당시)에 확립되었다. 하지만, 고교졸업생 수를 초과한 대학 입학정원을 유지하고 있는 지금의 시기에 학생정원 관리 중심의 고등교육법 체계는 그 적합성에서 한계를 보이고 있다. 앞으로도 출산율 감소와 학령인구의 감소로 인해 대학 입학자원이 지속적으로 급감할 것은 자명한 사실이다. 이러한 고등교육체제 상황에서 정부는 고등교육시장에 어느 정도까지 관여하고, 대학 수와 학생 수 감축을 위한 대학구조조정 정책을 어느 정도까지 추진해야 하는가? 보다 구체적으로 고등교육 총량 감축을 정부 주도로 추진해야 하는가? 아니면, 고등교육시장에서 대학이 자율적으로 감축하도록 해야 하는가?는 고등교육정책에서 가장 시급하게 결정할 정책현안 사항이다. 지방대학의 경우, 신입생 모집은 물론이고 재학생 충원율이 30~50% 정도에 불과해서 재정수입이 줄어들고, 학교운영이 더욱 악화될 것이 분명하다. 특히 일부 지방사립대학은 기업에 비유하면 법정관리 상태로서, 교직원에게 임금을 지불하지도 못하거나, 임금 지불 후 일정 비율을 다시 회수하여 운영하는 행태가 나타날 가능성도 있다. 이러한 상황에 직면하는 경우, 고등교육시장 실패가 발생하기 때문에 정부의 직접적 관여가 불가피할 것이다. 이러한 사태를 막기 위해 정부는 대학이 자체 구조조정을 체계적인 동시에 지속적으로 추진할 수 있도록 제도적, 재정적 지원 정책을 마련할 필요가 있다.

향후 정부가 학생정원 감축을 위한 대학구조개혁 정책을 추진하는 경우, 가장 우선적으로 해야 할 사항은 대학별 학생정원을 감축해야 할 명시적인 법적 규정을 마련해야 한다. 우리나라 현행 고등교육법규(고등교육법 제32조 및 고등교육법 시행령 제27조)는 대학이 학생정원에 관한 사항을 학칙으로 정하도록 하고 있고, 학생정원 운영에 있어 대학에게 자율성을 부여하고 있다. 따라서 우리나라 대학은 학생정원 감축 또는 조정 운영에 있어서도 원칙적으로 자율성을 가지고 있다. 궁극적으로 대학 학생정원 감축조정의 자율성 문제는 고등교육시장에 진입 규제 역할을 해온 국가 주도의 대학 학생정원 총량 관리제도 폐지 이슈와 그 궤를 같이하고 있다. 앞으로 정부가 대학구조개혁을 보다 효과적으로 이루어 내기 위해서는 대학이 학생정원 운영에 있어서 자율성을 유지할 수 있는 조건을 법률로 추가할 필요가 있다. 특히 정부는 대학이 학생정원을 충원하지 못해서 고등교육 소비자의 피해가 심각해지는 경우를 막기 위한 적극적 조치로서, 대학교육 질 확립을 위한 새로운 기준과 대학의 책무성 이행 기준을 법규로 정해야 한다. 또한, 이들 기준을 대학이 지키지 못한 경우 학생정원 감축은 물론, 대학설립을 해지한다는 준거를 고등교육법에 명시화할 필요가 있다.

대학들 간의 전체 체제 수준의 통·폐합 구조개혁은 대학 내 '다양하고 다수의 의사결정점'이 존재하여 고등교육 공급역량 구조조정 방안으로 실현될 가능성이 비교적 낮다(박주호 외, 2019). 따라서 학생자원 감소에 적극적 대응 방안의 일환으로서 일정 지역 내 또는 권역 내 대학 간에 전공 및 학과 단위의 소규모 통합 운영 지원 사업을 추진할 필요도 있다. 전공 및 학과 단위의 소규모 통합의 성공모델 창출을 통해서 중장기적으로 단과대학 또는 전체 대학 간 통합의 실마리를 마련하고 거시적인 구조조정까지 순차적으로 접근하는 것이 보다 실효성이 높다고 볼 수 있다. 이러한 구조조정을 촉진하기 위해 정부는 통폐합 학생모집단위가 소속된 대학으로 교수들의 소속 변경 채용이 이루어지도록 하는 제도 마련도 필요하다. 보다 적극적으로 정부는 대학 간에 학과 또는 전공 간의 통합·운영을 추진하는 경우 해당 대학의 사업단위에 통합학과 운영비, 교육과정 개발비, 연구기자재비, 실험·실습비, 공동 랩 구축비 등을 지원하고, 국립대학의 경우 사업단 통합 운영에 요구되는 교수 정원을 우선 배정할 필요도 있다.

아울러, 정부는 대학구조개혁 촉진 차원에서 고등교육법상 대학설립 해지나, 학교법인 청산 지원과 관련해서 선도적이고 적극적인 관리운영 특별법을 마련할 필요가 있다. 무엇보다도 한계 또는 부실대학을 정리하는 데 있어서는 경제적 비용뿐만 아니라, 많은 정치적·사회적 비용을 수반한다. 따라서 정부는 사실상 회생이 불가능하다고 판단되는 한계 또는 부실대학들의 경우 고등교육 소비자 보호를 위해 법규를 통한 기관퇴출 촉진 제도를 적극적으로 마련할 필요가 있다(서영인 외, 2017). 예를 들어, 고등교육체제에서 신입생 및 재학생 충원율이 일정 기준 이하인 대학의 경우, 회생불능 판정절차와 해당 대학 파산제도를 특별법으로 도입할 필요가 있다. 회생불능대학으로 판정되어 자체 또는 강제 파산이 선고된 대학의 경우, 타 대학이 합병하여 인수하거나 매입이 가능하도록 하되, 해당 대학의 수익용기본재산은 법인 청산 전에 처분할 수 있도록 허용할 필요도 있다. 이 경우 타 대학이 파산대학 합병을 위해 인수 또는 매입을 촉진토록, 국가가 파산된 대학의 효율적 구조조정 및 퇴출을 위한 공적자금 투입 제도를 도입할 필요가 있다. 한편, 회생 가능한 대학의 경우 공공형 혁신대학으로서 설립 운영 지위를 법적으로 부여하고, 경영 건전성 제고를 위한 제도적·행정적 지원 조치 강구, 학생모집 다변화, 지역사회 지원 확보와 특별 정부 재정지원 조치 등 정부 차원의 철저한 감독 및 지원 제도도 검토할 필요가 있다(박주호 외, 2019).

참고문헌

■ 교육부(2014). 2015년 대학 구조개혁 평가 기본계획 확정. 보도자료, 2014. 12. 24.

■ 박주호 · 변기용 · 정종원 · 이정미 · 문명현(2019). 중장기 고등교육 정책방향 수립연구. 교육부 지정 고등교육정책연구소.

■ 서영인 · 홍영란 · 김미란 · 김병주 · 권도희 · 박상미(2017). 고등교육 재정지원 정책 진단 및 개선 방안 연구. RR2017 – 10. 한국교육개발원.

■ 한국교육개발원(2021). 교육통계 서비스. https://kess.kedi.re.kr/index.

제18장

# 대학 학생등록금 및 국가장학금 정책의 실제와 쟁점

## 1  대학 학생등록금 정책

우리나라 고등교육체제에서 2011년 이전까지는 대학이 학생등록금을 책정하는데 있어서 명시적 규제가 없었고, 자율적으로 등록금을 인상해 왔었다. 즉, 2011년까지 우리나라는 대학 학생등록금과 관련해서 자율화 정책기조를 유지해 왔었다. 구체적으로 우리나라 대학 학생등록금 정책을 역사적으로 살펴보면, 1989년 노태우 정부에 의한 대학등록금 자율화 조치에 따라, 사립대학의 수업료 및 기성회비 책정이 자율화되었다. 그 이후 김대중 정부 시절인 2002년에 국립대학 기성회비 책정 자율화로 인해 국립대학의 경우도 실질적인 학생등록금 책정 자율화가 되었다(변기용, 2009). 이론적으로 볼 때도 자유시장 조건을 충족하기 위해서 고등교육 공급자로서 대학이 자신의 서비스 가격(학생등록금)을 자율적으로 결정하는 것은 기본적인 자유에 해당한다(Jongboed, 2003).

우리나라의 경우 80년대 중반까지 국민들에게 민감한 영향을 미치는 대학등록금에 대한 정부 규제정책으로 인해 상대적으로 등록금 인상폭이 작았다. 그러나 1989년 이후 대학 학생등록금 자율화 정책을 유지해 온 결과, 국·사립대학을 막론하고 당시 대학들은 물가 상승률을 훨씬 상회할 정도로 학생등록금을 인상해 왔다. 2008년까지 우리나라 대학들이 어느 정도 학생등록금을 인상해 왔는지는 아래 <표 1>이 잘 보여 주고 있다.

**표 1** 우리나라 대학의 학생등록금 인상율 현황(2004~2008)

| 연도 | 2004 | 2005 | 2006 | 2007 | 2008 |
|---|---|---|---|---|---|
| 국·공립대 등록금 인상율 | 9.4% | 7.3% | 9.9% | 10.3% | 8.7% |
| 사립대 등록금 인상율 | 5.9% | 5.1% | 6.7% | 6.5% | 6.7% |
| 물가 상승률 | 3.6% | 2.8% | 2.2% | 2.5% | 3.9% |

출처: 변기용(2009). p. 20.

우리나라 대학들이 자율적으로 학생등록금을 책정하는 경우, 그 당시에는 기관별 차별화된 등록금이 차별화된 교육서비스를 제공하고 소비자의 선택범위를 넓히며, 나아가 교육서비스 질을 높이기 위한 경쟁을 촉진한다는 면에서 장점이 있었다(변기용, 2009). 하지만, 대학의 학생등록금 책정이 자율화된 이후 대학들은 매년 지속적으로 학생등록금을 인상해 왔고, 인상된 학생등록금 부담은 당시 사회적 문제로 등장하였다. 변기용(2009)에 따르면, 당시 대학의 학생등록금(2008년 기준 학교단위 학생 수 가중평균에서 학과별 가중평균으로 전환 시 연간 학생등록금의 경우 사립대 738만 원, 국공립대 416만 원)은 학생 및 학부모의 등록금 부담 능력에 비해 너무 과하게 높다는 비판이 제기되었다. 특히 사립대학의 경우 과도한 이월 적립금을 쌓아 두고 학생등록금을 지속적으로 인상하는 행태가 사회적으로 지탄의 대상이 되었다.

대학 학생등록금 인상에 대한 사회적 비판이 고조되고, 학생등록금이 지속적으로 인상됨에 따라, 국가 차원에서 학생·학부모의 등록금 부담 완화를 위해 2010년 4월 「고등교육법」 개정을 통해서 학생등록금 상한제와 등록금심의위원회 제도를 도입하였다. 이에 따라 2011년부터 모든 대학은 학생등록금을 인상하는 경우, 직전 3개년도 평균 소비자 물가 상승률의 1.5배를 초과할 수 없다(고등교육법 제11조). 아울러, 대학이 학생등록금의 인상률을 직전 3개년도 평균 소비자 물가 상승률의 1.5배를 초과하여 인상한 경우, 해당 대학은 교육부로부터 행정적·재정적 제재 등 불이익을 받을 수 있음이 고등교육법에 명시되어 있다. 이러한 대학 학생등록금 규제정책은 현재까지도 지속되고 있다. 특히 법률상 대학들은 직전 3개년도 평균 소비자 물가 상승률의 1.5배를 넘지 아니한 범위 내에서 자신들의 학생등록금을 인상할 수 있음에도 불구하고, 2011년 이후 현재까지 국·사립을 막론한 모든 대학이 학생등록금을 실제로 동결해 오고 있다.

## 2 고등교육에서 국가장학금 정책

우리나라 고등교육체제에서 본격적인 국가장학금 정책은 2008년 출범한 이명박 정부에 의해 국가제도로서 착수되었다. 당시 대통령 선거공약으로서 선언된 맞춤형 국가장학제도가 소외계층·지역의 교육기회를 보다 폭넓게 보장하기 위해 본격적인 교육정책으로 추진되었다. 이명박 정부는 맞춤형 국가장학금 제도 실현을 위해서 2008년 5월에 맞춤형 국가장학제도 구축 기본방안을 수립하고, 한국장학재단을 법률로 2009년 1월에 설립하였다. 이명박 정부의 경우 맞춤형 국가장학금 제도 구현 차원에서 기초생활수급자 학생 장학금, 지방 인문계 학생 장학금, 이공계 학생 장학금, 근로학생 장학금, 그리고 정부 보증 학자금 대출 제도를 운영하였다. 당시 설립된 한국장학재단은 국가장학기금을 설치·운영하고, 대학생이 금융기관 등으로부터 학자금대출을 받을 경우 이를 보증하기 위한 학자금대출 신용보증계정과, 경제적 여건이 어려운 대학생에 대한 학자금 무상지원 및 학자금대출 원리금 지원을 위한 학자금 지원계정을 관리 운영하였다(교육과학기술부, 2009).

2013년 박근혜 정부가 출범하면서, 대통령 선거공약으로서 내세운 소득연계 맞춤형 반값 등록금 실현을 공식적인 교육정책으로 수립하고 소득연계형 국가장학금 제도를 시행하였다. 구체적으로 2013년에는 소득연계 맞춤형 반값 등록금을 위한 국가장학금 사업 확대 정책이 추진되어서, 연 2.7조 원이라는 국가예산이 대학생 국가장학금 사업에 투자되었다. 2014년의 경우 저소득층 지원 대폭 강화 차원에서 국가장학금 사업이 확대되어서 고등교육 정부예산으로 연 3.7조 원이 국가장학금에 투자되어 약 120만 명 대학생에게 지원된 것으로 확인되었다(교육부b, 2014). 또한, 박근혜 정부의 경우 지방대 활성화 및 지역인재 육성을 위해 1,000억 원의 '지방인재 장학금'을 지원하였다. 지방인재 장학금의 경우 지역발전을 견인하는 핵심인재 유치 및 양성을 위해 대학의 특성과 발전계획 등을 반영하여 대학 스스로가 자체 지원기준을 마련하되, 지역 소재 고교 출신 우수 학생(지역인재전형), 특성화 학부 학생 등에 우선 지원할 수 있도록 하였다(교육부a, 2014). 이렇듯 2012년 시작된 국가장학금 제도의 정부지원 규모는 매년 확대되어서, 2020년 현재 기준 연 104만 명의 대학생에게 3.4조 원을 지원하고 있다(한국장학재단, 2021).

2012년에 시작된 반값 등록금을 위한 소득연계 맞춤형 국가장학금 제도의 경우, 경제적 능력에 상관없이 공부할 능력과 의지만 있으면 누구든지 대학교육을 받을 수 있도록, 소득에 연계한 장학금을 지원함으로써 대학등록금 부담을 줄이는 데 그 정책 취지가 있었다. 이에 따라 가구소득 하위 80%까지 '소득연계 맞춤형 국가장학금'을 지원하여, 대학등록금 부담을 절반으로 줄인다는 정치적 공약이 교육정책(일명 반값 등록금 정책)으로 추진되었다.

일반적으로 학교교육에서 장학금은 학생의 학습동기 및 학습력 제고를 위한 인센티브 목적으로 운영되는 성과기반 장학금(merit-based scholarship)과 특정 분야에 인재를 유치하거나 저소득층 등 재정적 여력이 부족한 사람의 학업 참여를 지원하는 수요기반 지원금(need-based aid)으로 구분되어 있다. 현재 우리나라 고등교육체제에서 시행되고 있는 소득연계형 반값 등록금 정책(국가장학금 유형Ⅰ 및 Ⅱ에 의한 학생장학금)은 성과기반 장학금 원칙에 의한 학생의 학습력 제고보다는 전반적으로 무상복지 철학기조하에 소득 8분위 이하 학생을 대상으로 소득분위별로 나누어 주는 장학금 지원 방식을 적용하고 있다.

구체적인 정책으로서 소득연계 국가장학금 제도는 2개 유형으로 구분 운영되고 있다. 국가장학금Ⅰ유형은 소득수준에 연계하여 경제적으로 어려운 학생들에게 보다 많은 혜택이 주어지도록 설계된 장학금으로서, 수혜 대상 학생이 직접 한국장학재단에 신청해서 국가장학금을 직접 지원받도록 하고 있다. 구체적으로 Ⅰ유형의 국가장학금은 소득분위를 기준으로 한 학자금 지원구간[1]을 기준으로 8구간 이하에 해당하는 국내 대학 재학생 중, 평균 B학점 이상 성적기준 충족 학생 본인이 신청해서 해당 학기별로 지원받도록 하고 있다. 현재 국가장학금Ⅰ유형의 지원구간 및 지원액 규모는 다음 <표 2>와 같다.

국가장학금Ⅱ유형(대학연계지원형)은 해당 대학과 연계해서 지원하는 연간 약 4,400억 규모의 국가장학금 제도이다(교육부a, 2014). 즉, 국가장학금Ⅱ유형은 대학으로 하여금 적극적인 학생등록금 부담 완화 참여를 도모하기 위해 대학 자체노력과 연계하여 지원하는 장학금이다. 2021학년도 현재 국가장학금Ⅱ유형을 통해 지원을 받고 있는 4년제 일반대학은 168개교이고, 전문대학은 108개교로 확인되고 있다(한국장학재단, 2021). 국가장학금Ⅱ유형의 경우 정부에 의한 대학 기본역량 진단 결과(2015년까지는 대학구조개혁평가 결과)에 의거 재정지원제한대학이

---

[1] 학자금 지원구간이란 학자금 지원 대상자 선정을 위해 보건복지부가 운영하는 사회보장정보시스템에 의해 학생가구의 소득, 재산, 금융재산, 부채 등을 조사하고, 그 조사 결과를 통해 산정한 대학생 가구의 소득인정액을 학자금 지원구간 구간표에 적용하여 결정한 구간 값을 말한다.

표 2 국가장학금 I유형 학자금 지원구간별 지원액

| 학자금 지원구간 | 학기별 최대 지원금액 | 연간 최대 지원금액 |
|---|---|---|
| 기초생활수급자 | 260만 원 | 520만 원 |
| 1구간, 차상위계층 | 260만 원 | 520만 원 |
| 2구간 | 260만 원 | 520만 원 |
| 3구간 | 260만 원 | 520만 원 |
| 4구간 | 195만 원 | 390만 원 |
| 5구간 | 184만 원 | 368만 원 |
| 6구간 | 184만 원 | 368만 원 |
| 7구간 | 60만 원 | 120만 원 |
| 8구간 | 33.75만 원 | 67.5만 원 |

출처: 한국장학재단(2021). 한국장학재단 인터넷 홈페이지의 장학금 안내

아닌 것으로 평가된 대학에 한해서 국가로부터 장학금을 지원받아서 소속 학생들에게 장학금을 지급하도록 하고 있다. 이 유형에 의해 국가장학금을 받을 수 있는 대상은 해당 대학(국가장학금Ⅱ유형 참여대학)에 재학 중인 모든 학생이 아니라, 소속 학생 중 해당 학기에 국가장학금 신청절차(가구원동의, 서류제출)를 완료하여 소득수준이 파악된 학생, 즉 학자금 지원구간 1~8구간 학생에 한하여 지원하도록 하고 있다. 다만, 긴급하게 경제사정이 곤란하게 된 자 등 대학이 지원의 필요성이 있다고 인정하는 경우에는 9~10구간 학생도 지원 가능하도록 허용하고 있다(한국장학재단, 2021). 국가장학금Ⅱ유형 지원 대상으로 선정된 대학은 자체 선발기준을 수립하여 장학금 지급 대상 학생을 선발하고, 등록금 필수경비(입학금, 수업료) 범위 내에서 지원금액을 자체 결정해서 지급하도록 하고 있다. Ⅱ유형의 국가장학금 대상자는 대학이 자체기준에 의거하여 장학금 대상자를 선발하고 지

원하지만, 정부는 장애인, 대학생 자녀가 2명 이상인 가구 또는 자녀가 3명 이상인 가구의 학생, 긴급 경제사정 곤란자, 선취업 - 후진학 학생을 우선 지원하도록 권장하고 있다(한국장학재단, 2021).

　한편, 우리나라 고등교육체제에서는 소득연계 국가장학금 정책이 착수되기 전부터 학자금 지원 정책으로서 학자금대출제도가 운영되고 있었다. 이는 고등교육에서 전통적으로 대학 및 대학원 신입생과 재학생의 학비 부담을 줄여 학업에 전념하도록 지원하기 위한 정책이었다. 학자금대출은 대학(원)이 통보한 등록금(입학금 및 수업료) 및 학생의 생활안정을 위한 생활비(숙식비, 교재구입비, 교통비 등)로 구분해서 운영하고 있다. 학자금대출제도에는 첫째, 취업 후 상환 학자금대출(연간소득금액이 상환기준소득을 초과하거나, 상속·증여재산이 발생한 경우 일정 금액을 의무적으로 상환), 둘째, 일반 상환 학자금대출(거치기간 동안 이자 납부 후 상환기간 동안 원금과 이자를 상환), 셋째, 농촌출신대학생 학자금융자(조건별 최장기간 내 원금 균등분할 상환) 유형을 포함하고 있다. 2020년 기준 학자금대출제도를 통해서 연간 60만 명의 대학생 및 대학원생에게 약 1조 8,332억 원을 지원하고 있다(한국장학재단, 2021).

## 3　논의 및 평가

　고등교육체제에서 학생등록금 규제 및 국가장학금 정책을 보다 심층적으로 이해하려면, 우리나라 국민 및 정책 담당자들이 고등교육이라는 재화를 기본적으로 어떻게 인식하느냐가 핵심이다. 우리나라 대다수 국민들과 정책 담당자들이 고등교육 서비스라는 재화를 어느 정도까지 공공재로 인식하느냐, 아니면 어느 정도까지 사유재로 인식하느냐의 정도에 따라서, 대학등록금 규제 또는 국가장학금 정책에 대한 평가는 달라질 수밖에 없다(하연섭, 2013). 특히 우리나라의 경우는 고등교육을 둘러싼 국민적 인식과 정치 역학적 성향에 의해 고등교육정책이 형성되고 변화되어 온 경향이 강하다. 이러한 점을 고려해서 다음에서는 고등교육 서비스라는 재화의 내재적 특성에 비추어 우리나라 대학 학생등록금에 대한 규제정책과 소득연계형 국가장학금 제도를 분석하고 비판적으로 성찰해 보고자 한다.

## 가. 대학 학생등록금 규제정책의 한계

앞에서 살펴본 것처럼, 현행 우리나라 고등교육체제에서 대학의 학생등록금 인상은 법률에 따라 엄격히 통제되고 있다. 특히 직전 3개년도 평균 소비자 물가 상승률의 1.5배까지 학생등록금 인상할 수 있도록 법률상으로 허용되어 있음에도 불구하고, 정부(교육부)는 학생등록금 인상을 대학재정지원사업과 연동해서 규제하고 있다. 즉, 정부는 학생등록금 동결 내지 인하 시에만 국가장학금Ⅱ유형(연간 약 4,000억 지원)에 참여할 수 있도록 하고 있으며, 학생등록금 인상 정도를 각종 대학재정지원사업(예: 고교교육 정상화 사업 등)에 가산점으로 활용했었다(박주호 외, 2019). 정부가 학생등록금을 인상하는 대학의 경우 고등교육 재정지원 사업에 불이익 조치함에 따라 사실상 학생등록금 동결 정책을 운영하고 있는 셈이다. 이에 따라 전국의 모든 대학은 학생등록금을 인상하면 대학재정지원사업에 불이익을 받기 때문에, 지금까지 10여 년간 학생등록금을 전혀 인상하지 못해 왔다.

무엇보다도 2011년 이후 지금까지 물가인상률을 감안하면 대학의 학생등록금은 동결이 아니라, 지속적으로 인하되었다고 볼 수 있다. 실제, 2008년 당시 대학 학생등록금이 사립대는 연평균 738만 원, 국공립대 417만 원(변기용, 2009)인 반면, 그 후 12년이나 지난 2021년 4월 현재 대학정보공시 분석 결과에 따르면 사립대학의 연평균 등록금은 749만 원, 국공립대는 418만 원으로 집계되고 있다(매일경제, 2021). 일반적으로 등록금 인상을 제한한다 해도 대학에서 교육비용은 증가할 수밖에 없으며, 증가하는 비용을 충당하지 못한다면 학생 교육에 들어가는 비용이 결과적으로 축소될 수밖에 없다. 따라서 현재 우리나라 대학들은 학생등록금 인상이 불가한 만큼 교육의 질적 수월성을 확보하기 어려운 것이 사실이다.

초중등교육과는 달리 고등교육의 경우, 소비자(학생 및 학부모)의 선택에 의해 해당 교육서비스 여부가 결정된다. 고등교육에서 교육서비스가 지닌 공공재적 성향은 초중등교육에 비해 상대적으로 약하다. 시장경제 원리에 따르면, 대학 역시 자신들이 제공하는 교육서비스 대가로서 등록금을 책정하는 데 있어서 자율성을 가진다(Jongboed, 2003). 미국의 경우 상당수 소비자들은 고등교육 서비스에 대해 등록금이 높은 대학일수록 학생당 교육비 지출이 많은 대학이고, 그만큼 교육의 질적 수월성을 갖고 있다고 판단함에 따라 주립대학들에 비해 상대적으로 훨씬 높은 학생등록금을 요구하는 사립대학이 제공하는 교육서비스를 선택하고 있다. 무엇보다도 학생등록금 의존도(등록금 의존율 약 53%)가 높은 우리나라 사립대학 재정구조에서 학생등록금 인상을 규제하는 동시에 국고 재정지원마저 줄이면, 사립대학의 경우 세계 수준의 대학과 경쟁하여 우수한 대학으로 발전하는 것이 거의 불가능한 상황이다(김병주, 2018).

고등교육 생태계 차원과 역사적 발달과정에서 보면, 우리나라의 경우 고등교육에서 사립대학(전체 대학에 사립대가 약 78% 차지)에 대한 의존성이 아주 높다. 이는 고등교육 발달 초기인 1960년대에서부터 1990년대 무렵까지 정부가 부족한 공공 재정을 사립기관에 의존했기 때문이다. 현재 학생등록금 인상이 사실상 전면 불허되고 있는 상황에서 학생등록금 수입 또한 지속적으로 감소한다. 그럼에도 불구하고 사립대학들이 그나마 버티고 있는 것은, 대학별로 적게는 1천여 명, 많게는 4천 명 이상의 외국인 학생(별도정원)으로부터 발생하는 수입 때문이라고 볼 수 있다. 대학재정은 대학교육의 질을 결정하는 핵심요인이다(이정미 외, 2009; Ryan, 2004). 향후 정부는 대학 학생등록금 인상 여부를 국가장학금Ⅱ유형 등 대학재정지원사업과 연계해서 학생등록금을 규제하는 정책기조를 개선할 필요가 있다. 특히 정부는 대학 운영상 일상적인 경상경비 영역에서 국고지원을 받지 않는 사립대학에 대해서는 학생등록금 인상을 사실상 제한하는 규제를 폐지하고, 법률상 허용되는 범위 내에서 자유롭게 등록금을 인상할 수 있도록 허용함으로써 세계대학과 경쟁할 수 있는 체제를 갖출 수 있도록 해야 한다.

## 나. 국가장학금 제도의 개선

지금까지 우리나라 고등교육체제에서 운영 중인 소득연계형 국가장학금 정책은 대학생 및 학부모의 등록금 부담을 확실히 줄어들게 한 효과가 있었다. 특히, 국가장학금 정책은 고등교육의 형평성, 즉 저소득층 자녀의 고등교육 기회 제고에 확실히 기여하였다. 아울러, 국가장학금 정책 시행 이전과 비교해서 고등교육에 대한 재정투자 비율이 GDP 대비 약 0.8% 수준까지 획기적으로 증가하였다.

하지만 모든 정책에는 공과가 있기 마련이다. 우리나라 소득연계형 국가장학금 정책의 경우 교육의 수월성 향상 원리와 목적을 따르기보다는 반값 등록금 실현이라는 지나치게 정치적인 관점에서 추진되었다. 특히, 현재 국가장학금 정책은 고등교육시장 실패가 발생한 분야에 투자하는 것이나, 국가 경제사회 발전 차원에서 교육투자의 외부효과가 큰 특정 분야의 인력양성에 투자하는 것을 고려하지 않고, 모든 유형의 대학을 구별 없이 표준화 방식으로 지원하고 있다. 구체적으로 현재 정부에 의해 운영되고 있는 소득연계형 국가장학금 정책은 전반적으로 확대된 무상복지 철학을 기조로 삼고 있다는 점에서 그 한계성이 있다. 우선, 명목상으로 반값 등록금 실현을 위해 시행되는 현행 소득연계형 국가장학금 정책(소득 8분위까지 차등적 장학금 지급)은 고등교육 학생등록금 총액(약 7조 원)에 비추어 학생들의 장학금 지원 체감도가 낮은 편이다. 또한, 학업 성과기반이 아니라 학생의 가정소득 수준에 따라 일괄적으로 장학금을 지급하기 때문에 대학교육 현장에서 학생의 학습력 제고에는 크게 기여하지 못하고 있다. 즉, 현행 소득연계 일괄적 국가장학금 지급은 장학금이 가진 본질적인 속성으로서 실적기반(merit-based)의 인센티브 특성이 사라짐으로 인해 대학교육의 품질 제고나 경쟁력 강화로 이어지지 못하는 문제가 있다.

현재 고등교육에서 국가장학금 정책 추진에 따른 국가장학금 예산이 현재 연간 3.4조 원 규모로, 우리나라 고등교육 전체 재정 규모 대비 약 40% 비중이나 차지하고 있다(박주호 외, 2019). 하지만, 문제는 국가장학금 정책 도입으로 인해 급증한 정부의 고등교육 재정투자 증가가 우리나라 대학들의 재정 여건에는 전혀 기여하고 있지 못하다는 사실이다. 이는 국가에 의한 학생장학금 지급이 학생등록금 부담 주체를 학생 및 학부모에서 국가로 이전하는 효과만 있기 때문이다. 대학들의 재정수입 및 운영 상황에서는 그 이전과 비교해서 전혀 변동이 없다. 아울러, 막대한 국가장학금 투자로 인해 고등교육에 대한 국가재정투자 비율은 증가했으나, 상대적으로 사업성 차원의 고등교육 재정 비중의 증가는 미미하여 전체적으로 정부 고등교육 재정투자 운영 구조의 경직성을 심화시켰다고 볼 수 있다.

한편, 국가장학금 정책은 거시적 차원에서 대학구조개혁 정책과 상충되는 면이 있다. 특히 정치적으로 표방된 반값 등록금 실현에 지나치게 초점을 맞추어 국가장학금이 확대됨으로 인해서 일부 경영이 부실한 대학이나 한계 사학들에게도 지급되는 결과를 낳았다. 한국장학재단 정책연구보고서도 국가장학금이 전체 대학교의 재학생 비중보다 더 높은 비율로 재정지원제한대학 재학생에게 더 많이 지원되었음을 밝히고 있다(김병주, 2014). 이러한 점은 높은 대학 진학률로 인해서 저소득층 학생이 상대적으로 경쟁력이 낮은 대학에 집중해 있는 실태를 감안하면 당연한 결과이다.

우리나라 고등교육 경쟁력과 질 제고를 도모하고, 교육의 형평성을 확보하기 위해 향후 국가장학금 정책에 있어서 개선점을 살펴보면 다음과 같다. 첫째, 국가장학금 정책 추진에 있어서 무상지원 형태의 소득연계 장학금 비중은 줄이고, 성과기반 장학금(merit-based scholarship) 비중이 높아지게 운영할 필요가 있다. 이는 국가 차원의 장학금 사업이 고등교육실제에서 학생의 학습동기 및 학력력 제고를 위한 인센티브 목적으로도 운영될 필요가 있다는 점 때문이다. 둘째, 저소득층 학생이 국가장학금 수혜를 통해서 궁극적으로 우리 사회의 주류 계층으로 이동할 수 있는 선순환 구조를 실현토록 국가장학금 지급 방식을 재설계할 필요가 있다. 예를 들어, 기초생활수급자나 차상위계층 학생까지는 국·사립대학을 막론하고 등록금 전액을 국가장학금에 의해 무상지원 방식으로 학비를 감면해 주되, 이들에게 일정 생활비까지를 줄 수 있도록 하고, 우수한 실적 확보 기준을 제시하여 그 기준에 도달했는지에 따라 추가 지급하는 방식의 운영이 필요하다고 본다. 셋째, 정부는 장기적으로 국가장학금 제도 운영에 있어 유형 I 과 유형 II 를 통합할 필요가 있다(박주호 외, 2019). 왜냐하면, 국가장학금 II 유형 참여는 그 조건으로서 대학들에게 학생등록금 인하·동결, 그리고 교내장학금 유지·확충을 요구함으로 인해 자체 재정 부담을 가중시키고 재정 여건을 열악하게 하는 원인으로 작용하기 때문이다. 넷째, 수요자 선택을 기반으로 한 고등교육 재화의 본질적 특성을 감안하면, 무상지원 형태의 국가장학금에 국가재정을 무한정 확대투자하는 것은 지양하고, 상대적으로 학자금대출 비중을 확대할 필요가 있다. 무상지원의 국가장학금 비중보다는 학자금대출 지원 비중을 높이는 방안의 경우, 고등교육에 필요한 재정을 부담함에 있어서 정부와 대학 및 학생 간 분담의 적정비율을 모색할 필요가 있다는 맥락이다. 실제로 고등교육에서 우리나라는 유럽 국가들을 제외한 OECD 주요 국가들에 비해 무상장학금 의존적 학자금 지원 구조를 가지고 있다. 이러한 사실은 다음 <표 3>의 OECD 주요 국가의 학자금 대출자 수 비율 현황이 잘 보여 주고 있다. 즉 <표 3>에서 보듯, 우리나라는 고등교육에서 전체 학생 수 대비 학자금 대출자 비중이 다른 나라에 비해 매우 낮다.

| 표 3 | 고등교육에서 OECD 주요 국가의 학자금 대출자 수 비율 현황 |

| 국가 | 한국 | 호주 | 일본 | 노르웨이 | 영국 | 미국 |
|---|---|---|---|---|---|---|
| 전체 학생 수 대비 대출자 비율 | 18.5% | 79% | 38% | 68% | 92% | 62% |

출처: 박주호 외(2019). p. 94.

끝으로 국가장학금 제도 운영 측면에서 지금까지 교육부와 한국장학재단은 반값 등록금 실현을 위해 대상 학생에게 적절한 분량의 장학금 지급에만 주로 중점을 두어 왔다. 재정투자의 실효성을 제고하고, 국가장학금 제도의 선진화를 위해서 정부는 장학 수혜 대상 학생이 대학 졸업 뒤, 우리 사회에서 소득 및 직업 측면에서 어느 정도 주류층으로 성장하는지를 분석하는 후속 관리체제 구축이 필요하다. 예를 들어, 국가장학금 수혜 대상 전원이 아닐지라도 특정 학생을 표본화하고, 그들이 직업세계에서 갖는 경제적·사회적 지위와 위상을 사후 추적 조사하는 정책효과 분석이 필요하다.

# 참고문헌


- 교육과학기술부(2009). 2009년도「대학생 근로장학금 지원사업」 추진계획확정. 보도자료, 2009. 2. 6.
- 교육부(2014a). 등록금 인하, 장학금 확충 등 대학의 자체노력 연계 장학금(국가장학금 Ⅱ유형), 297개교에 4,400억 원 지원. 보도자료, 2014. 4. 14.
- 교육부(2014b). 국가장학금 1학기 신청접수. 보도자료, 2014. 11. 19.
- 김병주(2018). 미래 사회에 대비한 고등교육재정 혁신 방향과 과제. 제69차 한국교육재정경제학회 연차 학술대회: 미래 교육환경 변화에 따른 교육재정 혁신 과제.
- 매일경제(2021). 매일경제 뉴스. 2021년 5월 25일. ttps://www.mk.co.kr/news/society/view/2021/05/504235/
- 박주호 · 변기용 · 정종원 · 이정미 · 문명현(2019). 중장기 고등교육 정책방향 수립연구. 교육부 지정 고등교육정책연구소.
- 변기용(2009). 대학 자율화 정책의 쟁점과 대안: 5 · 31교육개혁 이후의 시장적 대학 자율화 논의를 중심으로. 교육정치학연구, 16(1), 135–164.
- 이정미 · 유현숙 · 이선호 · 나민주 · 김민희(2009). 대학재정 실태와 성과 분석. 한국교육개발원.
- 하연섭(2013). 고등교육 재정정책의 정치경제: 비교제도분석. 한국정책학회보, 22(2), 1–29.
- 한국장학재단(2021). 한국장학재단 인터넷 홈페이지의 장학금 안내. https://www.kosaf.go.kr/ko/scholar.do?pg=scholarship_main
- Jongboed, B. (2003). Marketization in higher education: Clark's triangle and the essential ingredients of markets. *Higher Education Quarterly*, *52*(3), 557–587.
- Ryan. (2004). The relationship between institutional expenditures and degree attainment at baccalaureate colleges. *Research in Higher Education*, *45*(2).

제19장 ## 대학재정지원정책의 실제와 쟁점

---

1 ## 고등교육 재정지원의 당위성

　고등교육은 공공재(public good)보다는 사적재(private good)의 비중이 크기 때문에 대학운영 재원 중 근원적 수입의 출처는 고등교육을 통해 수익을 얻는 사람이 서비스 이용에 따른 비용을 부담하는 것이 기본 원칙이다. 즉, 대학 시설 및 교육 서비스를 이용하는 학생에게 그 이용료로서 등록금을 부담하게 하는 것이 적합하다(박주호 외, 2019). 하지만 의무교육이 아니고, 수요자 선택에 의해 교육 서비스를 제공하는 대학에 대해 국가가 재정지원을 왜 하여야 하는가? 박주호 외(2019)에 따르면, 국가가 고등교육에 재정지원을 하는 이유는 고등교육기관이 산출한 교육 및 연구 성과가 지닌 이로운 외부효과(positive externalities)가 존재하기 때문, 즉 국민경제 발전과 국가경쟁력 확보에 도움이 되기 때문이다.

　보다 구체적으로 국가가 고등교육에 대해 재정을 투자해야 하는 당위성은 다음과 같이 여러 차원에서 찾을 수 있다. 첫 번째의 경우 고등교육에 외부효과가 존재한다는 사실이다. 고등교육이 수요자 개인에게 돌아가는 사적 편익보다는 사회적 편익(국가 경제 및 사회 발전에 가져오는 긍정적 외부효과)이 더 크다는 점이다. 따라서 연구중심대학 운영이나 대학 산학협력 촉진을 통해서 인력을 양성하는 것이 국가산업 및 경제발전에 직접적으로 이바지하기 때문에 국가는 막대한 재정을 투자한다. 두 번째는 국가 발전을 위해 특정 분야나 영역에서 인력양성이 특별히 요구되는 경우, 국가가 해당 분야 인력양성에 재정지원을 수행한다. 예를 들어 최근 정부가 추진한 인공지능(AI) 분야 인력양성 사업이 이에 해당한다. 세 번째, 고등교육이 대중화됨에 따라 교육 불평등 해소, 즉 국민에게 고등교육 기회를 보장하기 위해 국가가 고등교육에 재정을 투자하는 것이다. 특히 저소득층이나 취약계층에게 고등교육 기회를 보장하는 차원에서 이들에 대한 장학금을 국가가 지원하는 경우가 이에 해당한다. 아울러, 사립대학이라도 국민을 위해 고등교육 서비스를 제공하고 있으므로, 국가가 그에 대한 일정 부문의 재정을 부담해서 사립대를 지원하기도 한다. 네 번째 국가에 의한 고등교육 재정지원의 경우로는 대학의 핵심 기능 중 하나인 연구개발 활동을 촉진을 위한 연구개발비 투자가 있다.

## 2 ／ 우리나라 고등교육 재정투자 현황

고등교육에서 국가재정투자, 특히 정부에 의한 재정투자의 경우, 어느 정도가 적정한 규모인지를 판단할 때, 일반적으로 OECD 국가들의 고등교육 재정투자 현황과 비교해서 주로 논의한다(이정미 외, 2011; 김병주 외, 2017). 우선, 우리나라 GDP 대비 고등교육 재정투자 규모를 OECD 주요국과 비교해 보면 다음 <표 1>과 같다. 최근 우리나라는 GDP 대비 고등교육에 정부재원 투자비율은 1.0%로 여타 국가에 비해 크게 열악하지 않다. 반면에 민간재원에 의한 고등교육 재정투자 규모의 경우 우리나라가 다른 나라에 비해 상당히 높은 비율을 보이고 있다. 이는 우리나라가 대학진학률(약 70%)이 높고, 고등교육기관 중 사립대학의 비중이 높기 때문에 상대적으로 OECD 여타 국가보다 민간재원의 부담이 높다

표 1 2014년 기준 OECD 주요국의 GDP 대비 고등교육 재정투자 현황(단위: %)

| 구 분 | OECD 평균 | 핀란드 | 프랑스 | 영국 | 캐나다 | 미국 | 일본 | 호주 | 한국 |
|-------|-----------|--------|--------|------|--------|------|------|------|------|
| 정부재원 | 1.1 | 1.7 | 1.2 | 0.6 | 1.3 | 0.9 | 0.5 | 0.7 | 1.0 |
| 민간재원 | 0.5 | 0.1 | 0.3 | 1.3 | 1.3 | 1.7 | 1.0 | 1.1 | 1.2 |
| 합 계 | 1.6 | 1.8 | 1.5 | 1.8 | 2.6 | 2.7 | 1.5 | 1.8 | 2.3 |

출처: OECD 교육지표(자료기준 : 2014년).

는 사실을 보여 주고 있다. 특히 우리나라는 GDP 대비 정부 고등교육 재정지원 규모가 2010년에는 0.7%이었으나, 2014년에 1.0%로 높아졌다(한국교육개발원, 2017). 우리나라 정부 고등교육 재정지원 규모가 GDP 대비 1.0%로 증가한 결정적 이유는 2012년 이후 국가장학금에 연간 약 3조 원의 고등교육예산을 추가로 투자하고 있다는 사실에 비롯하고 있다.

다음 <표 2>에서 보이듯이, 고등교육에서 학생 1인당 공교육비 규모의 경우, 2015년 OECD 평균은 $15,656인데 반해서, 우리나라는 $10,109로 나타나고 있다. 고등교육 공교육비 중 정부 부담 비중의 경우 미국, 영국, 일본을 제외하고, 우리나라는 36%로서 공교육비에서 정부 부담 비중이 크게 높지 않다. 이러한 기준에서 볼 때, 우리나라는 OECD 주요 국가들에 비해 고등교육에서 1인당 공교육비 규모가 다소 낮고, 국가에 의해 부담하는 고등교육 재정 규모는 상대적으로 빈약하다. 전반적으로 OECD 주요 국가와 비교했을 때, GDP 대비 고등교육 공공재원 지원 규모 등 고등교육 관련 주요 투자지표가 OECD 평균 수준에 미달하고 있다.

우리나라 중앙행정기관의 고등교육 재정투자 현황의 경우, 전체 549개 고등교육 재정지원 사업을 통해서 2017년 결산 기준 총 13조 4,424억 원을 대학에 지원하고 있는 것으로 나타났다(박주호 외, 2019). 부처별 고등교육 재정투자액 규모를 보면 아래 <표 3>과 같다. 중앙부처별 지원액 중 교육부가 가장 많은 9.45조 원(약 70%)으로 나타났고, 그다음이 과학기술정보통신부 2.23조 원, 고

**표 2**  2016년 기준 OECD 주요 국가 고등교육 재정지원 현황

| 구 분 | | OECD 평균 | 한국 | 미국 | 영국 | 일본 | 독일 | 프랑스 |
|---|---|---|---|---|---|---|---|---|
| GDP 대비 고등교육 공교육비 | 정부재원(%) | 1.1 | 0.9 | 1.0 | 1.0 | – | – | 1.3 |
| | 민간재원(%) | 0.4 | 0.9 | 1.6 | 0.8 | – | – | 0.3 |
| | 계 | 1.5 | 1.8 | 2.6 | 1.8 | | | 1.6 |
| 고등교육 공교육비 중 정부 부담 비중(%) | | 66 | 36 | 35 | 25 | 32 | 83 | 78 |
| 1인당 연간 공교육비(US $) (GPD에 달러 PPP환산) | | 15,656 | 10,109 | 30,003 | 26,320 | 19,289 | 17,036 | 16,145 |

출처: OECD, Education at a Glance, 2018(통계는 2016년 기준)

**표 3**  2017년 중앙부처별 고등교육 재정투자 현황(단위: 억 원)

| 교육부 | 과학기술 정보통신부 | 고용노동부 | 산업통상 자원부 | 중소벤처 기업부 | 기타부처* | 합계 |
|---|---|---|---|---|---|---|
| 94,583 | 21,347 | 4,790 | 3,374 | 2,379 | 7,951 | 134,424 |

출처: 박주호 외(2019) 중장기 고등교육 정책방향 수립 연구, p. 83.
* 기타부처: 농촌진흥청, 국토교통부, 농림축산부, 문화관광부, 환경부, 해양수산부, 식품의약품안전처, 행정안전부, 통일부, 법무부 등

용노동부 4,790억 원 등으로 확인되고 있다. 이들 중앙부처 지원액 중 인력양성(HRD)은 5.71조 원(43.8%), 연구개발(R&D)은 3.22조 원(24.7%)인 것으로 나타났다.

보다 구체적으로 최근 2020년까지 교육부가 고등교육에 지원해 오고 있는 재정지원 현황을 보면 아래 <표 4>와 같다. 아래 <표 4>에서 보이듯이, 교육부 고등교육 재정 규모는 2010년(4조 6,634억 원) 대비 2013년(7조 6,807억 원)부터 대폭 증가한 것으로 확인되고 있다. 2015년도의 경우 10조 7,449억 원으로 증가했고, 2020년에는 11조 3,269억 원으로 확인되고 있다.

표 4  연도별 정부예산, 교육부예산, 고등교육예산 현황(단위: %, 억 원)

| 구 분 | 2010 | 2013 | 2015 | 2017 | 2018 | 2020 |
|---|---|---|---|---|---|---|
| 정부예산(A) | 2,119,926 | 3,419,677 | 3,754,032 | 4,005,459 | 4,288,339 | 5,122,504 |
| 교육부예산(B) | 416,275 | 578,368 | 548,997 | 616,316 | 682,322 | 773,870 |
| 고등교육예산(C) | 46,634 | 76,807 | 107,449, | 94,583 | 96,742 | 110,138 |
| C/A(%) | 2.2 | 2.2 | 2.9 | 2.4 | 2.3 | 2.2 |
| C/B(%) | 11.2 | 13.3 | 19.6 | 15.3 | 14.2 | 14.2 |

출처: 기획재정부 열린재정 재정정보공개시스템.
※ 2015년 고등교육예산은 기성회비 통합으로 인한 학생등록금 국고납입액(약 1.3조 원)을 포함한 것임

위 <표 4>에서 보이듯이, 교육부 고등교육 재정 규모가 2013년 이후 급격히 증가한 이유는 2012년 이후에 국가장학금 사업이 확대되어 고등교육예산으로 약 연 3조 원 이상이 투자되어 왔기 때문이다. 특히 2015년 고등교육예산에 국립대학의 기성회비가 국고로 통합됨으로 인해 학생등록금 국고납입액 약 1.3조 원이 포함되어 계산되어서, 2010년 대비 약 6조 원이 증가한 것으로 나타나고 있다. 2020년 기준 3.4조 원의 국가장학금이 약 104만 명 대학생에게 국가 고등

교육예산에 의해 지원되고 있다(한국장학재단, 2021). 따라서 2020년의 경우 교육부 고등교육예산(약 11조 원)에서 국가장학금 예산(3.4조 원)을 제외하면 7.6조 원만이 고등교육예산으로 확인되고 있다.

정부예산 대비 교육부 고등예산 비율(C/A)을 보면, 2010년에 2.2%, 2020년의 경우도 2.2%로서 지난 10년 동안 거의 동일 수준을 유지하고 있다. 교육부 전체 예산 대비 고등교육예산 비율(C/B)을 보더라도 2010년 11.2%였고, 2020년에는 14.2%로서 3% 증가한 것으로 나타나고 있다. 결과적으로 국가장학금 투자분을 제외한 경우, 우리나라 국가 고등교육 재정투자 규모는 지난 10년간 크게 증가하지 못했다. 무엇보다도 실제 정부예산상으로 보면 2010년 이후 고등교육에서 국가 재정투자가 획기적으로 증가한 것에 비해 대학들은 실제로 국가재정지원 증가를 거의 체감하지 못했다고 볼 수 있다(서동석, 2016).

## 3 교육부 고등교육 재정지원 유형 및 체제

앞에서 보았듯이, 현재 우리나라는 주로 교육부를 통해서 고등교육에 재정지원을 해오고 있다. 교육부 고등교육 재정지원 유형은 대학에 지원되는 일반 재정지원 사업, 학생 개인에게 지원되는 장학금 및 학자금 지원, 국·공립대 경상운영비 지원으로 구분된다. 일반 재정지원 사업의 경우에는 대학(전문대학 포함) 및 대학원에 대한 재정지원 사업비로서, 학부 교육역량 강화, 그리고 연구능력 제고 차원에서 대학원, 학문후속세대 양성, 연구자 연구지원 등에 재정을 지원하고 있다. 특히 교육부는 국가경쟁력의 원천인 새로운 지식 창출 및 확산, 인재 양성 중심기관으로서 대학 경쟁력 강화를 위해 국가재정을 투자하고 있다. 구체적으로 교육부에 의한 주요 대학 재정지원 사업내용을 살펴보면, 전체 대학들을 대상으로 기관 단위의 교육역량 강화 지원이 있고, 사업단 또는 개인(연구자) 단위의 장학금·연구비 등을 통한 연구역량 제고 사업, 대학의 산학협력 촉진을 위한 사업, 그리고 국립대학 육성사업이 있다.

교육부(2018)는 고등교육에 대한 국가재정지원을 아래 [그림 1]과 같이 2019년부터 개편해서 지원한다고 발표하였다. 구체적으로 대학재정지원사업 체제 개편내용을 보면, 먼저 '국립대학 육성 사업' 추진은 기초학문 보호, 국가 전략적 기술 연구·개발, 고등교육 기회 제공 확대라는 국립대학의 공적 역할을 강화한다는

그림 1   교육부의 대학재정지원사업 체제 개편

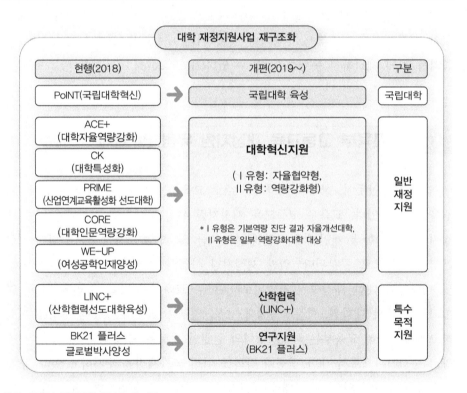

출처: 교육부 보도자료 2018. 3. 22.

계획을 포함한다. 다음으로는 2018년까지 운영되어 오던 기존 5개 사업[1]을 '대학혁신지원 사업'으로 통합하여 대학의 기본역량 제고를 위해 일반재정으로 지원한다는 것이다. 세 번째는 특수목적지원 사업으로서 산학협력선도대학육성 사업(LINC+)과 연구중심대학 육성사업(BK21 플러스)은 유지시켜서 수월성 제고에 초점을 두고 대학의 경쟁력 향상을 지원한다는 계획이다.

대학의 학부교육 혁신을 목적으로 하는 '대학혁신지원 사업'의 경우 대학 기본역량 진단평가 결과에 따라, Ⅰ유형(자율개선대학에 지원), Ⅱ유형(역량강화대학에 지원)으로 구분해서, 대학별 30~90억 원 내외로 지원[2]한다. 대학 기본역량 진단평가에서 자율개선대학으로 선정되면, 해당 대학이 「중장기 발전계획」에 따른 혁신을 추진할 수 있도록 할당된 사업비 모두를 지원하고, 역량강화대학으로 선정되는 대학의 경우는 정원 감축 및 구조조정을 조건으로 일부 사업비만 지원하도록 한다. 이 사업의 취지는 정부가 대학 진단 평가를 실시하고 그 결과에 따라 일정 수준 이상의 대학에 대해서만 재정을 지원하여 공적 재원의 사회적 책무성을 확보하고 투자의 효과성을 제고하는 것이다. 동 사업이 표방하는 핵심은 해당 대학이 사업비를 정규 교직원 인건비, 토지 매입비, 업무추진비, 공공요금에 사용할 수는 없으나, 발전계획에 따라 자율적으로 이를 집행할 수 있고, 교육프로그램 운영은 최대한 자율성을 보장한다는 것이다.

한편, 2021년 정부(교육부)는 대학에 대한 재정지원을 위해 기본역량 진단평가를 실시하여, 그 결과 지원 대상 대학에 선정되지 못한 대학을 차년도 정부 재정지원 제한대학으로 공지하고, 대학혁신지원사업 참여는 물론이고 국가장학

---

1 대학자율역량강화 지원사업(ACE+), 대학특성화 사업(CK), 대학인문역량강화 사업(CORE), 산업연계교육활성화 선도대학 사업(PRIME), 여성공학인재양성 사업(WE-UP).

2 대학혁신지원사업에서 지원 대학의 사업비 산출은 포뮬러 재정지원 방식을 적용한다. 즉, 대학에 지원하는 사업비는 학생 1인당 교육비 평균액인 기준경비, 재학생 수에 의한 규모지수, 교육여건 지수 등에 의한 공식을 적용해서 산출한다.

금이나 학자금대출 대상에서도 제외하고 있다. 재정지원제한대학 판정에 사용되는 평가지표는 대학 기본역량 진단 및 기관평가·인증 등에서 활용하는 주요 지표 중 교육여건(교육비 환원율, 전임교원 확보율), 교육성과(신입생 충원율, 재학생 충원율, 졸업생 취업률), 행·재정 책무성(법인책무성, 대학책무성) 지표를 적용한다. 최근 교육부(2020) 발표에 따르면, 2021년도 정부 재정지원을 받을 수 있는 4년제 대학은 156개교와 전문대학에 125개교이고, 국가장학금Ⅰ유형3과 Ⅱ유형4 지원을 받을 수 있는 4년제 대학은 180개교와 전문대학 128개교이며, 국가장학금Ⅰ유형 지원 가능 대학의 경우 4년제 대학 182개교와 전문대학 130개교이다. 여기에 포함되지 못한 대학은 1년간 정부 재정지원 사업이 제한되고, 국가장학금 지원에서도 제외된다. 2021학년도 학자금대출까지 제한되는 대학은 4년제 대학이 7개교이고 전문대학은 6개교로 확인되고 있다(교육부, 2020). 이와 같이 정부(교육부)가 재정지원 제한 조치가 적용되는 대학을 지정하고, 유형별로 정부 재정지원 사업과 국가장학금 및 학자금대출 관련 제한 조치를 하는 이유는 고등교육에 대한 최소 수준의 교육여건 담보를 통해 국고지원의 건전성을 제고하고, 학생의 대학 선택 시 필요한 정보를 제공하기 위함이다. 또한, 고등교육의 최소 여건과 질을 담보하지 못하는 대학에 대한 재정지원 제한 조치는 간접적인 대학구조조정 효과도 있다.

---

3 국가장학금Ⅰ유형(학생직접지원형)은 학생의 가정소득 수준과 연계하여 경제적으로 어려운 개별 학생들에게 보다 많은 혜택이 주어지도록 설계된 장학금이다. 이 유형의 장학금의 경우 해당 대학 소속 학생이 직접 장학금을 신청해서 지원받는다.
4 국가장학금Ⅱ유형(대학연계지원형)은 등록금 동결·인하 및 교내 장학금 확충 등 대학의 자체적인 등록금 부담 완화 노력과 연계하여 해당 대학에 지원해서 소속 학생들에게 지원하는 장학금이다.

**고등교육 재정지원 정책의 주요 쟁점과 논의**

## 가. 재정투자의 지속적 증대와 안정적 확충

앞에서 살펴보았듯이, 우리나라의 경우 정부에 의한 고등교육 재정 투자 규모가 OECD 주요국에 비교해서 충분하지 못하다. 따라서 국가가 고등교육 재정투자를 안정적으로 확충해 가는 것이 재정지원 정책에서 중요한 쟁점 중 하나이다. 특히 우리나라 대학들은 재정운영에 있어서 학생등록금 의존도가 상당히 높다. 이러한 고등교육 생태계 상황에서 정부는 학생등록금 동결 정책을 강화하고 국가장학금 정책을 추진하여 실제 대부분 대학들은 재정운영 상황이 더욱 어려워졌다.

지금까지 우리나라에서 국가가 고등교육에 재정을 투자해온 유형 및 체제에서 나타난 주요 문제점을 살펴보면 다음과 같다. 우선, 고등교육 재정확보의 안정성과 예측가능성이 다소 떨어진다는 점이다(이정미, 2018). 비록, 우리나라 정부가 정부예산을 통해서 고등교육 재정을 투자하지만, 정부예산 편성 및 결정 과정에서 예산당국이나 국회 등의 정치적 요소에 의해 영향을 받고 있어서 상대적으로 고등교육 재정 확충에서 안정성이 낮다. 즉, 고등교육 재정의 규모, 재정지원의 내용 등이 정치적 역학관계에 따라 수시로 변화함에 따라 대학의 입장에서 고등교육 재정 확충 규모를 예측하기가 어렵다(박주호 외, 2019). 둘째, 최근까지 정부는 고등교육 재정지원을 어느 정도 확대해 왔으나, 이는 대부분 국가장학금 사업이 재정투자로서 고등교육에 대한 기회를 보장하기 위한 학생 지원에만 국한됨으로 인해, 대학이 기관운영 등 재정운영에서 겪는 어려움은 여전히 심각한 상태이다(이정미, 2018; 박주호 외, 2019). 국공립대학의 경우에도 필수경상경비(강의료, 공공요금, 시설유지·보수비 등)의 평균 40% 이상을 대학회계에서 부담하여 재정 압박이 가중됨에 따라, 필수경상경비의 보다 많은 지원이 필요하다는 주장이 제기되고 있다(국·공립대학교 대선정책기획위원회, 2016). 향후 미래 사회 변화 및 고등교육 환경 변화에 대응하기 위해 국·사립을 막론하고, 기관운영 등에 대한 실질적인 고등교육 재정지원 확대가 필요하다. 셋째, 국가 고등교육 재정 투자 체제에서 OECD 국가 평균(2016년 기준 $15,656) 수준에 비교해서 우리나라 학생 1인당 공교육비(2016년 기준 $10,109)는 너무 낮다는 점이다. 학생 1인당 공교육비는 대학교육의 질을 가늠할 수 있는 주요한 지표로서, 학생 1인당 공교육비가 낮다는 것은 우리나라 대학들이 선진국만큼의 교육의 질을 담보할 수 있는 여건을 갖추고 있지 못하다는 것을 의미한다(김병주, 2007).

우리나라 고등교육 재정투자 체제에 나타난 여러 문제의 가장 근본적 원인은 정부가 고등교육에 충분한 재정을 투자하지 못했다는 점이다. 향후 고등교육에 국가가 재정투자를 증대해야 할 또 다른 이유가 있다. 우리나라 국가경쟁력 제고 차원에서 인적자본 영역의 경쟁력이 상대적으로 너무 낮다는 사실이다. 2019 세계경제포럼(WEF) 국가경쟁력 평가[5] 지표 중 인적자본 영역의 국제비교를 보면, 우리나라 대졸자의 기술 수준은 조사대상 141개국 가운데 34위(2018년 43위)이며, 특히 비판적 사고 교육 수준에서는 82위(2018년 90위)로 나타났다. 이러한 낮은 경쟁력 지수는 우리나라가 고등교육 이수율 등 양적 기회에 있어서는 세계 최고 수준이지만, 실제 고등교육의 성과는 OECD 평균에 미치지 못하고 있다는 사실을 방증하고 있다(박주호 외, 2019). 스위스 국제경영개발연구원(IMD)의 2020년 국

---

5 기획재정부(2019)에 따르면 2019 세계경제포럼(WEF) 국가경쟁력 평가의 경우 World Economic Forum에서 141개국을 대상으로 국가경쟁력을 평가하여 발표(WEF Global Competitiveness Report)하는 평가이다. 2019년 평가의 경우 Global Competitiveness Index 4.0 체계하에 4대 분야 12개 부문, 103개 항목(통계 56개, 설문 47개)에 대해 평가를 수행했다. 국가별 각종 지표 통계는 WEF가 IMF, WB, WTO 등 국제기구 및 각국 정부 통계를 직접 수집한다. 설문지의 경우 우리나라에서는 한국개발연구원(KDI)를 통해 대·중소기업 CEO 100명을 대상으로 실시하였다. 2019 세계경제포럼(WEF) 국가경쟁력 평가에서 우리나라는 '19년 141개국 중 전년 대비 2계단 상승한 13위를 기록해 주요 선진국 수준의 국가경쟁력을 보유한 것으로 나타났다(기획재정부, 2019).

가경쟁력 평가 중 대학교육 지수는 29위(2019년 24위)이고, 경쟁사회의 요구에 대학교육이 부합하는 정도는 48위(2019년 55위)로서 낮은 대학교육 경쟁력을 보여주고 있다(IMD, 2020). 이러한 지표들은 현재 우리나라 고등교육 체제와 국가의 고등교육 재정투자 측면에서 양적 및 질적 문제점을 단적으로 보여주고 있다. 특히 세계 수준의 경쟁력을 갖춘 대학도 절대적으로 부족한 실정이다(박주호 외, 2019). 기획재정부(2019)의 경우도 이러한 낮은 고등교육 경쟁력 수준을 제고하기 위해서 대학교육 등 인적자본과 R&D 등에 대한 공공투자 증대와 같은 확장적 재정정책이 필요하다는 점을 강조하고 있다.

고등교육에 국가재정투자를 증대하고 투자의 안정성을 확보하는 방안 중 하나는 고등교육 재정지원에 대한 명시적이고 강행적인 법규를 마련하는 것이다. 현재 고등교육 관계법령은 고등교육 재정에 국가 책임의 경우 단지 포괄적으로 지원할 수 있다고 규정하고 있다(김병주, 2018; 박주호 외, 2019). 특히 우리나라 고등교육에서 약 80% 이상 비중을 가진 사립대학의 경우에 그 운영에 대한 국가의 재정지원 여부와 지원 규모가 완전히 재량사항에 속할 뿐이다. 이에 대한 대안으로서 고등교육 재정의 안정성과 투자 증대에 초점을 둔 고등교육 재정교부금법 제정을 주장하는 입장도 있다(박주호 외, 2019; 송기창, 2010; 송기창 외, 2008). 하지만, 고등교육 재정교부금 제도는 국가재정 운영에 있어 경직성을 초래한다는 점에서 재정당국의 반대가 심하기 때문에 현실적이지 못하다. 따라서 고등교육법이나 사립학교법에서 대학에 재정지원 여부와 지원 규모를 증대하는 차원에서 대학별 학생 수를 기준으로 고등교육 서비스 제공에 대한 국가보조 일환으로서 대학 경상운영비 국가지원을 규정화할 필요가 있다. 우리나라와 고등교육 여건이 비슷한 일본은 사립학교진흥조성법에서 사립대학 설치 학교법인에 대하여 당해 학교교육 또는 연구와 관련되는 경상적 경비 2분의 1 이내를 국고로 보조할 수 있도록 규정하고 있다. 이는 실제 일본의 경우 국가가 사립대학에 대한 경상비 보조금을 지급하고 있다는 사실을 보여주고 있다(박주호 외, 2019).

## 나. 대학재정지원사업의 목적과 효과성

고등교육에 대한 국가 재정투자의 경우 교육부를 제외한 부처 대부분은 주로 해당 부처 소관 분야의 연구개발(R&D)이나 특정 분야 인재 양성을 위해 대학을 지원해 오고 있다. 현재 국가 전체 고등교육 재정투자 규모 중 약 70% 이상을 지원하는 교육부의 경우, 연구개발(R&D)사업을 제외한 대학 인력양성에 대한 지원(대학교육 분야 재정지원 사업)은 대부분 기관지원 사업 형태로 운영해 오고 있다. 지금까지 교육부의 대학 인력양성 부문에 대한 재정지원 정책을 역사적으로 살펴보면, 1994년 이전에는 교육여건 조성을 위한 일률적 균등지원 방식을, 1995부터 2003년까지는 대학의 다양화 및 특성화 평가를 기반으로 대학별 차등지원 방식을, 2004부터 2006년까지는 특정 목적을 위한 사업단위 지원 방식을, 그리고 2008년 이후 현재까지는 교육역량 강화를 위한 성과중심 포뮬러 펀딩 방식 지원을 운영해 오고 있다(임후남 외, 2012). 특히 성과중심의 포뮬러 펀딩 방식의 경우, 대학의 성과를 평가근거로 활용하여 지원 공식에 의거 재정지원을 하고 있다. 추가적으로 성과중심의 포뮬러 펀딩 방식은 교육역량 강화 지원을 목적으로 평가지표에 전임교원 확보율, 학생 충원율 등 교육여건 지표와 대학의 취업률 등을 주된 성과지표로 활용해 왔다.

한편, 교육지원에 초점을 둔 대학재정지원사업은 정권이 바뀔 때마다, 새로운 내용을 중심으로 변경될 뿐만 아니라, 개편 방향 역시 예측이 불가능한 양상으로 전개되었다(박주호 외, 2019). 이명박 정부 말기에 대학교육역량 강화사업(학부교육선진화 선도대학 사업 포함)을 학부교육선진화 선도대학 사업(ACE 1유형), 특성화분야 육성사업(ACE 2유형), 지역선도대학 육성사업(ACE PLUS)으로 개편하는 것을 발표하였다. 하지만, 박근혜 정부 출범 이후, 2013년에 ACE 사업 확대 개편, 2014년 대학특성화 사업(CK사업)을 신설하였고, 2015년에는 산업연계교육활성화선도대학 사업(PRIME 사업)을 신설하였다. 한편, 앞에서 살펴보았듯이, 문재인 정부에 와서 교육부는 2019년부터 대학에 대한 재정지원 체제를 4개 사업체제, 즉 국립대학 육성 사업, 기존 여러 개의 대학지원사업을 통합한 대학혁신지원 사업, 산학협력 사업, 그리고 연구지원 사업으로 구분해서 운영할 것임을 발표하였다 (교육부, 2019).

이처럼 다양한 유형이나 차별적 사업 명칭하에 추진되어 온 교육부의 대학 교육지원 사업의 경우, 특정 교수학습 프로그램 지원이나 특정 분야 인재 양성이 아니라, 기관지원 위주 재정지원 정책으로 전개되었다. 교수학습 프로그램 지원이 아닌 기관 위주 대학 재정지원 정책은 성과평가가 용이하지 못하고, 고등교육의 혁신과 질 제고를 효율적으로 담보하기에는 한계가 있다. 또한, 현재 교육분야 국가재정지원 사업의 경우 국·사립대 간 구분 없이 일괄 기본역량 평가 뒤 대상 대학을 선정하고 지원해 오고 있다. 국립대 또는 사립대 간의 고유한 설립·운영목적에 따른 특성화되고 차별적인 재정지원 정책은 거의 추진되어 오지 못했다.

대학재정지원사업 추진과 관련해서 교육부(2018)는 한결같이 대학의 자율역량 강화를 기반으로 대학교육 혁신 지원을 강조해 왔다. 본질적으로 교육의 성과는 단기에 가시적으로 규명하기 어렵고 측정도 불가능하다. 그렇지만, 고등교육 재정지원 사업이나 정책의 경우, 그 정책목표를 추상적으로 설정해서 운영하는 것은 최대한 피해야 한다. 왜냐하면, 국가재정 사업은 그 투자효과를 국민들에게 가시적으로 최대한 입증해 보여야 하기 때문이다. 보다 구체적으로 교육부가 대학교육역량지원이나 대학혁신지원 사업 추진에서 재정지원 정책목표로 제시한 '교육역량'이나 '기본역량'의 경우, 그 성과측정이 어렵고 개념적으로 다소 불명확하다. 특히 대학의 교육역량 또는 기본역량 평가에서 지원 대상 선정 포뮬러 (지표)의 경우 적정성·합목적성이 다소 부족하다. 보다 구체적으로 대학 기본역량 평가에서 양적지표(예: 교육비 환원율, 전임교원 확보율, 신입생 충원율, 재학생 충원율, 졸업생 취업률 등) 위주로 평가한 뒤에 대학을 선정하고 재정지원을 하면 해당 대학의 교육에 질적 변화가 일어날지 명료하게 확신할 수 없다. 또한, 교육역량 강화를 위한 대학 재정지원 사업은 정부예산 사업이기 때문에 1년이라는 회계연도 원칙에 맞게 운영됨으로 인해서, 성과평가 및 성과 창출 운영방식은 근본적으로 한계가 있다(황청일, 2017). 즉, 교육의 성과가 중장기적으로 확인된다는 점에서 보면, 1년 주기 재정지원 사업 방식은 대학을 고등교육의 혁신과 질 제고라는 성과변화로 유도하기에 한계가 있다.

고등교육에 대한 정부의 재정지원 목적이 우선적으로 국민에 대한 고등교육 기회의 보장과 대학교육의 질 제고라면, 개별 학생에 대한 장학금 지원 확대나 대학별 재정운영 여건 확충 차원에서 재학생 수 대비 기관 경상운영 경비 지원이 보다 타당하다. 대학 재정지원에 대한 책무성 담보가 우려된다면, 재정지원 후 대학교육 성과 인증 및 평가를 통해서 사후 관리체제를 강화하면 그 우려는 어느 정도 해소할 수 있다. 아울러, 고등교육에 대한 국가재정지원 목적이 국가경쟁력 확보를 위한 특정 분야 인력양성일 경우, 사업단별 교육프로그램 지원 방식에 초점을 두는 것은 당연하다. 국가 전반에 걸쳐 미래 혁신기술이나 사회혁신을 촉진하는 것을 목표로 고등교육에 재정투자를 하는 경우, 기관지원 방식이 아니라 개별 사업단이나 개별 교수자(연구자) 지원에 초점을 두고 특정 프로그램이나 센터지원 방식으로 운영하는 것이 더 타당하다. 왜냐하면 대학은 기관운영 측면에서 다양한 이해관계자, 즉 다양한 단과대학, 상이한 전공학과, 이질적 교수들로 구성되어 있어서 기관지원 방식은 재정지원 사업의 효율성을 담보하기가 어렵기 때문이다. 아울러 미래 혁신기술이나 사회혁신 촉진을 위한 아이디어 창출이나 궁극적인 사업시행 주체는 개별 교수자(연구자)이기 때문에 사업단 방식이나 개별 교수자 지원 방식이 참여 촉진이나 동기 차원에서 더 적합하다. 특히 미래 혁신기술이나 사회혁신 촉진 사업의 경우에는 연구개발과 교육을 통합적으로 운영하여 그 시너지 효과가 발휘되도록 하는 재정지원 사업이 추진될 필요가 있다.

## 다. 대학의 자율화 이념과 양립

고등교육 국가재정지원에서 중요한 쟁점 중 하나는 대학에 대한 정부 재정지원과 대학 자율성 보장이 서로 대립관계가 아니라 보완관계에 있도록 하는 것이다. 최근까지 교육부는 고등교육 재정투자를 증가시키고 지속적으로 추진해 왔다. 한편, 국가의 고등교육 재정투자와 맞물려서, 재정지원에 대한 대학의 정부 의존성은 더욱 심화되었고, 국가 전반에 걸쳐서 자율적 대학발전 생태계는 오히려 약화되었다(박주호 외, 2019). 최근 우리나라 대학의 재정운영 상황과 관련해서 송기창(2017)의 경우, 학생 1인당 교육비 및 교육비 환원율은 해마다 증가하는 추세이지만, 교육의 질과 직접적 관련이 있는 실험 실습비 및 자료 구입비 감소, 졸업이수학점 수 축소, 개설강좌 수 축소, 재수강 제한, 인건비 삭감, 비정년 전임교원 채용 증가 등과 같은 현상이 모든 대학에 확산되고 있다는 점에서 대학교육의 질 저하가 우려된다고 지적하고 있다. 또한, 전체 고등교육에서 높은 비중을 차지하고 있는 사립대(약 80%)의 경우 학생등록금 의존율(약 52.8%)이 높고 재정 건전성이 취약한 상황이다. 이러한 사립대학 운영 상황에서, 정부는 2011년 이후 학생등록금 인상을 국가장학금 지원기준과 정부 재정지원 사업 요건에 반영해서 규제정책을 추진해 오고 있다. 이에 따라서 사립대학들은 오히려 자체 재원 창출 역량이 거의 전무해졌다. 결과적으로 정부당국(교육부)에 의한 고등교육 재정투자 정책 추진으로 인해서, 대학들은 오히려 정부로부터 대학 자율성이 약화되거나 침해된 결과를 낳고 있다는 사실에 주목할 필요가 있다(박주호 외, 2019).

한편, 현재까지 반값 등록금 정책으로 인한 강력한 학생등록금 억제, 그리고 국·사립 간에 설립 구분 없이 진행 중인 구조개혁 추진과 교육역량 평가를 기반으로 모든 대학에 대한 일반 재정지원 사업 추진 등은 사립대학에 대한 공적 성격을 한층 더 강화하는 것이다. 이에 따라 사립대학에도 국·공립대학에 준하는 정부 재정지원이 필요하다는 견해가 강하게 제기되고 있다(나민주, 2017). 이 경우 국고지원을 받는 사립대학과 국고지원을 받지 않는 사립대학(완전 자율형 사립대학)으로 구분하여 학생등록금 인상을 허용하는 방안도 강구될 필요가 있다. 국고지원을 받는 사립대학에 대해서는 국립대학 수준으로 정부당국(교육부)의 지도와 감독을 허용하되 충분한 재정을 지원하고, 국고지원을 받지 않는 사립대학에 대해서는 국고지원을 하지 않되, 등록금 인상 제한 규제를 폐지하고 자유롭게 등록금 인상을 허용함으로써 세계대학과 경쟁할 수 있는 체제를 갖출 수 있도록 하는 방안도 적극 검토할 필요가 있다.

앞에서 살펴보았듯이, 기존 대학재정지원사업의 경우 사업목표부터 성과관리까지 정부 중심으로 추진하여 대학 자율성이 저해되었고, 대학 간 소모적 경쟁이 심화되었기 때문에, 교육부(2018)는 향후 대학의 자율성 강화와 경쟁력 제고 차원에서 '대학혁신지원 사업' 하나로 재구조화 후 재정지원을 한다고 하였다. 동 사업 운영에 대한 세부적 발표 사항을 보면, 대학 스스로 「중장기 발전계획」을 수립, 그에 따른 정부의 재정지원, 발전계획에 부합하도록 사업비의 자율적인 집행 허용, 교육프로그램 운영에 있어서 대학 자율성을 최대한으로 보장, 대학의 자율 성과지표를 포함한 「성과협약」으로 성과와 책임성을 담보해서 대학의 자율적인 변화를 기대하는 사업으로 추진한다고 한다(교육부, 2018). 하지만, 사업과 형태와 상관없이 정부에 의해 지원되는 사업, 특히 기관단위 지원 방식의 재정지원 사업의 경우 해당 대학들은 어떠한 형태로든지 정부에 의한 평가, 사후 사업관리 및 감사를 피할 수 없다. 왜냐하면, 정부 재정지원 사업은 그 재원이 국민의 세금에 의해 운영되는 예산사업이므로, 정부의 관리기준을 지켜야 하고, 사업비 집행의 적정성에 대한 사후 관리 감독 및 감사가 수반되기 때문이다. 실제 교육부에 의한 대학혁신지원 사업을 받는 대학의 경우 매년 정부에 의해 실시되는 대학 기본역량 진단 및 기관평가를 받아야 한다. 결과적으로 대학이 기관지원 대학재정지원사업에 참여하는 경우, 정부로부터 그만큼 기관운영과 교육운영의 자율성을 제한받을 수밖에 없다.

고등교육에서 인력양성 목적을 위한 국가재정지원이 대학 자율성 원리와 상충하지 않고, 양자 간 시너지 효과를 제고하기 위해서는 기관단위 사업보다는 가급적 개별 교육프로그램이나 개별 교수자 지원에 초점을 둔 재정지원 사업으로 전환할 필요가 있다. 특히 개별 교육프로그램이나 개별 교수자 지원에 초점을 둔 재정지원 사업이 기관단위 사업보다 사업성과 담보나 지원 대상자 선정평가에 있어서 보다 타당성 확보가 용이하다. 고등교육 혁신과 질 제고 보장을 위해 대학에 대한 기관단위 일반재정 지원을 추진하는 경우, 대학의 자율성과 창의성을 최대한 보장하기 위해서는 목적성 사업비 지원보다는 기관운영의 경상비 보조금 지원 방식을 도입할 필요가 있다. 정부가 고등교육에서 목적성 사업을 추진하는 경우에는 그 성격상 정부의 기준과 요구에 의해 대학별 교육운영에서 차별성이나 특성화가 신장되기보다는 표준화와 획일화가 불가피하게 발생할 수밖에 없다는 사실에 주목해야 한다.

# 참고문헌

■ 국·공립대학교 대선정책기획위원회(2016). 대한민국의 미래를 위한 국·공립대학교 발전 방안 연구.

■ 교육부(2018). 대학 재정지원사업 개편계획 확정 발표. 보도자료, 2018. 3. 22.

■ 교육부(2020). 2021년 정부 재정지원제한 대학 지정 방안 발표. 보도자료, 2020. 9. 1.

■ 기획재정부(2019). 2019년 세계경제포럼(WEF) 국가경쟁력 평가 결과. 보도자료, 2019. 10. 9.

■ 기획재정부(2021). 열린재정 재정정보공개시스템. https://www.openfiscaldata.go.kr/portal/main.do#none

■ 김병주(2007). 대학재정 확충방안. 대학교육, 150, 19 - 25.

■ 김병주(2018). 미래 사회에 대비한 고등교육 재정 혁신 방향과 과제. 제69차 한국교육재정경제학회 연차 학술대회: 미래 교육환경 변화에 따른 교육재정 혁신 과제.

■ 김병주·김민희·이정미·차성현·서화정(2017). 고등교육 재정지원 계획 수립 연구. 고등교육정책연구소.

■ 나민주(2017). 새로운 대학, 고등교육의 미래를 위한 재정지원 방안. 대학교육 197호, 한국대학교육협의회.

■ 박주호·변기용·정종원·이정미·문명현(2019). 중장기 고등교육 정책방향 수립연구. 교육부 지정 고등교육정책연구소.

■ 서동석(2016). 대학의 재정 및 교육비 국제 비교. 2016 고등교육현안 정책자문자료집 1. 한국대학교육협의회.

■ 송기창(2010). 고등교육 재정교부금법 제정방안에 대한 논의. 교육재정경제연구, 19(2), 125 - 153.

■ 송기창(2017). 반값등록금정책에 따른 대학재정지원정책 개선방향. 교육재정경제연구, 26(2), 63－92.

■ 송기창·김병주·백정하(2008). 대학재정확충 및 활용방안에 대한 연구: 고등교육재정교부금법 제정을 중심으로. 한국대학교육협의회.

■ 이정미(2018). 미래사회 대비 고등교육 혁신을 위한 고등교육 재정 확보 방안. 한국대학교육협의회.

■ 이정미·김병주·나민주·이영·이필남·권기석(2011). 고등교육 재정 확충 및 효율적 운영방안 연구. 한국교육개발원.

■ 임후남·권기석·엄준용·이정미(2012). 고등교육 재정지원 현황분석 연구(CR－2012－03－02). 한국교육개발원.

■ 한국장학재단(2021). 한국장학재단 인터넷 홈페이지의 장학금 안내.
https://www.kosaf.go.kr/ko/scholar.do?pg＝scholarship_main

■ 황청일(2017). 우리나라 주요 대학재정지원사업 현황과 개선방안. 교육발전연구, 33(2), 69－88.

■ IMD (2020). 2020년 IMD 국가경쟁력 교육부문 지표별 순위 및 지표값.
https://www.imd.org

■ OECD (2018). Education at a Glance 2018. https://doi.org/10.1787/19991487

# 제20장 지역혁신중심 대학지원체계와 글로컬대학 정책

## 1 지역혁신중심 대학지원체계

국가 및 지역 혁신체제 구현에 있어 대학의 역할과 기능은 결정적이다. 즉, 대학의 연구개발을 통해 새로운 지식이 창출되고, 창출된 지식이 교육을 통해서 석·박사 인력에 의해 체화되어 전파 및 확산될 때, 국가 혁신역량은 효율적으로 제고된다. 지역 수준에서 지역대학과 지역사회·산업 간의 동반 성장체제 확립은 지역혁신과 발전의 견인차 역할을 한다. 구체적으로 출범 당시부터 윤석열 정부는 지역대학에 대한 중앙정부의 행·재정 권한을 지방자치단체로 이관하는 지역혁신중심 대학지원체계(Regional Innovation System & Education: RISE)를 조성하고, 중앙정부와 지방정부가 협약하에 지역산업체와 교육청과 연계하여 지역인재를 양성해 가도록 고등교육 정책을 추진한다고 하였다(대한민국 정부, 2022). 이에 따라 교육부(2023a)는 경남, 경북, 대구, 부산, 전남, 전북, 충북 7개 지역을 지역혁신중심 대학지원체계 시범지역으로 선정하였고, 2025년까지 전국 시도 전 지역에 그 선정을 확대할 계획을 공지하였다. 지역혁신중심 대학지원체계의 경우 지방자치단체가 지역 발전을 위해 지역혁신, 산학협력, 직업·평생교육에 중점을 두어 지역대학에 직접 정부재정을 지원하는 체제이다. 이는 '지역인재양성 – 취·창업 – 정주'에 초점을 둔 지역 발전 생태계 구축을 목표로 하고 있다.

지역혁신중심 대학지원체계를 구축하려는 배경을 살펴보면, 지역인구가 급감하고 산업 및 사회문화 인프라 측면에서 수도권에 지나치게 집중된 현행 사회체제 및 구조를 완화시키는 데 그 목적이 있다. 아울러 입학자원 감소와 소속 학생 이탈로 인해 존폐위기에 처한 지방대학들의 경쟁력을 높이려는 데 그 취지가 있다. 즉, 국가 고등교육 재정 운영 측면에서 지역 소재 대학에 대한 재정투자 권한을 해당 지방자치단체에게 부여하고, 동반해서 지역발전을 전략적으로 이끌어내 보겠다는 의도가 내포되어 있다. 결과적으로 이 체계는 지역소재 대학으로 하여금 지역발전에 연계한 연구 및 기술 개발, 그리고 지역발전 수요에 적합한 인력양성을 수행해 가도록 하겠다는 것이다(교육부, 2024b).

이를 위해 윤석열 정부는 지역혁신중심 대학지원체계를 통해서 기 추진해온 정부의 대학재정 지원 사업비(국고 출연금 사업비) 전체를 지역 맞춤형 재정지원 사업으로 개편하고, 해당 지방자치단체에게 자치단체 보조금으로 사업비를 지급해서 각 대학들에게 집행하겠다는 계획을 공표하였다(교육부, 2023a). 또한, 지역혁신중심 대학지원체계의 경우 일정 규모의 사업비를 해당 자치단체에게 매칭 펀드로 요구해서 대학지원 사업 운영에서 책무성과 주도성을 부과하겠다는 취지도 포함하고 있다. 따라서 지역혁신중심 대학지원체계는 해당 광역시도 및 자치단체가 중앙정부에 의해 배당된 사업비와 매칭 펀드로 확보한 대학 재정지원 사업비를 자기 지역의 혁신이나, 산업 발전을 주도하는 데 적절히 집행하도록 기획하고, 최적의 대상 대학을 심사 평가해서 지원하는 체제이다. 지역혁신중심 대학지원체계하에서 사업비를 지원받은 대학들은 지역발전 및 지역산업을 혁신하기 위한 기술개발 허브로서 역할을 하고, 대학 스스로도 구조조정과 혁신을 구현해 가도록 하겠다는 것이다(교육부, 2023a).

**글로컬대학30 육성 사업의 주요 내용**

　당초 윤석열 정부는 지방대학 발전을 모토로 지역과 대학 간 연계 및 협력을 통해 지역인재 육성과 지역발전 생태계를 조성한다는 과제를 교육분야 대통령 공약사항에 포함하였다. 정부 출범 후 2023년 4월 교육부(2023b)는 대통령 공약을 기반으로 글로컬대학30 사업을 기획하고, 그 추진방안을 확정 발표하였다. 2023년 전국에서 지역소재 108개 대학, 94건 혁신기획서 제출하게 하여, 심사평가를 통해 사업지원 대상으로 10개[1]를 지정하였다(교육부, 2023b). 2024년 8월에도 10개 대학[2]을 글로컬대학 사업 대상 대학으로 추가 선정 발표했다. 글로컬대학30 사업의 경우 2026년까지 총 30개 대학을 지정해서 대학 내외의 벽을 허무는 과감한 혁신과 지역과의 긴밀한 협력으로 지역－대학의 동반성장을 선도할 수 있도록 지원할 계획임을 공표하였다(교육부, 2024a). 정부는 지원 대학으로 선정되는 경우 1개교당 총 5년간 약 1,000억 원을 지원할 것을 공지하였다.

　교육부 발표에 따르면, 글로컬대학30 사업의 경우 지역 여건과 대학이 처한 특성을 고려해서 해당 대학이 자율적으로 자신의 발전 방향을 설정한다고 명시하고 있다. 이는 구체적인 사업 목표와 내용을 대학이 스스로 기획·설계해서 혁신을 추진해 가도록 정부가 사업비를 지원하는 것이다. 그렇지만, 교육부(2023b)가 발표한 정책방안에는 산학협력 분야에서 기술이전, 산업체(지역연계) 공동연구

---

1　2023년 11월 글로컬대학 육성사업 지원 대상 대학으로서 ①강원대·강릉원주대, ②경상국립대, ③부산대·부산교대, ④순천대, ⑤안동대·경북도립대, ⑥울산대, ⑦전북대, ⑧충북대·한국교통대, ⑨포항공대, ⑩한림대가 선정되었다.
2　2024년 글로컬대학 지정 대학 단위의 경우 ①건양대학교, ②경북대학교, ③국립목포대학교, ④국립창원대학교·경남도립거창대·경남도립남해대·한국승강기대학교, ⑤동아대학교·동서대학교, ⑥대구보건대학교·광주보건대학교·대전보건대학교, ⑦대구한의대학교, ⑧원광대학교·원광보건대학교, ⑨인제대학교, ⑩한동대학교 등 총 10개교이다

를 통한 지식재산권 창출 등의 성과, 그리고 각종 세계대학 평가에서 평가 등위를 사업이 지향해야 할 목표로서 활용이 가능하다고 제시되어 있다. 이 사업의 특징은 지방자치단체 및 지역소재 산업체가 대학의 혁신에 파트너로 참여를 전제로 하고 있다. 시도 자치단체에게는 글로컬대학의 운영을 위한 적극적인 재정지원, 관련 조례 제정, 당해 대학을 지원(산업체 요구 기반 교육과정 개발, 산학협력 연구)하는 지역 소재 기관(기업·연구기관 등)에 대한 인센티브 제도화 등을 통해 사업참여를 기대하고 있다. 대학에게는 지역 산업체나 학부모 등 수요자 요구에 맞추어 대학경영 구조나 구체적인 학사구조 개편과 교육과정을 운영토록 유연한 학사체제를 조성토록 하고 있다.

전반적으로 글로컬대학30 사업은 교육부가 재정을 지원하는 조건으로 해당 대학으로 하여금 전면적 혁신과 구조개혁을 이끌어내는 데 초점을 두고, 전체 기관단위로 대학에 사업비를 지원하는 사업이다. 특히 동 사업의 경우 사업신청 요건에 2개 이상 대학·기관이 지원기간 중 통합을 전제로 과감한 혁신을 추진하는 경우에도 신청이 가능토록 해서 대학 간 자율적 통폐합을 도모하고 있다. 아울러, 사업추진과 동반해서 교육부는 대학의 구조개혁에 걸림돌이 되는 규제(대학 설립·운영 4대 요건 완화, 정원조정 자율화, 대학평가 폐지 등)는 신속히 개혁대학 혁신을 지원하는 데 집중한다고 공지하고 있다.

---

## 3 / 정책의 논의 및 평가

### 가. 지역혁신중심 대학지원체계(RISE) 정책의 한계점

앞에서 살펴보았듯이, RISE 정책은 지방소재 국공립 및 사립대학들에 대한 중앙정부의 재정지원 권한을 광역시도 자치단체에 위임, 즉 자치단체 경상보조금 형태로 대학지원 사업비를 교부하고, 해당 자치단체(사업 전담기관인 지역 RISE 센터)가 집행해 가도록 하겠다는 것이다. 세부적으로 광역시도 지방자치단체는 지역대학 지원 관련 업무를 기획·총괄하는 대학지원 전담부서를 설치운영하고, 대학지원 사업 관리 및 선정·평가 등을 전담하는 산하 기관 또는 부서(예: 경남평생교육진흥원, 경북연구원, 대전 정책연구원, 부산테크노파크, 전남인재평생교육원, 전북테크노파크, 충북연구원)를 지역 RISE 센터로 지정 운영할 계획이다(교육부, 2023a).

대학이 창조하는 지식과 기술이 국가 및 지방의 경쟁력의 원천이 된다는 사실은 누구나 공감한다. 지방대학들은 자신들이 보유한 인적·물적 자원을 활용하여 지역 산업이 필요로 하는 기술개발 연구나 지역 문제해결을 위해 지방정부와 연계하여 산·학 협력을 강화하는 것도 중요한 기능 중 하나이다. 이를 위해 지방대학이 해당 지역발전을 위해 지역 산업에 필요한 맞춤형 인재양성을 위한 학사구조 및 교육과정 융합 및 재구조화 등 교육혁신을 추진하는 것은 당연하다. 지방 소재 대학의 경우 지역 산업·사회의 변화에 능동적으로 대응하는 차원에서 자신들의 거버넌스 운영에 있어서 지자체 및 산업계 등 외부 민간전문가 참여 확대도 필요하다.

한편, 지금까지 우리나라 고등교육체제는 중앙정부인 교육부에 의해 직접적인 관리 및 지원구조하에서 운영되어 왔다. 고등교육 지원, 즉 대학운영 지원이 지방정부 사무가 아니라, 중앙정부 사무로 관장되고 운영되어 왔다. 대학에 대한 재정지원을 위한 모든 예산도 국회심의 의결을 거쳐 교육부가 직접적으로 집행해 왔다. 또한, 지방 국립대나 사립대의 지배구조, 즉 총장 및 직원 임용, 의사결정 구조나 학내 조직 등도 모두 중앙정부가 관장하는 법령에 근거를 두고 있다. 이러한 국가 고등교육체제하에서 대학에 대한 재정지원 사무를 지방자치단체 사무로 이관하려는 RISE 정책이 향후 성공적으로 착근되기 위해서는 그 법적 근거를 마련해서 확고한 형식적 운영체제 확립이 우선될 필요가 있다.

무엇보다도 현행 고등교육 지원 및 관리체제 상황에서 지역소재 대학에 대한 재정지원을 자치단체가 경상보조금 형태로 직접 집행함은 그 성과나 효과 측면에서 다소 부정적 파장이 예상되고 있다. 우선 지방자치단체나 그 소관 지역 RISE 센터의 구성원들이 실제 고등교육기관의 학문연구의 속성이나 대학의 자율적 학사운영 지원에 대한 경험이나 노하우가 전혀 없다는 사실이다. 이로 인해 대학지원 사업의 선정 및 관리 측면에서 지방정부의 전문성이 미약해서 RISE 체계 운영의 경우, 당초 교육부가 내세운 긍정적 비전보다는 오히려 지방대학 경쟁력 강화나 지역발전을 선도하지 못하게 될 우려도 있다. 특히, 자치단체장 및 시도의회의원 모두 주민 직접 투표에 의해 선출되기 때문에 선거를 위한 정치적 유·불리 상황에 의해 대학지원 사업이 왜곡되거나 편향될 우려도 있다.

현재 지방대학들은 추가적 재정확보 수단으로서 RISE체계에 의거 지원될 사업비 확보 입장 때문에 당장 불만이 없어 보인다. 하지만, 장기적으로 중앙정부뿐만 아니라, 지방정부도 재정 지원을 명목으로 대학들에 대한 새로운 재정 관련 규제자로 등장할 가능성이 충분히 존재하고 있다. 이는 정부 재정 지원 관련 이중 규제를 파생시켜서 대학의 자율적 성장 발전에 장애로 작용할 것이 분명하다.

중장기적으로 RISE체계 정책이 실효성을 확보하려면 원천적으로 지방정부가 지역경제 성장과 민간 산업 발전을 직접적으로 기획하고 주도해 가는 전략이 과연 적절한 방식인가에 대한 국민적 합의와 공감대가 필요하다. 아울러, 지역사회 및 산업 발전을 위해 지방대학이 성장엔진으로 거듭나는 나는 데 그 목적을 두고 RISE체계 정책을 추진하더라도, 고등교육기관이 가지는 세 가지 본질적 기능, 즉 교육·연구·봉사 기능의 활성화를 기반으로 해야 한다. RISE체계하에서 지방정부가 대학 재정지원 사업 평가를 하는 경우 지역소재 대학이 본연의 역할과 기능을 수행하는 것을 왜곡시키지 말아야 한다. 모든 대학의 경우 교육·연구·봉사 영역에서 그 수행 실적을 바탕으로 개별 교수들의 업적 평가가 이루어지고 있다. 무엇보다도 RISE체계 운영자들은 대학지원 사업의 최종적 집행 주체가 개별 교수이고, 대학의 본질적 기능의 최종적 수행자라는 사실을 인식해야 한다.

## 나. 글로컬대학30 사업의 주요 쟁점

최근까지 대학재정지원 사업은 정권이 바뀔 때마다 새로운 내용을 중심으로 변경될 뿐만 아니라, 개편 방향 역시 예측이 불가능한 양상으로 전개되어 왔다. 이러한 맥락에서 윤석열 정부 출범과 더불어 교육부(2023b)는 글로컬대학30 사업을 추진하고 그 당위성을 두 가지 초점에서 찾고 있다. 우선, 정부가 고등교육 환경 변화에 선제적으로 대응하고 과감히 대학 전반의 혁신을 촉진시키기 위한 전략적 지원 방식으로서 대학 단위를 사업지원 대상으로 설정한다는 점이다. 이는 기존 정부의 대학지원 사업들이 학과중심 또는 사업단 중심의 프로그램 기반 재정지원 사업이어서, 대학의 전면적 혁신과 구조개혁을 이끌어내기에 한계가 있다는 점을 강조하고 있다. 둘째, 종전 대학지원 사업의 경우 여러 사업이 분절적으로 운영되어 칸막이형 예산사업에 의거 규제로 작용하고 현장 적합성 있는 예산 집행이 저해되고 있다는 것이다. 이에 따라 교육부(2023b)는 통합적 재정지원 사업을 추진해서 대학이 자율적인 예산 운용을 통해 대학이 스스로 과감한 혁신을 추진해 나가도록 한다는 점을 강조하였다.

우선 글로컬대학30 사업은 지역소재 대학의 지배구조(governing system) 개선, 즉 정부가 재정을 지원하는 조건으로 해당 대학으로 하여금 전면적 혁신과 구조개혁을 이끌어내는 데 초점을 두고 있다. 이에 따라 연합해서 사업을 추진하는 국립대나 공립대학들의 경우 인접 지역 국립대들 간(예: 충북대학교와 한국교통대학, 부산대학교와 부산교대, 창원대와 경남 도립 거창대, 전남 도립대와 목포대학교 등)의 통폐합을 촉진하는 효과가 그 성과로 기대되고 있다. 하지만, 학교 통합이 아니라 단지 연합으로만 사업에 참여한 여타 대학들은 단일 사업 의사결정을 위한 거버넌스 구축만이 가능하다고 볼 수 있다. 왜냐하면, 우리나라 대학 지배구조 체제의 경우 현행 지방 국립대에서 총장은 대통령이 임명하고 학교 의사결정은 교무회의 및 교수회의를 통해서 운영되고 있고, 교수나 교직원 모두 국가직 공무원으로 임용되고 있다. 사립대는 사학법인의 이사장 및 이사회에 의해 대학 경영에 대한 주요 의사결정이 이루어지고, 총장 및 교수도 이사장이 임명권을 가지고 있다. 실제 교육개혁 일환으로 도입했던 초중등학교 학교운영위원회도 지역소재 민간위원이나 학부모 위원을 포함하고 있지만, 실제 학교교육 및 학교경영에 대한 전문성 결핍으로 인해서 실제로 학교 내부 위원들에 의해 주도되고 있어서, 당초 도입 취지를 실현하지 못하고 있다(이준희, 2014)는 사실도 주목할 필요가 있다. 따라서 대학별로 엄연히 법규상 독립된 학교 내 지배구조가 존재하기 때문에 글로컬대학30 사업이 추구하는 학내 지배구조 혁신에 한계가 있을 수밖에 없다.

무엇보다도 정부 예산 및 집행구조 측면에서 글로컬대학30 사업은 윤석열 정부가 출범하면서 새롭게 마련한 대학재정 지원 사업이 아니다. 교육부(2023b) 발표에 따르면, 사업 대상에 선정된 국립대는 기존 국립대 육성 사업에서, 사립대(공립대 포함)는 지방대 활성화 사업을 통해 사업비를 지원한다는 사실이다. 결과적으로 글로컬대학30 사업의 경우 예산 및 집행 구조 면에서 지역혁신중심 대학지원체계에 편입 집행되고, 그 소요되는 예산은 연차적으로 이전 정부에서 추진해 오던 기존 대학지원 사업(예: LINC 사업, 지방대 활성화 사업 등)이 일몰 종료 시, 그 사업비 몫을 모두 전환해서 확보해 갈 수밖에 없다는 한계가 있다.

아울러, 사업비 지원 목적 측면에서 글로컬대학30 사업은 대학의 전면적 혁신과 구조개혁, 지방자치단체 및 지역소재 산업체가 대학 혁신의 파트너로 참여를 전제로 중소기업 혁신기반의 산학협력 추진, 학생 취·창업 확대, 지역 요구에 부합한 인력 양성 등 너무 여러 가지를 지향하고 있다. 따라서 사업비가 구체적으로 누구를 대상으로 어떻게 사용할 것인지가 명료하지 아니하고, 대학 자체 계획에 일임하고 있다. 특히 지원하는 사업비가 기술 또는 연구 개발비 지원인지, 교육훈련을 위한 비용(프로그램 운영 지원, 학생 장학금 지원, 실험장비 구입, 실험실습비 등)인지, 또는 대학의 일반운영을 위한 경상보조금인지가 모호하다는 한계점을 지니고 있다.

결과적으로 기존 대학지원 사업, 특히 LINC사업과 차별성이 미약하다는 사실이다. 지방대학을 대상으로 사업단 중심으로 지원해 오고 있는 기존 LINC사업의 경우, 핵심 목표가 지역산업과 연계한 산학협력 모델 발굴 및 산학연계 교육지원이다. 이러한 점에서 글로컬대학30 사업은 대학 내에서 핵심적으로 추진할 사항이 LINC사업과 동일하다. 단지 사업단별로가 아니라, 지역산업과 연계한 산학협력 모델 발굴 및 산학연계 교육지원이 기관단위 차원에서 자율적 계획과 목표 설정을 통해서 추진된다는 점만 다를 뿐이다. 오히려 LINC사업은 사업단 지원에 초점을 두고, 사업 평가지표에 산학협력 인정 비율, 교원 1인당 산업체 연구비 수주 건수, 기술이전 건수, 기술 사업화 실적, 현장실습 이수 비율, 산학연계 교육과정 운영, 산학협력 비전, 기반 인프라 교육과정 개선 정도 등을 명시하고 있어서, 그 사업성과를 보다 명료하게 담보할 수 있다는 사실이다.

사업 운영 측면에서 교육부(2023b)는 글로컬대학30 사업의 경우 학생 취·창업 확대 및 중소기업 혁신 등을 위해 지역사회와 산업의 수요를 고려하여 과감하게 혁신할 의지가 있는 대학만을 지원 대상으로 지정하고 지원한다는 점을 강조하였다. 한편, 지금까지 대학에서 산학협력은 산업체 수요 주도보다 대학 자체 주도에 의해 일방적 계획으로 운영되어 왔었다. 또한, 평가체제 운영에서도 재정지원 종료 후 산학협력 사업 운영의 지속가능성이 미약하다는 구조적 문제도 있었다. 무엇보다도 현재 우리나라 지방대학 소속 대부분 교수들은 지역 소재 중소기업에서 근무한 실제적 경험이 전혀 없다는 사실이다. 이러한 이유 때문에 지방대학이 지역소재 중소기업이나 소규모 영세 산업체 수요를 적절히 반영하여 산학협력 사업을 추진하는 데 한계가 있다는 사실이다. 이에 따라 향후 글로컬대학30 사업에서 추진되는 산학협력의 경우도 그 성과가 산업체에 효율적으로 이전이 되지 못하는 문제를 예상할 수 있다.

지원 방식 측면에서 글로컬대학30 사업은 대학 전체 기관단위 재정지원 사업으로 운영되고 있다. 정부나 국민의 입장에서 볼 때, 이러한 사업체제는 추후 사업성과 측정이나 사업비 투자 대상의 효율성 검증 측면에서 제한점이 있다. 일반적으로 고등교육에서 기관단위 정부 재정지원은 해당 대학 내 교육 혁신과 질 제고 보장을 효율적으로 담보하기가 어렵다. 과거 일부 사례의 경우에 기관단위 재정지원에 의해 우수대학이라고 선정되었지만, 실제 고등교육 수요자인 일반국민이나 산업체의 인정 정도는 그렇지 못한 경우가 비일비재했다(박주호 외, 2019). 특히 현행 각 지방 국립대학들의 경우, 총장이 직선제 선거를 기반으로 추천 및 임명되고 있고, 여러 단과대학 및 다수 전공학가 존재하여 다양한 이해관계가 상충하고 있다. 이러한 이유 때문에 기관단위 대학지원 사업비는 정부가 의도한 대로 선택 및 집중해서 대학 내에서 집행되기 어렵다. 실제 기관단위 대학 재정지원 사업은 그 사업비가 대학 내 여러 단과대학 및 전공 학과 간에 나눠 먹기 식으로 집행될 개연성이 있어서 상대적으로 효과성이 떨어진다는 문제점이 지적되어 왔다. 결과적으로 연구비 지원이 아닌, 교육지원(인력양성) 사업의 경우 기관/사업단 단위의 사업보다는 소규모 교육개혁 실천 사업으로 설계해서 해당 교육단위별로 지원하는 소규모 교육개혁 지원 프로그램이 보다 효과성이 있다는 견해도 있다(변기용 외, 2017).

향후 글로컬대학30 사업이 보다 효과적으로 수행되기 위해서는 지방정부가 산업체/기업 또는 지역기관으로부터 기술 또는 공공 서비스 수요를 사전에 수렴 후 공지해서 사업을 운영할 필요가 있다. 즉, 지방정부는 지역별 산업구조를 고려하여 지역중점 육성산업 및 신성장 산업인력 수요에 대한 정기적인 조사를 실시하고 이를 지역대학들에게 공유하는 체제 조성도 요망되고 있다. 아니면, 기술 수요 대상 업체(또는 기업컨소시엄)를 미리 선정하고, 그 기업과 지방정부가 주도해서 대상 대학을 평가 및 지원하는 체제를 운영할 필요도 있다. 궁극적으로 고등교육에서 정부는 기관단위 재정지원을 추진하기보다는 개별 교수 단위나 전공그룹 단위의 지역연계 협력사업 추진이 보다 다 적절한 사업 모형일 수 있다.

이러한 견지에서 정부나 글로컬대학30 사업 추진 대학은 벤치마킹 모델 차원에서 미국 주요 주립대학에서 운영하고 있는 공공서비스봉사(지원)센터(Public service & outreach center) 운영사업을 주목해 볼 필요가 있다. 예를 들어 미국 조지아대학(University of Georgia)의 공공서비스봉사센터의 경우 대학이 보유한 지식과 기술을 지역의 발전을 위해 경제, 사회 및 지역단체 요구를 접목해서 제공하고 있다. 동 센터 운영3은 대학이 지역주민의 삶의 질 향상에 기여를 목적으로 하고 있다. 구체적으로 조지아대학 공공서비스봉사센터는 지역 기관, 즉 초중고, 영세 중소기업체 등의 발전을 위하거나 성과개선을 위해 긴요하게 요구되지만, 자신의 재정이나 자산규모를 가지고 구비할 수 없는 각종 애로사항(예: 제도개선 컨설팅, 기술지원, 직원 혁신교육 등)이 존재할 때, 그에 대해 서비스를 무료로 지원하는 사업이다. 특히 조지아대학 공공서비스봉사센터에서는 지역 사회단체나 중소기업의 애로사항을 직접 수렴하거나 적극 발굴하고, 대학 내 자원을 동원하고 운영토록 하는 전담 직원(코디네이터)을 채용해서 운영하고 있다. 이 경우 해당 공공서비스봉사센터 운영에 소요되는 최소 인건비, 수당, 운영비, 기술지원, 재료비 등을 사업보조비로 지원하고 있다.

---

3 미국 조지아대학(University of Georgia)의 공공서비스봉사센터에서 운영 중인 프로그램에서는 조지아주 농업인 및 농경영업자를 지원하기 위한 관련 전공교수의 연구 성과 및 지식 정보를 공유하는 정기적 세미나 개최운영, 수의과 대학 및 병원을 통한 목축농가 서비스 지원, 지역주민에게 당뇨병, 공중보건 위생 상담 및 보건위생교육 프로그램 운영, 지역 초중고 학생들을 위한 지도력 향상 캠프 운영, 지역 학교교사들을 위해 새로운 수업모델 개발 적용 지원 등을 포함하고 있다.

**참고문헌**

- 교육부(2023a). 2025년 지역혁신중심 대학지원체계(RISE) 도입. 언론보도 자료(2023. 3. 8).

- 교육부(2023b). 글로컬대학30 추진 방안. 언론 보도자료(2023. 4. 18).

- 교육부(2024a). 지역혁신중심 대학지원체계 차질 없는 시행. 언론 보도자료(2023. 5. 1).

- 교육부(2024b). 2024년 글로컬대학 본지정 평가결과. 언론보도 자료(2024. 8. 28).

- 이준희(2014). 교육제도. 안암교육행정연구회 학교중심의 교육행정 및 교육경영 제11장(273-294). 박영Story.

- 대한민국 정부(2022). 윤석열 정부 120대 국정과제.

- 박주호·변기용·정종원·이정미·문명현(2019). 중장기 고등교육 정책방향 수립 연구: 고등교육 혁신 방안 제시를 중심으로. 영남대학교 고등교육정책연구소.

- 변기용·안세근·이석열·이영학·이호섭(2017). 지역균형발전의 관점에서 본 현행 대학 재정지원 사업에 대한 메타평가 연구. 지역발전위원회.

- Jones, C., & Williams, J. C. (1998). Measuring social return to R & D. The Quarterly Journal of Economics, 113(the 4), 1119-1135.

- OECD. (2011). OECD Science, Technology, and Industry Outlook 2010. Paris: OECD.

- Weber, L. (2010). The next decade, a challenge for technological and societal innovations. In L. Weber, & J. J. Duderstadt (Eds.), University research for innovation(pp. 37-49). London: Economica.

제21장  **연구중심대학 육성정책의 실제와 쟁점**

## 1  **연구중심대학의 기원과 특징**

연구중심대학 형성의 기원은 1809년 독일, 당시 프로이센 정부에서 훔볼트 주도로 창설 운영된 베를린대학에서 찾는다(Kerr, 1995; Altbach, 2011). 그전까지 유럽이나 미국의 대학은 중세대학 전통을 이어받아 학부중심 대학으로서, 전문 직업가 양성, 고전연구, 그리고 신학 및 철학 논쟁과 교양교육에 초점을 두었다. 당시 베를린대학은 과학과 국가주의를 바탕으로 학과와 연구소가 설치되었고, 철학과 과학, 연구, 대학원 교육을 기반으로, 가르치는 자유와 배우는 자유를 추구하였다. 베를린대학의 연구중심모형은 1876년 미국 존스홉킨스대학 창설에 기여하고, 그 이후 미국의 연구중심대학 형성에 큰 영향을 미쳤다. 미국에서 연구중심대학이 본격적으로 발전하고 팽창한 배경은 제2차 세계대전이었다. 제2차 세계대전을 거치면서 매사추세츠공과대학, 시카고대학, 버클리대학이 연구중심대학으로 자리 잡았다. 특히 전후 냉전시대를 거치면서 국가 간 산업전쟁 격화와 소련과의 경쟁은 미국 연방정부가 연구중심대학을 대상으로 과학분야에 막대한 연구비 투자를 하게 만들었다. 최근까지 세계 각국에서 연구중심대학은 자국 정부에 의해 막대한 과학분야 연구비 재정투자를 통해서 발전해 오고 있다(Kerr, 1995). 특히 연구중심대학에서 교수들의 주된 역할은 교육이 아니라 연구 활동으로 자리 잡아 왔다. 이는 연구중심대학의 경우 대학의 전통적 기능인 지성인 양성 교육이 아니라, 연구소로서 역할과 기능에 더욱 치중하고 있음을 시사한다.

세계 각국들이 막대한 국가재정을 통해서 연구중심대학을 육성하고자 하는 이유는 연구중심대학에 연구비 투자는 연구개발 성과로서 국가 차원에서 혁신적 기술과 새로운 지식을 산출하기 때문이다. 연구중심대학을 기반으로 한 연구개발은 그 연구 활동 종사자인 연구자나 대학원생에게 주어지는 개인적 편익(봉급, 승진, 취업 또는 성과보상 등)만을 가져오는 것이 아니라, 국가 사회 전반, 즉 국가의 경제발전이나 신산업 창출 및 기업체 신제품 개발에 기여하는 성과를 가져온다. 이렇듯 연구중심대학 육성은 연구자 개인에게 돌아가는 편익을 넘어 국가 경제 사회 전반의 이익을 유발시키는 긍정적 외부효과(positive externality)를 발생시키기 때문에 각국의 정부는 엄청난 규모의 국가재정을 이에 투자한다. 시장경제 차원에서 보면, 긍정적 외부효과가 발생하는 부문의 경우에는 보다 많은 공급대책이 필요하다. 결과적으로 세계 각국 정부는 더 많은 공급을 창출하는 맥락에서 연구중심대학 육성과 연구 활동 촉진을 위한 지원정책을 추진해 오고 있다. 이러한 추세와 관련해서 Altbach(2011)는 연구중심대학은 현대 사회에서 없어서는 안 될 존재라는 점을 강조한다. 동일한 맥락에서 Mohrman et al.(2008)는 연구중심대학이 없는 국가의 경우 새롭게 연구중심대학을 설립하거나, 연구중심대학의 기능을 할 수 있도록 기존 대학을 보완하는 것이 최근 전 세계적으로 보편적 현상임을 지적한다. 한편, 연구중심대학 육성과 그 성공에는 막대한 자금이 소요되기 때문에, 대부분 국가에서 미래 성장가치가 높은 대학에 대한 집중적 지원을 하고, 지원 대학 및 학과의 경우에도 '선택과 집중'의 논리를 적용하고 있다. 예를 들어 미국의 경우 약 4,800개의 고등교육기관 중 150개의 연구중심대학, 중국은 5,000여 개의 고등교육기관 중 100개의 연구중심대학, 인도는 18,000개 중 10개의 연구중심대학 보유에 그치고 있다(Altbach, 2011).

연구중심대학의 모델은 국가별로 다소 다양하지만, 현재 일반적으로 미국식 연구중심대학 모델이 최상의 표준으로 자리 잡고 있고, 세계 많은 나라들이 이 모델을 모방하고 있다(Altbach, 2011). 연구중심대학 형성에 필수적으로 수반되는 핵심요소는 학문의 자유 원칙이다. 이는 연구중심대학이 성공하기 위한 요건으로서, 열린 탐구 정신과 일련의 아이디어와 원칙을 기반으로 고유한 정신을 확고히 지속적으로 지켜나가는 것을 시사한다. 연구중심대학에게 또 하나 중요한 사항은 과학과 학문의 언어이다. 모든 연구중심대학은 전 세계적으로 우수한 학문적 역량을 발휘하고, 최고 영향력 발휘 요구에 직면하고 있다. 현재 가장 영향력 있는 학술지와 웹사이트가 영어로 발간되고 있기 때문에, 연구중심대학 교수들은 우수한 학문적 역량의 증거로 영어 학술지에 논문을 게재하도록 독려 받고 있다. 실제 세계 최상위 학술지에 실린 논문의 90%가량이 연구중심대학 교수들에 의해 적성되고 있는 것으로 나타나고 있다(Altbach, 2011).

연구중심대학 모델과 관련해서 Altbach(2011)는 일반적 특징을 제시하였다. 그에 의해 제시된 연구중심대학 모델의 일반적 특징을 요약하면, 다음 <표 1>과 같다. 연구중심대학은 다른 유형의 고등교육기관과는 달리 연구역량 강화에 중점을 두고, 기존 지식의 전수보다는 지식이 창출되는 과정을 중요시 여겨 새로운 지식을 창출하는 것을 그 이념으로 삼는다(류지성 외, 2006; 신정철 외, 2007). 즉, 연구중심대학의 경우 연구와 박사과정위주 대학원중심 교육을 집중적으로 수행하고, 다른 대학보다 관리와 유지에 많은 재정을 투입한다는 특징을 가진다(신정철 외, 2007). 이러한 특징의 연구중심대학을 성공적으로 운영하기 위해서는 최고 교수진 채용, 장학금 지급을 통한 우수한 학생 유치, 정부지원 자금이나 외부 기부금을 통한 대학재정 확충을 통해 그 명성을 높이는 전략이 필요하다(오승은 외, 2015).

| 운영 요소 | 주요 특징 |
|---|---|
| 학생 및 교육비 | • 가장 우수한 소수 학생만 입학<br>• 사립대의 경우 상대적으로 높은 학부생 등록금<br>• 박사과정 학생의 경우 대부분 연구 장학금(research or teaching assistant) 수혜 |
| 교수 | • 최상의 자질을 갖춘 교수진만 채용<br>• 학문영역별 최상위 학술지에 논문 게재<br>• 강의 책임은 비교적 적고, 연구 수행 및 발표에 더 많은 시간 투자 |
| 학위과정 | • 박사 수준의 교육 제공이 핵심적 기능 |
| 연구 | • 공익활동으로서 기초연구 수행<br>• 기초과학은 주로 각국 정부 지원에 의한 연구 수행<br>• 응용연구 및 산학연구 등 전반적으로 수익창출 연구에 치중 |
| 지배구조와 리더십 | • 대학경영의 자율성 유지<br>• 교수에 폭넓은 권한 부여<br>• 대학 의사결정에 교수진 참여 필수<br>• 학문적으로 신뢰할 수 있는 총장, 부총장 및 학장 |
| 이념 및 가치 | • 민주적 가치보다는 엄격한 수월성을 추구<br>• 엘리트주의적이고 실력중심 지향<br>• 세계적 지식네트워크에 참여하고 최고를 추구 |

**표 1** 연구중심대학 모델의 일반적 특징

보다 구체적으로 Salmi(2009)는 세계 수준 연구중심대학(World Class University)의 속성을 규범적으로 설정해서 제시하고 있다. 즉, 세계적 수준의 연구중심대학의 핵심 속성은 인재(우수 학생, 최고 교수진과 연구원 등) 집중, 대규모 연구비 등 풍부한 자원 보유, 그리고 대학운영을 위한 적절한 지배구조임을 명시하고 있다. Salmi에 의해 제시된 세계 수준의 연구중심대학 속성을 살펴보면 다음 <표 2>와 같다.

표 2  세계 수준 연구중심대학의 핵심 속성

| 영역 | 핵심 속성 |
|---|---|
| 교육 부문 | • 교육 부분에서 세계적인 명성을 가진다.<br>• 많은 수의 세계 수준 학과를 가진다.<br>• 가장 뛰어난 학생들을 유치하고 최고 수준의 졸업생을 배출한다.<br>• 최고의 교수진을 확보한다. 세계 시장에서 뛰어난 학생과 교수를 유치한다.<br>• 최고 수준의 교육환경을 제공한다.<br>• 점진적인 학문적 프로그램의 강화와 개선을 추구한다.<br>• 기업가 정신을 배양하도록 한다. |
| 연구 부문 | • 연구 부분에서 세계적인 명성을 가진다.<br>• 학문분야별로 많은 star researcher와 world leader를 보유하고 있다.<br>• 대부분 의과대학을 보유하고 있다(의학은 타 전공분야에 비하여 많은 기초연구를 수행하고 연구 결과물이 풍부하기 때문).<br>• 풍부한 창의적 아이디어와 기초 및 응용연구 결과를 창출한다.<br>• 혁신적인 선도연구 결과 배출을 통하여 노벨상과 같은 최고의 상을 수상한다.<br>• 전체 대학원생 수와 연구와 교육에 참여하는 대학원생 비율이 높다.<br>• 정부, 연구소 및 타 국가 간 공동연구 프로그램을 확대한다. |
| 관리 및 지원 부문 | • 미국 아이비리그와 같은 몇몇 대학끼리 상호 간 인정뿐만 아니라 세계 모든 고등교육기관에서 우수성을 인정한다.<br>• 매우 건실한 경제적 자원을 보유하고 있다.<br>• 많은 투자가 필요하다(미국의 몇몇 대학을 제외하고는 여타 국가의 경우 대부분 국립 또는 공립대학이다).<br>• 많은 기부금을 유치하고, 대학예산을 다양한 형태(정부예산, 기업지원, 기부금, 수업료 등)로 확보한다.<br>• 전략적인 비전과 수행계획을 가지는 최고의 대학 운영팀을 구성한다.<br>• 세계 수준의 최고 대학과 학과에 대하여 벤치마킹을 항상 실시한다.<br>• 대학 자신이 나아가는 길에 확신을 가진다. |
| 명성 등 기타 부문 | • 외국인 학생 수가 많다.<br>• 막강한 영향력을 행사할 수 있는 최고 지위의 인물(대통령, 장관, 사회 지도자 등)을 배출한다.<br>• 오랜 역사와 전통을 가진다.<br>• 사회와 인류에 큰 공적을 남긴다. |

## 2  우리나라 연구중심대학 정책 및 그 주요 내용

우리나라의 경우, 90년대 당시 대학들은 교육 기능에만 치우쳐 연구력을 가진 인재를 배출하지 못하고, 연구소나 기업 등의 산업체가 필요로 하는 인재를 양성하지 못하였다(변순천, 2011). 특히 당시 국내 대학의 대학원은 빈약한 여건으로 인해 국제 경쟁력과 연구 인프라를 갖춘 대학 양성이 필요하였다. 석·박사 과정의 정상적인 코스웍 과정과 국제화를 위한 교육프로그램도 미확립되어 있었다. 아울러, 21세기 전환기 시대를 맞아 지식기반경제 패러다임과 더불어 고등교육기관에 대한 새로운 지식개발 정책이 요구되었다(변순천, 2011). 이러한 사회경제적 패러다임 변화와 열악한 대학원 운영여건에 대한 자성을 기반으로 1998년 국민의 정부(김대중 정부)는 국가경쟁력 제고를 위한 '대학원 중심대학 집중 육성 계획'을 발표하고 연구중심대학 사업(Brain Korea 21)을 최초로 기획하고 추진하였다. 그 이후 4개 정부를 거쳐 2021년 현재까지 연구중심대학 육성정책은 지속되어 오고 있다.

1999년 최초 발주한 연구중심대학 육성정책은 2005년까지 7년간 총 1조 4천억 원이 투입되었다. 동 국책사업에 대형 사업단 120곳(인문사회분야 20, 지역대학육성사업 42, 특화분야 10, 과학기술분야 48)과 소형단위의 442개 핵심사업팀이 선정되고 참여하였다. 이 시기 연구중심대학 육성사업의 특징 중 하나는 대형 사업단의 경우, 주관대학과 참여대학이 컨소시엄을 형성하고 참여해서 운영하였다는 점이다. 당시 연구중심대학 육성 정책사업의 주요 지원 내용에는 고급인력 양성을 위해 전국 단위의 우수대학원 및 지역 우수대학원 육성 차원에서 신진연구인력 지원, 대학원생의 연구장학금, 국제협력경비 및 사업운영비용 등을 포함하였다.

1단계 연구중심대학 사업을 이어받아 노무현 정부의 경우도 2단계 연구중심대학 사업(2단계 BK사업)을 착수하였다. 2단계 BK사업은 2006년을 시작으로 2012년까지 7년간 총 2조 300억 원의 예산이 투입되었다. 동 사업에 전국 74개 대학에서 총 244개 사업단과 325개 사업팀이 최종 선정되어 참여하였다. 2009년의 지원 현황을 보면, 총 70개 대학 564개 사업단(팀)에 지원되었으며, 지원 대학원생은 2만여 명, 신진연구인력은 2천 8백여 명에게 지원하였으며, 참여교수는 총 7천여 명인 것으로 나타났다. 즉, 1단계 사업과 비교해서, 2단계 BK사업은 추진 과제의 범위가 더 넓어졌다. 당시 우리나라 전체 일반 대학원생(337,056명) 중 BK21사업 참여학생이 33,811명으로 그 비중이 약 10%에 이른다. 이는 당시 BK21사업이 우리나라 학문분야별 상위 10% 대학원생을 대상으로 실시하고 있음을 알 수 있다. 특히, 2단계 BK사업은 인재 양성 및 지원뿐만 아니라, 각 대학 선정 사업단의 특성화 촉진 및 평가관리 체계 등 경쟁적 연구 분위기 조성, 산학협력·국제화 추구, 수도권과 비수도권 대학들 간의 지역격차 해소 등 추진 내용이 더 확대되었다(변순천, 2011). 특히 2단계 BK사업의 경우 지방대학 활성화를 위해 지원 대상 선정 평가[1]에서 전국단위와 별도로 지역대학의 사업단 및 사업팀을 구분해서 선정하였다. 이때부터 지역대학 대상 연구중심대학 육성 사업(지방 BK21사업)이 본격 착수되었다. 그 이후 2013년 시작된 3단계 BK사업과 2020년 4단계 BK사업에서도 지역대학만을 대상으로 약 35% 정도의 사업비 예산을 구분 배정하고 지원해 오고 있다.

2008년 이명박 정부 출범과 더불어, 연구중심대학 육성정책은 한층 확장적으로 추진되었다. 이전 정부부터 추진되어 온 2단계 BK사업을 지속적으로 추진하였고, 동시에 2009년부터 또 하나의 국책사업으로서 '세계 수준의 연구중심대학

---

1 BK사업 대상의 선정 평가의 경우, 현재까지 전국 대학의 대학원 전공단위(참여교수 수 기준 7~8명 이상 대형 및 3~5명의 소형 단위)별로 작성한 과제신청서(교육 비전 및 목표 설정, 교육운영 계획, 대학원생 지원 방안, 국제화 추진계획, 연구역량 향상 계획 등의 계획 부문과 참여교수 및 대학원생 연구실적 부문 포함)에 대해, 한국연구재단이 주관해서 해당 분야 교수들로 구성된 전공패널을 구성하고, 해당 패널별로 질적 및 양적으로 우수한 대상을 심사해서 선정하고 있다.

(World Class University: WCU) 사업'을 본격적으로 착수하였다. '2012년 말까지 약 5년에 걸쳐 총 8,250억 원의 예산을 투입하는 WCU 사업은 두뇌한국 21(BK21) 사업에 이은 대표적인 연구중심대학 육성 정책으로서, 국내 대학원교육의 수준을 세계 수준으로 향상시키기 위한 사업이었다. 이 사업은 당시 우리나라 주요 대학들이 연구중심대학으로 성장하는 데 있어서, 가장 부족한 부문인 세계적 지식네트워크 형성에 주안점을 두고 전개되었다. 따라서 전반적으로 사업비 지원의 핵심은 해외 우수 학자 유치 인건비, 해외학자 연구 실험실 및 장비 지원, 그리고 해외학자 및 참여교수 연구비 지원이었다. 구체적으로 당시 정부는 우수한 해외 학자 유치 및 활용을 통해 신성장동력을 창출할 수 있는 기술개발 및 학문의 융복합 분야 연구와 인력양성을 집중 지원하는 모토를 선언하였다. 그동안 우리나라 대학들이 비약적으로 성장한 양적 연구 성과에 걸맞은 질적 성과를 세계 수준에서 확보하겠다는 사업목적을 표방하였다. 그리고 세부적으로 '창의적 실용지식 창출 역량 제고', '최고 교수진의 보유를 통한 대학 경쟁력 제고', 'Brain Drain에서 Brain Gain으로의 전환'을 핵심적인 사업목표로 설정하고 추진하였다. 아울러, WCU사업의 경우 세계적인 수준의 연구자와 교수진(World Class Faculty)이 세계적인 학과(World Class Department)를 형성하여 세계적인 대학(World Class University)으로 발전한다는 전략을 포함하고 있었다(교육과학기술부, 2010).

박근혜 정부가 출범한 후, 2013년 후반기부터 두뇌한국21 플러스 사업이라는 이름으로 3단계 BK사업이 연간 2,700억 원을 규모로 7년간 추진되었다. 사업지원 분야에서는 미래기반창의인재양성형, 글로벌인재양성형, 특화전문인재양성형으로 구분했지만, 지원구조나 내용은 2단계 BK사업과 동일하였다. 그리고 2020년에는 문재인 정부가 기존 사업의 성과를 계승·발전하고, 4차 산업혁명과 인구구조 변화 등 사회변화에 선도적으로 대응할 창의적·도전적 석·박사급 인재 양성과 세계적 수준의 연구중심대학 육성을 목표로 4단계 BK사업을 추진해 오고 있다. 4단계 BK사업의 경우 연간 사업비가 연간 4,080억 원으로 3단계

BK사업에 비해 약 1,380억이 증가되었다. 총 사업기간 역시 7년이고, 사업비 지원구조나 내용은 기존 BK사업과 동일 형태로 운영되어 오고 있다. 대학원생 연구장학금 지원단가가 박사과정생은 월 130만 원 이상(30만 원 인상), 석사과정생은 월 70만 원(10만 원 인상)으로, 신진연구인력 지원기준 단가는 월 300만 원(50만 원 인상)으로 증가되었다. 또한, 4단계 BK사업은 일정 수 이상의 사업단이 선정된 대학의 경우 대학원 본부 차원의 제도개혁 비용으로 대학원 혁신지원비를 지원하고 있다는 점에서 기존 BK사업과 차별성이 있다.

## 3 논의 및 평가

### 가. 기존 연구중심대학 정책의 성과와 제한점

혁신적이고 새로운 지식개발을 위한 연구가 지속가능한 경제성장과 안정에 필수적이라는 공감대가 전 세계 모든 나라에서 형성되었다(Altbach, 2011). 이러한 공감대 속에서 세계의 많은 나라들은 연구중심대학 육성을 현재뿐 아니라, 미래 국가 발전을 견인하기 위한 지식 생산의 기반이자 국가경쟁력과 생존력을 결정하는 핵심적 허브로서 인식하고 있다. 동일한 맥락에서 우리나라도 연구중심대학 육성을 위해 지난 20여 년에 걸쳐 막대한 국가재정을 대학들에게 투자해 오고 있다. 우리나라의 연구중심대학 육성정책은 연구중심대학을 신설하려는 것이 아니라, 기존 대학들 중 잠재역량이 있는 대학을 선별해서 연구중심대학 기능을 하도록 국가재정을 투자하는 정책이다. 즉, 잠재역량이 높은 기존 대학을 연구중심대학 기능을 하도록 보완하는 연구중심대학 육성정책이다.

우리나라 BK21사업의 경우 연구중심대학 육성이라는 목표로 사업을 기획했으나, 사업비의 약 70~80% 이상을 대학원생 장학금과 학문후속세대(Post-doc)

인건비로만 활용해 오고 있다. 사업비를 실험 실습 등 교육프로그램 운영 또는 연구 활동에는 사용할 수 없었다. 이러한 점에서 볼 때, BK21사업을 통한 우리나라 연구중심대학 육성정책은 연구환경 개선 차원에서 대학원생 지원은 적절했다. 전반적으로 BK21사업이 대학원생 장학금 지원을 통해 궁극적으로 대학원생의 연구실적을 꾸준히 향상하는 데 기여하였다. 하지만, 교육과 연구를 연동해서 우리나라 대학원을 발전시키지는 못한 구조적 한계를 가지고 있다(변순천, 2011). 특히 BK21사업은 석사과정에 대한 재정지원이 상당 부분을 차지하였으나, 석사과정생이 실질적 연구실적 향상에 기여할 수 있는 것은 상당히 제한적인 것으로 나타났다. 이러한 점은 향후 효과적인 연구중심대학 육성을 위해 BK21사업은 재정지원의 대상을 박사과정생과 post-doc에 보다 더 집중할 필요가 있음을 시사한다. 보다 구체적으로 변순천(2011)에 의해 제시된 BK21사업의 종합적 성과평가 결과는 아래 <표 3>과 같다.

한편, 우수한 해외학자의 영입에 초점을 두고 설계 및 운영된 WCU사업의 경우, 대학원의 면학 분위기 쇄신, 국제적 학문네트워킹의 활성화, 대학의 국내

**표 3** BK21사업의 성과 및 제한점

| 사업 성과 | • 참여교원 및 참여대학원생들의 연구 성과(논문 수 등) 향상<br>• 연구실적 측면에서 수도권과 비수도권의 격차 해소<br>• 사업 참여 이후 대학원 입학생 증가<br>• 취업률 상승<br>• 연구기금 확보에 유리 |
|---|---|
| 사업의 제한점 | • 단기적 연구 성과에 치중<br>• 대학원 육성의 정부 의존성 심화(대학의 자율성 훼손)<br>• 성과측정에서 재무적 지표에 너무 치중<br>• 학문분야별 특징을 반영한 사업평가 기준의 미흡<br>• 대학 간 격차 심화되고 대학별 특징에 맞는 발전 대안 미흡 |

외적 위상 향상(학문분야별 세계대학 평가에서 순위 향상) 등에 기여한 것으로 평가되고 있다. 하지만, 국내학자와 해외학자들 간 공감대 형성 부족과 협동연구 활성화 측면에는 다소 미흡했다는 점이 확인되었다(장덕호 외, 2011).

세계 수준 연구중심대학의 일반적 특징이나 속성에 비추어 우리나라 BK21사업 기반의 연구중심대학 육성정책을 평가해 보면, 상당한 제한점이 있다. 우선, 연구중심대학 육성정책에 의해 지원하고 있는 지원 대학 규모나 범위가 너무 확장적이다. 예를 들어, 2단계 BK21사업에서는 전국의 70개 대학에서 564개 사업단과 팀을 지원하였다. 2013년 후반기에 시작한 3단계 BK21사업의 경우 262개 사업단과 260개의 사업팀이 참여하고 지원받았다. 최근 2020년에 착수한 4단계 BK21사업은 68개 대학에 총 562개 교육연구단(팀)(386개 교육연구단, 176개 교육연구팀)을 선정해서 지원해 오고 있다. 당초 BK21사업 목표가 선택과 집중을 기반으로 연구중심대학 육성을 표방한 것에 비추어 볼 때, 너무 많은 대학과 사업단(팀)을 지원해 오고 있음을 알 수 있다. 따라서 BK21사업의 경우 실제로 소수 정예의 연구중심대학 육성보다는 주요 거점대학을 대상으로 한 대학원 육성 사업에 가깝다고 볼 수 있다. 특히 지역라운드 설정을 통해 지역거점대학에 대한 BK21사업은 더더욱 연구중심대학 육성정책이 아니라, 주요 지역대학의 대학원 육성정책에 가깝다.

BK21사업이나 WCU사업이 세계 수준의 연구중심대학 육성을 지향했다. 하지만, 두 개 사업 모두 사업비 지원 분야에서 기초과학 및 공학 등 전통적 학문 분야 이외에 국가 발전 견인을 표방하는 신산업 또는 신성장동력 창출 분야를 지나치게 강조해서 별도 지원해 오고 있는 점도 재검토할 필요가 있다. WCU사업의 경우 기초과학의 새로운 전공, 그리고 지식기반 서비스 및 신산업 창출 분야로서 NBIC(Nano Bio Info Cogno) 융합기술, 와해성 기술(Disruptive Tech), 돌파형 기술(Breakthrough Tech), 에너지 과학, 바이오제약, 임베디드 S/W, 인지과학(뇌과학 등), 금융수학(Financial Mathematics) 및 금융공학(Financial Engineering) 등을 지원 분야로 제시하였다. 최근 2020년에 착수한 4단계 BK21사업의 경우도 혁신성장을 선도할 신산업 분야로서 스마트공장, 스마트팜, 핀테크 에너지 신산업/신재생에너지, 바이오헬스/혁신신약, 맞춤형 헬스케어, 스마트시티, 드론, 미래자동차, 빅데이터, 인공지능, 가상증강현실, 지능형로봇, 지능형반도체, 첨단소재, 차세대통신, 그리고 사회문제해결을 위한 융복합 분야를 별도의 지원 분야로 구분해서 상당한 사업비를 배정하고 지원하고 있다. 이러한 신산업 창출 및 혁신적 산업기술 개발 분야는 별도의 국책 연구개발(R&D) 과제로서 응용연구나 개발연구 사업으로 지원되는 것이 보다 타당하다. 이들 분야를 연구중심대학 육성을 위한 지원 분야로 하는 것은 연구중심대학 육성정책의 목표를 모호하게 만든다. 이들 신산업 창출 및 혁신적 산업기술은 실제로 세계적 수준의 연구중심대학을 육성하면, 해당 대학의 기초과학, 응용과학 및 공학 전공분야 교육과 연구 활동에 의해 당연히 산출되는 결과물이다. 그럼에도 불구하고 신산업 창출 및 혁신적 개별 산업기술을 연구중심대학원 육성분야로 별도로 구분하고 지원하는 것은 기초과학, 응용과학 그리고 공학분야 교육과 연구에 의한 역할과 다분히 중복된다. 특히, 이들 분야에 선정된 BK21사업단의 경우 실제 연구개발비 지원이 없기 때문에 무늬만 신산업 창출 및 혁신적 산업기술 개발이라는 결과를 낳을 개연성이 있다. BK21사업이 이들 분야를 연구중심대학 육성분야로 운영하려면, 별도의 연구개발비 지원과 동시에 교수와 학생지원을 동시에 할 수 있도록 보다 종합적인 사업설계가 필요하다.

향후 BK21사업은 사업 운영 유형 및 사업비 지원구조 측면에서 보다 학문분야별 특성을 반영해서 사업을 별도로 운영할 필요가 있다(변순천, 2011). 협업 중심의 과학기술분야와 달리 인문사회분야에서는 효율성 측면에서 개별 연구비 지원이나 및 개인 간 경쟁이 중요한 요인으로 나타나고 있다. 반면에 과학기술분야의 경우 실험실 운영에 학생들의 연구 활동 참여가 필수적이기 때문에, 학생들의 연구지원 활동비 확보를 고려한 사업 운영이 절대적으로 필요하다. 이러한 전공분야별 차별성을 고려한다면, 향후 BK21사업의 경우 이공계에서는 연구개발(R&D) 과제 발주 방식을 통한 대학원생 재정지원 방식이 보다 더 효율적일 수 있다. 즉, 연구과제 유형의 발주는 참여대학원생에 대한 재정지원(인건비)뿐만 아니라 연구비, 연구지원인력 지원이 가능하기 때문이다. 반면에 독립적인 연구활동이 가능한 인문사회분야에서는 Fellowship 사업을 통해 학생 간 경쟁을 유발하고 독립적으로 연구할 수 있는 재원을 지원받는 구조가 더욱 효율적일 수 있다는 점에 주목할 필요가 있다.

## 나. 연구중심대학 육성을 위한 새로운 지원정책의 필요성

전 세계적으로 우수한 학문적 역량을 발휘하고 최고 영향력 발휘라는 연구중심대학 모델의 핵심적 속성 측면에서 보면, 우리나라 기존 연구중심대학 지원정책은 탁월성이 확보되고 있지 못하다. 무엇보다도 국가 차원에서 연구중심대학 육성 취지는 대학의 연구 활동을 통한 원천기술이나 새로운 지식개발을 창출하는 데 있다. 지역 균형성이나 형평성 확보 원리에 의한 주요 대학원 육성정책과 세계적 수준의 연구중심대학 육성정책은 그 속성이나 기대 효과 측면에서 확실히 구분할 필요가 있다. 이러한 점은 향후 우리나라 연구중심대학 정책의 경우 보다 탁월성과 수월성 원리를 견지할 필요가 있음을 시사한다.

앞으로 2026년까지 전개될 4단계 BK21사업은 현재 유일한 우리나라 연구중심대학 육성 사업이다. 앞에서 지적한 바와 같이, BK21사업은 1990년대 당시, 우리나라 대학들의 열악한 연구환경 개선, 특히 대학원생 연구 참여활동 지원에 초점을 둔 사업으로서, 우리나라 연구중심대학 육성에 초석을 구축하는 혁신적 성과가 있었다. 당시에 설계된 BK21사업이 지원 분야와 사업비 지원 영역 등 사업구조나 형태가 전반적으로 동일한 모습으로 현재까지 전개되어 오고 있다. 즉, 교수의 연구 활동이나 교육프로그램 및 실험실 운영 지원은 전혀 없고, 단지 대학원생 장학금과 학문후속세대 지원, 그리고 대학원생 국제화 활동비에 초점을 둔 연구환경 지원 사업 형태로 전개되어 오고 있다. BK21사업이 사업비 성격상 본질적으로 연구환경 지원 사업이라는 점에서 보면, 그 대상자 선정 평가나 사업비 관리 방식에 있어 전면적 개선이 필요하다. 현재까지 BK21사업은 연구개발사업의 선정평가 방식을 사용해 오고 있다. 전국의 대학원 전공단위별로 방대한 분량의 과제신청서 작성(예: 2020년 4단계 BK21사업의 경우 93개 대학 총 695개 교육연구단, 364개 교육연구팀이 신청)과 심사평가, 그리고 중간평가 신규진입 시에도 동일하게 과제신청서 작성 및 심사평가 방식을 사용하고 있다. 초창기 대상 대학 선정의 경우 엄선하기 위해 연구개발사업 방식 적용이 어느 정도 타당성이 있었다.

20여 년이 지난 지금의 경우에도 BK21사업에서 연구개발사업과 동일한 방식을 사용하는 것은 신청대상자인 대학 및 교수들은 물론, 관리자인 정부당국에게도 막대한 거래비용을 유발한다. 즉, 대학들의 사업 신청서 준비 및 작성에 상당한 비용 초래, 대규모 사업단 선정을 위한 평가 및 관리 비용, 평가의 타당성 논쟁, 선정과 미선정 간에 갈등 등 부정적 요인이 상당히 많이 존재한다. 앞으로 BK21사업이 대학원생 장학금과 학문후속세대 지원에 초점을 둔 연구환경 지원 사업 성격을 유지한다면, 별도의 사업 신청서 작성이나 평가가 아닌, 대학원 질 관리 또는 성과지표(예: 대학원생 수, 대학원생의 연구실적, 교수의 연구실적 등)에 의해 설계된 성과 포뮬러를 개발하고, 해당 사업비를 그 포뮬러에 의한 일괄 차등지원 (performance formular funding)하는 방식의 도입도 적극 검토해 볼 필요가 있다.

무엇보다도 세계적인 연구중심대학 육성과 관련해서 정부의 역할이 중요하다 (Salmi, 2009). 발전적 연구시설과 수용역량 확보에 막대한 비용이 소요되기 때문에, 정부의 호의적 정책 환경과 직접적이고 선도적 지원 없이는 세계적인 연구중심대학이 빠르게 육성되기가 어렵다. 이러한 견지에서 우리나라의 경우도 세계적인 연구중심대학 육성을 위해 국가 차원에서 새로운 연구중심 정책사업과 전략이 필요하다. 우리나라 대학들이 학문 선진국의 세계적 수준의 연구중심대학과 경쟁하기 위해서는 대학원생 장학금 및 post - doc 인건비 중심의 연구환경 확보만으로는 부족하다. 창의적 연구중심 대학문화를 창조하고 착근하기 위한 선진적인 연구 및 교수 제도(예: 연구비 기반 연구년 제도, 스타 교수 대학 간에 이동 등 교수인력 시장 활성화, 성과 연봉제 강화 등)와 대학원중심 지배구조(예: 대학원 학과중심의 교수 및 자원 배분 구조) 형성이 요구된다. 특히 현재 우리나라 대학들이 세계적 수준의 연구중심대학과 비교해서 가장 부족한 부문이 무엇인지를 심층 탐구하고, 부족분을 보완하는 데 집중 투자하는 새로운 국가전략이 필요하다.

# 참고문헌

- 교육과학기술부(2010), 3차 WCU 사업 최종 선정 결과 발표. 보도자료, 2010. 10. 26.
- 류지성·박용규·배성오·이갑수·조희재(2006). 대학혁신: 7대 유형별 전략. 삼성경제연구소.
- 변순천(2011). BK21사업 종합분석평가에 관한 연구. 한국연구재단.
- 신정철·정지선·김명진·박환보 역(2007). 세계수준의 연구중심대학을 향한 도전, 서울: 교육과학사.
- 오승은·유지현·박주호(2015). 고등교육 책무성에 대한 대학 기능유형별 차이: 교수의 인식 분석을 중심으로. 교육문제연구, 28(2), 1–26.
- 장덕호·박경호·송현곤·신인수·유기웅·이삼열·한경희(2011). 세계수준의 연구중심대학(WCU) 육성사업 성과평가 연구. 한국연구재단.
- Altbach, P. G. (2011). The past, present and future of the research university. In P. G. Altbach & J. Salmi (Eds.), *The road to academic excellence: The making of world-class research universities* (pp. 11–32). Washington, D. C.: The World Bank.
- Mohrman, K., Ma, W., & Baker, D. (2008). The research university in transition: The emerging global model. *Higher Education Policy, 21*, 5–28.
- Salmi, J. (2009). The challenge of establishing world-class universities. Washington DC: The World Bank.

# 제5부

# 직업 및 평생교육정책 실제

# 제22장 산학협력정책의 실제와 쟁점

## 1 산학협력의 유형과 효과

산학협력은 산업체와 학교가 일정한 목표를 달성하기 위한 상호거래 작용 또는 연계(Network) 현상을 말한다. 일반적으로 산학협력은 관련 기관 수준에서 각자의 요구에 의하거나, 정부의 조장에 의해 산업체와 학교 상호 간 자유로운 거래 형태로 나타나고 있다. 우리나라의 경우, 산업교육진흥 및 산학협력 촉진에 관한 법률에 의거하여 '산학협력'은 산업교육기관과 국가, 지방자치단체, 정부출연 연구기관 및 산업체 등이 상호 협력하여 행하는 활동으로 규정되어 있다. 동 법률상 산학협력 활동에는 산업체 수요와 미래 산업 발전에 따르는 인력의 양성, 새로운 지식·기술의 창출 및 확산을 위한 연구개발, 그리고 산업체 등으로의 기술이전과 산업자문 등을 포함하고 있다.

산학협력의 필요성은 여러 가지 면에서 제시되고 있다. 우선, 산업 및 고용시장에서 인력의 미스매치를 해소하기 위해 기업수요에 부응하는 교육, 즉 산업수요에 적합한 인력양성을 위한 산학협력교육이 필요하다. 또한, 산학협력 필요성의 경우, 경제적 측면에서 대학과 기업이 협력함으로써 기술혁신과 기술성과 향상에 비용과 시간 절약 효과가 있다는 점, 조직문제 해결역량 차원에서 사회적 자본 축적이라는 조직관리 측면의 긍정적 효과가 있다는 점, 그리고 기술혁신을 효율적으로 할 수 있다는 점에서 그 필요성을 찾고 있다(김창호·이승철, 2016). 우리나라 실제에서 산학협력은 크게 세 가지 활동 유형으로 구분되어 전개되고 있다(박윤희·오계택, 2019). 첫째, 교육훈련을 위한 산학협력이 있다. 이는 학교 교실에서 배우는 이론과 산업체 현장인 직장에서 실제적 경험이 통합된 산업체 중심교육활동을 의미한다. 산학협력을 기반으로 한 교육훈련은 주로 학교가 발주해서 시행하지만, 교육은 산업체 현장에서 이루어진다. 학교에 의해 주관된 산학협력교육에는 구체적으로 현장실습, 현장견학, 인턴십 등의 교육활동 프로그램이 포함되어 있다. 이외에도 산업체가 주관하지만 학교에서 전개되고 있는 산학협력교육 및 교수활동이 있다. 산업체가 채용을 조건으로 학자금 지원계약을 체결하고 특별한 교육과정의 운영을 요구하는 경우나, 소속 직원의 재교육이나 직무능력 향상 또는 전직 교육을 위하여 그 경비의 전부 또는 일부를 부담하면서 교육을 의뢰하는 위탁교육(계약학과 운영에 의한 교육)이 이에 해당한다. 둘째, 기술개발 및 연구 활동에서의 산학협력이 있다. 이는 산업체와 대학이 인력, 시설, 경비 등을 공동으로 부담하여 수행하는 산학협력 기반의 연구를 말한다. 산업체 발주에 의해 대학에 의해 이루어지는 산업체 수탁연구가 주로 이러한 유형의 산학협력이다. 셋째, 생산지원 및 기술이  전을 위한 산학협력이 있다. 이는 대학이 연구 활동 산물인 기술과 지식을 산업체에 이전하고 지원하는 활동을 말한다. 주된 사례로는 중소기업을 대상으로 해서 대학에 의한 애로기술 지원이 있다. 이외에 대학은 자체적으로 실험실 연구 성과의 기업화 활동(예: 실험실 벤처 회사, 기술지주 회사)을 전개하기도 한다.

추진 주체별로 산학협력 활동의 효과를 나누어 보면, 각자 다양한 효과와 기능이 있는 것으로 나타난다. 우선 산학협력교육, 특히 현장실습이나 인턴과정은 학교교육의 현장 적합성과 사회적 유용성 제고 차원에서 핵심 역할을 한다. 구체적으로 학생들은 현장실습이나 인턴과정을 통해서 해당 분야의 직무나 기업에 대해 미리 자신의 적성을 점검할 수 있고, 현장 업무에 대한 적응력과 역량을 확인할 수 있는 기회를 가진다. 특히 대학과 연구자들이 산학협력을 하는 이유는 추가적 자금 지원, 추가적인 설비·시설, 정보·자료, 논문 실적 증가, 기술혁신 사례 증가, 교육과 훈련의 질 개선, 학생 고용가능성 증가가 발생하기 때문이다(Landry & Amara, 1998). 산업체의 경우 현장실습이나 인턴교육을 통해서 전공분야의 기초 지식·기술을 갖추고 인성을 겸비한 우수 인재를 조기에 확보할 수 있는 기회를 가지고, 학생들을 일정기간 검증 과정을 거침으로써 정규직 채용시 위험부담과 초기 재교육 비용을 줄일 수도 있다.

대학 입장에서 보면 기술개발 및 연구, 또는 생산지원과 기술이전 추진을 위한 산학협력의 경우, 정부 및 산업체 등 사회적 수요를 학교 내로 수렴하는 매개체 역할을 한다. 이러한 활동은 대학에게 재정적 자생력 신장을 할 수 있는 수단을 제공하기도 한다. 산업체의 경우 이러한 산학협력 활동을 통해서 대학이 보유한 지식과 기술을 접목하고, 신기술 및 신상품 개발과 경쟁력을 확보한다. 궁극적으로 산학협력은 기업체에게 발전을 도모하게 하는 동력으로 작용하고, 연구개발을 위한 투자 또는 출연을 통해 기업수익의 사회 환원을 할 수 있는 기제로도 작용한다.

전반적으로 국가 전체 차원에서 보면, 산학협력은 학교와 산업체가 상호작용을 통하여 산업인력을 양성하고, 나아가 개발된 새로운 지식·기술을 공유 및 확산시킴으로써 국가 경제 전반에 걸쳐 혁신을 촉발하는 역할을 한다. 따라서, 산학협력 활성화는 국가의 경제성장과 경쟁력을 확보하기 위한 핵심기제 역할을 한다고 볼 수 있다. 다시 말하면, 산학협력 활성화는 새로운 지식개발과 기술 창출, 확산을 촉진하는 국가혁신체제(national innovation system) 강화 활동이라고 볼 수 있다(손병호 외, 2006). 따라서 국가 전반에서 걸쳐 창의적이고 원천적인 지식과 기술을 생산하고, 그것을 효율적으로 전파를 위해서 정부가 산학협력 촉진 정책을 추진하는 것은 당연하다. 실제 정부는 산학협력을 촉진하기 위해 학교와 산업체 간의 상호작용 활성화를 위한 각종 제도를 마련하고, 재정지원 사업을 전개하고 있다. 특히 대학발전이 곧 지역발전이라는 인식하에 대학이 가지고 있는 각종 자원이 지역에 실질적으로 활용될 수 있도록 하는 대학 – 지역 연계형 산학협력 사업도 추진해 오고 있다(이종호·장후은, 2019).

## 2 산업체 현장실습 제도

산학협력 활동 중 산업체 현장실습은 학생들이 교실에서 배운 이론 및 기술과 실제 현장기술을 접목시킬 수 있도록 운영되는 산업체와 학교 간의 연계 교육프로그램이다. 통상 현장실습은 학생들로 하여금 산업 및 직업세계에 잘 적응할 수 있도록 이론교육과 산업현장에서의 경험교육을 동시에 교차해서 실시하는 교육이다. 특히 우리나라에서 현장실습의 경우 직업교육기관이나 대학에서 다루어지고 운영되고 있는 산학협력 활동 중 하나이다. 실제 현장실습은 직업교육훈련촉진법 제7조 및 동법시행령 제4조를 근거로 하여 교육부장관이 정하는 교과 또는 실습기간을 통해서 교육과정 또는 학기 범위 내로 운영되고 있는 제도이다. 따라서 우리나라의 경우 현장실습은 의무적으로 모든 학교가 시행하는 제도가 아니다. 초중등교육 수준에서 현장실습은 시도교육청별 교육과정 편성 운영 지침에 따라 종전 실업계 고등학교에 해당하는 특성화고등학교의 학생을 대상으로 교과 단위 또는 1학기 동안 운영되고 있다. 특성화고등학교에서 현장실습은 3학년 2학기에 취업과의 연계 유형으로 실시되고 있는 경우가 일반적이다.

특성화고등학교에서 현장실습을 시행하는 경우에도 직업교육훈련촉진법령상 교육부장관이 고시한 기업 – 실습생 – 학교장 간의 현장실습표준협약서[1]에 따라

---

[1] 현장실습표준협약서 주요 내용에는 첫째, 실습기준(현장실습 기간, 장소, 시간, 휴식, 그리고 실습시간 및 휴일의 경우 유해/위험 실습 종사 금지, 1일에 7시간, 1주일에 40시간 초과 불가 및 야간, 휴일 실습 불가)을 사업주와 학교/실습생이 협의 후 명시하도록 하고 있다. 둘째, 산재 사항으로서

계약을 체결하여, 상시근로자가 10인 이상인 산업체에서만 실시하도록 하고 있다. 아울러, 현장실습 과정에서 이루어지는 일(근로)은 전적으로 교육목표 달성을 위한 것으로 한정되어야 하고, 현장실습생이 기업에서 부족한 노동력을 채우기 위한 대체 근로로 활용될 경우 사실상의 근로자로 간주될 수 있도록 하고 있다. 무엇보다도 학교장에게 산업체에 현장실습 중인 학생에 대하여 필요한 현장지도를 하도록 하고, 기업체에게는 현장실습생의 전공과 기술을 고려하여 직무를 배정하고 다양한 직무를 경험할 수 있도록 순환실습기회를 제공할 것을 법률로 규정하고 있다.

한편, 최근 교육부(2019) 발표에 따르면 직업계 고등학교 현장실습의 경우, 현장실습 운영규모가 축소되었고, 학생의 현장실습을 통한 사회진출 기회도 줄어들었다. 실제로 직업계 고등학교 현장실습에 참여 기업체 수가 2016년 31,060개, 2017년 19,709개, 그리고 2019년 12,266개로 점차 줄어들고 있고, 현장실습에 참여하고 있는 학생규모(참여학생 수와 비율)의 경우도 2016년 60,016명(58.5%), 2017년 43,026명(45.1%), 그리고 2019년 22,479명(22.9%)으로 급격히 줄어들고 있다. 특히 현장실습 참여학생이 중도에 포기하고 학교로 복귀하는 경우도 2016년에는 11.5%, 2018년에는 5.7%에 이르고 있다(교육부, 2019). 이처럼 직업계 고등학교 대상 현장실습 운영규모가 축소되고 있는 이유는 참여절차가 복잡하고 준비해야 할 서류가 많아 기업들의 부담이 증가되며, 현장실습 시 안전사고 우려로 인해 학교당국이나 학생들이 참여를 꺼리고 있고, 고교졸업 직후 취업을 희

---

산업재해 예방을 위한 안전·보건교육 및 안전조치와 산업재해 발생 시 산업재해보상보험법에 의한 재해보상 조치를 포함하도록 하고 있다. 셋째, 사업주 의무에는 실습생의 전공, 희망 고려하여 부서를 배치하고 시설, 공구, 재료 준비와 담당자를 배치를 하도록 하고 있다. 넷째, 실습생의 경우 지도받을 권리와 보상받을 권리, 불이익 받지 않을 권리, 그리고 제반수칙 준수 의무와 기밀보장 의무가 포함되어야 한다. 다섯째, 실습생 복리후생으로서 수당, 식비, 용품, 초과수당 지급액, 중식 제공 여부와 교재, 작업복, 실습재료 등 제공 사항을 포함한다.

망하는 수요가 줄어들고 있기 때문이라고 볼 수 있다.

한편, 우리나라 특성화고등학교에서 실시하고 있는 산업체 현장실습은 미국이나 캐나다 학교들에서 운영하는 협력교육(Co－operative education)2과 독일식 듀얼 체제(Dual system)에 의한 현장실습3과 표면상 유사하지만, 다소 차이가 있다. 우리나라 특성화고 현장실습은 교과목으로 운영되는 것이 아니라, 주로 졸업 무렵인 3학년 2학기에 운영되고 채용과 연계되는 독특한 형태이다. 하지만, 미국과 캐나다의 경우 주로 현장실습이 철저하게 교과목으로서 교실 교육과 샌드위치 형태로 운영되고 있어, 우리의 경우와 큰 차이가 있다. 또한, 우리나라 특성화고 현장실습은 독일형 도제제도가 보여주는 것처럼 특정 직업자격과의 연계성도 낮다.

---

2 협력교육은 미국이나 캐나다의 일부 고등학교 및 전문대학에서 운영되고 있다. 고등학교에서 협력교육은 주로 학생들이 대학과 전문대학의 전공분야의 연계성 입장에서 기초학습의 효과 달성이나, 진로교육 차원에서 직업현장 이해 교육을 위해 시행하고 있다. 학생들은 선택에 의하여 반년 또는 1년에 거쳐 협력교육 프로그램을 학교 인근 지역 관공서나 산업체를 활용해서 이수하며, 프로그램의 내용들은 학교 졸업 요건 학점으로 인정되고 있다. 협력교육의 평가는 고용주(슈퍼바이저)와 교사가 함께하지만, 교사에게 학생평가에 대한 전면적 책임이 있다. 고등학교 협력교육의 경우, 학교교육 활동에 해당함으로 학생에게 급료나 봉급은 제공되지 않는다. 대부분의 참가 학생들은 일반적 사고와 개인적 책임을 위해 관할 교육위원회의 보험에 보호되고 있다. 전문대 및 대학 협력교육의 경우, 교실수업 학기와 샌드위치 형태로 산업현장 학기를 운영한다. 산업현장 학기 때 학생들은 산업체에서 실제 근무하는 근로자와 동일하게 근무한다. 고등학교 협력교육과 달리 학생들은 현장기간 중 일정한 임금을 받는다. 이에 따라 각 산업체 고용주가 현장에서 협력교육을 이수할 학생을 선발할 권리를 가진다. 통상 대학 및 전문대학의 협력교육 프로그램에서는 일반교육프로그램과 구별되게 학생을 분리하여 모집 운영하고 있다.

3 독일의 듀얼 체제(Dual System)에 의한 현장실습은 대학진학을 위한 일반학교(Grammar school)와 구별된 경로로서, 직업현장 진출과 직업 관련 고등교육 분야로의 진로를 위한 직업교육 훈련기관(중학교를 마친 15세 수준의 학생이 진학하는 기관)에서의 2~3년간 주당 1~2일(12시간씩)의 교실수업과 주당 3~4일의 회사 및 산업체에서의 현장학습을 교차하여 시행하고 있다. 직업교육 훈련기관은 공장, 경영, 가사, 농업 및 기타 직업분야에서의 현장실습 프로그램이 설치·운영되고 있다. 산업체 내 현장실습(훈련)에서 현장훈련 제공자는 산업체로서 훈련생을 훈련기간이 종료된 후에 고용할 의무는 없다. 회사 및 산업체는 자신들의 특별한 요구 사항을 훈련생이 습득할 수 있도록 하며, 경험 있고 훈련받은 직원이 그들 자신의 성과와 경쟁력을 유지할 수 있도록 자체적인 비용으로 훈련을 제공한다.

**산학협력 선도대학 육성 사업**

우리나라의 경우 고등학교 단계에서 산학협력 촉진을 위한 교육정책의 핵심이 산업체 현장실습 제도 운영이라면, 고등교육에서 대표적인 산학협력 촉진 정책은 산학협력 선도대학(Leaders in Industry－university Cooperation: LINC) 육성 재정지원 사업이다. 2012년부터 착수한 산학협력 선도대학 육성 사업은 2007년 노무현 정부 때부터 시작된 지역거점 연구단 육성사업과 그 이후 시행된 2009년 광역경제권 선도산업 인재양성 사업, 그리고 산학협력중심대학 사업(2009년~2011년)들이 근원이었다(문광민, 2018). 당시 산학협력중심대학 사업의 경우 전국의 산업권역별로 13개 대학을 선정하여 지역산업에 적합한 인재를 육성하는 차원에서 특성화학과 육성, 계약학과 운영, 산업체 위탁과정 운영 등의 교육훈련프로그램을 추진하는 데 초점을 두었다(오동욱, 2006). 또한, 이러한 교육프로그램을 운영함에 있어 대학으로 하여금 교육체계를 산학협력체계로 개편하도록 요구하였다.

당시 추진되어 오던 여러 국책사업(지역거점연구단육성사업, 광역경제권선도사업 인재양성사업, 산학협력중심대학사업)을 통합 개편해서 착수한 산학협력 선도대학 육성 사업은 2012년부터 50개 4년제 대학과 31개 전문대학을 선정하여 연간 20억에서 50억까지 5년간 지원(연간 사업비 총 약 1,800억 원)한 사업이었다(문광민, 2018). 지원대상 대학 선정은 2단계 평가를 통해 이루어졌다. 1단계 평가에서는 대학의 기본역량(교육·연구) 및 산학협력 특성화 포뮬러 지표를 기반으로 75개 대학이 선정되었다. 최종적인 2단계 평가에서는 1단계에서 선정된 대학을 대상으로 산학협력 선도 모델 창출 역량 및 계획에 대한 서류 및 발표평가와 산업체 설문조사를 실시하여 50개 대학을 선정하였다.

산학협력 선도대학 육성 사업의 핵심 목표는 지역산업과 공생발전을 이념으로 인력양성, 기술개발 및 이전을 추진하고 지역의 고용 및 기술혁신을 도모하는 데 있다(교육과학기술부, 2012). 산학협력 선도대학 육성 사업이 지향하는 대학 모형은 아래 [그림 1]과 같다. 동 대학 모형의 경우, 정부가 대학의 교육과 연구 능력 향상을 산업체의 수요와 연계시키는 방향으로 유도하고, 대학을 지역혁신 체제 중심축으로 설정함으로써, 대학의 새로운 주도적 역할을 기대하는 모형이 다(이종호·장후은, 2019; 한경희, 2007). 특히 정부의 산학협력 선도대학 육성 사업은 산학협력을 통해 지역산업 성장도 견인하고 동시에 대학교육 시스템 개선도 도모하였다. 산학협력을 통해 대학 시스템 개선의 경우, 해당 대학으로 하여금, 첫째 교수임용 및 승진·승급, 교수 업적평가제도와 학사제도 등을 산학협력 친화형으로 개편하도록 요구하고, 둘째 지역(기업)과 연계한 다양한 산학협력 선도모델 창출·확산으로 산업체의 수요에 부응하는 우수 인력의 양성을 추진하며, 셋째 인근 지역 산업체에 대한 기술혁신 지원에 초점을 두도록 하였다.

산학협력 선도대학 육성 사업에서 추진한 주요 내용은 구체적으로 네 가지로 요약할 수 있다. 우선 대학의 현장 중심 교육 강화를 도모하였다. 이를 위해 대학에게 현장실습 및 캡스톤디자인 교과 운영을 확대하고, 현장실습지원센터 설치 및 전담인력을 확보하는 등 현장실습을 내실화하도록 요구하였다. 대학 내

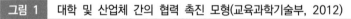

**그림 1**　대학 및 산업체 간의 협력 촉진 모형(교육과학기술부, 2012)

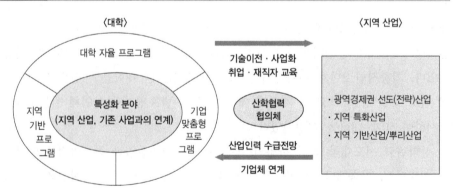

현장실습지원센터는 현장실무 프로그램 운영, 기업 – 학생 간 연결 등을 지원하고, 산학협력중점교수와 학과 담당교수 등을 통해서 현장실습 사전교육, 현장지도 등을 수행하는 데 초점을 두었다. 둘째, 대학으로 하여금 창업교육 강화를 하도록 하였다. 대학은 준비된 창업가를 육성할 수 있도록 창업교육 체제를 구축하고, 대학 구성원 및 사회 전반에 대해 창업 관심을 제고토록 하였다. 이를 위해 대학은 창업교육센터를 설치하여 창업교육을 총괄하고, 창업강좌·동아리 지원 확대 등을 통해 지원 강화를 추진하도록 하였다. 셋째, 대학은 선취업 후진학 체제를 마련토록 하였다. 이는 대학에서 특성화고 졸업자 등이 취업 후에도 계속 공부할 수 있도록 학과를 개설하고, 교육과정을 개선하는 등 후진학 지원체제를 형성토록 하는 것이었다. 구체적으로 대학 내 재직자 특별전형 운영, 주말반·야간반 확대, 산업체 현장경력의 학점 인정, 산학협력 학·석사 통합과정(5년제) 등의 학사과정을 운영토록 했다. 넷째, 대학은 기업의 애로기술 및 경영·마케팅 등을 맞춤형으로 지원하고, 이를 학생 취업과 연계하도록 하였다. 이를 위해 대학은 소속 교수로 하여금 연구년을 활용해서 기업 파견근무를 하도록 하고, 교수·학생·기업 공동연구 프로젝트를 수행하여 해당 기업을 지원하며 학생 취업과 연계도 강화하도록 하였다. 보다 구체적으로 산학협력 선도대학 육성 사업에 선정된 대학들의 성과관리를 위해 교육부가 제시한 사업성과 지표를 보면, 정책의 주요 내용이 무엇인지를 쉽게 파악할 수 있다.

노무현 정부에서 착수된 관련 사업들을 근간으로 2012년에 확대 추진된 산학협력 선도대학 육성 사업은 박근혜 정부에서 와서 4년제 대학 57개교를 대상으로 연간 2,240억 사업비를 지원했고, 전문대학 30개교에 연간 195억 사업비를 확대 지원하는 방식으로 이루어졌다. 그리고 2017년 문재인 정부가 들어선 다음 현재까지도 사회맞춤형 산학협력 선도대학 육성 사업은 'LINK +'라는 이름으로 4년제 대학에 연간 2,532억, 전문대학에 연간 938억을 사업비로 지원해 오고 있다. 정부는 지역산업 연계기반 대학 산학협력 사업을 지속적으로 전개하면서,

| 표 1 | 산학협력 선도대학 육성 사업의 성과관리 지표 |

| 지표 유형 | 지표 내용 |
|---|---|
| 핵심<br>성과지표 | • 교수업적평가 및 재임용·승진·승급 시 산학협력실적 반영 비율<br>• 공동연구장비 운영수익<br>• 산학협력중점교수 현황<br>• 산학협력단 내 정규직 및 전문인력 비율<br>• 학생 창업교육 및 지원 현황(창업강좌, 창업동아리 지원), 창업실적<br>• 현장실습 및 캡스톤디자인 이수학생 비율<br>• 교수 1인당 산업체 공동연구 과제수 및 연구비<br>• 교수 1인당 기술이전 계약건수(수입료) 및 기술사업화 실적<br>• 특성화 분야 기술개발 및 인력양성 실적<br>• 산학연계 교육과정 운영 실적<br>• 취업률 |
| 자율<br>성과지표 | • 대학별로 사업목표와 비전을 달성할 수 있도록 자율 설정 |

출처: 산학협력 선도대학 육성 사업 기본계획(교육과학기술부, 2012)

지원 대상 대학을 산학협력 유형에 따라 산학협력교육 중심 대학과 기술개발 및 기술 사업화 중심 대학으로 구별시켜 지원해 오고 있다. 이종호와 장후은(2019) 의 LINK＋사업 분석에 따르면, 발전 형태는 각종 산학협력 강의 및 행사 등 지역봉사 활동 위주의 교류형 산학협력 대학과, 지역문제 발굴 및 새로운 가치발견에 초점을 둔 가치발견형 산학협력 대학, 구체적으로 지역사회가 안고 있는 각종 문제의 해결방안 및 제시에 초점을 둔 문제해결형 산학협력 대학, 지역주체와 긴밀하게 지식을 공유하고 새로운 부가가치를 창출하는 지식공유형 산학협력 대학으로 나타나고 있다.

## 4 논의 및 평가

### 가. 사회문화와 기업참여 풍토조성 기반 산학협력 활성화

국가적으로 산학협력 활성화 정도는 그 사회 전체의 사회문화적 산물이라고 볼 수 있다. 구미 선진국과 비교하여 산업체 및 기업 현장 문화가 전혀 다른 우리의 경우는 현장실습을 교육적 차원에서 운영할 기반과 여건이 상대적으로 미약하다. 독일이나 미국 및 캐나다의 경우, 역사적으로나 사회문화적으로 기업이나 산업체는 현장실습생에 대한 실습교육 지원을 본인들이 당연히 담당해야 할 사회적 책무로 인식하고 있다. 반면에 우리나라의 경우, 많은 기업들과 산업체들은 현장실습생에 대한 실습교육 지원을 자신들 본연의 업무라고 생각하지 않는다. 향후 산학협력이 우리의 사회문화 산물로서 자리 잡고 활성화되기 위해서는 국가 차원에서 정부가 관련 제도를 강화하고 지속적으로 재정지원 사업을 추진할 필요가 있다.

우리나라의 경우 인력양성 과정에 산업인력 수요자인 산업체나 기업의 역할이 필요한데, 실제로는 그 역할이 미미하다는 것이 산학협력 촉진에 핵심 문제라고 볼 수 있다. 무엇보다도 대학(원)에서 인력양성 및 교육과정 편성에 산업체가 참여할 수 있는 수단이 미비한 실정이고 그 기반도 약하다. 일부 산업체 참여가 가능한 경우(현장실습 등)에도 경비부담 및 전담인력의 부재 등으로 인해 활성화되지 못하고 있다. 우리나라 기업이나 산업체들은 경쟁력 확보를 위해 필요한 전문적 기술을 겸비한 직원을 교육기관들이 생산하기를 원한다면, 보다 전향적인 접근성을 가질 필요가 있다. 즉, 기업 및 산업체들은 대학, 전문대학 및 특성화고등학교 내에서 교육과정 개발에 참여 등을 통해 보다 직접적인 투입활동을 제공하여야 하는 것이다.

초중등 단계 교육은 지방 시도교육청 지원하에 직접적으로 운영되지만, 산업체 현장실습 및 현장견학 등을 활성화시키기 위해서는 중앙정부가 각종 평가제도를 운영하고 및 특별 재정지원 사업을 전개할 필요가 있다. 예를 들어 교육부는 현장실습 운영을 촉진하기 위하여 현장실습을 운영하는 시도교육청과 산업체에 대하여 평가를 수행하고 그 결과에 따라 직접적으로 재정을 지원할 필요도 있다. 구체적으로 향후 정부는 현장실습 활성화를 위해 현장실습 참여 우수 기업에 대해 정책자금 지원, 공공입찰 시 가점 부여, 금리 우대 및 선취업 후학습 우수기업 인증제도 등의 인센티브를 확대하고 실시해야 한다(교육부, 2019). 아울러, 현장실습을 고용과 연계한 유형이 아니라, 직무체험 위주의 학습형태로 운영하는 경우, 프로그램 개발 및 운영비용, 그리고 관계자 전문성 개발 지원을 위한 정책 사업이 필요하다. 또한 중앙정부는 현장실습생을 받아들인 산업체에 실습생 수를 기준으로 세제혜택을 부여하는 방안이나 고용보험에 의한 직업능력개발 부담금 면제 조치를 강구할 필요도 있다.

## 나. 현장실습 위주 산학협력교육의 탈피

시대적으로 볼 때, 현재는 4차 산업혁명 시대를 맞이하여 급격한 기술변화와 산업현장에서의 AI 등 고기술 요구 추세에 따라 직업교육 초점이 고등교육분야로 이전되고 있다. 따라서 초중등교육 단계에서 주요한 산학협력프로그램은 직접 고용과 연계된 직무수행 체험이나 현장실습보다는, 진로체험 차원에서 현장견학 및 참여관찰이나, 현장전문가 대화 및 상담활동 위주로 운영될 필요가 있다. 한편, 현장견학이나 현장전문가와의 상담 프로그램은 직업교육 유형만으로 추진되기보다는 초중등교육 전체 영역에서 추진하는 것이 보다 바람직하다. 종전 직업계고 졸업반을 대상으로 시행해온 제조업체 중심 현장실습 활동 형태의 산학협력교육에 치중하는 경우, 학문교육(general or academic education)에 비해 열등하다는 오명(stigma)이 가해지는 단점이 발생한다. 이러한 점에서 보면 미국이나 캐나다의 종합고등학교들이 진로교육 차원에서 직업현장 이해에 초점을 두고, 인근 지역 관공서, 병원이나 다양한 산업체를 활용하여 참여관찰 및 체험활동 형태로 시행되는 산학협력교육(Co-operative education) 프로그램 사례를 우리나라 학교들의 경우도 도입 운영해 볼 필요가 있다.

## 다. 산학협력 참여이익의 구체화와 참여주체 확장

무엇보다도 고등교육 단계에서 산학협력을 추진하는 경우, 학교나 산업체 모두에게 이익이 되는 윈윈(Win-Win) 전략에 기반을 두어야 하나, 실제는 그렇지 못한 경우가 많다(정효경, 2014). 이는 참여자별 실질적 인센티브가 제도적으로 미확립되어 있다는 데서 그 원인을 찾을 수 있다. 산학협력 선도대학 육성 사업의 경우, 지금까지 주로 대학 및 전문대학만을 주관으로 운영되어 왔다. 산업체나 기업의 직접적인 기술개발 요구나 인력양성 요구를 반영한 산학협력 선도대학 육성 사업을 기획해서 운영해 볼 필요가 있다. 특히 대학의 경우 산학협력 참여에 대한 성과가 학술연구 성과에 비해 비교적 낮게 인정되고 있어, 상대적으로 산업체 기반 연구 사업에 집중하지 못하는 경향도 있다(김창호·이승철, 2016). 제도적으로 산학 간의 상호 인력교류가 가능하도록 법제화되어 있으나, 이는 주로 사내대학 위촉교수 및 자문 형태에 국한한 교류에 그치고 있다. 앞으로 산학 간에 상호 파견 근무제 확대가 필요하다. 현장경험과 학문적 이론의 공유 차원에서 산학 간에 소속기관을 떠나 해당 기관에 일정기간 근무할 수 있게 하는 등 실질적인 교류근무제도 확대가 실시되어야 한다. 이를 위해 특별 제도로서 대학의 교수가 해당 산업체에 일시 고용되거나 공동연구 등을 위해 일정기간 근무를 필요로 하는 경우 연구년제 등을 적용하여 파견할 수 있도록 적극 허용할 필요가 있다.

현재 정부의 산학협력 촉진 정책인 산학협력 선도대학 육성 사업의 경우, 상당히 긍정적 성과도 나타나고 있다는 사실을 확인할 수 있다. 예를 들어, 정부의 정책 효과로서 2012년부터 2014년까지 LINK사업을 수행한 대학의 경우 현장실습 이수학생 비율이 높아졌고, 기술이전 건수 역시 많아진 것으로 나타났다(배상훈 외, 2016). 보다 구체적으로 문광민(2018)은 2011년부터 2015년까지 5개년간 LINK사업 효과성을 분석하고, LINK 1단계 사업의 경우 산학협력의 효율성이 개선된 것을 확인하였다. 반면에, 2단계의 경우에는 1단계와 비교하여 효율성이 유효하게 입증되지는 못했음을 보여주었다. 무엇보다도 정부의 산학협력 촉진 정책 초기에는 전반적으로 대학들이 산학협력교육을 기반으로 지역산업체에 적합한 인력양성에 치중하였으나, 점차 사업범위가 산업체 기술 지원 및 기술사업화는 물론 지역사회 문제 발견 및 해결까지 확장해 가고 있다. 이는 우리나라 고등교육 단계에서 산학협력이 점차 산업체와 대학 간 협력에 지방자치단체가 추가된 산-관-학협력(Triple helix)이 전개되고 있음을 시사한다(이종호·장후은, 2019). 이를 볼 때, 종전 대학 주도의 일방적 산학협력이 점차 발전함으로써, 지역사회 수요와 요구를 반영하고 각종 지역사회 주체들이 참여하여 공동으로 추진되는 쌍방향적 산학협력 전개가 긍정적 징조로 나타나고 있음을 알 수 있다. 향후 보다 질 높은 산학협력 성과 달성을 위해서는 하향적이고 획일적인 사업 지표를 강조하기보다는 사업 수행 과정에 있어 대학의 자율성이 보장되고 상시적 모니터링을 통한 개선 가능한 전략이 필요하다고 본다(문광민, 2018). 특히 교육정책 담당자들이 산학협력정책 추진에 있어 분명히 인지해야 할 것은 산학협력 촉진이 단순히 수단이며 과정이고, 그 자체가 정책목표가 아니라는 점이다. 따라서 산학협력 정책 추진에서 결정적으로 중요한 것은 산학협력을 통해 구체적으로 달성해야 할 구체적 성과목표(연구개발, 애로기술 지원, 현장실습교육 전개) 설정이라는 사실이다.

**참고문헌**

■ 교육과학기술부(2012). 「산학협력 선도대학(LINC) 육성사업」확정·공고. 보도자료, 2012. 1. 11.

■ 교육부(2019). 직업계고 현장실습 보완방안. 보도자료, 2019. 1. 31.

■ 김창호·이승철(2016). 산학협력지원정책의 성과요인에 관한 연구: 산학협력 선도대학 육성사업의 추진성과를 중심으로. GRI REVIEW, 18(2), 77－102.

■ 박윤희·오계택(2019). 대학과 기업 간의 산학협력에 관한 연구: 고용주의 교육훈련 참여를 중심으로. 한국산업기술학회논문지, 20(11), 197－207.

■ 문광민(2018). 정부의 대학 산학협력 재정지원은 효과적인가?: Game－교차효율성 측정모형과 유전매칭(genetic matching)을 적용한 산학협력 선도대학(LINK) 육성사업에 따른 대학의 산학협력 효율성 변화 분석. 한국사회와 행정연구, 2018(5), 53－82.

■ 배상훈·라운종·홍지인(2016). 경향점수매칭을 통한 산학협력 선도대학 육성사업 성과 분석. 교육행정학연구, 34(3), 181－206.

■ 손병호·이병헌·장지호(2006). 우리나라 산학협력의 현황과 과제: 국가혁신시스템 관점. 1(1), 23－52.

■ 오동욱(2006). 산학협력 교육프로그램 수요관계 실증분석: 산학협력중심대학육성 사업을 중심으로. 중소기업연구, 28(2), 135－155.

■ 이종호·장후은(2019). 대학－지역 연계형 산학협력 사업의 발전단계와 특성: LINK＋사업 참여대학을 중심으로. 한국경제지리학회지, 22(1), 96－109.

■ 정효경(2014). 대학과 기업간의 산학협력 활성화 방안에 관한 연구: 산학협력 성과를 중심으로. 한국산학기술학회논문지, 15(4), 2013－2028.

■ 한경희(2007). 산학협력 증대가 대학의 교육 및 연구에 미치는 영향. 과학기술정책연구원.

■ Landry, R., & Amara, N (1998). The impact of transaction costs on the institutional structuration of collaborative academic research. *Research Policy, 27,* 901−913.

| 제23장 | 고교단계 직업교육정책의 내용분석과<br>쟁점 |
|---|---|

## 1 　고교단계 직업교육체제 개관

　　우리나라 학교교육은 외형적으로 6 - 3 - 3 - 4(초등학교 6년, 중학교 3년, 고등학교 3년, 대학교 4년) 경로에 의한 단선형 교육계층 체제에 의해 운영되고 있다. 하지만, 고등학교 단계에서는 취업경로에 초점을 둔 직업계 고등학교와 대학진학을 위한 일반계 고등학교로 유형이 구분된 이원화 체제(Dual system)를 가지고 있다. 즉, 후기 중등교육인 고등학교 단계는 유럽 일부 국가의 경우와 유사한 이원(Dual)화된 복선형 교육제도로 구성된 것이다. 이렇게 이원화된 고등학교 교육체제는 인력 수요 요구에 신속한 대응력을 갖추고 노동시장에 효율적으로 인력을 공급하는 데 장점을 가진다. 하지만, 고교단계에서 종국적 교육체제 모델은 학생이 중학교 3학년(9학년) 시기에 조기 취업이라는 직업진로를 선택함에 따라, 고등교육을 향한 학생의 학교선택권을 제약하고, 직업교육에 열등적 지위를 띠는 약점을 갖는다.

　　그간의 우리나라 고교단계 직업교육 정책을 역사적 맥락 관점(Rojewski & Park, 2005)에서 살펴보면, 우선 1970년대에는 취업을 지향한 종국 교육 유형의 직업계 고등학교 운영체제가 국가 기간산업 육성을 지원하는 기능인력 양성에 효과적으로 기여하였다. 당시에는 정밀가공 기능사 양성을 위한 기계공고가 집중적으로 육성되었고, 특성화 분야 기능공 양성을 위한 특성화 공업고등학교도 지정되어 육성되었다. 한편, 그 당시 취업경로에 초점을 둔 실업계 고등학교들은 취업진로뿐만 아니라, 동일계 특별전형으로 대학진학도 동시에 허용하였다. 1980년대 경우는 대학 입학정원 확대 정책과 맞물려 동일계 특별전형 대학진학 제도가 폐지되고, 전반적으로 실업계고에 학생지원이 줄어들게 되어 고교단계 직업교육이 다소 침체된 시기였다. 1990년대 전반기에는 일반고와 직업계고 50대 50 정책이 도입되고, 중소기업의 인력난을 해소하는 차원에서 공업계고 2+1체제 정책이 추진되었다. 2+1체제는 학교와 직무현장의 연계성 강화에 중점을 두고 학교에서 2년, 직업현장에서 1년 교육을 받는 프로그램으로 설계 운영되었다. 1997년의 경우 2+1체제를 운영한 학교가 전국 90개에 이르렀다. 당시 직업교육 정책은 중소기업 육성 지원을 위한 인력공급에 있어서 어느 정도 효율성을 발휘하였으나, 전반적으로 산업체 현장 기반의 교육문화가 정착되지 못해서 성공적인 성과를 달성하지 못한 것으로 나타났다(Rojewski & Park, 2005). 그 후 1995년, 5·31 교육개혁에 의한 신직업교육체제 확립 정책에 따라서 특성화고 정책이 도입되고, 실업계고와 전문대 간의 2+2 연계교육 정책이 추진되었다. 당시 신직업교육체제 정책의 경우 직업교육의 축을 전문대 단계로 상향하고, 고교단계에서는 기초직업능력 함양에 중점을 두었다. 2000년대 이후에는 산발적 직업교육 활성화 정책이 추진되어 오다가, 2008년 이명박 정부가 출범하면서 고교 다양화 정책에 따라 기존 특성화고를 대상으로 한 한국형 마이스터고 지정 및 육성 정책이 직업교육정책의 핵심으로 자리 잡아 왔다.

우리나라 고교단계 직업교육 학교 규모를 보면, 1995년을 기점으로 매년 축소되어 왔다. 1995년 당시 50대 50 정책 추진에 힘입어 전체 고등학교 대비 일반계고와 직업계고에 등록된 학생 수가 각각 54.1%와 45.9%로 나타났다. 2004년도에는 전체 고등학교 대비 일반계고가 70.5%, 직업계고에 29.5% 학생이 등록하고 있는 것으로 확인되었다. 그 후 20년이 지난 2020년 현재 직업계고 규모를 고교유형별로 보면 아래 <표 1>과 같다. 우리나라 전체 2,368개의 고등학교 중 직업계고 학교는 583개인 24.62%로 나타났다. 학생 수 규모로 보면 직업계고에 등록된 학생이 257,642명으로서 19.26%인 것으로 확인되고 있다. 1995년도와 비교해서 2020년에는 전체 고등학교 학생 수 대비 직업계고 학생이 26.34%(45.6% → 19.26%)나 축소된 것으로 나타났다.

**표 1**  2020년 직업계 고등학교 현황

| 유형 | 학교수 | (비율) | 학생 수 | (비율) |
|---|---|---|---|---|
| 마이스터고 | 51 | (2.15) | 18,673 | (1.40) |
| 특성화고 | 463 | (19.55) | 209,410 | (15.65) |
| 종합고 | 69 | (2.91) | 29,559 | (2.21) |
| 계 | 583 | (24.62) | 257,642 | (19.26) |
| 전체 고등학교 | 2,368 | (100.00) | 1,337,763 | (100.00) |

출처: 교육통계 자료집(2020)에서 발췌

직업계고 교육프로그램 현황을 보면, 다음 <표 2>에서 보이듯이, 학생 수 규모에서 공업계가 115,172명으로 44.7%를 차지하고, 그다음이 상업정보계가 98,805명에 38.3%로 확인되고 있다. 이들 모든 직업계고에서 학생들은 고등학교 1학년까지 주로 국민공통 기본교육과정에 의거 국어, 영어, 수학, 과학 등 일반 교과를 이수하고, 2학년 및 3학년에는 전문교과를 이수하고 있다.

고교단계 직업교육 내용이나 기술 수준 측면에서는 2000년대를 기점으로 패러다임 변화가 있었다. 구체적으로 2000년대 이후 직업계 고등학교 교육의 경우 종전 전문기능 교육보다는 직업기초소양 역량 강화 교육 요구가 증대하였다 (Rojewski & Park, 2005). 당시 우리나라는 제조업을 비롯하여 모든 분야에서 산업구조의 고도화와 글로벌화가 진행되고 있었고, 서비스 산업 비중이 확대되었다.

| 표 2 | 2020년 직업계 프로그램별 고등학교 현황 |

| 계열 구분 | 학교수 | 학생 수(%) | | 일반교사 | 전문교사 | 기간제 등 기타 교사 | 산학 겸임 |
|---|---|---|---|---|---|---|---|
| 농생명 | 53 | 17,677 | (6.9) | 815 | 1,040 | 562 | 1 |
| 공업 | 240 | 115,172 | (44.7) | 4,416 | 7,630 | 2,255 | 36 |
| 상업정보 | 214 | 98,805 | (38.3) | 4,547 | 4,648 | 1,748 | 5 |
| 수산해운 | 11 | 2,638 | (1.0) | 154 | 190 | 67 | – |
| 가사실업 | 65 | 23,350 | (9.1) | 1,049 | 1,246 | 466 | 5 |
| 계 | 583 | 257,642 | (100.0) | 10,981 | 14,754 | 5,098 | 47 |

출처: 교육통계 자료집(2020)에서 발췌

또한, 사회경제 전반에 거쳐 지식과 기술의 통합, 지식기반 생산 비중이 높아지고 있었다. 이러한 경제구조 및 직업세계의 변화에 따라 교육체제에서 평생학습의 필요성을 강조하고, 일반교육, 직업기술교육 및 학문적 교육 사이에 보다 긴밀한 연대를 요구하는 패러다임이 강화되었다. 구체적으로 산업체제 내 급격한 구조적 변화와 기술의 생명주기 단축은 중고등학교와 고등교육에서 폭넓은 토대의 교육과정 구축에 대한 필요성을 증대시켰다. 이러한 변화는 고교단계 직업교육의 경우에서, 교육과정이 지나치게 기술, 기능개발 위주로 전문화되는 것을 피해야 한다는 것을 시사했었다. 이러한 패러다임의 변화는 우리나라 고교단계 교육정책이나 직업계고 학생 진로 선택에 지대한 영향을 미쳤다.

무엇보다도 우리나라는 고교단계에서 이원(Dual)화된 복선형 교육제도를 가지고 있지만, 취업을 위한 직업계 고등학교의 경우에도 학생이 희망한다면 전문대학이나 4년제 대학으로 진학을 허용하는 체제로 운영되고 있다. 특히, 앞에서 살펴보았듯 1995년 5·31 교육개혁에 따라 직업교육 중심축을 고교단계에서 전문대학 단계로 상향 이전하는 신직업교육체제 확립 정책 추진으로 인해 취업 이외에 진학도 동시에 허용하는 직업교육정책이 강화되었다. 구체적으로 2000년도 이후 직업계고와 전문대학 간 교육과정 연계(2+2) 강화 정책 등이 추진되어, 직업계고 학생이 고등교육으로 진학하는 비중도 지속적으로 증가하게 되었다. 2000년대 이후 산업 및 경제구조 변화에 따라서 직업계고 총량 교육규모가 축소되고 대학으로 진학하는 학생 수도 증가하게 되었다. 실제 우리나라 직업계고 학생의 고등교육(대학 및 전문대학) 진학 규모를 살펴보면, 1995년 19.2%였으나 2003년 57.6%, 그리고 2004년도에는 62.5%까지 증가한 것으로 나타났다. 최근 2020년 경우 직업계고 졸업자가 고등교육으로 진학한 전체 규모는 42.5%이고, 학교유형별 고등교육 진학률을 살펴보면 특성화고 44.3%, 마이스터고 5.2%, 일반고 내 직업반이 56.4%로 확인되고 있다(교육부, 2020).

## 2 마이스터고 육성 정책

2009년 교육부는 그동안 복잡하게 나누어졌던 고등학교를 일반고, 특성화고, 특목고, 자율고로 단순화하고, 직업계 고교의 경우는 마이스터고와 특성화고로 유형화하였다(교육부, 2010). 특히 이명박 정부가 출범하면서, 교육부는 고등학교 유형 선진화 정책 일환으로서 종전 전문계고를 다양한 직업교육 트랙 개발을 위해 소질과 적성에 따라 특화된 프로그램을 운영하는 특성화고로 지정해서 육성하고, 지역 전략산업과 연계할 유망분야(예: 기계·자동차, 메커트로닉스, 금형, 철강, 조선, 전자, 반도체, 항공, 건축·토목, 환경, 항만물류 등)의 마이스터 육성산업 등을 고려하여, 2009년부터 기존 우수 전문계고를 마이스터고로 지정해서 집중 육성하는 정책을 추진하였다(Park & Jeong, 2013). 2009년 1차로 19개 마이스터가 선정되고, 그 이후 연차적으로 확대 선정되어, 2020년 현재까지 전국에 51개 마이스터고가 운영되어 오고 있다. 최근까지 마이스터고 육성 정책은 직업계고 발전을 위한 선도 모델로 활용되어 왔다고 볼 수 있다.

마이스터고 정책의 주요 사항에는 지역 전략산업 등 유망분야에 특화된 영 마이스터(Young Meister) 양성을 위한 학비 면제, 외국어 교육과 해외연수 등 집중 지원, 교육과정·교과서 운영의 전면 자율화, 국민공통 기본교육과정 1/2까지 감축 운영, 실습·계절학기 등을 가능토록 허용, 그리고 교장 공모제 추진, 교사 자격 없는 현장 마이스터의 교원 채용 가능 등의 방안이 포함된다(Park & Jeong, 2013). 아울러, 정부는 마이스터고로 지정된 학교에 대한 기반 조성, 고품질 교육과정 운영을 위해 개교 후 3년까지 대폭적인 재정지원을 하였다.

마이스터고는 졸업 후 우선 취업을 최우선 목적으로 설정하였고, 취업을 위한 종국 교육체제 모형으로 운영하고 있다. 여타 특성화고나 종합고등학교와 비교했을 때, 실제 마이스터고가 취업을 지향한 종국 모형 학교체제라는 사실은 졸업자의 낮은 진학률(5.2%만이 대학으로 진학)과 매우 높은 취업률(71.2%) 집계 결과가 잘 확인해 주고 있다(교육부, 2020). 이러한 맥락에서 볼 때, 현재까지 마이스터고는 산업수요 맞춤형 교육에 초점을 두고 직업기초교육 및 전공심화 교육을 강조하여 선취업을 위한 교육과정을 운영하고 있음을 알 수 있다.

특성화고와의 비교에서 마이스터고의 경우, 졸업생이 전반적인 학교교육(실험 및 실습, 교육과정 운영 등) 만족도, 재학 중 취업지원 경험 및 만족도, 졸업자의 취업 성과, 취업에서의 업무 만족도 등에서 확실히 보다 높은 효과를 보여 주었다(김강호, 2014). 이러한 긍정적 결과는 그동안 마이스터고 육성 정책이 상당 부분 고교 직업교육의 질 향상과 노동시장에서의 고졸자, 특히 마이스터고 졸업자에 대한 선호도를 상당 부분 높인 결과로 볼 수 있다. 하지만, 김강호(2014)는 마이스터고가 정책 초기부터 우수한 자원을 확보하여 양질의 직업교육을 통해 좋은 일자리로 취업시키는 것을 주요 목적으로 하였기 때문에, 마이스터고 육성 정책이 직업교육 체제 개편을 통해 이룩한 성과라고 단정하기는 다소 제한점이 있다고 보았다. 보다 구체적으로 마이스터고 졸업자에 대한 기업 현장에서의 성과평가를 보면 다소 개선할 여지가 많다는 사실을 보여 주고 있다. 예를 들어 마이스터고 졸업생에 대한 산업체 담당자의 현장 직무능력 평가 결과(김종우 외, 2012)를 보면, 아래 <표 3>에서 보여 주듯이, 외국어 능력, 조직이해 능력, 수리능력 및 문제해결 능력 등 직업기초소양 능력에서 상대적으로 능력 수준이 낮다는 인식 결과를 보여 주고 있다. 이러한 평가 결과는 향후 마이스터고 운영 및 교육과정 운영에서 이들 분야의 역량을 제고하기 위한 특별한 조치가 필요함을 시사하고 있다.

이외에 김종우 외(2012)에 따르면, 대기업에 취업한 학생이 중소기업에 취업한 학생보다 마이스터고 교육프로그램에서 만족도나 유용성 인식이 높을 뿐만 아니라, 직장 만족도에 있어서도 훨씬 높은 정도를 보여 주고 있고, 두 집단 간에 통계적으로 유의미한 차이를 나타내고 있다. 또한, 중소기업보다는 대기업에 취업한 학생그룹이, 제조업보다는 금융서비스업에 취업한 졸업생이 직장 만족도에 긍정적인 영향을 보이는 것으로 확인되고 있다. 보다 구체적으로 기업 담당

**표 3**  마이스터고 졸업생 현장 직무능력 평가 결과(6점 척도 기준)

| 평가 영역 | 제조업 담당자 (n = 418) | 금융정보서비스 업 담당자 (n = 84) | 대기업 담당자 (n = 130) | 중소기업 담당자 (n = 374) |
|---|---|---|---|---|
| 전문지식 | 3.94 | 3.81 | 3.94 | 3.92 |
| 전공기술/기능 | 3.95 | 3,73 | 3.92 | 3.91 |
| 수리능력 | 3.78 | 3.66 | 3.81 | 3.74 |
| 문제해결 능력 | 3.71 | 3.72 | 3.67 | 3.73 |
| 조직이해 능력 | 3.72 | 3.67 | 3.62 | 3.74 |
| 외국어 능력 | 2.92 | 3.02 | 3.10 | 2.88 |

출처: 김종우 외(2012)에서 발췌

자들에 의한 마이스터고 졸업생 계속 채용 의지에 대한 조사 결과(김종우 외, 2012)의 경우, 기업 규모가 클수록 부적인 영향을 미치고 있음을 보여 주고 있다. 즉, 이러한 결과는 대기업이 중소기업보다 마이스터고 졸업생 채용 의지가 현실적으로 낮다는 점을 보여주고 있다.

이러한 실증조사 결과를 바탕으로 볼 때, 마이스터고 수요자인 학생 및 학부모의 대기업 선호 경향, 대기업의 마이스터고생 실제적 채용 의지 등을 감안하면, 마이스터고 졸업자에 대한 인력 수요의 한계성이 분명히 존재한다. 따라서, 선취업에 중심을 둔 마이스터고를 향후 전면적 확대하는 정책도 현실적으로 상당한 한계가 있다. 하지만, 제조업보다 금융서비스업 취업 마이스터고 졸업생이 보다 더 높은 직장 만족도를 보여 주고 있음에 따라, 현재 제조업에 치중해서 마이스터고가 지정 및 운영되고 있기에, 추후 마이스터고 유형을 확대하는 경우에는 서비스업 중심이나 신규 고용 수요 증가가 전망되는 업종(예: 해양 플랜트 산업) 위주에 초점을 둘 필요가 있다.

## 3 정권별 직업교육정책의 주제 분석[1]

### 가. 노무현 정부 직업교육정책 주제

노무현 정부에서 추진된 고교단계 직업교육정책에서 핵심 주제를 파악하기 위해서 교육인적자원부가 당시 언론에 발표한 직업교육정책 보도자료 총 17개의 문서 내용(1,346개 단어)에 대한 토픽 모델링 분석을 실시하였다. 그 분석 결과

---

1 정권별 직업교육정책의 주제 분석은 필자가 참여한 교육부 연구과제(신서경 외, 2021), "2003 - 2021 교육부 핵심정책 분석을 통한 미래교육 정책 제언"의 토픽 모델링 결과 중 자료(다음 [그림 1, 2, 3, 4])를 활용해서 작성하였다.

를 보면, 현장실습 강화를 통한 취업률 제고, 경력개발지원을 위한 진로정보망 구축, 그리고 특성화고 체제로 직업교육혁신이라는 3개의 토픽을 확인할 수 있었다. 이 3개의 토픽은 해당 토픽별 연계된 핵심 단어(key word)들에 공통적으로

**그림 1** 　노무현 정부 직업교육정책 보도자료 주요 키워드 네트워크 맵

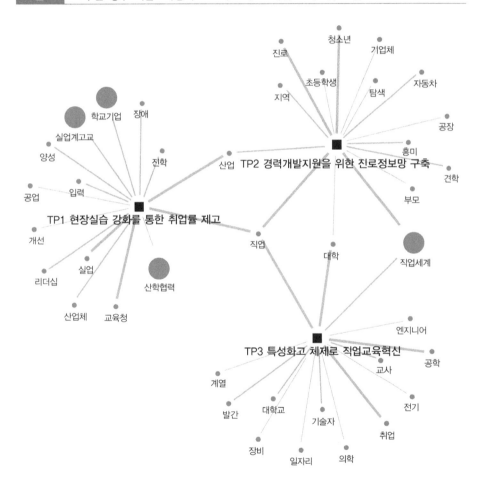

내포되었다고 볼 수 있다. 이들 3개 토픽과 핵심 단어들 간의 네트워크 맵을 보면 앞의 [그림 1]과 같이 나타난다.

## 나. 이명박 정부 직업교육정책 주제

이명박 정부의 당시 교육과학기술부는 직업교육정책 추진 결과에 대해 언론 보도자료로 총 35개 문서를 발표한 것으로 나타났다. 이들 35개 직업교육정책 추진 보도자료 내용(1,510개 단어)에 대한 토픽 모델링 분석 결과로 4개 핵심 주제(토픽)인 마이스터 육성산업 기반 마이스터고 육성, 마이스터고 교육혁신 운영 추진, 직업교육의 글로벌 현장학습 추진, 선취업 - 후진학 체제 구축이 추출되었다. 마이스터고 정책 부문에서 기술했듯이, 이명박 정부 직업교육정책 내용에 대한 토픽 모델링 분석 결과 역시 마이스터고 육성 및 마이스터고 운영의 혁신이 핵심적 정책 주제를 형성하고 있음을 보여주었다. 이들 4개의 토픽과 핵심 단어들 간의 네트워크 맵 구성을 보면 다음 [그림 2]와 같다.

그림 2 이명박 정부 직업교육정책 보도자료 주요 키워드 네트워크 맵

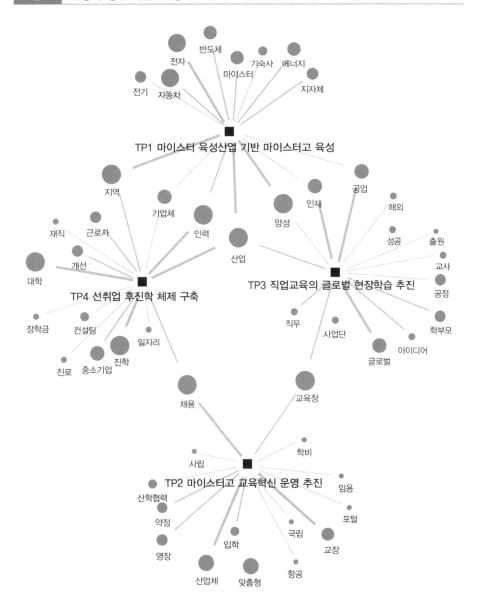

## 다. 박근혜 정부 직업교육정책 주제

박근혜 정부에서 당시 교육부가 언론에 발표한 직업교육정책 보도자료 총 88개 문서(3,655개 단어)에 대한 토픽 모델링 분석 결과를 보면, 안전 및 학습중심 현장실습 내실화, 글로벌 현장학습 지속 운영 추진, 국가직업능력표준 기반 도제교육 도입 및 운영, 마이스터고 운영 체제 확대 및 개선이라는 4개 토픽이 나타났다. 이들 4개 토픽과 핵심 단어들 간의 네트워크 맵 구성을 보면 아래의 [그림 3]과 같다. 박근혜 정부에 의해 추진된 직업교육정책에서 가장 두드러지게 나타난 핵심 사항은 국가직업능력표준 기반 도제교육 도입 및 운영임을 확인할 수 있었다.

**그림 3** 박근혜 정부 직업교육정책 보도자료 주요 키워드 네트워크 맵

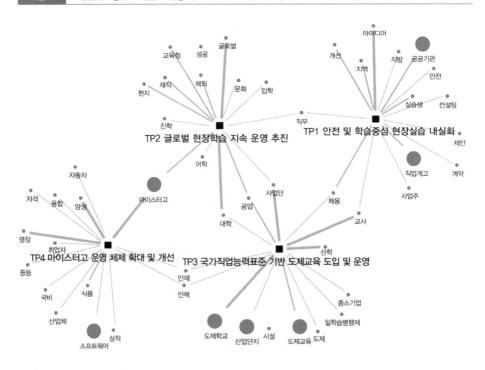

## 라. 문재인 정부 직업교육정책 주제

문재인 정부에서 교육부가 언론에 발표한 직업교육정책 보도자료는 총 54개 문서가 확인되었다. 이들 54개 문서(2,591개 단어)에 대한 토픽 모델링 분석을 통해서 확인한 핵심 주제를 보면, 아래 [그림 4]에서 보이듯이 직업계고 및 고졸 취업 활성화 지원, 직업계고 안전한 현장실습 방안 강화, 마이스터고에 고교학점제 우선 도입이라는 주제가 확인되고 있다. 특히, 문재인 정부의 직업교육정책에서 주목할 수 있는 특징은 직업계고가 실시하고 있는 현장실습 운영에서의 학생 안전사고 방지책 강구 및 고교학점제의 마이스터고등학교 우선 도입 등이 있다.

**그림 4**  문재인 정부 직업교육정책 보도자료 주요 키워드 네트워크 맵

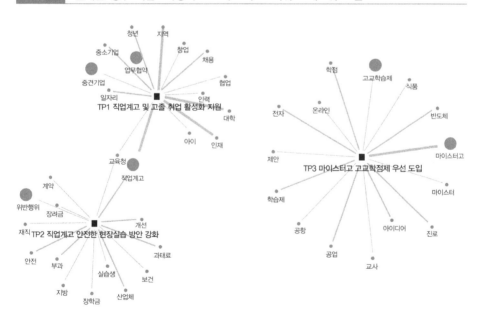

## 4 논의 및 평가

OECD(2010) 보고서에 따르면 직업교육은 국가경쟁력 향상을 위한 유효한 수단이다. 2008년 국제경제 위기 이후 각국의 주요 정책결정자들은 경제적 수익 창출과 노동시장의 효율성 제고를 위해 직업교육의 역할을 강조하고 있다. 우리나라의 경우도 앞에서 살펴보았듯이 직업교육이 국가 경제발전과 노동력 공급에 있어 직접적 기여를 해왔음을 알 수 있다. 특히 2009년도에 도입해서 운영해 오고 있는 전문 직업인 양성의 특수목적 마이스터고는 특성화고와 비교해 엘리트 직업교육기관으로서의 지위를 가졌고, 직업교육에 있어 중앙정부 차원의 집중적 지원을 이끄는 계기를 마련했다는 점에서 정책적 기여가 있었다.

한편, 우리나라 고교단계 직업교육정책에서 가장 우선적으로 직시하고 고려할 것은 경제 및 산업구조 변화와, 그에 따른 기술 및 기능 요구에 대한 직업교육의 적합성 정도이다. 직업교육이 추구하는 거시적 성취 목표는 기업이나 산업체가 요구하는 기술 및 기능 수준에 적합한 인력을 효과적으로 양성하는 것이다. 이러한 견지에서, 정부는 4차 산업혁명 시대 도래로 인해 사회, 경제 및 산업, 고용 패러다임이 급변하고 있음을 직시할 필요가 있다. 맥킨지 보고서(2018)는 2030년까지 전체 노동자 15~30%가 자동화로 대체될 가능성이 있고, 최대 3억 7,500만 명의 인력이 직업을 전환해야 할 필요성을 전망하였다. 우리나라 경제체제의 경우도 제조업 자체의 고용패턴 변화 속에서 저수준 기술 고용이 급감할 것으로 예상되고 있다. 이러한 경제변화, 산업, 기술 및 고용구조 변화 상황에서 사용할 수도 없고, 필요하지도 아니한 지식이나 기술을 가르치고, 미래에 존재하지도 않을 직업을 위한 직업교육을 하는 것은 불필요하다. 궁극적으로 지식이나 기술변화에 적응하지 못한 직업교육은 학생의 취업률에 부정적 효과를 가지고 올 수밖에 없다. 실제 2020년 우리나라 직업계고의 전체 취업률은

50.7%로 공식 집계되고, 세부 학교유형별로 살펴보면 마이스터고의 취업률이 71.2%로 가장 높았으며, 특성화고는 49.2%, 일반고 직업반은 31.6%로 나타났다 (교육부, 2020). 특성화고의 취업률이 50% 이하에 이르고 있다는 사실은 향후 취업진로 목적을 가진 학교유형으로서 특성화고의 정체성 유지에 대한 정책적 재고의 여지가 있다. 전반적으로 향후 우리나라 경제 및 산업구조 고도화 추세와 기술의 요구 변화를 고려하면, 2020년 현재 중등직업교육 규모(직업계고 전체 졸업자 89,998명)의 적합성에 대한 검토가 필요하다. 중장기적인 산업구조와 사회계층 변화를 고려하면, 종국교육 학교로서 직업전문 특성화고의 교육은 사회적 유용성이나 학부모 수요에 한계가 있다. 따라서 일부 특성화고는 특화된 직업교육 프로그램으로 개편 운영하되, 진학과 취업 진로가 동시 가능한 종합고등학교로 전환하거나, 특정 직종이나 전문 직업인 양성에 초점을 둔 마이스터고 체제로 전면 개편할 필요도 있다.

**표 4** 2020년 직업계고 졸업자 취업통계 현황(단위: 개교, 명, %)

| 학교<br>유형 | 학교수 | 졸업자 | 취업자 | 진학자 | 입대자 | 제외<br>인정자 | 미<br>취업자 | 취업률 | 진학률 |
|---|---|---|---|---|---|---|---|---|---|
| 특성화고 | 461 | 79,503 | 20,785 | 35,195 | 1,176 | 864 | 21,483 | 49.2 | 44.3 |
| 마이스터고 | 45 | 5,666 | 3,510 | 297 | 394 | 48 | 1,417 | 71.2 | 5.2 |
| 일반고<br>직업반 | 70 | 4,829 | 643 | 2,723 | 15 | 58 | 1,390 | 31.6 | 56.4 |
| 전 체 | 576 | 89,998 | 24,938 | 38,215 | 1,585 | 970 | 24,290 | 50.7 | 42.5 |

주: 취업률(%) = {취업자 / (졸업자 − (진학자 + 입대자 + 제외인정자))} × 100. 진학률(%) = (진학자 / 졸업자) × 100
출처: 교육부(2020) 직업계고 졸업자 취업통계 조사 결과 발표, 보도자료에서 발췌

이에 더하여 우리나라 경제변화, 산업, 기술 및 고용구조 변화 여건은 직업교육체제의 세부적인 내용이나 프로그램 유형에 있어, 기술 및 기능 변화에 유연성을 가져야 함을 시사한다. 따라서 직업반을 가진 종합고나 특성화고의 경우 엄격한 국가교육과정 내에서 운영되기보다는 단위학교의 자율역량을 기반으로 다양한 교육프로그램 편성 및 운영이 필요하다. 예를 들어 학교 교육과정 운영을 중심으로 특화된 교육프로그램과 교과 이수기준 등을 학교로 권한 이양하고, 이를 통해서 단위학교 자율성을 강화하는 것이 필요하다. 특히 정부는 학교별 자율적으로 특화된 교육프로그램(수학, 과학 집중 또는 음악 등 특정 과목 심화 프로그램, 미용, 요리, 제빵 등 특정 직종 프로그램 등)을 편성하여 운영토록 허용하고 지원할 필요가 있다. 아울러 사회적 수요를 반영하여 특성화된 직업교육 프로그램을 운영하게 하거나, 인문계 학교와 직업전문 특성화고교 간에 학생 이동이 언제든지 용이하도록 개방체제로 운영하는 것도 필요하다.

고교단계 직업교육정책에서 고려해야 할 또 하나의 핵심 요인이자 쟁점은 학령 인구 변화와 고등교육 수요 변화의 맥락이다. 우리나라의 경우 현재 저출산 심화로 학령인구가 지속적 감소하고, 대학은 학생정원을 충원하지 못하는 상황이 심화되고 있다. 즉, 전체 고졸자 인구가 대학 입학정원에도 미치지 못하는 정원 미충족이 심화되고 있는 상황이다. 한편, 기존 대학의 고등교육 서비스 공급 역량(정원 유지)은 하방경직성이 있어서 대입정원이 고졸자 규모를 초과할 것이 예상되고 있다. 특히 우리나라의 경우 1가구당 1인 자녀 시대를 맞이하여 자녀에 대한 부모의 교육적 기대와 진학 열망이 더욱 강화될 것이고, 이러한 부모의 높은 교육열은 자녀들의 대학진학에 가수요를 야기한다. 고등교육시장에서의 이러한 초과공급 상황과 대학진학에 대한 가수요 상황은 직업계 고등학교 졸업자 진로에도 영향을 미친다. 무엇보다도 특성화고 졸업자가 취업보다 대학진학 수요를 지향하는 정도가 심화되는 경우, 직업교육기관으로서 그 정체성이 문제시된다. 궁극적으로 대학진학 수요가 높은 특성화고는 더 이상 직업교육기관으로서 운영될 필요가 없다면, 당연히 일반고나 종합고로 전환되어야 한다. 종합고등학교형 직업교육체제는 학생들에게 더 많은 기회와 자율성을 보장하고, 보다 폭넓은 교육과정의 선택을 이끈다는 장점을 가진다. 결과적으로 고등교육시장 변화 상황은 우리나라 직업교육의 적절한 규모 결정에 영향을 미치는 요인으로 작용한다는 점이다.

직업교육정책 추진에 있어 고려하여야 하는 또 하나의 환경 요인은 학교교육에 대한 관리 및 통치체제(governance system)이다. 우리나라의 경우 직업계 고교를 포함한 초중등교육은 지방의회 및 시도교육청이 직접 관리 통제하는 체제이다. 따라서 특성화고교를 비롯한 중등직업교육정책을 중앙정부가 주도해 나가는데 있어, 그 효율성을 담보할 수 있는 정책수단이 구조적으로 다소 제한적이다. 특히 선거를 통해서 선출되는 시도교육감은 자신의 공약 사업에 주로 치중하게 되고, 지지층 확보에 유리한 학교교육 활성화와 재정투자 사업에 더 많은 관심을 가지기 때문에, 상대적으로 직업교육에 대한 정책적 관심도는 낮다. 실제 특성화고는 상대적으로 높은 저소득층 학생비율을 가지고 있고, 중도탈락률도 상대적으로 높아서 열악한 학습 성과지표를 가지고 있다. 따라서 향후 중앙정부는 고교단계 직업교육정책 추진에 있어 학생에 대한 형평성 보장이라는 교육복지 정책관점으로 접근할 필요가 있고, 시도교육청별로 소관 직업계고에 대한 재정 투자와 교육의 질 통제의 수단(교육성과 지표 관리 또는 교육청 평가 등)을 강구할 필요가 있다. 미국의 경우, 연방 헌법에서 교육이 지방정부의 책임임을 선언하고 있으나, 그럼에도 불구하고 직업 및 진로교육 활성화만큼은 연방정부가 지속적으로 직접 관여하고 재정투자를 확대해 왔다. 이러한 점은 우리나라 교육정책에도 시사하는 바가 크다. 무엇보다도 직업 및 진로교육에 투자는 교육으로부터 학생에게 얻는 수익 이외에, 국가 경제 및 산업 발전, 그리고 고용시장에 긍정적인 외부효과를 가져오기 때문에 중앙정부의 직접적 재정투자가 불가피한 분야라는 점을 직시해야 한다.

# 참고문헌

■ 김강호(2014). 고졸자의 취업성과 분석: 특성화고와 마이스터고의 비교를 중심으로. 2014 고용패널 학술대회.

■ 김종우·장명희·최수정·허영준(2012). 마이스터고 정책 추진 성과 평가와 과제. 서울: 한국직업능력개발원.

■ 교육부(2010). 고등학교 선진화를 위한 입학제도 및 체제개편 후속 추진방안. 보도자료, 2010. 1. 27.

■ 교육부(2020). 직업계고 졸업자 취업 통계 조사 결과 발표. 보도자료, 2020. 11. 26.

■ 교육통계 자료집(2020). 한국교육개발원.

■ 신서경·박주호·송해덕·홍아정(2021). 2003 − 2021 교육부 핵심정책 분석을 통한 미래 교육 정책 제언. 연구보고 정책 2021 − 위탁 − 3, 교육부.

■ Park, J. H. & Jeong, D. W. (2013). School reforms, principal leadership, and teacher resistance: Evidence from Korea. *Asia Pacific Journal of Education, 33(1)*, 34 − 52.

■ Rojewski, J. W., & Park, J. H. (2005). Secondary vocational education in South Korea: Addressing challenges and seeking solutions. *International Journal of Vocational Education and Training, 13(2)*. 7 − 29.

제24장 평생교육정책의 내용분석과 쟁점

## 1 평생교육제도와 국가의 책무

학문적 차원에서 평생교육이란 인간이 출생부터 죽을 때까지 생애에 걸쳐 이루어지는 총체적 교육이고, 평생에 걸쳐 개인적, 사회적, 직업적 발달을 성취시키는 과정으로 이해되고 있다(한승희, 2011). 이는 광의의 개념에서 평생교육을 정의하고 있다. 이러한 맥락에서 평생교육은 학교교육과 학교 외 모든 교육을 포괄하는 것으로서, 태교에서부터 노인교육에 이르기까지 수직적으로 통합한 모든 교육과 가정교육, 사회교육, 학교교육을 수평적으로 통합한 모든 교육을 의미하고 있다. 한승희(2011)에 의하면, 평생교육은 우리가 직접 관찰할 수 있는 단위행동으로서 교육이 아니며, 교육실행 차원에서 평생교육을 한다고 말할 수는 없다고 한다. 따라서 광의의 개념으로 평생교육이란 관념적으로 지향하고 이념으로서 존재하는 교육을 의미한다.

한편, 교육정책 실제에서 평생교육은 협의의 개념으로서, 평생교육법상 규정된 정의를 의미한다. 평생교육법 제2조에 의거한 평생교육이란 학교의 정규교육과정을 제외한 학력보완교육, 성인 기초·문자해득교육, 직업능력향상교육, 인문교양교육, 문화예술교육, 시민참여교육 등을 포함하는 모든 형태의 조직적인 교육활동을 말한다. 우리나라 헌법 제31조에서는 이러한 개념의 평생교육을 국가가 진흥하여야 한다고 선언하고 있다. 이에 더하여 헌법(제31조 제5항)은 평생교육을 포함한 교육제도와 그 운영, 교육재정에 관한 기본적인 사항은 법률로 정한 다고 규정하고 있다. 구체적으로 우리나라 교육기본법에서 모든 국민은 평생에 걸쳐 학습하고, 능력과 적성에 따라 교육받을 권리, 즉 학습권으로 평생교육을 받을 권리와 평생교육을 위한 모든 형태의 사회교육은 장려되어야 한다고 규정 하고 있다. 결과적으로 우리나라에서는 법률상 평생교육을 진흥하여야 할 책임 이 국가에게 주어져 있다.

국가 책무로서 평생교육 진흥을 위해 정부당국이 수행하는 총체적 활동이 바로 평생교육정책이다. 정부에 의해 수행되는 평생교육정책은 평생교육 분야에서 이루어지는 국가적 차원의 공공정책이고, 구체적으로 평생교육 이념 또는 이를 구현하는 국가적 활동의 기본 방침이나 집행을 의미한다. 특히 우리나라의 경우 모든 국민이 평생교육을 받을 수 있도록 평생학습 기회의 제공과 그에 필요한 재정 공급의 중심 역할을 국가가 담당하고 있다. 평생교육 진흥을 위해 어떤 분야의 평생학습 기회를 제공할 것인가? 그 관리는 어떻게 하고, 경비는 어떻게, 얼마나 정할 것인가? 이러한 구체적 사항에 대해 우리나라에서는 평생교육법이나 관련 법률에 의거하여 국가가 통제하고 감독하도록 규정하고 있다.

평생교육 관련 우리나라 법제 현황을 보면, 1982년을 시점으로 학교 밖 교육 개념인 사회교육을 대상으로 사회교육법을 제정해서 운영하였다. 그 이후 95년 5·31 교육개혁에서 '열린교육사회와 평생학습사회' 건설 취지를 기반으로 1999년에 최초로 평생교육법이 제정되었다. 후속해서 2007년도에는 평생교육법이 전면 개정되었다. 개정된 평생교육법에서는 국가와 광역 및 기초 자치단체 단위에서 평생교육을 추진하도록 하였고, 평생교육의 총괄적인 집행기구로서 한국교육개발원의 평생교육센터, 학점은행센터, 한국방송통신대학교의 독학학위검정원 등의 기관을 통합하여 국가평생교육진흥원을 설립 운영하였다. 무엇보다도 우리나라에서 평생교육은 95년 5·31 교육개혁에서 공식적으로 소개되었고, 그 이후 정권이 변할 때마다 핵심적인 교육공약 사항으로 제시되며 정책으로 강조되어 왔다(권양이, 2018).

우리나라 현재 평생교육의 주요 현황을 보면, 2020년 기준 평생교육기관 수는 4,541개이고 유형별 평생교육기관 수는 언론기관 부설 평생교육시설이 1,098개, 원격 평생교육시설이 1,048개, 평생학습관이 475개, 시민사회단체 부설 평생교육시설이 474개로 확인되고 있다(교육부, 2021). 특히 최근 교육부(2021) 발표에 따르면, 언론기관 부설 평생교육시설과 평생학습관은 전년 대비 증가율이 각각 30.4%, 6.7%로 타 유형의 평생교육기관에 비해 높게 나타났다. 우리나라 평생교육기관 운영 분포의 특징 중 하나는 수도권(서울, 인천, 경기)에 평생교육기관 수가 2,979개(65.6%)로 집중되어 있다는 점이다(교육부, 2021). 평생교육 프로그램 유형의 2020년 현황을 보면 직업능력향상 프로그램 71,940개, 문화예술 프로그램 58,589개, 인문교양 프로그램 41,220개, 학력보완 프로그램 22,103개 순으로 나타나고 있다. 2020년 현재 평생학습에 참여하고 있는 학습자 수는 24,397,282명으로, 전년(16,348,842명) 대비 8,048,440명 증가(49.2%)하였고 원격형태와 산업체 부설 평생교육기관 학습자 수가 각각 전년 대비 66.1%, 41.4%가 증가하였다는 특징을 보이고 있다(교육부, 2021).

현행 평생교육법상 평생교육 진흥을 위한 핵심 정책 및 주요 제도를 살펴보면 다음과 같다. 우선 평생교육법 제15조는 국가로 하여금 평생학습도시를 지정 및 지원하도록 하고 있다. 구체적으로 평생학습도시는 지역사회의 평생교육 활성화를 위하여 시·군 및 자치구를 대상으로 지정하도록 하였고, 그 지정 및 지원에 관한 사항은 교육부 장관이 정하도록 하고 있다. 둘째, 평생교육법 제21조에서는 시·도 교육감이 관할 구역 안의 주민을 대상으로 평생교육 프로그램 운영과 평생교육 기회를 제공하기 위하여 평생학습관을 설치 또는 지정·운영하도록 하고 있다. 이에 더하여 해당 지방자치단체의 평생교육을 진흥하기 위하여 시장·군수·자치구의 구청장이 평생학습관을 설치하거나 재정적으로 지원하는 등 필요한 사업을 실시할 수 있도록 하고 있다. 셋째, 평생교육법 제23조에서는 국민의 개인적 학습경험을 종합적으로 집중 관리하는 제도로서 학습계좌제를 설치 운영하도록 하고 있다. 이를 위하여 교육부장관은 국민의 평생교육을 촉진하고 인적자원의 개발·관리를 위하여 학습계좌를 도입·운영할 수 있도록 노력하여야 한다고 규정하고 있다. 넷째, 평생교육법에서는 평생교육사 자격제도를 설치 운영하도록 하고 있다. 평생교육사 자격제도는 평생교육 전문 인력을 양성하기 위한 것이고, 대학이나 전문대학 등에서 평생교육 관련 교과목을 일정 학점 이상 이수하고 학위를 취득한 사람에게 교육부장관이 자격을 부여하도록 하고 있다. 다섯째, 국가에 의한 평생학습 결과에 대한 인정 제도가 있다. 즉, 교육부장관에 의해 평가 인정받은 평생교육시설이나 대학부설 평생교육기관(평생교육원 등)에서 평생교육과정을 이수한 사람에게 '학점인정 등에 관한 법률'에 따라 학점 또는 학력을 인정받을 수 있는 제도를 두고 있다. 구체적으로 각급 학교 또는 평생교육시설에서 각종 교양과정 또는 자격 취득에 필요한 과정을 이수한 사람이나, 산업체 등에서 일정한 교육을 받은 후 사내인정자격을 취득한 사람, 독학에 의한 학위 취득에 관한 법률에 의거 시험에 합격한 사람 등에게 학점 및 학력을 인정받을 수 있도록 하고 있다. 여기서 학점인정의 경우 교육부장관이 평가 인정하는 기관에 의해 운영되는 교육과정을 마친 자에게 그에 상응하여 인정되는 학점이고, 학력인정이란 학점인정받은 자를 고등교육법상 대학이나 전문대학을 졸업한 자와 같은 수준 이상으로 학력을 인정해 주는 것을 의미한다. 학점은행제는 비정규 교육기관에서의 학습경험을 공적으로 인정하여 학위 취득(고등교육)을 가능하게 하는 제도(4년제 학사 140학점, 전문학사 80학점)이다. 이러한 학점 또는 학력인정은 학교 밖 학습을 받을 수 있도록 제도적으로 보장함으로써 국민의 평생교육권을 실질적으로 보호하는 제도이다. 구체적으로 학점 및 학력 인정 과정을 운영하는 교육훈련기관의 평가 인정 등 관련된 업무 총괄, 표준교육과정 및 교수요목 개발, 평가 인정기관 지원 업무, 학습자 등록 및 학점인정 신청 등의 업무는 국가평생교육진흥원이 수행하고 있다. 무엇보다도 학점 또는 학력인정 제도는 성인들에게 계속교육을 통한 자기 발전의 기회를 확대하는 데 기여한다.

또한, 우리나라에서는 평생교육제도로서 독학학위제를 운영하고 있다. 독학학위제는 정규학교를 다니지 않고 자학으로 학습한 정도를 학사학위 취득 수준에 도달했는지를 시험으로 평가하여 국가가 학위를 수여하는 제도이다. 독학학위제의 경우 '학점인정 등에 관한 법률'에 의거 독학자에게 학사학위 취득 기회를 줌으로써 평생교육의 이념을 실현하게 하는 데 그 목적이 있다. 독학에 의한 학위 취득 시험에 응시할 자격은 초중등교육법 시행령에 의거 고등학교를 졸업한 사람과 같은 수준의 학력이 있다고 인정되는 사람이나 '평생교육법'상 학력이 인정되는 학교형태의 평생교육시설에서 고등학교 교과과정에 상응하는 교육과정을 마친 사람 등에게 주어진다.

## 2 / 각 정권별 평생교육정책 주제와 주요 내용

### 가. 노무현 정부의 평생교육정책

노무현 정부 당시에 평생교육정책은 무엇이고 어떠한 특징을 가졌는지를 가장 손쉽게 개괄적으로 파악하는 방법 중 하나는 당시 정부당국(교육인적자원부)이 추진한 평생교육정책 보도자료를 분석해서 핵심 정책 주제를 파악하는 것이다. 이러한 차원에서 당시 교육인적자원부가 평생교육 분야에서 발표한 보도자료 총 135개 문서 자료(장·차관 방문 등 단순 행사나 홍보 자료 제외하고 5,437개 단어)에 대한 토픽 모델링 기법을 활용해서 핵심 주제를 분석하였다.[1] 분석 결과를 보면, 우선

---

1 정책 주제(topic)분석 및 결과 부문은 필자가 참여한 교육부 연구과제(신서경 외, 2021), "2003 – 2021 교육부 핵심정책 분석을 통한 미래교육 정책 제언"의 토픽 모델링 결과 중 일부 자료를 활용해서 작성하였다.

**그림 1** 노무현 정부 평생교육정책의 빈출 키워드 기반 워드 클라우드

가장 빈도가 높은 주요 핵심 단어(key word)에 대학, 지역, 직업, 자격, 대학교, 문화, 인력, 산업, 여성, 소외계층 등이 나타났다. 이들 핵심 단어들에 대한 빈출 키워드 기반으로 워드 클라우드를 구성하면 위의 [그림 1]과 같이 나타난다.

아울러, 이들 핵심 단어들에 대한 빈도를 기반으로 공통 의미를 가진 것으로 해석할 수 있는 정책 주제(topic)분석에서는 4개가 산출되었고, 그들에 대한 명칭은 1) 소외계층 평생학습 지원, 2) 직업기반의 평생교육 강화, 3) 원격대학 등 평생교육 기반 확충, 4) 학점 및 학력 인정제 추진을 확인할 수 있었다. 핵심 단어와 정책 주제 간의 네트워크 맵을 구성해보면 다음 [그림 2]와 같다.

평생교육제도나 평생교육 진흥을 위한 예산 지원 사업 측면에서 보면, 무엇보다도 노무현 정부에서는 지역사회를 기반으로 한 평생학습체계 구축을 추진하여 평생교육 진흥에서 괄목할만한 양적 성장을 가져왔다. 구체적으로 노무현 정부는 지역사회의 평생학습 진흥을 위한 구체적인 추진 사업으로 지역평생교육정

그림 2    노무현 정부 평생교육정책의 주요 키워드 네트워크 맵

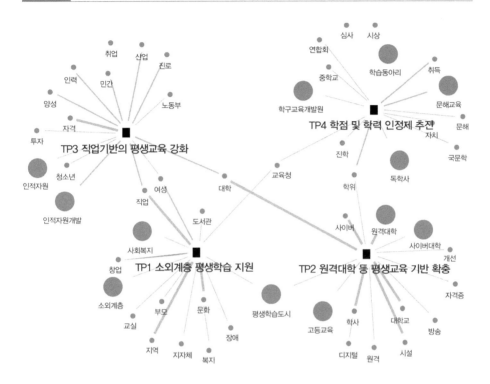

보센터, 평생학습관 설치 등 제도적 기반을 확충하였다. 이에 더하여 평생학습
도시 조성사업, 평생학습축제 등의 사업을 통해 평생학습의 인지도를 제고하고
평생교육 진흥에 있어서 지역화 기반을 마련하였다. 개정된 평생교육법에 의거
평생교육 추진체제는 국가 단위의 평생교육센터와 시·도 단위의 지역평생교육
정보센터, 시·군·구·읍·면·동 단위의 평생학습관으로 연결되는 체제를 구축하
도록 정비하였다. 이를 지원하는 행정체제는 교육인적자원부와 교육청이 연결되
는 교육행정과 행정자치부와 지방자치단체가 연결되는 일반행정의 두 축을 중심
으로 운영되었다. 여기에서 지역평생교육센터는 지역사회 여러 기관 및 단체에

서 다양한 형태로 전개되고 있는 평생교육활동을 체계적으로 연결 운영하고, 중앙의 평생교육센터와 연계체제를 구축하여 지역사회 평생학습 활성화의 구심체 역할을 하도록 하였다. 지역평생교육센터는 지역 평생교육기관들 중 시도교육감 추천을 받아 교육인적자원부가 심사해서 선정하였다. 2000년에 최초 23개 지역 평생교육센터가 선정되었으며, 2002년에 26개, 2007년에 23개 기관이 선정되었다 (교육인적자원부, 2007). 지역 특성에 따라 평생교육시설 등을 활용하여 시도교육감이 지정 운영하는 평생학습관 역시 2001년 208개 시설로 시작하여 노무현 정부 동안 지속적으로 늘어나 2007년에는 328개 시설이 운영되었다(한국교육개발원, 2007).

당시 평생교육 진흥을 위한 지역평생교육 추진체제는 전반적으로 실제 운영상 문제가 다수 있었다. 가장 큰 걸림돌은 지방자치단체와 지방교육청 간에 원활하지 못한 협력이었다. 특히 지역평생교육 지원을 위한 충분한 예산도 확보되지 않아 지방교육청은 억지로 지역평생교육정보센터와 지역평생학습관을 운영하는 상황이었다(이창기, 2005). 그럼에도 불구하고 지역주민의 평생교육적 접근 기회의 확대와 지역 요구 충족을 위해 실시된 '평생학습도시 사업'은 크게 확대되었다. 실제 평생학습도시 조성사업은 2001년 착수된 이후에 노무현 정부에서 지속적으로 증가하여 2008년 경우에 총 76개 도시로까지 확대되었다(한국교육개발원, 2007). 2006년 이후에는 저학력 소외계층을 대상으로 초·중학교 시설을 활용한 성인문해교육 프로그램 지원 사업도 실시하였다(한국교육개발원, 2006). 아울러 저소득, 저학력, 고령자, 장애인 등을 대상으로 평생교육 프로그램을 운영하는 기관 및 시설에게 정부가 예산을 지원하는 '소외계층 평생교육 프로그램 지원 사업'의 경우 2001년에 20개를 선정 및 지원(1개당 1천만 원씩을 지원)하였으나, 2005년에는 102개로 대폭 증가하였고, 2007년에는 184개의 프로그램을 지원하였다.

결과적으로 당시 교육당국이 발표한 평생교육정책 보도자료 핵심 주제 분석에서 보듯이, 노무현 정부는 지역사회 기반 평생교육 진흥 체제 확립을 기반으로 해서 소외계층의 평생교육 지원 확대와 인적자원개발과 사회통합을 구현하기 위해 노력하였다. 제도적으로 보면, 평생교육법 전부 개정 등을 통한 지역사회 기반 평생교육 진흥 체제 확립과 국가평생교육진흥원 설립이라는 성과를 남겼다.

## 나. 이명박 정부의 평생교육정책

이명박 정부 당시에 평생교육정책의 핵심 주제는 교육부가 발표한 평생교육 정책 총 51개 보도자료(4,088개 단어)에 대한 토픽 모델링 분석[2]을 통해서 확인할 수 있었다. 우선, 주요 빈출 핵심 단어에 산업, 채용, 인력, 지역, 대학, 양성, 진

---

**그림 3**　이명박 정부 평생교육정책의 빈출 키워드 기반 워드 클라우드

---

2 토픽 모델링 분석 및 결과 부문은 필자가 참여한 교육부 연구과제(신서경 외, 2021), "2003 – 2021 교육부 핵심정책 분석을 통한 미래교육 정책 제언"의 토픽 모델링 결과 중 일부 자료를 활용해서 작성하였다.

그림 4    이명박 정부 평생교육정책의 키워드 네트워크 맵

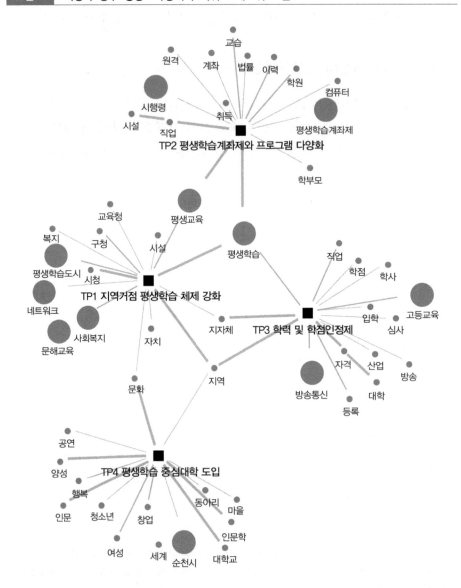

학, 산업체, 맞춤형 등이 나타나고 있었다. 이들 빈출 키워드를 기반으로 워드 클라우드를 구성하면 앞의 [그림 3]과 같이 나타난다.

아울러 핵심 단어들에 대한 빈도를 기반으로 공통 의미를 형성하는 정책 주제(topic)의 경우 4개가 산출되었고, 그들에 대한 명칭을 각각 해석해보면 1) 평생학습계좌제와 프로그램 다양화, 2) 평생학습중심대학 도입, 3) 학력 및 학점인정제, 4) 지역거점 평생학습 체제 강화를 정할 수 있었다. 이렇게 산출된 4개 주제가 이명박 정부에서 추진한 평생교육정책의 핵심 정책 주제라고 볼 수 있었다. 토픽 모델링 결과 중 하나로서 핵심 단어와 정책 주제들 간의 네트워크 맵을 구성하면 앞의 [그림 4]와 같다.

보다 상세하게 이명박 정부 평생교육정책으로서 제도나 예산 지원 사업을 살펴보면, 그 핵심은 '평생학습 계좌제'와 '평생학습 중심대학' 도입이라고 볼 수 있다. 평생학습 계좌제는 국민 각자가 학습한 결과를 평생학습 계좌에 등록하여 개인별 평생학습 경력을 누적 관리하게 하는 제도다. 이는 전 국민의 학습이력을 통합 연계, 관리하여 평생교육 기반 구축을 목적으로 시작되었고, 95년 5·31 교육개혁에서 발의된 교육구좌제(education account)를 보완해서 발전시킨 제도이다. 이전에 논의되었던 교육구좌제는 이력 관리에 초점을 두고 있는 데 반해, 이명박 정부에서 발의된 평생학습 계좌제는 학습비 지원과 학습이력 관리를 통합하는 방안을 표방하였다. 특히 평생학습 계좌제는 평생교육의 참여 및 이수 결과를 공신력 있는 제도를 통해 평가하고, 학력이나 자격 등과 연계하여 공식적으로 인정하는 데 그 시사점이 있었다(최운실, 2008). 하지만, 실제 '평생학습계좌제'는 전 국민의 평생학습 및 학력인정의 기반을 구축하고자 한 당초 목표에 만족할만한 성과를 달성하지 못하였다. 무엇보다도 학습자, 평생교육기관, 산업체와의 연계가 원활하게 이루어지지 않아 수록 정보의 실질적인 활용이 어려웠을 뿐 아니라, 부처 간 관련 시스템의 연계도 미흡하여 대상자의 학습이력을 효율적으로 관리하는 데 한계가 있었다(국가평생교육진흥원, 2013).

당시 평생학습중심대학 육성 사업은 대학의 지역 평생교육에 대한 거점 역할을 강화해 지역의 특성과 성인학습자의 교육 요구에 맞는 질 높은 교육과정과 방법을 개발해 제공하고 성인학습자의 학습 지원을 대학의 운영구조에도 반영해 대학의 평생교육 기능 활성화 차원에서 추진되었다(교육과학기술부, 2008). 이는 고등교육기관인 대학의 인프라를 활용하여 성인학습자들에게 질 높은 교육과 학위과정을 지원하는 사업으로서 본격적인 대학 평생교육정책 추진의 출발점이 되었다. 보다 구체적으로 평생학습중심대학 육성 사업은 기존의 대학 부설 평생교육원을 통해 운영해 오던 문화, 예술, 여가 프로그램 위주의 평생교육에서 벗어나, 학위과정에 초점을 둔 평생교육을 지원한다는 점에서 혁신적 정책이었다. 결과적으로 평생학습중심대학 육성 사업은 대학으로 하여금 성인 친화형 교육과정 체제를 도입하게 하였고, 지역 평생교육의 거점 역할을 할 수 있도록 지원하였다. 또한 재직자 특별전형을 도입하여 고졸 취업자가 재직 중 계속 교육을 할 수 있는 후진학 환경을 조성하였다(교육과학기술부, 2012). '평생학습중심대학' 사업은 이명박 정부에서 독창적으로 창출한 혁신사업이 아니었다. 즉, '평생학습중심대학'은 5·31 교육개혁에서부터 논의되어왔던 정책 대안이 자연스러운 환경 흐름과 정권 변화 등의 상황과 맞물려 이명박 정부에서 현실적으로 실현되고 활성화되었을 뿐이다(권양이, 2018).

전반적으로 당시 교육과학기술부가 발표한 평생교육정책 보도자료의 토픽 모델 결과에서 보았듯이, 이명박 정부는 평생교육정책에서 평생학습중심대학 도입과 학력 및 학점인정제, 그리고 평생학습 계좌제 추진에서 그 특징을 보였다. 이와 관련해서 권양이(2018)는 이명박 정부의 경우 평생교육정책에서 인재 양성을 위한 다양한 형태의 평생학습을 인정하고, 평생학습권을 보장하는 데 정책의 주안점을 두었다고 분석하였다. 이러한 긍정적 평가도 있지만, 평생학습 진흥이 여전히 정규 학교교육이나 학력신장에 주로 연계되었다는 한계도 있다.

## 다. 박근혜 정부의 평생교육정책

박근혜 정부 당시 평생교육정책 핵심 주제의 경우 교육부가 발표한 평생교육정책 분야 총 206개 보도자료(7,276개 단어)에 대한 토픽 모델링 분석을 통해서 확인할 수 있었다. 토픽 모델링 분석 결과3를 보면, 우선 빈출 핵심 단어에 대학, 자격, 산업, 지역, 문해교육, 직업, 직무, 학점, 대학교, 학위, 채용 등이 나타나고 있었다. 이들 빈출 키워드들을 기반으로 워드 클라우드를 구성하면 아래 [그림 5]와 같이 나타난다.

| 그림 5 | 박근혜 정부 평생교육정책의 빈출 키워드 기반 워드 클라우드 |

---

3 토픽 모델링 분석 및 결과 부문은 필자가 참여한 교육부 연구과제(신서경 외, 2021), "2003-2021 교육부 핵심정책 분석을 통한 미래교육 정책 제언"의 토픽 모델링 결과 중 일부 자료를 활용해서 작성하였다.

이들 핵심 단어들에 대한 빈도를 기반으로 공통 의미를 형성하는 정책 주제 (topic)로 5개가 산출되었고, 그들에 대한 명칭을 각각 해석해 보면, 1) 국가직무 능력표준 기반 교육·자격 연계 강화, 2) K-MOOC 등 대학기반 평생교육체제 강화, 3) 행복학습센터 기반 지역평생교육 진흥, 4) 성인문해 기반의 평생교육 강화, 5) 독학학위제 및 학점은행제 활성화였다. 토픽 모델링의 최종 결과로서 산출된 핵심 단어와 정책 주제들 간의 네트워크 맵을 보면 아래 [그림 6]과 같다.

특히 박근혜 정부의 평생교육정책은 이전 이명박 정부가 추진하던 사업을 계승하고 강화한 형태로 진행되었다고 볼 수 있다. 다만, '국민 행복'과 같은 복지에 초점을 두고 평생교육정책을 추진하였다. 구체적으로 박근혜 정부에서는 시·군·구 단위의 추진체제를 읍·면·동 단위로 확산하여 주민생활권의 학습 지원

그림 6    박근혜 정부 평생교육정책의 키워드 네트워크 맵

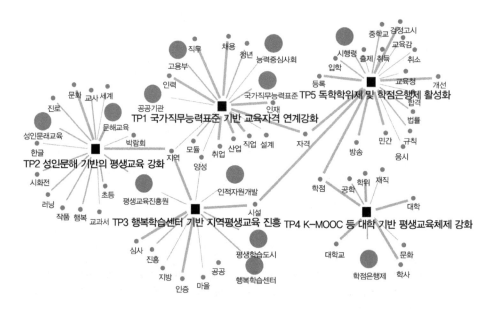

을 강화했다. 지역평생교육 활성화를 위한 정책으로서 읍·면·동 단위 행복학습 센터 설치·지정·지원이 있었다(한국교육개발원, 2017). 기존의 시·군·구까지 연결 되어 있는 평생교육 추진체제를 읍·면·동 단위까지 확대하여 지역주민 밀착형 평생교육이 가능하도록 '행복학습센터'를 운영하였다. 이를 뒷받침하기 위해 2014년에는 시·군·구 단체장이 읍·면·동별로 평생학습센터를 설치, 운영할 수 있도록 평생교육법을 개정하였다. 또한, 박근혜 정부는 기존 고등교육체제를 평 생교육적 관점에서 개편하는 데 강한 의지를 보인 점 등에서 이전 정부와의 차 별성을 보였다(국가평생교육진흥원, 2013). 특히 박근혜 정부에서는 대학평생교육과 지역평생교육 활성화, 그리고 온라인 평생교육(K-MOOC) 지원체제 구축에 역점 을 두었다. 평생교육 단과대학 추진 정책은 이전 이명박 정부에서 추진해 왔던 '평생학습중심대학' 사업의 정책적 강도를 강화시킨 형태였다. 즉, 대학의 성인 학습자 친화형 체제로의 개편을 요구하는 정책 방향은 이전의 '평생학습중심대 학' 사업과 동일하나, 성인학습자를 전담으로 하는 단과대학을 설치하여 학위 과정을 운영하는 등 더욱 강화된 방법으로 정책을 추진했다는 점에서 차이가 있었다.

박근혜 정부 정책의 경우 전반적으로 지나치게 중앙정부 주도로 추진되어 현 장에서 공감대가 형성되지 못하고 큰 호응을 얻지 못하였다(권양이, 2018). 하지만 가장 뚜렷한 특징은 온라인 평생교육 관련 사업을 추진했다는 점이다. 그동안 프로그램 정보 제공 및 평생교육 관련 데이터 수집에 머물렀던 온라인 평생교육 관련 과제를 대폭 강화하여 온·오프라인 평생교육 프로그램 관련 정보를 통합 제공하는 '국가평생학습포털 늘배움'을 구축하였으며, 한국형 온라인 공개강좌(K- MOOC)로 온라인 평생교육을 제공하고자 하였다.

## 라. 문재인 정부의 평생교육정책

문재인 정부가 출범해서 추진한 평생교육정책 핵심 주제는 2021년 6월 말까지 교육부가 발표한 평생교육정책 총 125개 보도자료(6,019개 단어)에 대해 토픽 모델링 분석4을 통해서 확인하였다. 토픽 모델링 분석 결과를 보면, 주요 빈출 핵심 단어에 대학, 자격, 진로, 지역, 직업, 문화, 문해교육, 대학교, 인증, 온라인, 민간 등이 나타났다. 이들 빈출 키워드들을 기반으로 워드 클라우드를 구성하면 아래의 [그림 7]과 같이 나타난다.

**그림 7**   문재인 정부 평생교육정책의 빈출 키워드 기반 워드 클라우드

---

4 토픽 모델링 분석 및 결과는 필자가 참여한 교육부 연구과제(신서경 외, 2021), "2003–2021 교육부 핵심정책 분석을 통한 미래교육 정책 제언"의 토픽 모델링 결과 중 일부 자료를 활용해서 작성하였다.

그림 8  문재인 정부 평생교육정책의 키워드 네트워크 맵

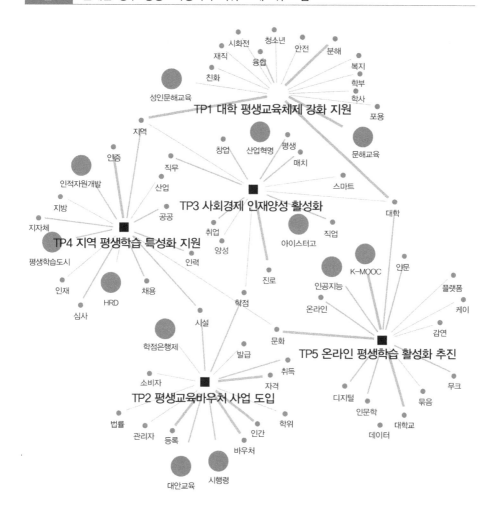

핵심 단어들에 대한 빈도를 기반으로 공통 의미를 형성하는 정책 주제(topic)는 5개가 산출되었고, 그들에 대한 명칭을 각각 해석해서 정리해 보면, 1) 평생교육바우처 사업 도입, 2) 지역 평생학습 특성화 지원, 3) 온라인 평생학습 활성

화 추진, 4) 사회경제 인재양성 활성화, 5) 대학 평생교육체제 강화 지원이었다. 토픽 모델링 분석에 의한 정책 주제로만 보면, 이전 정부들과 비교해서 평생교육 바우처 사업과 사회경제 인재양성 활성화가 두드러진다. 최종 토픽 모델링의 결과로서 핵심 단어와 정책주제들 간의 네트워크 맵을 보면 앞의 [그림 8]과 같다.

보다 구체적으로 문재인 정부의 평생교육정책을 살펴보면, 2001년부터 지정해온 평생학습도시에 대해 지속적인 발전을 유도하고, 지역사회와 주민의 수요에 부응하는 평생학습 특화 프로그램 활성화를 지원하는 평생학습도시 특성화 사업을 계속해서 추진하였다(교육부, 2017b; 2020a). 평생학습도시 선정 및 지원에서 교육부는 해당 지자체가 대응투자 100% 이상을 조건으로 연간 시·군·구당 신규 9천만 원, 특성화 5천만 원 이내를 지원(교육부, 2017b)하고, 2020년도에는 전국 167개의 평생학습도시를 지정 운영하였다(교육부, 2020a).

무엇보다도 문재인 정부의 경우 평생교육 영역에서 새롭게 또는 보다 확장해서 추진한 정책들을 주목할 수 있다. 첫째, 정부혁신 사업의 일환으로서, '평생교육 이용권(바우처) 지원 사업'이 최초로 추진되었다. 이 사업의 경우 만 19세 이상 성인 중 기초생활수급자·차상위계층 등 저소득층(기준중위소득 65% 이하인 자)에게 평생교육 참여 기회를 제공하기 위해 연간 최대 35만 원의 교육비를 해당자(년 약 5,000명)에게 지원하는 것이다(교육부, 2018b; 2019b). 평생교육 이용권은 저소득층의 평생학습학자가 평생교육 비용에 사용하는 것으로서, 사용기관으로 등록된 주민센터, 사회복지관, 평생교육시설 등에서 평생교육 강좌 수강료 및 수강에 필요한 재료비·교재비로 사용할 수 있도록 하였다. 둘째, 2020년도 교육부는 평생교육 강좌 인건비를 지원하는 사업, 즉 부설 평생교육원을 운영하는 일반대·전문대 중 40개교 대학을 선정해서 지원하는 사업을 착수하였다. 동 평생교육 강좌 인건비 지원 사업은 강사법 개정으로 인해 대학에서 강의 기회를 얻지 못한 강사, 신진연구자 등에게 대학 부설 평생교육원에서 강의할 수 있도록 기회를 제공하고, 지역사회 평생교육 활성화를 지원하는 사업(예산: 총 49억 원)이다. 셋째, 문재인 정부에서 교육부는 이전 정부들에서 추진되어온 관련 사업, 즉 2008년에서 2016년까지 운영되어온 평생학습 중심대학 지원 사업과 2016년 착수된 평생교육 단과대학 지원 사업을 통합 개편해서 '대학의 평생교육체제 지원 사업'으로 확장하였다(교육부, 2018a; 2019a). 특히, 대학의 평생교육체제 지원 사업은 학령기 학생 수 감소와는 상반되게 나타나는 성인의 계속교육 수요와 선취업 후진학 수요 증대에 대학이 보다 적극적으로 대응하도록 한다는 견지 하에 평생교육 단과대학, 평생학습 중심대학, 평생직업교육 대학으로 구분해서 일반대학과 전문대학을 지원하는 것이다. 교육부(2018a; 2019a)는 2018년에 12개 대학 108억 원을, 2019년에는 일반대학 20교, 전문대학 6교 등 총 26개 내외 대학을 선정하여 총 234억 원(교당 평균 9억 원)을 지원한다고 밝혔다. 지원 사업과 관련해서 구체적으로 교육부(2019a)는 교육과정의 경우 지역사회의 성인학습 수요와 지역산업체의 인력 수요를 면밀히 분석하여 그 결과를 바탕으로 구성하도록 하였다. 학위과정 학습자 모집은 수능 점수를 반영하지 않고 성인학습자 맞춤형 전형을 통해 학생선발을 진행하도록 하였다. 특히 비수도권 성인학습자에게 진학 기회를 확대하고 비수도권 전문대학이 평생교육체제로의 전환을 안정적으로 진행할 수 있도록 지원하기 위해서 일반대학과 수도권 소재 전문대학은 만 30세 이상의 성인학습자 또는 특성화고 출신으로서 산업체 재직근로자를 대상으로 하고, 반면에 비수도권 전문대학은 만 25세 이상의 성인학습자를 대상으로 모집하도록 하였다.

전반적으로 문재인 정부에서 평생학습정책은 이전 정부들에서 추진되어온 평생교육 진흥을 위한 사업들을 지속적으로 전개해 왔다고 볼 수 있다. 그럼에도 불구하고, 규모는 크지 않지만 새롭게 차별되게 두각을 드러낸 정책으로서 저소득층 대상 평생학습 교육비를 지원하는 평생교육 이용권(바우처) 제도를 도입한 것이 가장 눈에 띈다.

　　2003년 이후 최근 문재인 정권까지 추진되어온 평생교육정책을 보면, 우선 사업영역 차원에서 공통적인 정책기조가 유지되어 오고 있음을 알 수 있다. 구체적으로 각 정권들은 모두 평생학습도시 지정·운영 등 지역사회 평생학습 활성화 정책을 추진해 왔다. 노무현 정부는 지역사회의 평생교육 활성화와 소외계층을 위한 평생교육 지원 등으로 소득의 양극화와 지역격차 해소에 힘을 기울이고 자율과 분권을 중시하는 평생교육정책을 표방하였다. 이명박 정부의 경우도 지역기반 평생교육이 활성화될 수 있는 체제 구축을 추진하였다. 이를 이어받아 박근혜 정부에서는 지역기반 평생교육 추진체제의 명확화와 구체화를 통해 정책의 효과성과 효율성을 제고하고 지역주민의 평생학습 참여율을 높이는 방안을 추진하였다. 특히 박근혜 정부는 이전 정부에서 추진된 '평생학습센터' 명칭에 '평생' 대신 '행복'을 사용하여 이전 정부와의 차별성을 두었다. 전반적으로 행복학습센터 운영은 기초-광역 지자체의 평생교육 추진체제를 강화함으로써 평생교육체제가 진정한 의미의 지역사회 단위까지 확장될 수 있는 계기를 마련하였다(교육부, 2017a). 최근 문재인 정부에서도 지역 평생교육 활성화를 위한 평생학습도시 지정과 평생학습도시의 지속적인 발전을 유도하기 위한 평생학습 특화 프로그램 운영 지원정책을 추진해 왔다는 것을 확인할 수 있다(교육부, 2020a).

　　평생교육정책 추진에 있어 또 하나의 공통 기조는 역대 4개 정권이 모두 고등교육 기반 평생교육 진흥에 초점을 두었다는 사실이다. 특히 역대 정권들이 추진해온 고등교육 기반 평생교육 진흥은 주요 목적이 학력 및 학위 취득에 있다. 예를 들어 학점 및 학력인정제와 독학학위제는 평생학습 결과를 국가가 공식적으로 인정하는 제도로서 명목상으로는 성인이 지속적으로 평생교육에 참여케 하는 인센티브 기능에 초점이 있다. 하지만, 실제 이들 평생학습 결과 인정제도는 평생학습 참여 활성화보다는 대학을 진학하지 못한 성인에게 고등교육 기회를 제공하고 학위 취득을 보장하는 데 우선적인 목적이 있다. 평생학습 중심 대학 지원 사업, 평생교육 단과대학 지원 사업이나 대학의 평생교육체제 지원 사업 역시 모두 성인에게 고등교육 기회를 제공하고 학위 취득을 보장하는 데 우선적인 목적이 있다.

이렇듯 역대 정권들이 사업 차원에서 공통적인 정책기조하에 평생교육정책을 각각 추진해 온 점도 있으나, 세부적으로 살펴보면 정책이념에서 다소 차별성을 보이는 점도 있다. 예를 들어 노무현 정부와 문재인 정부는 평생교육정책에서 저소득층 등 소외계층을 대상으로 한 평생교육 진흥 정책에 보다 더 초점을 두었다. 반면에 이명박 정부나 박근혜 정부의 경우는 고등교육기관을 기반으로 한 평생교육 프로그램 다양화와 질 제고에 초점을 둔 평생교육정책이 상대적으로 두드러졌다.

현재 세계 각국은 성인의 학습 참여를 촉진시키기 위한 교육개혁의 일환으로 많은 학습 기회 제공을 위해 노력해 오고 있다. 교육수준이 높을수록 성인기의 평생학습 참여율이 더 높고, 출산, 전직, 실직, 은퇴와 같은 삶의 전환 단계에서도 평생학습 참여와 그 참여 비율이 높다는 사실이 확인되고 있다(강영민 외, 2018; Pallas, 2003). 가장 최근 교육부와 한국교육개발원에 의해 조사된 2020년도 국가 평생학습 참여율 결과를 보면, 우리나라 성인 10명 중 4명이 평생학습에 참여(약 40%)하고 있는 것으로 나타났고, 고소득층(월평균 가구소득 500만 원 이상) 참여율 (45.4%)이 저소득층(월평균 가구소득 150만 원 미만) 참여율(29.7%)보다 15.7% 높았다는 사실을 보여주고 있다(교육부, 2021). 특히, 우리나라 성인의 평생교육 참여율은 계속 증가하는 경향을 보이고 있지만, 문제는 저소득층을 포함한 취약계층의 평생학습 참여율이 전체 평생학습 참여율 대비 12.6%나 낮은 것으로 나타났다는 사실이다. 또 하나 문제는 평생교육이 양적 확대에 치우치고 있다는 점이다.

이러한 맥락을 고려했을 때 정부는 평생교육 영역에서 향후 정책적으로 우선

순위를 두고 고려해야 할 주요 이슈 및 대안을 검토해 볼 필요가 있다. 첫 번째 우리나라 평생교육정책 이슈 중 하나는 소득계층 간 평생학습 참여 격차 완화와 양질의 교육 보장 문제이다. 이를 위해서 정부는 무엇보다도 성인학습 및 교육에 대한 보다 많은 재정투자를 위해 노력할 필요가 있다. 두 번째 평생교육정책 이슈는 학위나 학력 중심 평생교육을 넘어서서 성인의 자기개발과 직업능력향상 교육 제공에 비중을 높일 필요가 있다는 점이다. 개발도상국이나 제3세계 국가들은 고등교육 기회 확대 및 보장이라는 측면에서 성인교육 서비스를 확대하는 경향이 있다(강영민 외, 2018). 이러한 점에서 보면, 우리나라의 경우도 성인교육 확대 정책이 여전히 개발도상국이나 제3세계 국가 수준의 단계에 있다고 볼 수 있다. 향후 정부는 저소득층 등 취약계층 성인의 낮은 평생학습 참여율에 적극적으로 대처하되, 이들 계층의 경우 보다 중요하고 긴요한 사항은 직업과 고용으로 연계된 평생교육 서비스라는 점을 주목해야 한다. 직업과 일자리와 직접 연계된 평생교육 서비스 제공이 취약계층뿐만 아니라 모든 성인학습자에게 최고의 복지서비스이다. 세 번째 평생교육정책의 주요 이슈는 중앙정부와 지방차원에서 평생교육 서비스 관리지원 체제(governance system) 개선이다. 우선, 기존 지역평생교육 추진체계에서 협력 및 네트워크를 개선해서 평생교육 진흥 정책을 고도화할 필요가 있다. 평생학습도시 사업 및 소외계층 평생교육 지원 사업 등에서 양적 팽창을 넘어 질적 성장을 이루기 위해서는 지방 수준에서 일반행정 관청과 교육청 간에 협치를 제도화해야 한다. 현재 지역주민의 평생교육 진흥을 위한 지방 시·군·구청과 교육청 간에 공식인 연계나 협치가 부재한 상황이다. 이에 더하여 직업 및 고용과 연동된 평생학습 참여를 촉진하고 질 높은 평생교육 서비스 공급체제를 구축하기 위해선 중앙정부 차원에서 교육부와 고용노동부 간의 연계와 협업이 필요하다. 현재 교육부는 평생교육법 주무부처로서 성인에 대한 대학 등 평생교육시설을 중심으로 평생교육 서비스 정책을 추진해 오고 있고, 별도로 고용노동부는 근로자직업훈련촉진법에 의거 직업훈련기관 등을 통해 각종 직업능력개발촉진사업을 지원하고 있다. 우리나라 성인 근로자에게 보다 높은 삶의 질과 최고의 복지를 보장하기 위해서는 중앙정부 차원에서 교육부와 고용노동부 간에 성인학습 관련 직무 연계나 협치, 더 나아가 통합을 통한 시너지 확보가 필요하다.

정부가 평생교육 진흥 정책을 추진하는 데 있어서 본질적으로 주목해야 할 사항은 평생교육 대상이 학령기 연령의 학생이 아닌 성인이라는 점과 그 성인의 학습 목적은 직업을 영유하고 삶을 살아가기 위한 경력개발에 있다는 점이다. 한편, 현재까지 우리나라 평생교육정책이 지향하는 성과목표가 학력이나 학위 취득에 너무 치중되어 있다. 향후 정부는 평생교육 진흥을 위해 대학을 포함하여 각급 학교가 가진 교육자원을 활용할 필요는 있지만, 각급 학교가 운영하는 평생교육 프로그램을 학력과 학위 취득에만 치중하는 정책에서 탈피할 필요가 있다.

## 참고문헌

- 강영민·박주호·이효진(2018). 성인학습자의 K-MOOC 참여 및 성공적 이수에 영향을 미치는 요인. 교육학연구, 56(1), 85-105.
- 교육과학기술부(2008). 제2차 평생교육진흥기본계획안(2008-2012). 교육과학기술부.
- 교육과학기술부(2012). 2012년도 대학 중심의 평생학습 활성화 지원 계획안. 교육과학기술부.
- 교육인적자원부(2007). 한국 교육개혁의 평가와 대안 탐색 연구. 교육인적자원부.
- 교육부(2017a). 제4차 평생교육진흥기본계획 수립을 위한 연구. 교육부.
- 교육부(2017b). 2017년 지역 평생교육 활성화 지원 사업 대상 선정. 보도자료, 2017. 6. 12.
- 교육부(2018a). 2018년 대학의 평생교육체제 지원사업 기본계획(안) 발표. 보도자료, 2018. 1. 16.
- 교육부(2018b). 소외계층 성인에게 평생교육 바우처 첫 지급. 보도자료, 2019. 3. 26.
- 교육부(2019a). 대학의 평생교육체제 지원사업 기본계획 발표. 보도자료, 2019. 2. 12.
- 교육부(2019b). 평생교육 이용권(바우처) 신청·접수 실시. 보도자료, 2019. 4. 8.
- 교육부(2020a). 평생학습도시 특성화 지원 사업 공모 결과 발표. 보도자료, 2020. 3. 19.
- 교육부(2020b). 대학 평생교육원 강좌 개설 지원 사업 발표. 보도자료, 2020. 5. 15.
- 교육부(2021). 2020년 국가평생교육통계 결과 발표. 보도자료, 2021. 1. 22.
- 국가평생교육진흥원(2013). 2013 평생교육백서. 국가평생교육진흥원.
- 권양이(2018). 한국 평생교육정책의 변천 탐구: 국민의정부에서 박근혜정부까지의 시기를 중심으로. 평생학습사회, 14(2), 1-27.
- 신서경·박주호·송해덕·홍아정(2021). 2003-2021 교육부 핵심정책 분석을 통한 미래

교육 정책 제언. 연구보고 정책 2021 − 위탁 − 3, 교육부.

■ 이창기(2005). 평생학습을 통한 지역혁신의 과제와 방향 − 지역평생교육정보센터를 중심으로. 한국행정학회 하계학술발표논문집, 2, 435 − 456.

■ 최운실(2008). 이명박정부의 평생교육 정책기조와 추진전략 분석: 평생학습계좌제 정책을 중심으로. 교육정치학연구, 15(2), 127 − 155.

■ 한국교육개발원(2006). 평생교육 정책 공과 분석 연구. 서울: 한국교육개발원.

■ 한국교육개발원(2007). 2007 평생교육백서. 서울: 한국교육개발원.

■ 한국교육개발원(2017). 교육개혁 전망과 과제(Ⅱ): 평생교육영역. 충북: 한국교육개발원.

■ 한승희(2011). 학습사회를 위한 평생교육론(제3판). 학지사.

■ Pallas, A. M (2003). Educational transitons, trajectories, and In Handbook of theLife Course (pp.165 − 184). Boston, MA: Springer, Rodriguez.

# 제6부

# 한국교육정책의 발전 방향

# 제25장 한국교육정책 형성과정의 당면 과제

## 1 교육정책의 신뢰 제고

그동안 많은 교육정책들이 왜 국민들에게 수용되지 못하고 표류하고 있을까? 그 핵심 원인은 무엇인가? 실제로 상당수 일선 학교 교사나 대학교수들은 정부 당국이 추진하는 교육정책에 대해 불신을 넘어 무관심이나 냉소를 피력하고 있다. 어떤 학자는 중앙정부 차원에서 군이 교육정책이 필요할까라는 질문을 던지기도 한다. 또 어떤 이는 우리나라의 경우 교육정책 당국인 교육부가 없어져야 교육이 더 잘될 것이라고 말한다. 이러한 언급 속에는 교육정책 당국과 우리 국민, 특히 학교 관계자(교사 및 대학교수) 간에 불신이 심각해졌다는 의미가 내포되어 있다.

구체적으로 우리나라 교육정책에 있어서 정부 당국과 그 대상인 국민, 특히 일선 학교 관계자들 간에 불신은 두 가지 차원에서 복합적으로 심화되어 왔다. 즉, 정부 당국에 대한 일선 학교 관계자들의 불신과, 학교 관계들에 대한 교육정책 당국의 불신이 상호 교차해서 양자 간에 거리감이 더욱 커져 왔다. 정부 당국에 대한 일선 학교 교사나 교수들의 불신은 정부 당국의 전문성과 능력에 대한 불신, 그리고 정책 내용 그 자체와 집행 절차에 대한 불신이 복합적으로 작용해 왔다. 일선 학교 관계자(교사 및 교수)들에 대한 정부 당국의 불신에 있어서도 일선 학교나 교수자의 자율 역량, 능력 또는 행태에 대한 불신, 그리고 정책의 수용이나 법규 준수 정도에 대한 불신이 동시에 작동해 왔다.

결과적으로 그동안 교육정책과 관련해서 우리 국민이 정부 당국에 대해 느끼는 거리감과, 반대로 정부 당국이 일선 학교 관계자들에게 가지는 거리감은 각각 커져 왔다는 점이다. 양자 간의 불신이 심각한 상황에 이르렀다는 것은 정부 당국이 그간 수행한 정책 결과나 행정 행위가 국민들의 기대에 부합치 못했다는 것을 시사한다. 무엇보다도 교육정책에 있어서 정부 당국과 그 집행 대상인 국민 간에 불신이 커질 경우 서로 협력 및 지지를 기대할 수 없는 것은 물론이고, 그 정책을 추진하는 정권을 부인하게 하고, 더 나아가 국민의 국가에 대한 일체감까지 상실하게 만든다는 사실이다(이종범, 1986).

## 가. 일선 학교 관계자의 교육정책 당국에 대한 불신

그동안 우리나라 일선 학교 교육관계자들은 정부 당국, 특히 교육부 정책에 대해 심각한 불신감을 드러내 왔다. 우리 사회에서 지속적으로 야기되어 온 여러 교육문제(예: 사교육비 경감, 학교폭력 근절, 대학입시 문제, 교육격차 완화, 의료인력 양성, 대학의 경쟁력 제고 등) 해결을 위해 추진해온 교육부 정책 수행 능력 정도는 물론이고, 시대 변화적 · 환경적 상황에 대한 교육당국의 대응 능력과 관련해서도 일선 학교 관계자들은 불신을 드러내 왔다.

일선 학교 교사나 교수들의 경우 교육은 전문성이 우선적으로 요구되는 분야이고, 교육정책 역시 전문성 원리를 기반으로 결정되고 집행되어야 한다는 철학과 신념을 확고히 가지고 있다. 한편, 그동안 상당수 교육정책들은 전문성 원리에 기반을 두기보다는 정치적 가치나 원리에 의해 결정되어 왔었다. 특히 지금까지 우리나라 각 정권들은 자신들의 정치적 신념이나 가치에 부합한 외부 요구만을 해당 정책에 반영해온 경향이 있었다. 그 결과 일선 학교 교육관계자들은 정부당국이 추진해온 교육정책과 관련해서 냉소를 피력해 왔고 비판의 목소리를 높여 왔음을 부인할 수 없다.

보다 구체적으로 그간 정권별로 추진해 온 여러 핵심적인 정책들은 중앙정부 당국의 계획 지향적 성향과 미약한 외부 정책평가 여건 때문에 비현실적 성향이 높았다. 특히 핵심 교육정책들은 정권 창출을 위한 대통령 선거공약에 반영되어 추진되어 왔었다. 하지만, 정권 창출을 위한 대통령 선거공약 사항들의 경우 그 타당성과 필요성이 사전에 경험적이고 체계적인 검증 절차를 통해 반영된 것이 아니었다. 예를 들어 대통령 선거에서 교육분야 공약 경우 해당 정권의 가치나 신념에 동조한 일부 교육 전문가의 의견 수렴만을 바탕으로 선정되었다. 해당 정권 출범 후 교육분야 공약들이 어떠한 수정이나 변경 없이 정부당국에 의해 교육정책으로 결정되고 집행되어 왔었다.

아울러 우리나라 중앙정부는 집권적 구조하에 모든 정책들을 계획 지향적 집행 방식에 의해 정책목표를 사전에 정하고 그 방향으로 지원 및 자원을 동원하는 데 치중해 왔다. 이러한 중앙정부 행정계획 방식에 의해 정책이 추진되는 경우, 그 정책에 내포된 비현실적 사항들이 집행 과정에서 수정되거나 치유되기 어렵다는 현실적 한계가 있다. 실제 다양한 계층과 이해관계자가 상존하고 서로 간에 이견이 교차할 수밖에 없는 교육정책의 경우, 공론화가 필요하고 비현실성을 감소시키기 위해 외부평가를 통한 계속적인 오류수정이 필요하다. 그렇지만 그간 우리나라 현실에서 교육정책은 그렇게 추진되어 오지 못했다. 특히 여론 형성에 책임을 지고 있는 언론이나 교육학계 경우 새로운 교육정책 결정 및 집행에 대해 비판을 가하거나 오류 교정에 소홀하였다. 실제 그들 중 일부는 자신들이 지닌 전문지식에 의거 정부정책에 내포된 오류나 허점을 보완하는 역할보다는 새로 실시되는 정책을 정당화하거나 합리화하는 데 치중했다.

구체적으로 우리나라 주요 교육정책(예: 대학 입시정책, 특목고 등 고교선택제 정책, 역사교육 정책, 대학 재정지원 정책 등)은 새로운 정권이 등장할 때마다 그 요점이 변경되어 왔다. 이에 따라 상당수 교육정책들은 교육원리 측면에서 일관성이 결여되어 왔었다. 그 결과 교육정책들이 일반 국민이나 일선 학교 관계자들로부터 신뢰를 확보하는 데 실패해 왔다. 특히 일선 학교 관계자들은 자신들의 업무와 직접 관련 있는 정책을 정부 당국이 추진하는 데 있어서, 적극적 참여와 영향력을 미칠 수 없다고 하는 비판의 목소리를 높여 왔다. 결과적으로 그간 우리나라 교육정책은 결정 및 집행에 있어서 좀 더 공개적으로 운영되어야 함에도 불구하고, 시기적절한 외부평가와 정책 과정상 투입 기능이 활성화되지 못해 왔다.

## 나. 교육정책 당국의 일선 학교 관계자들에 대한 불신

보편적으로 일반 사람들은 정부 당국이 국민에 대해서 불신이나 거리감을 가지지 않는다고 생각한다. 실제 교육정책에 있어서도 일반 국민이나 일선 학교 교육관계자들의 정부 당국에 대한 불신만을 주요 관심사로 다루어 온 것이 사실이다. 하지만 교육정책 추진에 있어서 정부 당국이 일선 학교 관계자들에 대해 불신감을 가지고 있다는 점 또한 무시할 수 없는 문제이다. 실제로 정부 당국이 교육정책을 결정하고 집행함에 있어서 일선 학교 관계자들을 신뢰하지 않는 것은 궁극적으로 바람직스럽지 못한 행정행태[1]를 파생시키고, 나아가 교육정책 실패를 야기할 가능성이 있기 때문에 중요하게 취급되어야 한다.

통상 국민에 대한 정부 당국의 불신은 정부 차원에서 행정기능의 확대를 야기하고, 정책이나 행정에 대한 외부평가 및 통제기능을 미약하게 만드는 원인으로 작용한다(이종범, 1986). 예를 들어 정부당국이 일선 학교 및 교수자의 자율역

---

1 구체적으로 이종범(1986)은 행정당국이 국민의 능력을 불신하는 경우 행정에 의한 권한 집중, 즉 중앙집권화 문제가 파생됨을 지적하였다. 특히 그는 국민의 법규준수 정도에 있어서 행정당국의 불신은 행정 편의주의와 행정의 책임회피 문제를 야기하고, 행정절차의 복잡성과 사회적 비용을 증가시키는 결과를 발생시킨다는 점을 강조하였다. 결과적으로 이러한 지적은 행정 및 정부당국이 국민을 불신함으로써 궁극적으로 일반 국민의 불편감이 증가한다는 것을 시사한다.

량, 능력 또는 행태, 그리고 법규준수 정도에 대해 높은 불신감을 가지고 있는 경우, 자율적으로 처리가 가능한 사항도 단위학교 자치나 자율성으로 허용하기 보다는 규제업무로서 행정기관이 직접 관여하고 수행하는 경향이 높아진다.

실제 우리나라의 경우 정부 당국이 일선 학교 관계자에 대해 높은 불신 풍토 하에 개혁정책을 추진해온 경향이 많았다. 이러한 과정에서 일선 학교 교육자들 이 중요하게 생각하는 요구가 적절히 교육개혁이나 학교혁신 정책에 반영되지 못한 채 운영되어 왔다. 주로 중앙정부가 기획하고 결정한 교육정책들이 중앙집 권적 구조하에 일방적으로 시도교육청을 통해서 일선 학교로 전달되고 수행되어 왔었다. 이와 같은 구조 및 상황에서는 일선 학교 교사나 교수들은 자신들이 직 접적인 교육개혁 및 학교혁신의 주체가 아니라, 정부당국이 추진하는 정책에 의 해 개혁되어야 할 대상으로 인식할 가능성이 매우 높다. 특히 획일적이고 중앙 집권적 행정구조하에 교육정책이 추진되는 경우, 일선 학교가 그것을 해석하고 구체화 과정에서 현장 상황에 맞게 적절히 보완하고 수정 집행할 여지가 거의 없다는 점이다. 이에 따라 지금까지 학교 현장 및 교수자 요구와 괴리된 교육정 책이 추진되고 집행되어 종국에 교육정책 실패로 이어지는 경향이 많았다.

## 다. 국민적 불신 해소를 위한 제언

정부 당국은 교육정책이 무엇보다 먼저 일반 국민, 특히 일선 학교 관계자들 을 위한 교육정책이라는 관점을 재음미할 필요가 있다. 단순히 교육정책 담당자 (교육관료)의 관점이나 판단에 의존하기보다는 국민에 의한 통제나 일선 학교 관 계자의 참여가 폭넓게 보장되는 정책 결정 및 집행이 이루어져야 한다. 구체적 으로 교육정책 결정이나 집행에 있어서, 일선 학교 관계자의 참여, 또는 비판이 상시 허용되도록 법규상 제도화가 필요하다. 일선 학교 관계자의 정책 참여 제 도화는 그 정책의 비현실성이나 불확실성을 사전에 감소시켜 정책 집행의 효율성을 확보할 수 있는 장점이 있다는 사실이다.

둘째, 정책 당국은 교육에 있어서 지역화 및 개별화 원리를 조장하고 지원하는 교육정책 추진이 필요하다. 무엇보다도 교육은 지역 현장, 즉 지역에 소재하는 학교와 교실 현장에서, 그리고 개별 교사와 다양한 요구 및 개인차를 가진 개별 학생 간에 이루어진다는 사실을 간과하지 말아야 한다. 지역화와 개별화 원리와 상치되는 교육정책이나 학교개혁 정책은 일선 학교 관계자들로부터 외면되고 종국에 실패할 수밖에 없다. 따라서 정부 당국은 교육정책이나 교육에 관한 사무 범위와 권한을 가급적 축소할 필요가 있다. 교육에 관한 행정사무, 즉 교육과정·학사제도·재정에 대한 권한을 가급적 지방교육청으로 대폭 위임하거나 이양하고 단위학교가 교수학습 사항에 관해서 전폭적인 자율성을 가지고 운영하도록 해야 한다. 다만, 중앙정부의 경우 지방청이 결정하고 집행한 학교교육 및 학교경영에 대해 사후적으로 그 성과 평가에 초점을 둔 교육정책 추진이 필요하다. 이에 더하여 중앙정부는 지역 간 또는 학교 간 차별성을 완화하고 보정하는 교육정책 추진에도 초점을 둘 필요가 있다.

고등교육의 경우에도 중앙정부 차원에서 정책 당국이 대학기관 자체 경쟁력과 교육의 질 제고를 위해 직접 기획하고 선도하는 고등교육정책은 실현 가능성이나 현장성이 너무나 떨어진다. 무엇보다도 고등교육은 초중등교육과 달리 수익자 부담원리(교육 수요자가 비용을 부담하는 원리)가 보다 강하게 지배하고 있다. 또한, 고등교육에서는 학문 자율성 보장과 대학 기관 운영상 자율성 원리가 제고되어야 한다. 고등교육 원리 관점에서 보면, 중앙정부 당국은 일반적인 고등인력 양성과 국민의 고등교육 기회보장을 위한 재정지원 정책 추진에 있어서 대학이 스스로 재정운영의 자율성을 가지고 집행할 수 있도록 해야 한다. 구체적으로 이를 실현하기 위해서 정책당국은 대학별 학생 수 대비 고등교육 재정을 일괄 보조하고 지원하는 대학재정 지원 형태로 정책을 전면적으로 전환할 필요도 있다.

셋째, 교육정책은 국민여론이 아니라 국민적 공론에 기반을 두어서 형성되어야 한다. 국민여론과 국민적 공론은 겉보기에 비슷한 개념으로 보이지만, 전혀 다른 의미를 가지고 있다.[2] 특히 교육실제에는 너무나 다양한 이해관계자가 얽혀있다. 결과적으로 다양한 이해관계가 첨예하게 대립하고 있는 교육을 대상으로 하는 정책결정은 단순한 국민적 여론을 반영해서가 아니라 반드시 국민적 공론을 거쳐서 이루어져야 한다. 공론에 기반을 두지 못한 특정 교육정책은 일부 국민에게는 이익을 가져오지만 또 다른 다수 국민에게는 불이익을 파생시키기가 쉽다. 일반적으로 계층, 집단, 지역 또는 세대 간에 이해관계가 첨예하게 대립하는 교육 관련 정책 결정 시, 다수의 국민적 지지나 여론을 기반으로 해야 한다는 주장을 자주 접한다. 교육 실제를 대상으로 한 여론 표명의 경우, 일반적으로 다수의 국민이나 학부모, 학생들은 모두 자기 입장에서 유리하고 자기 이익만을 기반으로 견해를 피력한다. 이게 통상 일반인의 삶에서 인지상정이다. 하지만 교육 실제나 제도는 일부 계층이나 학부모, 특정 이해집단의 이익만을 대변해서 운영될 수 없다. 그래서 교육제도나 교육정책의 경우 민주성 이외에 전문성이 우선적으로 고려되는 이유가 바로 여기에 있다. 교육 관련 원칙은 우리 헌법 제31조 제4항[3]에서도 천명되어 있다. 한편, 지금까지 우리나라 중앙정부(교육부)는 교육정책을 결정하고 추진하는 데 있어서 국민적 공론에 기반을 두기보다는 단순히 국민여론에만 의존해 왔음을 부인하기가 어렵다. 언론의 경우도 국민적 공론이 아닌, 단순히 여론이나 목소리 큰 일부 주장만을 바탕으로 이슈나 쟁점을

---

2 국민여론은 국민 다수의 의견을 단순히 합한 주장이다. 반면에 공론은 국민 다수에 의한 의견을 일정 논의 절차인 토론과 조정을 통해서 합의가 이루어진 주장이다. 다시 말해서 공론은 국민 다수에 의한 의견이나 주장을 단순히 합해서 모아 놓은 것이 아니라, 심층적 토론과 숙의과정을 거쳐 조정되고 합의된 국민적 의견이고 주장이다.
3 우리나라 헌법 제31조 제4항은 "교육의 자주성·전문성·정치적 중립성 및 대학의 자율성은 법률이 정하는 바에 의하여 보장된다"고 명시하고 있다.

가진 교육정책이나 학교교육 실제를 논의하고 비판해 왔다.

넷째, 교육정책 당국은 교육정책을 추진하는 데 있어서, 미리 계획된 정책만을 정당화하려고 형식적이고 단순한 공청회 제도를 이용할 것이 아니라, 오히려 전문연구기관이나 외부 정책평가기관에 전문적 정책평가를 의뢰해서 그들의 아이디어와 관점을 전폭적 수용을 통해서 정책의 질을 높여야 한다. 이러한 과정에서 정책 당국은 최초 설정한 정책 방향이나 내용이 수정 및 변경될 수 있음을 당연시해야 한다.

마지막으로 교육정책 당국은 일선 학교 교육관계자들로부터 만연되어온 불신을 해소하는 차원에서 정권별 선거공약에 의해 발주되는 교육정책들의 경우 사후 타당성 평가를 통한 현실성 검증, 집행 과정에서 이해관계자 참여 보장과 외부평가를 허용하고, 정책 내용의 수정이나 변경에 대한 교육관계자의 요구를 개방적으로 수용할 필요가 있다.


## 2 │ 정책형성에서 문제 분석과 명료화


제1장에서 살펴보았듯이, 교육정책은 본질적으로 교육현실에 존재하고 발생하는 문제에 대한 해결책을 강구하거나, 현재 교육상황보다 더 바람직한 미래 교육상황을 실현하기 위한 총체적 정부활동 행위이다. 구체적으로 교육정책 추진을 위한 의제 형성은 정부가 교육 관련 공공정책으로 채택하기 위해 신중하게 논의하고, 모든 쟁점과 담론이 전개되는 과정을 말한다. 보다 폭넓은 관점에서 교육정책 의제는 교육전문가 논의에서나 교육단체 주장에서나, 또는 언론매체나 일반 대중, 그리고 정부의 교육당국 관료들 사이에 논의되는 모든 쟁점을 포함한다(Fowler, 2003; Kingdon, 1995). 일반적으로 교육정책 의제 유형과 설정 과정을

보면, 우선 학자들 사이에 특정 교육문제가 제기되고 논의되는 전문의제 형성이 있고, 언론에 의해 해당 교육문제의 쟁점이 다루어지는 언론의제 형성이 있다. 그다음으로는 공식적으로 정부의제가 형성된 이후 재정지원 사업이나 각종 시행령 등 제도 개선 정책이 추진되기도 한다. 보다 거시적인 의제는 국회의 입법활동에 의한 법률제정 정책으로까지 이어진다.

실제 우리나라 교육정책 의제 형성에서 가장 핵심 과정은 정부의제 형성이다. 통상 교육정책에 있어 정부의제 형성은 교육부 관료들이 주어진 시간에 해당 교육문제와 쟁점(Issues)에 대해 심각하게 관심을 기울이고 분석해서 추진대책 및 방안을 기획하고, 해당 기획안을 장관이 결정하거나 대통령이 재가하는 방식을 통해 집행되고 있다. 특히 교육정책을 위한 정부의제 형성에서 결정적으로 중요한 사항 중 하나는 교육관료의 정책문제 인식과 쟁점에 대한 체계적이고 실증적인 분석 활동이 수반되어야 한다는 것이다. 해당 교육문제에 대한 교육관료의 체계적 접근과 과학적 방법에 의한 심층 분석은 실증기반 정책(Evidence-based policy) 개발과 형성에 있어 핵심 토대 역할을 한다.

한편, 문제해결이라는 정책의제 형성 입장에서 볼 때, 최근 교육정책 추진에 있어 심각하게 재고하고 지양해야 할 사항 중 하나는 정권별 대통령 공약사항, 대통령 지시사항, 청와대 요구나 총리 및 장관 지시사항 등이 구체적인 문제 분석·진단 과정이나, 해당 문제에 내포된 쟁점에 대한 체계적이고 과학적인 분석 없이 곧바로 교육정책으로 전환해서 추진되는 관행이다. 정권별 대통령의 교육분야 공약사항은 대통령제 국가에서 선거 과정에서 이미 검증되고 분석되었고, 선거에서 승리함으로 인해 대의민주주의 원칙에 의거하여 국민적 합의가 이루어진 사항으로서 당연히 의제로 결정된 교육정책이라고 볼 수 있다. 하지만, 실제 교육문제에는 다양한 이해관계자가 개입되어 있고, 교육성과와 결과는 단기적으로 가시적 확인이 어렵다는 특성을 가지고 있다. 특히 일반 국민들의 경우 자기 자녀의 이익과 관점만으로 교육문제에 접근하고 주장하는 것이 일반적이다. 이러한 견지에서 보면, 특정 정권에 의한 대통령의 교육분야 공약일지라도 이를 정부가 공식적인 교육정책으로 추진하기 위해서는 최소한의 실증적 문제 분석과 타당성 검토가 필요하다. 일부 선거공약의 경우 실현가능성이나 반드시 처방되어야 하는 교육문제 인지에 대한 검증 과정 없이 대중들에게 찬란한 장밋빛 미래만을 보여주는 포퓰리즘(populism)4 성향을 가지고 있기 때문이다. 또한, 일부 대통령 공약의 경우 우리나라 학교현실 상황 맥락에서 실효성을 검토하지 아니한 채, 교육풍토나 교육문화가 전혀 다른 특정 선진국의 교육정책 사례를 그대로 모방해서 제시하고 있는 경우도 있다. 대통령 공약사항이고 대통령 지시사항이라고 해서 아무런 문제 분석과 타당성 검토 없이 그대로 교육정책으로 전면 전환하여 추진하는 경우, 정책집행 과정에서 실효성 문제가 발생할 가능성이 있다. 실제로 특정 정권하에서 대통령의 공약사항을 문제 분석이나 타당성 검토 없이 교육정책으로 추진하는 경우, 다음 정부에 와서 해당 정책이 전면 변경되거나 폐지되는 사례도 있어 왔다. 이 경우 해당 교육정책은 학교현장에 정착되지 못하였기 때문에 당연히 실패한 정책이고, 그 실패의 피해는 고스란히 학생들과 국민들에게 돌아간다는 사실에 주목해야 한다.

교육정책에 포함된 본질적인 특성 가운데 또 다른 하나는 현재 교육상황을 보다 더 바람직한 미래 교육상황으로 변경하기 위해 개선책 강구가 요구된다는 점이다. 이러한 맥락에서 전개되는 교육정책은 통상 정부에 의해 추진되는 교육개혁 정책이라고 볼 수 있다. 최근 우리나라 정부는 교육개혁을 상시 발주사항으로 간주하고 교육정책을 추진해 오고 있다고 해도 과언이 아니다. 교육개혁 차원에서 교육정책을 추진하는 경우, 정부(교육당국)는 현실적 실효성 평가 없이

---

4 포퓰리즘이란 대중의 견해와 바람을 대변하고자 하는 정치 사상 및 활동을 말한다. 구체적으로 포퓰리즘이라는 표현은 권력과 대중의 정치적 지지를 얻기 위한 비현실적인 정책을 지칭할 때 사용된다. 통상 국가와 국민이 아니라 특정 집단의 정치적 목적을 위한 수단으로 악용되는 문제가 있을 때 포퓰리즘적이라고 일컫기도 한다.

새로운 것만을 좇아 정책의제를 형성하고 결정하는 맹점을 탈피해야 한다. 이는 공교육이 막대한 세금에 의해 운영되고 다수의 사람에게 영향을 미치는 사회적 사업이기 때문에 개혁 정책은 현실적으로 실현성이 희박한 단순 이상에 휘둘려 추진되면 안 된다는 것을 시사한다. 따라서 교육개혁 차원에서 교육정책 의제 형성의 경우, 현실에서 가능한 범위의 개선을 위해 구체적 수단과 자원이 동원되는 교육개혁 추진 정책이 필요하다. 특히 교육현실의 분석과 평가 없는 개혁 정책은 실현을 위한 수단을 잃게 되고, 단순히 정치적 이데올로기로 전환될 뿐이라는 점을 인지할 필요가 있다(Takehiko, 2004). 정치적 이데올로기 관점으로 현실교육을 비판할 수는 있지만, 이데올로기 관점만으로는 현실교육의 문제를 개선할 수단을 구체적으로 제시하지 못한다. 향후 정부는 교육현실의 문제 분석과 진단을 통해서 교육개혁이라는 이상의 기반을 견고히 해야 한다. 이를 바탕으로 하는 경우에만 교육개혁을 위한 정책 추진에서의 환상을 극복할 수 있다.

## 3 하향식 위주에서 상·하향식 정책 추진으로 전환

지금까지 모든 정권에서 각 정부는 끊임없이 교육개혁을 추진하고, 각급 학교가 혁신하고 변화하도록 무던히도 정책적인 노력을 해왔다. 그럼에도 불구하고, 지금까지 교육과 학교가 만족할 만큼 변화하고 혁신해왔는지에 대해서는 누구도 동의하지 못하고 있다. 이렇게 교육개혁과 교육정책의 추진이 만족스럽지 못한 원인 중하나는 교육정책을 하향식(Top-down) 위주로 추진해왔다는 점에 있다. 실제로 교육개혁 추진을 비롯하여 대부분 우리나라 교육정책 추진 방식을 보면, 중앙정부(교육부)가 직접 정책의제를 자체 기획하고 정책을 수립한 후, 고등교육 분야의 경우는 대학에게, 초중등교육 분야는 지방교육청 및 학교와 교사에게 일방적 집행을 강요하는 방식으로 추진되어왔다. 이러한 정책 추진 방식으로는 일선 학교현장에서 기대한 변화와 효과가 발생하기 어렵다. 이에 대한 실례로 학교자율화 추진 정책이 있다. 중앙정부는 단위학교 자율성(School autonomy)을 확대하는 교육정책을 하향식으로 지속적이고 다양하게 추진해 왔으나, 학교로의 권한 이양이나 단위학교의 자율성은 여전히 낮은 수준으로만 실현되고 있을 뿐이다(서정화 · 정일환, 2013).

학교현장이나 수업에서 교사가 변화하지 않으면, 교육개혁이나 혁신은 불가능한 이상에 불과하다. 교사와 학교현장을 효율적으로 변화시키려면, 종래의 선형적 · 구조적 모습보다는 전략적 · 체제적 모습을 지향하는 교육정책이 필요하다(Evans, 1996). 전략적 · 체제적 기반의 변화전략은 변화가 실용적이고 적응적으로 기획되고, 학교 구조나 기능 및 규정보다는 학교조직 내 사람, 문화, 의미에 보다 더 초점을 두고 있다. 한편, 지금까지 우리나라에서 교육개혁 추진을 위해 이루어진 대부분 교육정책은 전략적이면서 체제적이기보다는 학교 구조나 기능 및 규정 변화에 초점을 두고 선형적 · 구조적 패턴에 의한 하향식 전파에 초점을 두어 집행하는 데 치우쳐왔다.

무엇보다도 학교마다 처한 상황과 여건은 실제로 다르다. 그럼에도 불구하고 모든 학교가 동일할 것이라는 가정 아래, 중앙정부가 일괄적으로 기획하고 결정해서 추진한 교육정책은 개별 학교나 교실의 변화를 효과적으로 야기시키지 못한다. 중앙정부에 의해 선형적 · 구조적 패턴에 의해 형성되고 하달식으로 추진되는 교육정책의 경우, 정부당국자만 요란하게 외칠 뿐이고, 일선 학교현장 교사나 관계자의 의식과 동기를 변화시키기까지 그 영향을 미치지 못한다.

향후 학교 변화를 위한 교육정책이 성공적이려면 해당 정책에 대한 이념적 동질집단 형성이 필요하고, 이를 최하위 정책 대상자인 학교와 교사(교수)가 수용하고 직접 참여가 전제된 정책이어야 하는 것이 첫 번째 관건이다. 이를 위해서 정부는 교육정책 의제 형성에서 집행에 이르기까지 지금까지 수행되어온 중앙부처 주도에 의한 일방적인 하달식 방식을 탈피하고, 하향식(Top-down) 방식과 상향식(Bottom-up) 방식을 동시에 활용하는 방식으로 접근하는 것이 성공적 전략일 수 있다(Evans, 1996). 예를 들어, 향후 교육정책 추진의 경우 중앙과 지방이 협치하는 방식을 중심으로 단위학교와 교사의 자발적인 참여를 전제하고, 지방교육청이나 학교가 해당 정책 추진과 관련해서 자신의 사업목표를 스스로 설정하며, 성과에 따라 평가하고 보상받는 체제를 조성할 필요가 있다. 단위학교별로 수행한 교육성과에 대한 보상과 책임이 담보되지 못하는 경우 공교육의 질 저하만 초래할 뿐이다. 아울러, 지방교육청 및 학교, 그리고 교육수요자가 교육 관련 의사결정과 정책집행에서 폭넓은 자율성을 가지고 운영하도록 교육행정 체제 정비 역시 동반되어야 한다.

## 4 　정책성과 목표의 객관화와 명료화

일반적으로 교육의 성과는 단기적으로 확인하기 어렵기 때문에 그 결과를 가시적으로나 명료하게 측정하기가 어렵다. 교육을 수행하는 학교의 경우도 추구하는 목표가 기업이나 정부 조직처럼 명확하지 않다. 이러한 특수성 때문에 우리나라 교육정책의 경우 달성하고자 하는 성과목표가 다소 모호한 상태로 추진되는 경우가 많다. 산학협력 지원 사업의 경우 성과목표를 산학협력 활성화로 제시하고 있다. 4차 산업혁명 혁신선도대학 사업의 경우, 4차 산업혁명 유망분야 인재를 체계적으로 양성하기 위해 대학 내 교육과정, 교육환경 및 교육방법의 혁신을 사업목표로 제시하고 있다(교육부, 2018a). 여기에 제시된 교육과정, 교육환경 및 교육방법 혁신이라는 것은 재정지원 정책 성과목표로서 다소 추상적이다. 유사한 예로서 교육부(2018b)에서 2018년 발표한 '대학혁신지원사업'에서는 대학의 자율적인 혁신과 성장 지원을 정책목표로 표방하고 있다. 하지만 이 경우에도 재정지원 정책을 통해서 성취하고자 한 대학의 혁신과 성장 정도를 객관적으로 확인할 수 있는 지표가 명시되어 있지 못하다. 현행 연구중심대학 육성 지원 사업인 4단계 두뇌한국21(BK21) 사업 성과목표 중에도 연구의 질적 수준 제고를 통한 경쟁력 강화와 대학원 교육 및 연구의 내실화(교육부, 2019)라는 성과측정에 다소 모호한 목표가 포함되어 있다.

교육과 학교조직 성과가 특성상 다소 비가시적이고 그 결과가 장기적으로 나타나는 속성을 가졌다 할지라도, 교육정책을 추진할 때 달성하고자 한 성과목표를 추상적이거나 모호하게 설정하는 것은 가급적 피해야 한다. 누구나 공감하듯이 교육정책은 교육과 각급 학교를 변화하게 하고 혁신을 도모하는 것이다. 그렇기 때문에 교육정책 추진에 있어 성과목표는 일반 국민이나 정책평가자가 분명히 인식할 수 있도록 객관적으로 제시하여야 한다. 통상 정책의 목적이나 목표가 달성되었는가의 여부는 대부분 명백히 알 수 없는 경우가 많다. 따라서 정책 담당자는 정책 목적이나 목표 설정 시 달성 여부를 알려주는 신호나 측정도구인 지표를 선정해서 제시하는 것이 중요하다. 실제로 교육정책 추진의 경우, 해당 정책의 성과목표로서 교육 또는 학교 변화를 인지할 수 있도록 양적 및 질적지표(indicator) 설정이 필요하다. 즉, 가급적 교육정책 성과목표는 달성 여부를 객관적으로 알 수 있도록 어느 정도 정량화해서 설정하는 것이 중요하다. 교육정책 성과목표로 제시된 양적지표나 질적지표는 정책의 질에 대한 신뢰성을 제공해 주고, 정책에 대한 올바른 결정을 내리게 하는 기능을 가진다(Fowler, 2003).

향후 정부(교육당국)는 교육정책 형성 및 결정 과정에 있어 도달하고자 하는 성과목표를 사전에 명료하게 설정한 다음 해당 정책을 추진해야 한다. 재정지원 정책의 경우, 재정투자를 통해 구체적으로 교육에서나 학교운영 측면에서 이루고자 하는 변화와 성취가 무엇인지를 분명히 해야 한다. 구체적으로 교육정책이 학교교육 변화에 있어 도모하는 성과를 직접적이면서도 가시적으로 제시하기 어렵다면, 교육의 대상인 학생의 행동변화(예: 인지적, 정서적 또는 행동적 변화)를 성과

지표로 설정해서 간접적인 성과목표를 운영할 수도 있다. 예를 들어, 인성교육 정책 추진 시 학생들의 사회성 함양을 정책목표로 설정하는 경우, 사회성 증가를 보여주는 지표로서 학생과 관계자(교사, 또래집단, 부모 등) 간의 긍정 교류빈도를 간접적 정책성과로 설정해서 운영할 수 있다. 정부가 교육정책 성과목표를 명료하게 설정해서 운영할 때, 해당 정책에 대한 국민적 신뢰성이 제고되고 추후 정책 성과평가도 용이해진다는 사실이다.

## 5  성과평가 기반의 정책 추진

정부정책에 대한 평가는 정치적 속성을 띌 수밖에 없다. Fowler(2003)의 논의에 따르면, 교육정책 평가가 정치적인 이유는 다음 세 가지 사실 때문이다. 첫째, 정책 자체는 정치적 과정의 산물이다. 둘째, 평가 결과는 정치현장에서 벌어지는 일을 반영하고 종종 해당 정책이 지속될지에, 관련 예산에 대해 영향을 미친다. 셋째, 다수의 정책 담당자나 교육관계자의 경력, 전문적 지위, 교육적 이익이 평가 결과에 달려 있기 때문이다. 교육정책 평가에 정치적 속성이 내재되어 있음에도 불구하고, 정책집행 및 입안자나 정책 대상인 학교나 학생, 나아가 일반 국민의 지대한 관심사를 갖는다는 것은 분명하다.

우리나라 각 정권별로 정부는 새롭고 혁신적인 교육정책을 대대적으로 발표하고 매우 적극적으로 추진해 왔었다. 하지만, 각 정부에서 새로운 교육제도나 막대한 교육예산이 요구되는 사업을 발주해서 이를 시행하는 데만 초점을 두어왔고, 해당 제도나 사업 추진 결과가 타당했는지, 또는 정책목표가 달성되었는지에 대해 체계적인 평가를 실시한 경우는 매우 드물었다. 실제 교육정책 성과로서 세부적 목표 달성 여부 평가는 정부의 책무사항이 아닌 채로 이루어졌다고

도 볼 수 있다. 공식적으로는 정부업무평가기본법에 의거해서 국무총리실에 의해 정부업무 평가로서 교육정책 평가가 매년 수행되고 있다. 아울러, 국회에 의해 국정감사나 예결산심사제도에 의해 교육정책에 대한 평가가 이루어지기도 한다. 이외에 학자들에 의해 학술적으로 이루어지는 전문적 평가와 언론이나 이해관계자 집단에 의한 대중적 평가도 있다. 하지만, 지금까지 추진되어온 교육정책 평가는 부분적이고 체계적이지 못하여 방대하고 전문적인 교육정책을 보다 실효성 있게 평가하는 데 한계가 있다. 특히 우리나라의 경우 교육과 교육정책은 국민의 관심사가 지대하고 다수의 관계자 이해와 관련성을 가지고 있다는 점에 주목해야 한다.

결과적으로 교육부는 국민적 관심이 지대하거나 다수 이해관계자들의 이익과 관련된 교육정책을 추진할 때에는 해당 교육정책의 핵심적 집행사항 중 하나로서 자체 평가방안을 포함해서 시행하고, 그 결과를 공표할 필요가 있다. 일부 외부 인사나 교육관계자들은 정책집행자인 교육부가 자체 정책평가를 하는 경우, 객관적이지 않을 가능성이 있고 면피용으로 시행하는 것이 아닌가 하는 의심의 눈초리를 보낼 수도 있다. 하지만 이러한 문제는 교육정책 자체평가 담당자에 교육분야 국책 연구소, 교사나 학부모 단체, 또는 대학교육협의회 등을 포함하면 어느 정도 불식될 수 있다. 보다 좋은 교육정책, 타당한 교육정책 추진을 유도하고, 국민과 교육관계자에 대한 교육정책의 책무성을 담보하기 위해 교육정책 자체평가 제도는 반드시 필요하다.

이에 더하여 교육부는 특정 교육정책이 실효성과 타당성을 갖는지에 대해 중장기적인 추적조사가 가능하도록 성과데이터시스템을 구축할 필요가 있다. 이를 위해서는 국가 차원에서의 교육성과 자료나 학교조직행동 자료가 연도별로 체계적으로 조사되고 개방적인 통계시스템으로 구축되어야 한다. 특히 우리나라의 경우 학생 학업성취를 포함하여 학교교육 성과 자료에 대한 국가 차원의 개방적 접근이나 활용이 금기시되어 왔다. 지금까지 우리나라 교육통계정보체제의 경우에는 학생, 교사 및 학교급 규모 차원의 단순 통계 데이터나 단위학교 차원에서 공시된 인구학적 자료에 대해서만 접근 및 이용이 가능한 수준이었다. 교육분야 국책연구소들이 해당 교육정책 관련 주요지표를 조사함으로써 데이터시스템을 구축하고 있으나, 그마저도 일부 학회 등록 회원이나 관계자만 이용 가능하고, 일반 국민은 접근해서 활용할 수가 없는 독과점 체제로 운영되고 있을 뿐이다. 이러한 맥락에서 보면, 미국 연방 교육통계국(U.S. Department of Education National Center for Education Statistics)이 각종 교육정책 관련 데이터와 학교 및 학생 성과 데이터를 국가 차원에서 매년 체계적으로 조사해서 데이터베이스화하고 개방적으로 활용되도록 하고 있는 사례는 우리에게 시사하는 바가 크다. 교육정책 결과로 야기되는 교육성과나 학교 변화 자료가 통계시스템으로 구축되고 해당 자료가 개방적으로 운영되는 경우, 학술적으로나 전문적으로 교육정책 평가가 지속적으로 가능해지고, 이로 인해 향후 교육정책은 실증기반으로 선진화될 것이 분명하다.

## 6 바람직한 경쟁원리 기반의 교육정책 추진

우리 사회에서는 언제부터인지 학력을 높이기 위해 명문으로 이름난 대학에 진학하고, 입학성적이 높은 그 대학 졸업자들이 사회경제 저변에 집중적으로 진출하는 현상을 학벌주의라고 비판해 왔다. 실제로 명문대학에 진학하고 학력을 높이기 위해 치열하게 경쟁하는 것은 불필요한가? 우리 인간이 학습에 종사할 여력이 있는 한 지속적으로 학력을 신장시키고, 보다 높은 학위를 취득하기 위해 명문대학이나 대학원에 진학하는 것은 자연스러운 삶의 여정이다. 경제가 발전하고 사회가 진보하는 한 우수한 고등교육 서비스를 받기 위해 대학이나 대학원에 진학하는 것은 더 좋은 일자리와 풍요로운 삶을 영위하기 위해 당연히 필요하다.

한편, 우리는 누구나 원하든 원치 아니하든 끊임없는 경쟁 속에서 교육을 받고 삶과 생애를 보낸다. 교육정책 당국이나 일부 언론은 교육에서 치열한 경쟁이나 대학입시에서 과도한 경쟁은 바람직스럽지 못한 현상이라고 언급하기도 한다. 이러한 언급을 접한 일반 국민들은 학교교육 실제에서나 대학입시에서 경쟁은 가급적 피해야 할 것이라고 생각하기 쉽다. 학교교육과 대학입시에서 야기된 경쟁을 가능한 줄이거나 없애야 할 것으로 여기는 것은 교육원리에 대한 이해와 전문성 부족에서 생겨난 것이다.

우리의 삶과 교육에서 경쟁은 지속적이고 보편적으로 존재하는 현상이다. 교육에서 경쟁이 없으면, 개인 삶의 발전은 지지부진해지고, 우리 국가 역시 치열한 국제화 시대에 경쟁력을 구비하지 못하고 뒤처지기 마련이다. 따라서 우리의 아이들은 그들의 삶과 교육에서 필연적으로 접할 수밖에 없는 경쟁을 현명하게 대처하고 준비해 가도록 하는 게 필요하다.

우선적으로 아이들은 그들이 참여하고 이수하려는 교육에서 경쟁성은 불가피하고 당연히 필요한 과정임을 스스로 받아들이도록 해야 한다. 다만, 학교교육에서 불가피하게 야기되는 경쟁은 교육의 본질과 상치되지 않도록, 즉 교육원리와 조화를 이루도록 교육정책을 추진해 나아가야 한다. 무엇보다도 교육정책 당국은 교육을 하는 데 있어서 경쟁추구의 원리가 갖추어야 할 3가지 교육적 전제조건이 있음을 명심해야 한다(이종재, 1995). 우선, 교육에서 경쟁은 사람을 대상으로 하는 것이 아니라, 교육에서 의미 있는 기준을 준거로 학생 자기 스스로 경쟁하여야 한다. 즉, 교육이 실현해야 할 목표 차원에서 바람직하게 정한 기준을 상대로 학생 각자가 그 성취를 위해 경쟁하도록 해야 한다.

다음으로 교육에서 경쟁은 최대한 공정성이 보장되도록 해야 한다. 학교교육에서 공정한 경쟁은 경쟁의 주체가 되는 학생 본인이 지닌 능력 이외의 요인,

즉 가정의 경제적 요인, 과외교육 참여 정도, 지역 배경 등이 경쟁 결과인 학업 성취도에 영향을 미치도록 하는 것을 최소화해야 한다. 학생 본인의 능력 이외에 요인이 경쟁 결과에 크게 작용하는 경우는 기회의 불공평성을 초래하고, 그 결과 교육에서 불공정한 결과를 유발시킨다.

마지막으로 교육에서 경쟁은 학생을 성장시키고 발전을 조장해야 한다는 점이다. 교육을 통한 경쟁은 낙오자를 선별하는 것이 아니다. 바람직한 경쟁을 추구하는 교육은 개별 학생 각자가 적합한 경로와 진로로 가도록 선별하는 데 초점을 두어야 한다.

우리 아이들이 교육에서 바람직한 경쟁을 추구하기 위해서 이러한 세 가지 전제 조건이 최대한 실현되도록 교육제도와 교육정책을 추진해 가야 한다. 교육에서 경쟁을 죄악시하고 불필요하다는 주장은 무모한 정치적 선동일 뿐이다. 교육이나 입시에서 과도한 경쟁은 무조건 불필요하다고 주장하는 사람들은 경쟁을 단순히 사람을 대상으로 하고, 상대편을 이기기 위한 것이라고 생각한다. 교육에서 경쟁은 단지 사람을 대상만으로 하거나 단순히 성적의 차이를 선별하고 배제하기 위한 것이 아니라, 적성과 진로를 구별해 주는 교육적 의미를 실현하고 내포해야 한다는 것을 결코 잊지 말아야 한다.

# 참고문헌

- 교육부(2018a). 4차 산업혁명 인재 양성 혁신선도대학 선정. 보도자료, 2018. 1. 16.
- 교육부(2018b). 대학 재정지원사업 개편계획 확정 발표. 보도자료, 2018. 3. 21.
- 교육부(2019). 4단계 두뇌한국21 사업 기본계획(안) 발표. 보도자료, 2019. 12. 4.
- 서정화·정일환(2013). 한국 교육정책 현안과 해법. 교육과학사.
- 이종범(1986). 국민과 정부관료제. 고려대학교 출판부.
- 이종재(1995). 학교 교육의 정상화를 위하여. 나라정책연구회 편저, 소비자 주권의 교육대개혁론(pp.36－54). 길벗 출판사.
- Evans, R. (1996). The Human Side of School Change: Reform, Resistance, and the Real－Life Problems of Innovation. The Jossey－Bass Education Series. Jossey－Bass.
- Fowler, F. C. (2003). Policy studies for educational leaders (신현석·한유경 역). 아카데미프레스.
- Kingdon, J. W. (1995). Agendas, alternatives, and publics (2nd ed.). New York: Harper Collins.
- Takehiko, K. (2004). 교육개혁의 환상: 학력을 묻는다(김미란 역). 서울: 북코리아.

# 제26장 한국교육정책의 미래 의제

교육정책이 추구할 기본방향의 경우 사회적 합의에 도달하는 것은 쉬운 일이 아니다. 교육정책 의제 형성 차원에서 어렵게 사회적 합의를 도출하였다 할지라도, 선거제 민주주의를 채택하고 있는 우리나라의 경우 정권교체에 따라 집권세력이 가진 정치적 철학과 기조에 의해 합의된 의제는 쉽게 변할 수 있다. 하지만, 교육이 국가 발전과 민족의 미래 번영을 위해 결정적인 역할을 한다는 점에서 보면, 정권이 교체되더라도 정부는 교육을 진흥하고 지원하기 위해 일관성을 가지고 교육정책의제를 반영해야 한다. 이러한 견지에서 향후 우리나라 교육체제에서 반영하고 채택할 필요가 있는 미래의 교육정책의제를 살펴보도록 한다.

## 1 단위학교 및 대학의 자율성 제고

### 가. 단위학교의 자율성 강화

교육은 일반적으로 학교를 통해 학생에게 제공되고 있다. 학생을 가르치는 업무는 그 성격상 전문성이라는 속성을 지니고 있다. 또한, 학교에서 교육업무에 종사하는 교육자 역시 전문직 종사자로 취급되고 있다(Hoy & Miskel, 2013). 학교에서 교육운영과 그것을 담당하는 교육자 모두에게는 공통적으로 전문성이라는 원리가 적용된다. 교육과 교육자에게 전문성이 보장되기 위해서는 그 운영에 자율성이 우선적으로 주어져야 한다. 따라서 교육정책은 교육의 전문성이 보장되도록 학교 자율성을 가능한 보장하여야 한다. 우리나라 헌법 제31조에서도 교육의 자주성과 전문성은 보장되어야 함을 명시하고 있다. 최근까지 많은 나라에서도 교육개혁의 핵심 주제로 단위학교 자율성을 강조하고 있다(World Bank, 2004). 시대적·사회적 변화에 학교나 교육기관이 민감하게 대응하기 위해서는 물론이고, 이질적인 학생의 교육적 수요에 부합하도록 교육서비스를 효과적으로 제공하기 위해서도 학교 자율성 강화가 필요하다(Chubb & Moe, 2011).

학교 자율성은 교육의 다양성으로 이어지고, 이는 곧 학생의 창의성을 신장시킨다는 점에서 교육정책의 핵심적인 관심사항으로 다루어질 필요가 있다. 실제 우리나라 교육정책에서도 교육의 수월성 문제를 해소하고, 사회변화 요구에 대응하며, 다양한 인재 양성을 위해서 단위학교의 자율역량 제고가 추진되어 왔었다(교육과학기술부, 2008). 실제 다양한 교육프로그램 운영을 허용하는 차원에서 학교로의 권한 이양을 통해 교육과정을 중심으로 특화된 교육프로그램 및 교과 이수기준 등의 단위학교 자율성 강화를 추진해 왔다. 자율적으로 특화된 교육프로그램(수학, 과학 집중 또는 음악 등 특정 과목 심화 프로그램, 미용, 요리 제빵 등 특정 직종 프로그램 등)이 편성 운영되도록 허용하고, 해당 프로그램에 대한 운영이 지원되어 왔다. 특히 학교체제 차원에서 95년 5·31 교육개혁 이후 학교운영위원회제도 도입 및 학교현장 지원체제 구축 등 단위 학교운영의 자율성을 확대하고자 노력해 왔다. 그럼에도 불구하고, 여전히 우리나라 학교들은 시도교육청 산하 관청 유형 기관으로써 존재하고, 이들 학교에 대한 단위학교 차원의 자율성 보장은 부족한 현실이다. 구체적으로 학생 및 학부모의 학교선택권 보장이 미약하고, 국가교육과정 체제하에 학교 간 교육프로그램이 크게 구별되어 있지 못하다. 상호 간 경쟁체제가 미약하여 단위학교별 자신이 수행한 교육성과에 대한 책무성이 강하게 담보되어 있지도 못하다. 이는 궁극적으로 공교육의 질 저하로 연결될 개연성이 크다. 획일성 기준에 의한 표준화 교육은 다양성과 수월성의 신장을 저해하는 원인으로 작용한다(Robinson, 2015).

그간 우리나라 교육정책 실제의 경우 표면상으로는 학교 자율성을 내세우지만, 이면적으로는 여전히 국가 통제주의적인 모습을 띠고 있다. 학교 자율성은 교육에서 어느 정도까지 정부가 관여하느냐의 문제와 직결된다. 교육에서 정부의 관여와 역할이 강화인지 축소인지는 구체적으로 정책 유형이나 정책 기능과 수행 방법상의 문제에 초점을 맞출 필요가 있다. 향후 우리의 교육정책에서는 정부개입인지 시장지배인지와 같은 이분법적인 논의를 지양하고, 교육의 공공성 의미를 재구성함으로써, 진정한 학교의 자율성을 신장하는 데 역점을 두어야 할 것이다. 정부가 교육정책을 통해서 학교 자율성을 보다 더 획기적으로 신장시키기 위해서는 교육의 공공성을 단순히 기관 중심만이 아니라, 개별 학생의 학습 결과인 교육품질의 공공가치(public value)에 중점을 두고, 교육시장 기반의 자율 조정제도를 강화할 필요가 있다. 결과적으로 학교 자율성은 우리나라 교육정책을 확고히 함으로써 실현하여야 할 미래 정책 의제임은 분명하다. 동일한 취지에서 서정화·정일환(2013)도 교육정책의 출발점이자 종착역은 단위학교 자율성 신장이고, 이를 위해서 적극적인 행정·재정적 지원이 필요함을 강조하고 있다.

## 나. 대학 기관 운영의 자율성 신장

고등교육에 관한 정책이념으로서 학교의 자율성 추구는 초중등교육 영역보다 훨씬 제도적으로나 실제적으로 강화되어야 한다. 우리나라 헌법 제31조 4항에서 대학의 자율성은 법률이 정하는 바에 의하여 보장해야 함이 명시되어 있고, 교육기본법(제5조) 역시 학교운영의 자율성이 존중되어야 함을 규정하고 있다. 헌법에 의한 대학의 자율성은 그 취지가 대학 전반의 운영에서의 자치권을 말한다는 견해와 학문연구의 자율만을 포괄한다는 견해로 의견이 나눠지고 있으나, 고등교육에서 학교 자율성은 교육정책에 의해 확실히 신장되어야 할 사회적·교육적 가치라는 점은 분명하다.

무엇보다도 고등교육 발전, 더 나아가 국가사회 발전의 원동력은 대학의 자율성과 창의성을 기반으로 한 새로운 지식과 기술 창조이다. 그동안 우리나라의 경우 고등교육에서 정부 주도와 관리를 근간으로 대학의 발전과 성장이 이루어져 왔다. 특히 1960년대 이후 중앙정부가 주도해서 경제사회 발전을 추진해 왔고, 이 같은 성장 패러다임에 맞물려 고등인력 양성의 경우에도 정부가 주도해서 대학 기관 발전을 이끌어 왔다. 예를 들어 대학의 학사관리, 전공 규모나 인력양성 구조 결정, 그리고 재정 지원을 정부 당국이 주도하고 지배해 왔다. 이러한 와중에 대학은 기관 차원의 자생력과 자율성이 상대적으로 크게 신장되어 오지 못했다. 교육 수요가 팽창해 오던 과거의 경우에는 정부당국이 고등교육시장에 적극적 관여하고 규제를 통해서 대학을 성장 발전시켜온 전략이 어느 정도 효과를 발휘해 온 것도 사실이다.

2000년대 들어서 사회경제의 글로벌화와 복잡성 증가, 산업구조 고도화, 기술생명 주기의 축소, 그리고 고용시장 불안정성이 만연하고 있다. 특히 우리나라는 2010년 이후 저출산 심화에 따라 학령인구 축소, 특히 고등교육 수요의 급격한 감소 시대를 맞이하고 있다. 최근의 경우 인공지능 지능정보 시대의 도래와 치열한 국가 간 경쟁이 전개되고 있다. 이제는 과거처럼, 정부가 대학발전을 주도하고 대학의 경쟁력을 관리해 나갈 수가 없다. 이제는 정부주도에서 벗어나 대학 스스로 자기 주도로 기관발전과 학문 발전을 주도해야 할 시점이다. 대학이 스스로 기관의 생존과 번영을 위해서는 그 전제조건으로서 자율성 및 창의성 발휘가 필요하다. 결과적으로 향후 정부는 대학이 자율성을 바탕으로 자생적 성장 동력을 형성해 가도록 지원하는 역할에 초점을 두어야 할 것이다.

대학의 자율성을 어느 정도까지 추구하고 실현해야 할 것인가는 우리나라 교육정책의 최우선적 당면 과제이다. 대학의 자율성 보장 지표와 관련해서

Jongboed(2003)의 경우 자유시장 조건 충족을 위해 대학에게 보장해야 할 자유에는 (1) 기관 설립 운영의 자유, (2) 전공학과 설폐 및 증원, 교육과정, 학사제도 운영의 자유, (3) 학생선발의 자유, (4) 교수 채용 기준 및 절차, 보수 수준 등 고용조건 결정의 자유, (5) 예산 및 재정운영 및 집행의 자유, (6) 재원 창출의 자유, (7) 고등교육 서비스 가격(학생등록금) 책정의 자유가 포함되어야 함을 주장한다. 이들 대학 자율성 보장 지표에 비추어 볼 때, 우리나라 교육정책에 의해 신장되고 보장해야 할 대학의 자율성은 여전히 갈 길이 멀다고 볼 수 있다.

역사문화적으로 중앙집권적 정부주도의 개발과정을 경험해 오면서, 우리 국민들은 은연중에 정부에 의해 만들어지는 질서 외에 다른 질서는 신뢰할 수 없다는 정서를 가지게 되었다. 이러한 맥락에서 우리나라 대학 당사자 스스로도 정부가 아니고서는 고등교육시장의 질서를 바로잡을 수 없다고 생각해 왔다. 이에 더하여 우리나라 고등교육시장에서는 1990년 이후 민주화와 자율화 과정에서 일부 몰지각한 대학의 경우, 입시비리와 경영부조리를 야기하기도 하였다. 그 결과 또다시 정부 개입이 늘어나게 되고 대학의 자율성 위축이라는 악순환이 거듭되어 왔다.

우리 사회에서 일반 국민들이나 국회 및 언론의 경우에도 대학에 대한 책임을 정부당국에 요구하는 풍토가 전반적으로 만연해 왔다. 즉, 대학이 스스로 책임의식을 가지고 자율적으로 해결해 나갈 학내 문제임에도 불구하고, 정부당국에게 책임을 묻는 경우가 다반사였다. 하지만, 대학의 자율성이 부재한 곳에 정부의 개입이 만연하고, 정부의 개입과 규제가 확대하면 할수록 대학의 자율성과 창의성이 발휘될 공간이 없어진다. 향후 대학 자율능력을 불신하는 정부당국 및 관료들의 의식구조가 개선되지 않고서는 고등교육발전과 대학 경쟁력 신장은 요원할 것이다.

고등교육시장에서 정부당국은 대학 관리 및 운영과 관련한 사전적 진입규제를 대폭적으로 폐지하고 사후 책무성 규제중심 정책으로 전환할 필요가 있다.

지금까지 우리나라 고등교육시장에서 정부는 국·사립을 막론하고 대학의 진입 규제(예: 각종 기관신설 허가, 학생정원 인가 등), 교육서비스 가격(등록금) 규제, 그리고 기관운영을 위한 각종 거래 규제를 당연시해왔다. 지금까지 정부당국의 대학에 대한 규제는 고등교육의 질 관리와 기회의 평등, 그리고 시장 질서를 유지하기 위해 불가피한 조치로서 당연시해왔다. 그러나 대학에 대한 정부당국에 의한 사전적 규제 강화가 실제로 교육의 질 제고나 경쟁력을 담보하는 실증적 근거도 모호하고 기관운영에 있어서 자율성을 극도로 제약해 왔다. 최근까지도 우리나라 교육부는 고등교육시장에서 진입에 초점을 두어 사전규제 조치의 일반화와 대학에 대한 국가 재정지원 역시 정부 요구에 따라 사전 지원요건을 제시하고, 제안서 평가를 통해서 특정 대학을 선정하고 지원해 왔다. 정부당국의 대부분 대학정책이 고등교육시장에서 자생적 질서나 자율화 조성이 아니었다.

자율적 시장경쟁이 아니라 사전 규제 중심 고등교육정책은 이권을 만들어 낸다. 이러한 이권은 고등교육시장에서 다시 기득권 대학을 형성하게 하고, 대학 간에 기회의 불균등과 불공정을 심화시킨다. 특히 정부의 사전규제 강화는 우리나라 대학이 외국대학과 경쟁은 물론이고 산업구조 고도화에 따른 급격한 기술 변화나 고용시장 변화에 효율적으로 대처해 가는 데 저해요인으로 작용할 뿐이다.

대학이 스스로 고등교육 서비스를 혁신적으로 운영하고 창의성을 신장해 나가기 위해서 정부는 자율성과 시장경쟁을 제약하는 사전규제를 과감히 혁파시켜 나아가야 한다. 예를 들어, 대학 설립운영 제도, 학생등록금 규제, 학생정원 운영의 사전 규제, 그리고 제안서 평가기반의 대학 재정지원 및 재산 관리 허가제도 등을 전향적으로 폐지하거나 개선할 필요가 있다.

향후 정부당국은 대학이 고등교육 수요자인 학생과 학부모, 그리고 기업체에 대해 지켜야 할 구체적 책무성 기준을 명료하게 법규로 제도화할 필요가 있다. 대학의 교육성과 인증 제도를 운영할 필요도 있다. 또한, 대학이 사회적 문제를 일으키거나 책무성을 태만히 하는 경우 응분의 책임을 강하게 부가하는 사후규

제도 강화할 필요성이 있다. 이러한 조치가 구비될 때 사전규제가 완화되더라도 고등교육 수요자 및 사법기관에 의해 대학에 대한 국민통제가 제대로 이루어질 수 있다. 무엇보다도 우선적으로 대학의 자율능력에 대한 국민적 불신과 정부 당국의 회의감을 극복해야 한다. 대학 자율성 신장의 첩경은 우선 대학의 자율능력에 대한 국민적 불신 해소이다. 그간 정부주도의 권위적 관리행정 풍토와 문화에 길들여진 우리 국민은 대학에서 자생적 질서가 자리 잡도록 참고 인내하는 것도 필요하다.

## 2 개인화 학습(personalized learning)의 활성화

4차 산업혁명에 따른 AI기반 지능정보시대의 도래, 저출산 및 고령화라는 인구구조 변화는 경제와 생산 및 고용구조만을 변화시키는 것이 아니고, 사회의 모든 구조와 사람이 생각하고 행동하는 방식까지 변화하게 하고 있다. 이러한 변화에 대해 각급 학교의 경우 교수학습 체제를 지속적으로 변화시켜 갈 수밖에 없다. 이러한 맥락에서만이 학생들은 향후 변화하는 사회에 적응하고 잘 살아갈 수 있다. 특히 최근 학교교육 변화의 사례로서, 인공지능(AI), 빅데이터(Big data), 모바일(Mobile) 등 고도화된 지능정보기술의 적용이 학교교육에서 활발하게 논의되고 있다. 구체적으로 빅데이터를 활용한 학습분석을 기반으로 학습자에게 맞춤형 학습경로 설계를 지원하는 개인화 학습과 적응적 학습에 대한 관심의 정도가 높아지고 있다.

특히 학교교육에서 개인화 학습(Personalized Learning)은 개별 학생이 스스로 학습 목표를 규명하고, 자신의 학습 스타일과 수준에 적합한 서비스 및 자원을 제공받고, 다양한 데이터를 기반으로 자신의 학습을 교사와 상의하면서 학습경로(learning path)를 설계할 수 있는 학습자 중심 수업전략이다. 이는 학습자 행동 주체가 강조되는 학습환경 구축을 근간으로 하고 있다. 개인화 학습 시행의 경우 다양하고 차별적인 학습자의 학업성취 수준, 심리 특성, 흥미도 등을 고려하여 개별 학습자에게 가장 적합한 학습경험을 제공하는 교수 지원 방식으로 각광받고 있다(Unitied Sates Department of Education, 2017; Zhang & Chang, 2016). 현재 미국의 경우 개인화 학습 지원 기술 활용은 그 효과성이 입증되면서 초중등교육에서부터 대학교육에 이르기까지 구체적인 적용 방안에 대한 연구가 활발히 이루어지고 있다(Xie, Chu, Hwang, & Wang, 2019). 실제 미국 텍사스 지역에서는 개인화 학습 모형을 초중고에서 점진적으로 확대하여 실시하고 있다. 특히 댈러스 교육청 산하 공립학교들에서는 개인화 학습 모형을 도입한 학교가 늘어나면서 새로운 교수법에 관한 교사교육의 요구도 늘어나고 있다. Texas Tech University에서는 개인화 학습 지원을 위한 비디오케이스를 개발하고 개인화 학습을 운영하고자 하는 공립학교 교장·교감의 리더십 교육, 교사교육과 사범대 학생 교육에 활용하고 있다.

한편, 우리나라 학교교육 실제의 경우 표준화 교육에 익숙해 있어서, 개별 학생이 가진 이질적 특성과 다양성을 고려하지 않고 동일한 학습내용을 일괄적 교수방식으로 전달하는 데 치중하고 있다. 특히 우리의 학교들은 일반학생에 비해 전혀 다른 성취 수준, 심리 특성, 흥미를 지닌 취약계층 학생(예: 저소득층 학생, 다문화 학생, 기초학력미달학생, 학교 부적응학생 등)의 특성과 수준을 고려하지 못하고 있다. 그 결과, 취약계층 학생이나 차별적 학습여건을 지닌 학생은 학교에서 일반학생과 동일한 교육과정을 이수하나, 실제로 학교교육에서 교육격차를 누적적으로 경험하고 지속적으로 소외되거나 부적응이 심화되어, 종국에는 사회 부적응 및 일탈자로 전락할 위험성이 높다(김인희, 2006).

앞으로 초중등 각급 학교에서 교사는 물론 대학 교수에 이르기까지 새로운 교수역량으로서 개인학습(personalized learning) 촉진을 위한 전문성이 요구되고 있다. 학교교육 실제에서 교사들은 단순 교과지식 전달 역량보다는 교수 및 학습 상황을 분석하고, 학생의 학습 문제를 해결하는 교수법을 터득하는 등 전문역량 함양이 필요하다. 구체적으로 학교교육 실제에서도 취약계층 학생을 포함하여 다양한 학습자들의 학습현상에 대한 체계적 데이터와 사례를 축적하고, 실증된 학습자료를 기반으로 개인화 학습 지원 역량을 함양해야 한다.

학교교육에서 개인화 학습 지원 기술과 기법 적용이 취약계층 학생 등 차별적 학생들에게 다양한 잠재역량을 일깨우는 대안이 될 것은 분명하다. 특히 개인화 학습 촉진은 다양한 개별 학습자에게 가장 적합하고 의미 있는 학습경험을 제공하는 데 장점이 있다. 향후 우리나라 교육당국은 학교교육을 혁신하고 미래교육 체제를 구축하는 차원에서 개인화 학습을 활성화하고 촉진하는 데 다양한 정책적 노력을 기울일 필요가 있다. 보다 구체적으로 교육부는 시도교육청과 함께 전 방위적으로 학교나 교사들이 개인화 학습 기법이나 지원 역량을 함양하게하고, 개인화 학습 프로그램이 운영되도록 개인화 학습 활성화 정책을 추진할 필요가 있다.

## 3 교직 전문성 강화를 위한 교사양성 제도 개혁

교육과 학교를 혁신하려면 우선 교사가 변화해야 하고, 교사의 전문성이 신장되어야 하는 것은 당연한 명제이다. 특히 교사의 전문성 제고는 학교교육의 질을 높이고 학생의 변화와 발전에 결정적으로 영향을 미치는 중요한 요인이다. 교직이 변호사, 판사나 의사와 같은 전문직인가에 대한 논란은 다수 있다. 하지만, 우리나라의 경우 학교교육에 대한 국민의 높은 관심과 열망, 그리고 국가 발전과 우리 민족의 미래 번영에 교육역량이 결정적 요인으로 작용한다는 점에서 보면, 교직의 전문직화와 교사 전문성 신장이 국가 차원에서의 교육정책에 핵심 의제이어야 함은 당연하다.

한편, 현행 우리나라 교사양성체제는 종전 산업화 시대에 국가 발전을 기여하고 학교교육을 선도하도록 설계된 제도이다. 1980년대까지만 해도 대다수 일반 국민이나 학부모들은 상대적으로 고학력자인 교사의 전문역량을 믿고 존경하였다. 역사적 전통 차원에서도 조선시대 유교사상과 문화 전통에서 형성된 스승에 대한 존경 풍토가 당시 교사를 향해서도 그대로 이어져 왔다. 그 이후 고등교육 물결이 대중화 단계로 이동되고, 사회경제구조도 변화하여 세계화와 정보시대를 넘는 지능정보기반의 4차 산업혁명 시대가 이미 도래함으로써, 현시대의 경우 대다수 학부모가 대졸 이상 학력자로 전환되었고, 이로 인해 교사가 더 이상 고학력자인 시대는 지나가 버렸다. 특히 학교에서 가르쳐야 할 지식의 구조와 내용은 물론이고, 학교교육 여건과 환경이 획기적으로 변화하였다. 이렇듯 교육여건과 지식의 구조가 변화하고 있는 작금의 시대에 우리나라 교사는 학생과 학부모 그리고 일반 국민 대중으로부터 전문성을 인정받는 명실상부한 리더로서 거듭나도록 새롭게 길러져야 한다.

최근 들어 학교의 교육문제가 우리 사회 전반으로 확산되고, 사회의 관심이 학교교육으로 집중되고 있다. 나라를 발전시키고 새롭게 살리기 위해서는 교육이 변화되어야 하고, 그러기 위해서는 우선 교사가 전문성이 보장된 양성교육을 받고 길러지도록 교원양성체제를 개혁할 필요가 있다. 구체적으로 교직이 전문직으로 거듭나고 교사가 전문가가 되기 위해 구비해야 할 지식에는 교과내용 지식, 학생 및 수업 관련 지식[1]등 여러 지식이 존재한다. 교직 전문직화를 위해 요

---

1 통상 전문직으로서 교사가 구비해야 할 교사지식에는 교과지식(subject matter knowledge), 교수학적 내용지식(pedagogical content knowledge), 교육과정지식(curricular knowledge) 일반 교수학적 지식, 학습자에 대한 지식, 교육적 맥락에 대한 지식, 교육목표 및 가치와 철학적 역사적 배경에 대한 지식이 포함된다(Grossman, 1990; Shulman, 1987).

구되는 다양한 지식을 체계적이고 심도 있게 학습하기 위해 현행 4년제 교사양성교육 기반의 교사자격증 과정만으로는 매우 제한성이 있다. 앞부분 관련 장에서 언급했듯이, 현행 교원양성체제에서 교생실습 부실운영의 문제, 교육 선진국에 비해서 지나치게 짧은 교사양성과정의 한계점, 과잉공급 양성체제의 문제 등을 종합적으로 고려할 때, 앞으로 우리나라 교원양성체제는 전면적인 제도개혁이 필요하다고 본다.

우리나라가 향후 선진국 대열에서 '따라가는 국가'가 아니라, '선도하는 국가'로 거듭나기 위해서는 혁신적인 국가 발전 전략이 필요할 것이다. 혁신적 국가 발전 전략 중 하나가 바로 학교교육을 담당하는 교사양성체제를 전면적으로 개혁하는 정책 추진일 것이라고 생각한다. 우리나라 초중등학교에서 교직이 완전한 전문직으로 자리 잡도록 하고, 공교육의 질을 한 차원 높임과 동시에 교사에 대한 학부모와 국민 간의 신뢰 구축에 기여하도록 전문대학원 기반의 교사양성체제가 혁신적으로 필요하다는 점을 강조하는 바이다.

## 4 국·사립대학 간의 차별화 육성 및 지원

현재 우리나라 고등교육체제와 구조를 보면, 국·사립대학 간의 차이는 학과구성뿐만 아니라, 역할과 기능 면에서도 크지 않다. 고등교육 지원 정책 추진 시 정부가 양자를 구별하는 경우도 거의 없었다. 정부에서는 국립대학과 사립대학을 동일한 평가대상으로 간주하고 동일한 평가척도를 적용하여 상호경쟁 지위에 놓고 지원 정책을 추진해 왔다. 예를 들어 연구중심대학 육성 지원에 초점을 둔 BK21사업이나 산학협력 선도대학 육성 사업에서도, 대학별 정원 정책의 경우도 국·사립대학을 명백히 기능적으로 구분하고 차별화 형태로 정책을 추진해 오지 못했다.

고등교육이라는 재화를 공급하는 데 있어, 대학별 역할과 기능 면에서 국립대학과 사립대학이 서로 다른 특성과 구별된 지위를 가져야 하는 것은 당연하다. 기관 설립 취지와 이념상으로 볼 때, 국립대학이 갖는 위치는 시장실패가 일어나는 기초·보호 학문분야나 국가 정책적으로 특히 필요한 분야의 인적자원을 중점 육성하는 데 있다. 최근 교육부(2018)는 기초학문 보호, 국가 전략적 기술 연구·개발, 고등교육 기회 제공 확대라는 국립대학의 공적 역할을 강화하기 위해 '국립대학 육성 사업'을 확대 추진한다고 발표하였다. 사업의 성과까지는 아직 확신할 수 없지만, 사립대와 구별되는 국립대의 설립 및 운영 취지에 맞추어 재정지원 사업을 확대 추진한다는 교육부의 발표는 매우 타당해 보인다. 또한, 국립대학은 지역의 고등교육 기회를 보장하는 데 보다 주요한 존립의 타당성을 가지고 있다. 한편, 사립대학의 경우는 사학이라는 건학이념을 바탕으로 기관 운영상 자율성을 가지고 보다 강화된 학문자본주의(academic capitalism)[2]를 추구한다.

우리나라 고등교육에서 사립대학이 차지하는 비중은 약 80% 이상이다. 이러한 고등교육체제 구조를 감안하면, 정부는 사립대의 재정운영 독립성과 자율성을 제고하고, 고등교육기관으로서 책무성을 가지고 건전하게 성장할 수 있도록 사립대 기반 조성의 정책을 지원할 필요가 있다. 부실 사학에 대해서는 과감한 구조조정 정책 추진도 필요하다. 구체적으로 정부는 사학이 지닌 장점이 극대화되도록 고등교육에서 사립대학 운영의 자율성을 최대한 보장하고, 궁극적으로 사립대학 경쟁력이 국가경쟁력으로 이어지도록 유도하는 사립대학 혁신지원 정

---

2 아카데믹 캐피탈리즘(Academic capitalism)이란 대학과 교수들이 시장과 시장지향 행동에 적극 참여, 즉 외부로부터 지원금 유치, 연구에 대한 계약, 기부금 유치, 대학과 산업체와의 파트너십 형성, 스핀오프(spin-off) 회사로부터 수입, 학생들로부터 등록금 수업료 등의 자금 유치를 위해 경쟁하는 것을 말한다. 특히, 대학이 기관 관련 상품이나 서비스의 판매(예를 들어 로고와 스포츠 용품 등의 판매), 학내 식당이나 서점과의 이익 공유 등과 같이 현실적인 시도 등 재정적·자생적 신장을 위해 실시하는 활동을 포함한다(민철구 외, 2003).

책을 추진해야 한다(박주호 외, 2019). 정부는 사립대학 구조조정 일환으로서 자율역량과 재정여건이 우수한 사학의 경우, 일정 기준의 고등교육의 질 보장을 전제로 학생등록금 및 학생정원 운영의 자율화를 허용할 필요가 있다. 고도의 자율성이 보장된 사립대학 육성의 경우 미국의 아이비리그 사립대 운영모형을 참조할 필요도 있다.

사립대 지원 정책과 대조적으로 정부는 지역소재 국립대학들이 교육자원 공유 및 활용 기능을 강화할 수 있도록 네트워크 형성을 지원할 필요가 있다. 더나아가 지방 국립대학들이 고등교육의 공공성 제고의 핵심주체로 거듭나고, 지역주민의 고등교육기회 보장 차원에서 해당 지역주민 자녀에 대해서는 등록금 전액 무상 정책을 실시하는 방안도 적극 검토해 볼 필요가 있다.

## 5 　고등교육 발전 생태계를 감안한 대학구조조정

현재 우리나라 고등교육체제가 직면하고 있는 가장 큰 당면 과제는 고등교육 서비스의 과잉공급 상태 해소 전략일 것이다. 단기간 압축적인 고등교육 팽창 및 발전 과정에서 만들어진 전문대학 및 4년제 일반대학의 수가 너무 많은 상황이다. 학령인구가 감소에 맞추어 대학 정원이 줄어들지 않으면 굉장한 혼란이 생길 수 있기 때문에 정부는 부작용을 최소화하기 위해 그동안 나름 적극적으로 대학구조조정 정책을 추진해 왔었다. 실제로 정부가 재정지원 사업을 할 때 정원 감축에 대해 가산점을 주었고, 대학구조개혁평가 결과에 따라 차등적으로 정원 감축을 유도하기도 하였다. 또한, 일부 부실대학으로 평가받은 대학에 대해서는 정부 재정지원 사업이나 국가장학금 지원에 제한을 두는 방식으로 대학구조조정 정책을 운영해 왔었다. 하지만, 그 성과와 실효성은 여전히 만족스럽지 못하기 때문에 획기적인 대안이 필요한 상황이다. 결과적으로 향후 우리나라 고등교육 정책에서 핵심적 정책의제는 대학 정원 감축과 구조조정 전략일 것은 자명하다.

향후 재학생 충원율이 30~50%만 채워지고 재정수입이 줄어들어 학교운영 상황이 더욱 악화된 법정관리 상태의 대학도 다수 생겨날 수 있다. 이러한 경우 국가 차원에서 대학구조개혁평가를 실시하고, 그 결과를 적용하여 대학 학생정원 감축과 일부 대학 폐교 조치를 시행할 필요가 있을 것이다. 최악의 상황을 피하기 위한 선제적 조치로서 대학구조조정 정책을 전면적으로 추진하는 경우, 지금과 같은 지방소재의 대학 생존을 중심으로 구조조정 추진은 국가 전체의 고등교육 생태계 교란과 위기만을 초래할 가능성이 있다. 일부 대학의 경우 일정 규모 이상의 학생정원을 강제적으로 감축할 시, 학내 학과 또는 단과대학 간에 갈등과 분란이 불가피해지고 재정운영의 어려움도 파생되어 대학의 성장과 발전 동력을 상실하게 될 개연성이 있다.

무엇보다도 고등교육 발전과 대학의 성장은 단기에 구현되지도 않고, 단순 재정투자 증대만으로도 이루어지지 않는다. 특히 탁월한 학문 전통을 가진 대학은 장기간에 거쳐서 명망(名望)이 쌓인 결과를 바탕으로 발전과 성장이 이루어져 왔다. 이에 따라 기계적 균형발전 차원에서 전국의 모든 대학의 학생정원을 일률적으로 축소하는 방식의 대학구조조정 대책은 피해야 한다. 아울러, 지방에 소재하여 학생 충원이 어려운 위기의 대학이나 회생이 힘든 대학을 일괄적으로 폐교하는 방안도 최대한 탈피해야 한다. 현실적으로 일부 지방소재 대학은 그 지역 경제사회 발전에 핵심적인 구심역할을 해 오고 있는 상황이기 때문이다.

복합적인 고등교육 생태계 하에서 정부당국의 대학 총량 수 감축과 창의적인 대학구조조정 정책 추진은 불가피하다. 특히 국가 차원에서의 고등교육 발전 생태계 조성과 지역사회에서 기존 대학이 가진 지위를 감안하면, 상생적 대학구조조정 전략이 필요하다. 그 하나의 대안으로서, 특정 우수대학을 중심으로 지방과 연계된 고등교육 발전 축을 설정한 다음, 일정 조건(예: 학생정원 일부 이전 승계, 대학구조조정 사업비 투자 등)하에 지방소재 한계대학과 해당 중심대학과의 통폐합을 통해 지방캠퍼스화하는 구조조정 전략을 검토해 볼 수 있다. 이러한 구조조정은 국가 지원하에 사립대학들은 해당 법인 간에 자율 통폐합을 운영하도록 하고, 지역 내 국립대학들은 서로 간의 자율적 기관 통폐합을 추진하는 방식으로 진행할 필요가 있다. 특히 대학 간 통폐합의 경우에는 경제적 비용뿐만 아니라, 많은 정치적·사회적 비용이 수반되기 때문에 반드시 국가 차원에서의 대학구조개혁에 대한 사업비 지원책이 필요하다. 실제 노무현 정부 당시 대학구조개혁 추진의 경우 대학구조개혁 지원 사업을 전개하여 정원 감축과 강점분야로 대학 내부 구조개혁을 하도록 국고 사업비를 지원한 사례도 있다. 2006년 구조개혁 선도대학 지원의 경우 수도권 2개 대학을 선정하여 전체 3개년 동안에 거쳐서 약 80억과 90억 정도를 지원하는 방식이었다(교육인적자원부, 2006).

## 6 국내대학 외국인 학생 교육의 질 제고[3]

현재 우리나라 대학들은 고등교육법 시행령 제29조에 의거 외국인 학생의 경우는 별도정원으로 모집 운영하고 있다. 앞에서 살펴보았던 것처럼, 우리나라 대학들은 약 4천 명에서 적게는 1천 명 이상의 외국인 학생을 학위과정에서 교육하고 있다. 별도 정원으로 인정되고 있는 이들 외국인 학생 수는 각 대학이 설립운영상 교육의 질 관리를 위해 최소한 구비해야 할 교원, 교지 및 교사시설 확보 요건에 포함되지 않기 때문에, 우리나라 대학들의 교육여건은 종전에 비해 상대적으로 훨씬 열악해졌음을 의미하고 있다.

---

[3] 박주호 외(2019). "중장기 고등교육 정책방향 수립연구: 고등교육 혁신방안 제시를 중심으로"의 일부 내용을 반영하였다.

구체적으로 우리나라 각 대학 현장에서 이루어지고 있는 외국인 학생 교육의 경우 부적합한 선발기제 적용, 특히 어학과 수학능력 모두 부족한 학생들을 재정 확보 수단으로 무분별하게 유치하거나 체계적인 유학생 교육 및 관리 노력 부족으로 사실상 방치 상태인 경우도 있다. 향후 대학들은 외국인 유학생을 제대로 선발하든지, 선발 기제를 느슨하게 운영하는 경우 각 대학들이 책무성을 가지고 제대로 학생들을 교육하든지 둘 중 하나가 필요하다. 현재 대부분 대학들의 경우 이들 2가지 모두가 잘 이루어지지 않고 있는 측면이 있다.

이러한 문제점에 대응하기 위해 2010년에 도입된 '외국인 유학생 교육기관 유치·관리 인증', 즉 외국인 유학생 교육기관 국제화 역량제는 학생 모집난과 재정확보의 이중고를 겪고 있는 지방대학들의 경우 점차 그 기준이 약화되어 가고 있는 상황이다. 언어 능력 기준 충족을 검증하여 수학능력이 부족한 외국인 유학생을 거를 수 있는 한국어 능력 시험(TOPIK) 기준 충족 조건이 완화되어서 핵심여건 지표 4개(외국인 유학생 등록금 부담률, 의료보험 가입률, 언어능력, 신입생 기숙사 제공률) 중 하나로만 설정되었고, 이 조건을 충족치 못하더라도 3개 기준 이상 충족 시 인증이 되어 언어 능력 기준이 걸러질 개연성이 사라졌다. 특히 필수지표(불법체류율, 중도탈락률)와 핵심 여건지표 외에 대학의 국제화 여건에 대해 자체평가보고서를 통해 정성평가를 실시하고 있으나, 인증위원회에서 정량지표 확인·검토 후 필요한 대학에 한해서만 인증심사단이 현장 확인을 실시하므로 현행 제도는 기본적으로 정량지표 위주의 형식적인 인증 평가가 되고 있다고 볼 수 있다.

이외에 외국인 유학생 유치·관리 실태조사가 이루어지고 있으나, 유치·관리가 현저히 부실한 한계/부실대학을 걸러내기 위해서만 시행되고 있다. 이 또한 불법체류율(필수지표), 등록금 부담률, 의료보험가입률, 언어능력 3개 중 2개만 충족하면 되도록 되어 있어서 해당 대학의 외국인 학생 교육역량과는 전혀 관련이 없는 형태로 운영되고 있다.

이제 우리나라 각 대학들은 해당 대학의 여건에 맞는 특성화된 외국인 유학생 유치·관리·교육 모델을 개발하여 운영할 수 있도록 정부 차원에서 외국인 유학생 유치에 대한 관점 전환이 필요하다. 국내 대학에서 유치하고 있는 외국인 유학생은 넓게 보면 성인학습자와 같이 국내 일반학생들과는 완전히 다른 교육 수요, 학습 능력을 가진 특별한 주의와 관심이 요구되는 집단이다. 따라서 외국인 유학생들을 위해 개발된 특화된 교육과정과 교수학습법이 제공되어야 한다. 예를 들어 한국어로 외국인을 대상으로 천천히 강의하는 교육 프로그램 운영, 자국으로 돌아가 초급 관리자로 활동할 인력 육성, 특정지역의 외국인 유학생 유치·교육을 위한 특화 프로그램 운영, 타깃화된 유학생 유치 전략 등 지속 가능성 있는 질적 수준이 담보된 보다 내실 있는 외국인 유학생 유치와 관리를 위한 모델 도입 및 정착이 필요하다.

향후 정부는 정책개발을 통해서 국내 대학 외국인 학생 교육의 질적 제고를 보조하는 재정지원 사업을 마련하고 일정한 기간 동안 보다 적극적인 개입이 필요하다고 본다. 외국인 유학생을 위한 단과대학/학부/학과 지원 사업 도입도 적극 검토해 볼 필요가 있다. 무엇보다도 외국인 유학생을 유치·교육하는 국내 대학들이 외국인 학생 유치와 교육에 최소한의 질적 수준이 확보될 수 있는 절차를 준수하고 있는지를 정부 차원에서 주기적으로 확인하는 장치 마련이 긴요하다. 구체적으로 대학 기관인증평가에서 국제화 영역을 추가하고 외국인 유학생들을 교육하는 기관은 반드시 인증받도록 할 필요가 있다. 국내대학의 외국인 학생 교육의 질 제고를 위한 인증기준에는 형식적 유치·관리 기준을 넘어서 외국인 유학생 기숙사 수용률이나 외국인 유학생을 교육할 수 있는 실질적 교육 역량과 여건을 제대로 갖추었는지를 평가할 수 있도록 기준을 포함해야 할 것이다.

# 참고문헌

- 교육과학기술부(2008). 학교 자율화 추진계획.
- 교육부(2018). 대학 재정지원사업 개편계획 확정 발표. 보도자료, 2018. 3. 22.
- 교육인적자원(2006). '06 구조개혁 선도대학 지원 대학 발표. 보도자료, 2006. 10. 30.
- 김인희(2006). 교육복지의 개념에 관한 고찰. 교육행정학연구, 24(3), 289-314.
- 민철구·우제창·송완흡(2003). 대학의 Academic Capitalism 추세와 발전 방향. 과학기술정책연구원.
- 박주호·변기용·정종원·이정미·문명현(2019). 중장기 고등교육 정책방향 수립연구. 교육부 지정 고등교육정책연구소.
- 서정화·정일환(2013). 한국 교육정책 현안과 해법. 교육과학사.
- Chubb, J. E., & Moe, T. M. (2011). Politics, markets, and America's schools. Washington, DC: Brookings Institution.
- Grossman, P. L. (1990). *The Making of a Teacher : Teacher Knowledge and Teacher Education.* New York: Teacher College Press.
- Hoy, W. K., & Miskel, C. G. (2013). *Educational administration* (9th ed.). New York, NY: McGraw-Hill.
- Jongboed, B. (2003). Marketization in higher education: Clark's triangle and the essential ingredients of markets. *Higher Education Quarterly, 52*(3), 557-587.
- Shulman, L. S. (1987). Knowledge and Teaching: Foundations of the New Reform. *Harvard Educational Review, 57,* 1-22.
- United States Department of Education. (2017). *Reimagining the role of technology in education: 2017 National Education Technology Plan update.* Washington, DC:

Author. Retrieved from https://tech.ed.gov/files/2017/01/NETP17.pdf

■ Weber, L. (2010). The next decade, a challenge for technological and societal innovations. In L. Weber, & J. J. Duderstadt (Eds.), *University research for innovation*(pp. 37−49). London: Economica.

■ World Bank. (2004). World development report 2004: Making services work for poor people. Washington, DC: World Bank.

■ Xie, H., Chu, H−C., Hwang, G−J., & Wang, C−C. (2019). Trends and development in technology−enhanced adaptive/personalized learning: A systematic review of journal publications from 2007 to 2017, *Computers & Education, 140*.

■ Zhang, S., & Chang, H. H. (2016). From smart testing to smart learning: How testing technology can assist the new generation of education. *International Journal of Smart Technology and Learning, 1*(1), 67- 92.

## [저자 약력]

### 박주호

현재 한양대학교 교육학과 교수
미국 조지아대학교 석사 및 박사
연세대학교 교육학과 및 행정학과 학사
교육부 지식정보정책과장, 학술진흥과장, 대학지원과장
제35회 행정고시 합격

## 저서 및 주요 학술논문

교육복지의 논의: 쟁점, 과제 및 전망(2014). 박영스토리(2015년 세종도서 학술부문 선정).

Park, J. H., & Byun, S. (2021). Principal support, professional learning community, and group−level teacher expectations. *School Effectiveness and School Improvement, 32*(1), 1−23.

Park, J. H., Cooc, N., Lee, K. H. (2020 Online First). Relationships between teacher influence in managerial and instruction related decision−making, job satisfaction, and professional commitment: A multivariate multilevel model. *Educational Management Administration & Leadership.*

Kim, D. H., Lee, I. H., & Park, J. H.* (2019). Examining non−formal learners' self −directed learning patterns in open educational resource repositories: A latent class approach. *British Journal of Educational Technology, 50*(6), 3420−3436. (*Corresponding author)

Park, J. H., Lee, I. H., & Cooc, N. (2019). The role of school−level mechanisms: How principal support, professional learning communities, collective responsibility, and group−level teacher expectations affect student achievement. *Educational Administration Quarterly, 55*(5), 742−780.

Park, J. H., & Lee, J. L. (2015). School−level determinants of teacher collegial interaction: evidence from lower secondary schools in England, Finland, South Korea, and the USA. *Teaching and Teacher Education, 50*, 24−35.

제2판
한국교육정책 논평

초판발행       2022년 1월 10일
제2판발행     2025년 2월 28일

지은이        박주호
펴낸이        노   현

편 집         김다혜
기획/마케팅    허승훈
표지디자인     이수빈
제 작         고철민·김원표

펴낸곳        ㈜ 피와이메이트
             서울특별시 금천구 가산디지털2로 53, 210호(가산동, 한라시그마밸리)
             등록 2014. 2. 12. 제2018-000080호
전 화         02)733-6771
f a x         02)736-4818
e-mail        pys@pybook.co.kr
homepage      www.pybook.co.kr
ISBN          979-11-7279-081-3   93370

정 가        29,000원

박영스토리는 박영사와 함께하는 브랜드입니다.